지금 동아시아를 읽는다

■ 이 도서의 국립중앙도서관 출판시도서목록(CIP)은
e-CIP 홈페이지(http://www.nl.go.kr/ecip)와
국가자료공동목록시스템(http://www.nl.go.kr/kolisnet)에서 이용하실 수 있습니다.
(CIP제어번호: CIP 2013000028)

지금 동아시아를 읽는다

보수의 시대를 가로지르는 생각

한승동

마음산책

지금 동아시아를 읽는다

1판 1쇄 인쇄 2013년 1월 10일
1판 1쇄 발행 2013년 1월 15일

지은이 | 한승동
펴낸이 | 정은숙
펴낸곳 | 마음산책

편집 | 심재경 · 배윤영 · 이승학 · 정인혜   디자인 | 정은화 · 이혜진
마케팅 | 권혁준 · 이효정   경영지원 | 이태리

등록 | 2000년 7월 28일(제13-653호)
주소 | 서울시 마포구 서교동 395-114 (우 121-840)
전화 | 대표 362-1452 편집 362-1451   팩스 | 362-1455
홈페이지 | http://www.maumsan.com
블로그 | maumsanchaek.blog.me
트위터 | http://twitter.com/maumsanchaek
페이스북 | http://www.facebook.com/maumsanchaek
전자우편 | maum@maumsan.com

ISBN 978-89-6090-151-3 03300

* 책값은 뒤표지에 있습니다.

얼마나 더 많은 피를 먹어야
민주주의 나무는 거목으로 자랄까.

오늘, 우리의 길을 묻다

2007년 3월에 『조선책략』을 떠올리며 짧은 글을 쓴 적이 있다. 5년여가 흐른 지금 상황이 기시감을 줄 정도로 그 글을 쓸 당시와 닮았다는 생각을 한다. 『조선책략』이 논한 100여 년 전의 그 '천하대란' 상황 또한 닮았다. 그리고 어쩌면 그때보다 더 절박하게 우리의 판단과 결단을 요구하고 있는지도 모르겠다. 그럼에도 이런 상황에 대한 우리 사회의 인식 수준과 대처 능력은 오히려 현저히 떨어진 게 아닐까 하는 생각을 했다. 그때는 한반도 전체가 한 나라였고 대륙과 이어져, 북쪽 없는 절반의 섬이 돼버린 지금과는 달랐다. 사고 지평도 오히려 그만큼 더 넓었던 게 아닐까. 완매한 자의 기우 또는 망상일지 모르겠지만, 기왕 그런 생각을 했으니 그때 글 일부를 다시 인용해본다.

1880년(고종 17년) 5월 수신사 김홍집이 일본에 갔을 때 초대 주일 중국(청) 공사 하여장의 참찬(서기관) 황준헌(1848~1905)이 그를 보자고 청했다. 부국강병론자였던 황준헌은 메이지유신에 감복하고 있었던지 당시 전통적 조공국 류큐(오키나와)를 일본이 앗아갔는데도, 일본이 아니라 일본이 칼을 갈고 있던 러시아를 주적으로 겨냥했다.

그가 김홍집을 만나 설득한 내용이 유명한 '친중親中, 결일結日, 연미聯美', 곧 중국을 더욱 가까이 섬기고 일본 미국과 한편이 돼 연대하라는 것이었고, 그런 내용을 담은 『조선책략』을 건넸다. 황준헌은 그 2년 전인 1878년에 러시아·터키 전쟁 강화조약인 산스테파노조약으로 발칸반도 진출권을 확보한 러시아가 유럽 여러 나라들이 달려들어 간섭하자 그걸 포기하는 걸 지켜봤다. 속국으로 여기는 조선에 미국과 일본 등을 끌어들이면 러시아가 조선을 먹더라도 미국, 일본 등이 중국 편에서 함께 간섭해 그처럼 도로 뱉어놓게 만들 수 있을 것이라 황준헌은 계산했을 것이다.

하지만 그 계산은 완전히 빗나갔다. 중국을 친 것(청일전쟁)은 러시아가 아니라 일본이었고, 러시아는 간섭 대상이 아니라 간섭 주체가 됐다. 조선과 요동반도 등 청일전쟁의 전리품을 일본이 독차지하는 듯 보인 순간 러시아가 독일과 프랑스를 부추겨 요동반도에선 손 떼라며 이른바 '삼국간섭'에 나섰다. 대적할 자신이 없었던 일본은 요동을 포기했다. 러시아가 요동을 먹고 만주 이권까지 차지했다. 그것이 1905년의 러일전쟁을 불렀고, 그 뒤 이 탐욕스런 제국들이 서로 주거니 받거니 이리 붙었다 저리 붙었다 하며 조선과 동아시아를 어떻게 찜 쪄 먹고 회 쳐 먹었는지는 다 아는 바다.

이처럼 100년 전의 그 책략은 완전히 실패했다. 먼저 황준헌의 계산과는 달리 그의 조국 청이 망하고 이후 중국은 장기간 치욕의 세월을 견뎌야 했다. 그때 중국은 기세 좋게 동진하던 러시아를 가장 벅찬 상대로 보고 두려워했던 모양이다. 하지만 중국을 난도질한 그들의 주적은 영국·미국을 등에 업은 일본이었다. 조선은 친중 할 대상이 사라져버렸다. 결일하고 연미한 나라는 조선이 아니라 미국과 일본 그들끼리였다. 외톨이가 된 조선은 아예 그들의 밥이 되고 급기야 나라 전체를 일본에 빼앗겼다.

차라리 착각이기를 바라지만, 지금 다시 동아시아가 100년 전과 다름없는 '천하대란' 속으로 빠져들고 있는 것 같다. 양상은 다르다. 역사는 100년 전 근대와는 정반대 방향으로 흘러가는 듯이 보인다. 미국은 여전히 강자로 남아 있고 또 앞으로도 상당 기간 강자로 남겠지만 그때와 달리 뜨는 해가 아니라 기울어가는 해다. 욱일승천의 기세를 타고 있는 건 그때는 일본이었지만 지금은 중국이다. 센카쿠 열도(중국명 댜오위다오)를 둘러싸고 벌어진 최근 일련의 양국 간 충돌 양상을 보노라면, 그런 힘과 흐름의 역전을 실감할 수 있다. 중국은 일본을 국내총생산GDP 2위 자리에서 밀어냈다. 일본 경제는 중국 없인 존립할 수 없을 정도가 됐다. 이런 흐름은 단기 돌출이 아니라 장기 추세다.

만주국과 전후 일본을 만든 기시 노부스케岸信介와 요시다 시게루吉田茂의 외손자 아베 신조와 아소 다로가 다시 권력을 탈환하고, 그들보다 더 오른쪽으로 기운 이시하라 신타로와 하시모토 도루까지 이른바 '제3극'으로 가세한 가운데 좌파는 물론 중도 리버럴을 표방했던 민주당까지 사실상 해체 상태로 전락한 일본의 놀라운 변화는 이런 천하대란의 결과이자 원인이다. 일본 우익은 최근 그들 자신들의 예상까지 뛰어넘는 정치적 성공을 거두었다. 이제 그들은 다수 대중의 무관심과 막연한 기대 그리고 불안 속에 어쩌면 스스로도 통제할 수 없을 정도로 부풀어 오른 권력의 쓰나미에 그들 자신이 떠밀려 표류하면서 환란을 부를 수도 있는 상황에 처했다. 근대 이후, 특히 제2차 세계대전 패전 이후 반세기 동안 팍스 아메리카나 체제하에서 이질적인 번영을 구가해온 냉전의 교두보 일본의 상속자인 아베와 아소, 이시하라와 하시모토는 거대 중국의 대두가 상징하는 새로운 동아시아 장기 추세의 저지 또는 재역전을 꿈꿀 것이다. 이미 그들의 지향은 그들 할아버지 세대의 '성공', 메이지유신 이후 아시아를 농락하며 비참으로 몰아갔던 '대일본제국' 체제의 부활 내지 계승이라는 의구심을 사고 있다.

『조선책략』을 짜냈던 하여장과 황준헌이 성공하지 못했듯이 아베 등의 시도 역시 성공할 가능성은 매우 낮아 보인다. 하지만, 그들이 성공하든 실패하든 일본은 더욱 불안정해질 것이고 동아시아 정세는 크게 출렁일 것이다.

제5세대 시진핑으로의 권력 교체를 끝낸 중국은 그것과는 상관없이 거대 파워로의 등장 자체가 동아시아, 나아가 세계의 정치·경제·안보 지형을 근본적으로 흔들고 있다. 미국은 부족한 힘을 미국에 가탁해 메우려는 일본 우익의 미국 집착이 자국에 초래할 손익을 계산하면서 갈등하는 중·일 사이를 비집고 들어가 양국의 긴장 관계에서 최대의 이익을 뽑아내는 전략을 구사할 것이다. 중국에 대해 견제와 협력의 양면 정책을 펼칠 미국의 향후 향배가 21세기 일본의 운명을 좌우할 것이다. 100년 전에 그랬듯이. 거대 영토와 막대한 자원을 지닌 러시아 역시 21세기 중반 이전에 브릭스BRICS와 함께 세계 경제의 또 다른 핵이 돼 시베리아와 연해주로 이어진 또 하나의 강력한 동아시아 국가로 등장할 것이다.

이 천하대란의 동아시아 재편 드라마에서 우리는 존재감이 없다. 북쪽 동족과 적대하면서 미국에 '올인'했던 지난 5년간 이런 현상은 더욱 심화되고 고질화됐다. '친중, 결일, 연미' 곧 중국을 더욱 가까이 섬기고 일본 미국과 한편이 돼 연대하라고 했던 『조선책략』에 빗대면, 오늘날의 황준헌들은 이렇게 주장하고 있는 것 같다. "친미親美, 결일結日, 연중聯中하라!" 즉 미국을 더욱 가까이 섬기고 일본과 한편이 돼 연대하라고. 연중은 그야말로 전술적 차원의 고려일 뿐 진정성은 없어 보인다. 미국 일본과의 교역을 합친 것보다 더 큰 규모로 성장한 한중 교역 현실이 말해주듯 경제적 의존관계가 날로 심화되고 있는 중국을 결코 무시하거나 경시할 순 없지만, 적어도 지난 5년간 우리 정부가 중국을 대한 태도와 정책을 보건대, 거기엔 믿음과 진심이 실려 있지 않은 듯하다. 마치 현실적으로 청에 사대할 수밖에 없었으면서도 명이 망한 뒤에까지 만동묘를 지어놓고 변함없이 명에 사대의 예를 올리며 청을 오랑캐라 멸시했던 조선 수구 사대부들의 뒤틀린 소중화 허위의식처럼. 영화 〈광해〉가 대중적 호응을 얻은 데에는 제작·배급 업체의 타산도 한몫했겠지만, 이런 뒤틀린 의식에 대한 대중의 야유와 비판도 얼마쯤 은 작용하지 않았을까.

어쨌든 한·미·일 삼각군사동맹 얘기가 전혀 낯설지 않게 됐고 중국과는 계속 삐걱거리며 불화한 최근의 친미·결일·연중 전략으로 우리가 얻은 것은 무엇인가. 한마디로 존재감 상실, 그리고 동족상잔의 심화였다.

참으로 얄궂게도, 친중·결일·연미의 『조선책략』이 겨냥한 주적은 러시아였지만 친미·결일·연중이 겨냥하고 있는 주적은 엉뚱하게도 우리와 마찬가지로 근대 100년의 최대 피해자 중 하나인 우리의 동족 북한이다. 친미·결일·연중 책략 속에 우리는 우리를 에워싼, 그리고 오늘까지 이어지는 한반도 분단을 만들어낸 주변 대국들과 연합해 최대 피해자요 최약체의 빈국인 북쪽의 우리 동족을 주적으로 설정했다. 아니 설정당했다고 해야 하나. 그리하여 우리는 여전히 우물 안 개구리 신세를 면치 못하고 있다. 친미·결일·연중의 책략가들, 오늘의 황준헌·하여장들은 우리 민족적 관점에서는 철저한 실패일 수밖에 없는 이 구도를 단군 이래 최대의 성공이라 자축하고 있다. 그들의 시선은 민족 전체가 아니라 자신들이 기득권을 누리는 남쪽 절반의 작은 성공에 완전히 매몰돼 있다.

　반쪽이나마 성공을 자축하는 것은 좋다. 하지만 '산업화 세력'과 '민주화 세력'이라는 자의적 양분·대립 구도의 프레임을 설정해놓고 자신들이 산업화 세력임을 자처하면서 그 경제적 성공이 자신들 덕이라고 우기는 것은 일종의 속임수다. 브레히트의 말마따나 그들이 언제 직접 나사 하나 못 하나 조이고 박은 적이 있었나? 피와 땀과 눈물을 흘리며 산업화를 이룬 주역들은 누구였던가?

　남쪽 절반이 미·일 동맹 체제에 붙고 북쪽 절반이 중·러 쪽에 붙는 영구 분할 구도는 착착 현실화하고 있다. 결코 허구가 아니다. 창씨개명은 조선인들의 자발적 결정이었고, 성 노예(일본군위안부) 동원 역시 돈벌이를 위한 자발적 매춘이었으며, 조선 병탄 또한 합법적 시혜였다고 그 시절로의 복귀를 꿈꾸는 자들이 일본을 다시 접수했다. 남북한 분단과 북의 악마화, '악당 북한'의 존재는 그들에게 복음이다. 북한의 '주적' 설정은 개헌과 재무장을 근간으로 한 제국 일본으로의 복귀를 정당화하는 데 필수적인 장치다. 한반도가 일본 열도를 겨누는 비수라며 한반도 식민화를 정당화했던 제국 일본 경영자들의 직계 후예들에게 이제 그 비수는 영구 분단된 한반도 북쪽 절반이다. 그들에겐 한반도 북쪽 절반이 비수가 돼야 남쪽 절반이 그들 품에 들어온다. 그들이 꿈꾸는 것은 미국을 등에 업고 한반도 한가운데를 가로질러 동아시아 섬들과 동남아를 잇는 중국 봉쇄 라인, 전후 일본의 기적적인 번성을 보장했던 옛 냉전 체제의 부활인 듯하다. 북한 주적 설정은 이를 위한 장치일 뿐 그들에게 진짜 주적은 중국이다. 지난 100년간 이런 구도의 최대 희생자가 돼 나라를 잃고 일본 대신 분단까지 당했으며 그 때문에 국토와 국민이 어육이 된 전쟁까지 치러야 했던 불행한 이 나라의 우익, 수구 주류가 입으로는 반일·극일을 떠들면서 일본 우익의 그런 반동적인 행태에 사실상 동조하고 있다. 100년 전 송병준의 일진회에서 한·미·일 삼각동맹을 부르짖는 그들과 뉴라이트의 그림자를 본다면 망발일까.

백낙청 〈창비주간논평〉 편집인이 대선 뒤에 쓴 신년 칼럼에서 다시 '2013년 체제'를 얘기하며 언급한 "고비용·저품질 인생들"을 더불어 경계하며 걱정하지 않을 수 없다.

이 위험한 구도를 깨고 당당한 플레이어로서 우리의 생존과 존재감을 살릴 수 있는 유일한 길은 남북 간 소통과 적대 구도 해체, 결국은 통일이다. 이 천하대란의 동아시아 질서 재편 드라마에서 100년 전처럼 우리가 다시 장기의 졸로 전락해 국토와 백성이 어육이 되는 비극을 피하고 이 땅의 주인이 되어 제대로 살려면 그 길밖에 없다. 친중이든 친미든 '동등하게 잘 사귀는 친'이 아닌 '섬기는 친'이라면 친일만큼이나 역겹고 위험하다. 주변국들과 대등하게 잘 사귀는 친이 되려면 남북이 먼저 소통해야 한다. 남북이 제대로 소통만 하면 주변국들에게 꿀릴 게 전혀 없다. 우리의 미래 외교·안보와 경제 전략의 출발점이 남북의 소통과 교류 협력, 궁극적으로는 통합이 돼야 한다. 그렇게 하지 못하면, 대국들의 간섭 속에 나라가 쪼개지고 전란을 겪고 수백만이 해외로 흩어져나간 지난 100여 년의 한민족 유랑과 방황은 앞으로도 계속될 것이다.

이 책의 글들 가운데 상당수는 이런 생각을 바탕에 깔고 쓴 것들이다. 그렇다고 그런 글들만 있는 건 아니다. 2008년 이후 지속적으로 여러 통로를 통해 쓴 글이다. 주제와 소재가 간혹 중복되는 것은, 거듭 강조하고 싶은 중요한 이야기들이기 때문이라 여겨주시면 고맙겠다. 한 권의 책으로 정리하면서 어투 등이 튄다고 느끼는 글들도 그대로

두었다. 딱딱할 수도 있는 얘기들이 조금은 편하고 다채로울 수 있다
는 생각에서다. 흔히 기자들은 교수 등 전문 연구자들의 깊이나 폭을
따라갈 수 없지만 이미 일이 다 끝나고 한참 뒤에야 이를 종합하고 분
석하는 연구자들과 달리 진행 중인 상황을 신속하게 정리하고 판단해
서 보고하는 장점이 있다고들 얘기한다. 내 책이 그러한 기자의 장점을
살렸는지 모르겠으나 그건 독자의 평가에 맡기겠다. 읽히고 씹히는 광
영을 누릴 수 있기를 감히 소망해본다.

　　마음산책 편집팀에 감사드린다. 수록한 글들 다수가 읽은 책에 대
한 리뷰이거나 그것을 사유의 매개로 쓴 것이어서 여기서 일일이 거론
할 수는 없지만 그 책들을 쓴 분들께도 감사드리지 않을 수 없다. 책
품평의 노고를 마다하지 않은 한홍구 교수께도 감사드린다.

2013년 1월

한승동

역사,
시간의 허물을
벗기다

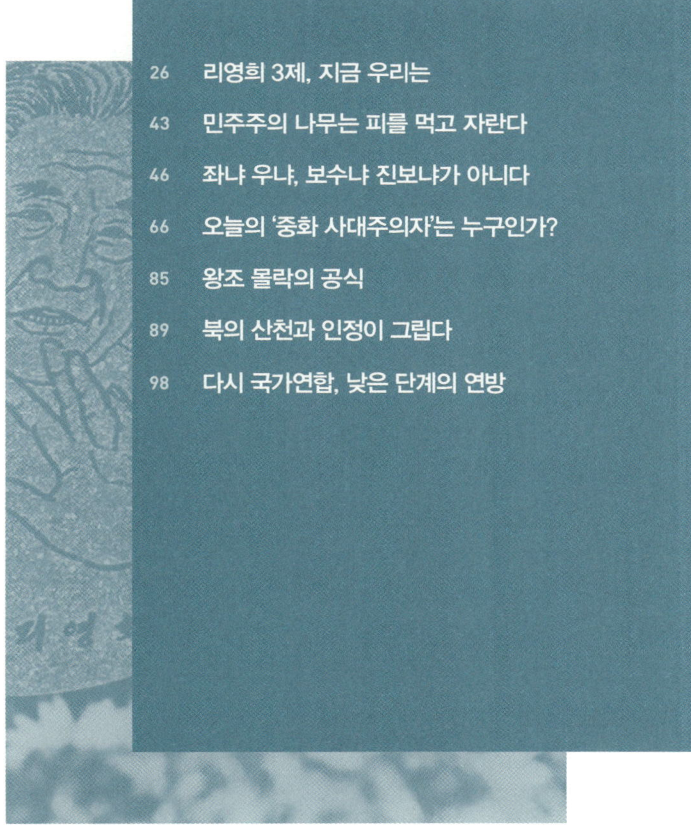

한국,
이념 권하는
사회

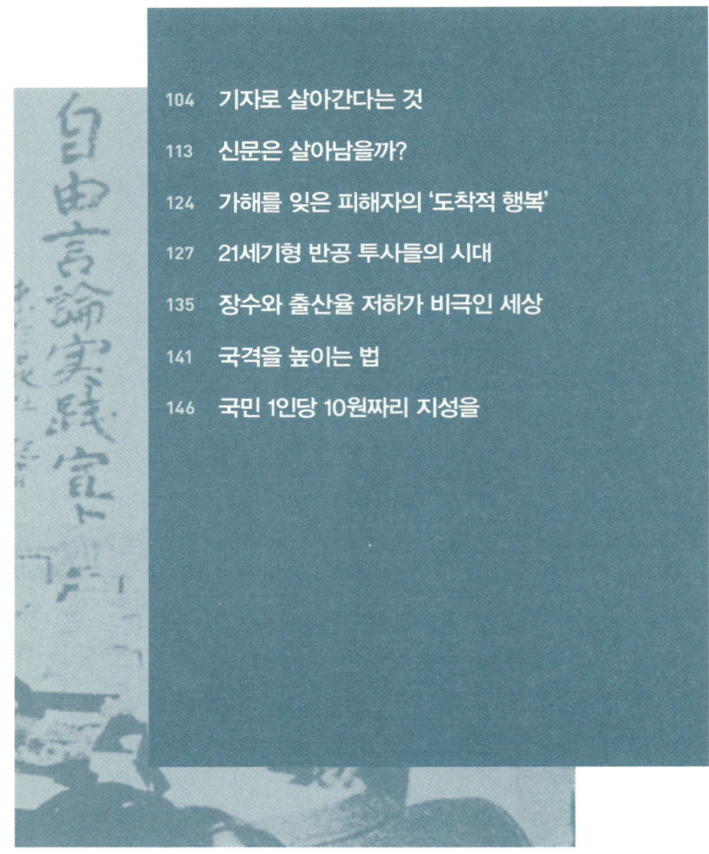

아시아, 그리고 반도의 삶

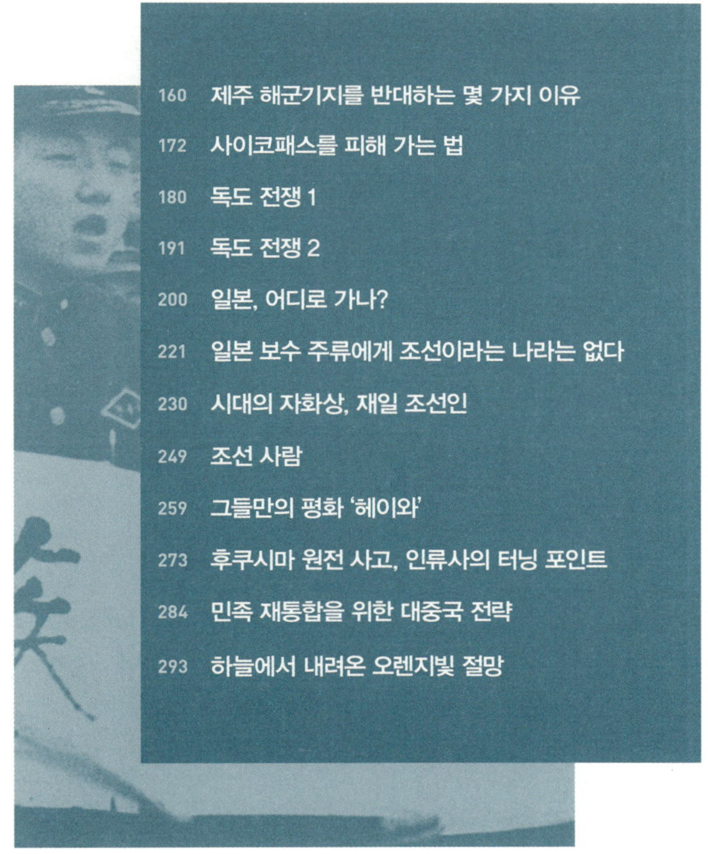

우리 진화의
귀착지

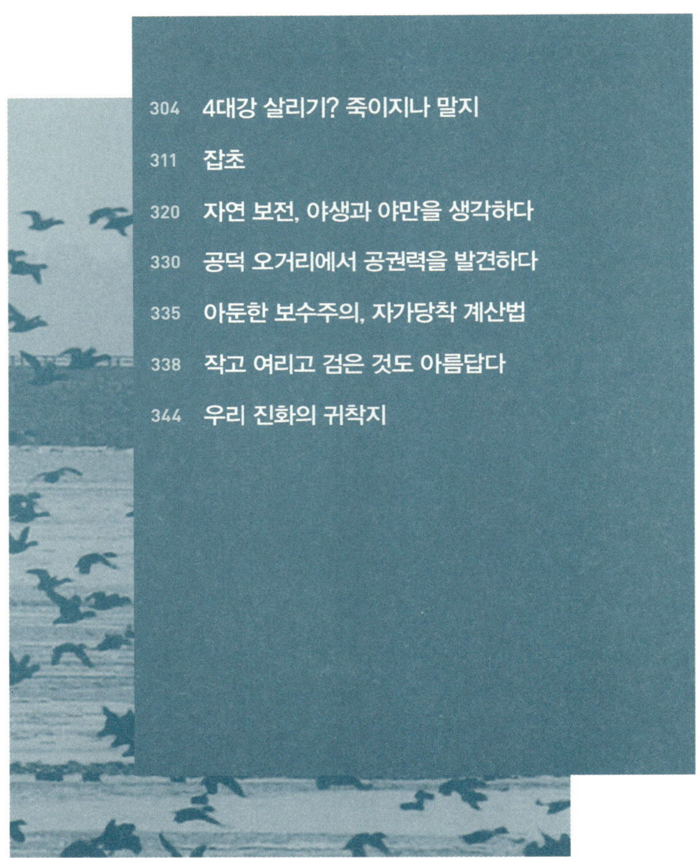

행간의 생각들

경험적으로 우리는
진보냐 보수냐, 좌냐 우냐가 아니라,
세상을 그래도 모두 함께 잘되기를 바라며
양심적으로 열심히 살아온 사람들이냐,
아니면 비열하게 남을 해치며 더럽게 살아온 자들이냐,
또는 자기 욕심만 채우려 안달해온 자들이냐가
문제의 핵심이라는 걸 안다.

일러두기

1. 본문의 주석은 지은이가 쓴 것이다. 각주 또는 괄호로 묶었고, 뜻풀이에 해당하는 것은 글줄 상단
   에 맞춰 작게 표기했다.
2. 국내 번역·출간된 책은 우리말 제목을 실었고, 번역되지 않은 책은 직역한 뒤 원제를 병기했다.
3. 외국 인명·지명·작품명 등은 '외래어 표기법'을 따르되, 관용적 표기와 동떨어진 경우 절충하여
   실용적 표기를 따랐다.
4. 책 제목은 『 』로 묶었고, 편명은 「 」로, 신문·잡지·영화·공연·노래 제목은 〈 〉로 묶었다.

역사,
시간의 허물을
벗기다

리 영 희 선생

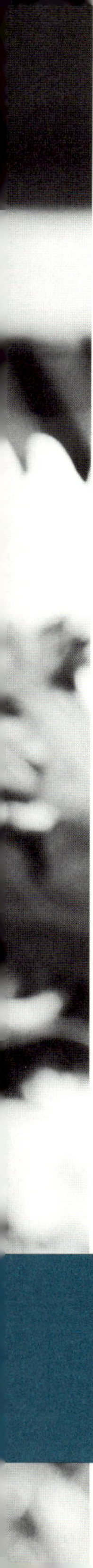

그는 한국 현대사 최강의 우상 파괴자들 중 한 명이었으며,
그의 유일한 무기는 '진실'이었다.

광주 국립5·18민주묘지에 안장된 리영희 선생의 묘비.

리영희 3제,
지금 우리는

1. 리영희의 생애 — 노병은 죽지 않는다

"노병은 결코 죽지 않는다. 다만 사라져갈 뿐이다."

2009년 5월, 위중한 중에도 따님에게 구술한 〈한겨레〉 창간 22돌 격려 메시지에서 리영희는 더글러스 맥아더가 자신의 퇴임사에서 인용해 유명해진 이 19세기 말 풍자가의 한 구절을 떠올렸다. 그 말을 한 장군을 존경하진 않는다며 그는 "20여 년 전의 상황과 같은 험난한 현실"이 다시 찾아왔는데도 "여러분과 동석하지 못함을 몹시 슬퍼한다"라고 했다.

자신이 '야만의 시대'라 했던 한국 현대사의 미몽을 깨운 '가장 영향력 있는' 지식인이요, 그를 두려워하고 미워한 자들에겐 '의식화의 주범'이었던 리영희는 마침내 사라졌다. 그러나 그가 말한 대로 그는 결코 죽지 않을 것이다.

나의 삶을 이끌어준 근본이념은 '자유自由'와 '책임責任'이었다. (…)
진정한 '지식인'은 본질적으로 '자유인'인 까닭에 자기의 삶을 스스로 선택하고, 그 결정에 대해서 '책임'이 있을 뿐만 아니라 자신이 존재하는 '사회'에 대해서 책임이 있다는 믿음이었다. 이 이념에 따라, 나는 언제나 내 앞에 던져진 현실 상황을 묵인하거나 회피하거나 또는 상황과의 관계 설정을 기권으로 얼버무리는 태도를 '지식인'의 배신背信으로 경멸하고 경계했다. 사회에 대한 배신일 뿐 아니라 그에 앞서 자신에 대한 배신이라고 여겨왔다. 이런 신조로서의 삶은 어느 시대 어느 사회에서나 그렇듯이 바로 그것이 '형벌刑罰'이었다. 이성理性이나 지성知性은커녕 '상식'조차 범죄로 규정됐던 '대한민국'에서랴.(『대화』, 한길사, 2005)

40년 전에 리영희는 상식조차 범죄가 되는 이 땅의 현실을 '조건반사의 토끼'에 비유했다. 모두가 입을 다문 채 "'중공'이라는 말만 들으면 즉각적으로 '기아' '괴뢰' '피골상접' '야만' '무과학' '반란' '정권 타도' '침략' '호전'" 등을 떠올리도록 훈련된 조건반사의 토끼들. 1970년대 한국 사회에 강력한 지적 충격파를 가하며 리영희의 존재를 대중에게 본격적으로 알린 첫 단행본 『전환시대의 논리』(창작과비평사, 1974)에 재수록된 「조건반사의 토끼」(1971)에서 그는 토끼장을 벗어나야 한다고 절박하게 호소했다. 그의 글에서 '중공' 대신 '북한'을 넣어보라. 지금 우리는 과연 그 토끼장에서 벗어났을까.

저 멀리 수평선상에 아득히 주름살 같은 파도가 서서히 다가오고 있는 것이 보인다.

주름살처럼 분간도 할 수 없는 작은 파도가 우리의 시야 속에 들어설 때는, 그 하나하나가 해일과 같은 폭발력을 가진 파도인 것을 알게 될지도 모른다. 발밑에 시선을 둘 것이 아니라 세계라는 넓은 수평선 위로 시선을 옮겨야 할 때가 왔다.

그리고 닥쳐오는 세계정세의 파도 속에서 굳건히, 현명하게 그리고 평화스럽게 우리의 생을 영위하기 위해서 해야 할 제1의 과제는 사상의 조건반사적 토끼가 되지 말아야 하는 일이겠다.

1971년 말 중국(중공)이 유엔 안보리 상임이사국이 됐고 대만은 밀려났다. 다음 해 닉슨이 중국을 방문했으며, 베트남전 개입을 위해 '통킹 만 사건'을 조작한 사실을 폭로당한 미국은 아시아에서 일본의 역할을 강화하기 위한 재무장을 서둘렀고 한국을 그 하부 체제로 더욱 깊숙이 옭아넣었다. 한반도 안보 지형을 바꿔버린 그 해일의 연장선상에서 '10월유신'이 선포되고 박정희 영구 집권 체제가 들어섰다. 사람들은 까맣게 몰랐고 그런 일이 벌어진 뒤에도 그 의미를 제대로 알 수 없었다. 그것을 간파하고 "형벌"을 감수하며 대중에게 알린 이가 리영희다.

그 글을 쓸 무렵 그는 군부독재·학원탄압 반대 '64인 지식인 선언'에 가담했다가 이미 언론사에서 두 번째 강제 해직을 당했다. 그다음 해에 박정희 유신 독재 체제가 시작됐고, 그 3년 뒤 이 글을 수록한 『전환시대의 논리』는 『천체의 회전에 관하여』를 '사실'이 아니라 '가설'로 발표해야 했던 코페르니쿠스처럼 역시 '가설의 해설서'임을 서문에 적어야 했다.

그럼에도 이 책은 1977년에 나온 『우상과 이성』(한길사), 『8억인과의 대화』(창작과비평사)와 함께 토끼장에 갇히기를 거부한 그를 반공법의 이름으로 2년 간 감옥에 가두는 구실이 된다. 그리고 1980년 '광주소요 배후 조종자'로 구속, 그해 다시 교수직에서 해직(1976년에 1차 해직), 1984년 기독교사회문제연구소 주관 반통일적 교과서 시정 연구회

지도 사건으로 구속, 1989년 〈한겨레〉 창간 기념 북한취재단 방북 기획 건으로 구속 등 모두 아홉 번의 연행과 다섯 번의 기소 또는 기소유예, 1000일을 넘긴 세 번의 징역살이……. 그 후유증으로 그는 쓸개를 떼어내야 했고, 만성 기관지염으로 고생했으며, 성한 이빨이 없었다. 2000년에는 뇌출혈로 쓰러져 오른쪽 반신마비가 돼 고생하다 말년에 간 기능 악화로 입원 치료를 받아왔다.

1968년 소설가 선우휘는 〈조선일보〉 편집국장이 되자마자 〈합동통신〉에 있다가 1964년에 스카우트돼 그다음 해부터 외신(국제)부장을 맡고 있던 리영희를 난데없이 조사부장으로 발령 냈다. 1년 뒤에는 직제에도 없던 심의부라는 걸 만들어 다시 거기로 보냈다. 나가라는 얘기였다. 사표 제출을 거부하는 그에게 선우휘는 베트남 파병을 정당화하기 위한 정부의 언론사 외신부장들 현지 시찰 주선을 두 번이나 거절한 것이 '사상적으로 문제'가 되고 회사와 정부의 반공 정책에도 어긋난다며 "타협의 여지가 없다"라고 통고했다.(『동굴 속의 독백』, 나남출판, 1999) 이후 거듭되는 언론사·교수직 해직의 시작이었다. 그 사건 뒤에는 특별 대우를 약속하며 리영희에게 베트남행을 요구한 중앙정보부가 있었다.

그 4년 전인 1964년엔 제2차 아시아아프리카회의(비동맹 그룹)가 남북한을 동시 초청해 유엔 동시 가입 가능성을 토의할 것이라는 특종을 썼다가 '국가 기밀을 누설한 이적 행위'(반공법 위반)로 1심에서 징역 1년에 집행유예를 선고받았다. 1961년엔 쿠데타로 집권한 박정희 국가재건최고회의 의장의 첫 미국 방문 수행 기자로 갔다가 도중에 본국으로 조기 소환당했다. 역시 특종 보도 때문이었다. 다른 언론사들이 박정희·케네디 회담에서 미국이 군사원조도 하고 경제원조도 하고 쿠데타에 대한 정치적 승인도 해주기로 했다는 '박정희 외교의 대성과'를 선전했을 때 리영희는 케네디 쪽이 조속한 민정 이양과 군의 원대 복귀, 조속한 한일 국교 정상화, 베트남 사태 협력 등을 촉구했다는 '놀라운' 내용을 타전했다. 평생 '특종 기자' '진짜 기자' 리영희의 특종 행진은 그때부터 시작됐다. 그때 그와 함께 워싱턴에서 현지 특파원과 도쿄 특파원까지 합세해 3인 1조의 취재단을 꾸렸지만 리영희에 '물 먹은' 유력 신문 기자들은 그 뒤 국회의원, 부총리, 국회의장 등으로 출세 가도를 달렸다. 청와대는 그 뒤 '방미 외교 성공 축하 파티'를 열면서 그들만 불렀고 리영희에겐 초청장도 보내지 않았다. 신문사 외신부장 시절 그 밑에서 기자 훈련을 받았던 기자 대다수가 1970년대 중반 언론 탄압에 저항하다 해직당했으나 그때 "사사건건 반공주의만 고집"하며 따로 놀던 한 사람은 출세를 거듭해 그 신문의 기둥이 돼 있다.

나의 글을 쓰는 유일한 목적은 진실을 추구하는 오직 그것에서 시작되고 그것에서 그친다. (…) 그것은 우상에 도전하는 이성의 행위다. 그것은 언제, 어디서나 고통을 무릅써야 했다. 지금까지도 그렇고 영원히 그러하리라고 생각한다. 그러나 그 괴로움 없이 인간의 해방과 발전, 사회의 진보는 있을 수 없다.(『우상과 이성』)

그는 자신이 해온 일을 "오랫동안 미신처럼 남한 사회에서 믿어오던 '허위'와 여러 가지 크고 작은 정치적·사상적 우상의 가면을 벗기는 일"이라고 했고, '리영희 저작집' 마지막 제12권 『21세기 아침의 사색』(한길사, 2006), 50여 년에 걸친 자신의 연구와 집필 생활의 마무리이기도 했던 그 책에서도 말했다. "난 휴머니스트입니다. 인도주의자 그리고 평화주의자이고, 덧붙인다면 우상 파괴자!" 그렇다. 타협을 몰랐던 선비 리영희, 그는 한국 현대사 최강의 우상 파괴자들 중 한 명이었으며, 그의 유일한 무기는 '진실'이었다. 그를 가둔 자들을 두려움에 떨게 하고 그 자신을 일평생 고통 속에 몰아넣은 괴물은 '진실'이었다. 그 빛에 비춰 보면, 그의 생애를 관통했던 고난이 곧 그의 영광이었다.

리영희는 1929년 금광으로 유명했던 평안북도 운산군의 북진면이라는 외진 곳 유복한 집안에서 태어났다. 하지만 주로 자란 곳은 다섯 살 때 영림서 직원이었던 아버지를 따라 옮겨간 삭주군 외남면 대관동이다. 김소월이 "물로 사흘 배 사흘 (…) 산 넘어 먼 육천 리"(「삭주구성」)라고 노래했던 대관은 말년의 그가 "오늘까지도 해가 갈수록 더 그리워지는 추억"(『역정』, 창작과비평사, 1988)이 서린 고향이었다. 거기에 남은 형과 작은 누이를 그는 끝내 이승에선 다시 만나지 못했다.

광복 한 해 전인 1944년 소학교(초등학교)를 졸업하고 서울의 경성공립학교 전기과에 들어갔다. 동창도 친구도 없이 살아야 했던 가난하고 외로운 그 시절, 오직 스스로를 단련하고 키워야 했던 고달픈 서울 유학 생활이 연줄을 거부하고 타협을 물리쳤던 나중의 '외로운 호랑이' 리영희의 탄생을 가능케 했을 것이며 그거야말로 새옹지마일 수 있다고 말한 사람도 있다. 1946년 그가 국립해양대학 항해과(2기)를 택한 것도 그런 간난과 무관하지 않다. 학비가 면제되고 숙식을 비롯한 경비 일체를 국가가 부담한다는 모집 공고를 보고 그는 "구세주를 만난 것 같았다"라고 했다. 재학 시절 여순반란사건을 현장에서 목격했고 백범 김구에 경도됐던 리영희는 졸업 뒤 친구 아버지가 교장으로 있던 경북 안동공립중학교 영어 교사가 됐으며, 전쟁이 터진 뒤 영어 교사를 우대한다는 미군 상대의 연락(통역)장교 모집에 응했다. 이후 7년, 백발백중의 권총 명사수였던 그는 군의 부패와 폭력, 병무 행정의 난맥상, 미국의 이면을 무참하게 경험하면서 "국가관과 전쟁관, 그리고 이 사회에서 살 앞으로의 나의 마음가짐 같은 것에, 말하자면 코페르니쿠스적 전환"이 일어났다.

리영희가 언론사 기자가 된 것은 말년 통역장교 시절 부산 양정동의 여덟 평짜리 셋집 변소에서 우연히 찾아낸 신문 밑바닥 기자 모집 광고 때문이었다. 1957년 리영희는 남다른 영어 실력을 밑천 삼아 당시 한국 최대 통신사였던 〈합동통신〉에 입사했고, 통신사 일을 하면서 1959년부터 1961년까지 〈워싱턴 포스트〉의 통신원(4·19혁명 전까지는 익명)으로 활약했다. 지금도 〈워싱턴 포스트〉를 뒤지면 나오는 그의 기사들은 미국 사회에 당시 다른 누구도 하지 않았고 또 할 수 없었던 이승만 독재 정권 치하의 한국 실정 제대로 알리기를 한 셈이 됐고 그것은 이승만 하야에도 영향을 끼쳤다. 그 활약 덕에 1959년 그는 '풀브라이트 장학생'으로 미국 노스웨스턴대학에서 신문학 연수를 받을 수 있었고, 귀로에 들른 일본 도쿄 서점에서 사 들고 온 책들 중의 하나가 님 웨일스의 『아리랑』이었다. 중국공산당에서 활동한 조선인 혁명가 김산(본명 장지락)의 생애를 담은 그 책은 리영희가 본격적인 중국연구자가 되는 데 영향을 끼쳤으며, 1960년대부터 1970년대 한국 사회에서 은밀히 돌려 읽던 금서였다가 1984년 번역 출간돼 공전의 베스트셀러가 됐다.

'야만의 시대'에 맞선 강력한 '전사', '의식화의 교사'가 됐지만 리영희는 타고난 투사형 또는 '음침한 의식화의 원흉'은 결코 아니었다. "소음을 참을 수 있는 능력은 그 사람의 지적(정신적) 수준과 반비례한다"라는 영국 속담까지 인용할 정도로 시끄러운 것을 못 견뎌 하고 행동의 절제를 미덕으로 안 그는 자신이 소심한 사람이라며 이런 말도 했다. "나는 문익환 목사처럼 낭만주의자가 못 되고, 용기도 없는 사람이야. 다만 냉철한 현실감각으로 판단하고 행동하는 사람이니까."(『대화』)

그는 결코 대세나 주류에 영합하지 않았다. "주류가 아무런 근본적 인식 없이 그냥 거죽만 보고 한 방향으로 쏠릴 때 나는 항상 비주류일 수밖에 없었다."(2007년 인터뷰)

리영희의 정신적 제자임을 자처하는 한 학자가 2006년 계간지에 '리영희 교수의 공과를 되묻겠다'며 리영희 비판을 실었고, 한 유력 중앙 일간지가 「그가 남긴 비체계적인 인본적 사회주의, 우리 사회 시장맹·북한맹 만들어」라는 제목을 달아 크게 다뤘다. 그 글은 '직관적' 사회주의자 리영희가 자본주의 우상 대신 사회주의 우상을 세웠다며 "조야하고 도식적인 그의 인본적 사회주의는 시장맹과 북한맹을 배태하면서 우리 시대를 계몽함과 동시에 미몽에 빠뜨렸다. 리영희는 결국 냉전 반공주의가 압살한 불행한 시대의 자식"이었다고 주장했다.

정권 재탈환을 부르짖던 세력의 이념·색깔 전쟁이 한창이던 시기에 나온, 신자유주의 냄새 풀풀 나는 그 비판에 대해 그거야말로 우스꽝스러운 '리영희 숭배'라고 비꼰 강준만 전북대 교수는 리영희가 사회주의 체제 붕괴 이후 누구보다 먼저 그리고 적극적으로 사회주의 실패를 화두로 삼아 고민하면서 사람들에게 시대 변화에 따른 사고 전환을 촉구해온 사실을 지적하고, "리영희는 사상의 은사라기보다는 성찰의 대부"요 "좌우를 뛰어넘는 우리의 소중한 지적 자산"이라 평가했다. 홍윤기 동국대 교수는 리영희가 시장 체제의 모순과 고통을 집요하게 비판하고 고발하기는 했지만 사회주의자가 아니라며 그를 "비판적 계몽의 선도자"로 자리매김했다. 홍 교수는 "볼테르더러 마르크스가 못 됐다고 비판하면 공정한 비판이 되겠습니까"라고 되묻고, '시장의 실패'에 눈감은 그런 비판이야말로 얼치기 사회과학이 아니냐고 역비판했다.

진실을 얘기했다는 이유만으로 '빨갱이'가 되고 감옥에 가야 했던 엄혹했던 시절에 그들은 어디에 있었던가. 그리고 오늘날 50퍼센트에 달하는 비정규직이 상징하는 양극화를 초래한 신자유주의 '시장맹'과 속수무책의 강경 대응으로 일관하고 있는 '북한맹'이 왜 리영희 탓이라는 걸까. 리영희야말로 이기적인 미국 자본주의가 초래할 파국적 '시장맹'을 경계하라고 경고해오지 않았던가. 그리고 '조야하고 도식적인' 냉전 반공주의의 '북한맹'과 그것이 초래할 비극을 경고하면서 대안을 역설해오지 않았던가. 비판자들이야말로 미몽에서 어렵게 건져 올린 계몽을 다시 미몽에 빠뜨리고 있는, '냉전 반공주의가 압살한 불행한 시대의 자식'들이라는 역비판에 그들은 어떻게 대답할까.

'연평도 사태'는 남의 시장경제와 북의 사회주의를 절반씩 도입하는 "체제 수렴적 통일", 비핵·중립화의 공동체적 동북아시아 평화 체제를 끊임없이 주창해온 사회민주주의자 리영희의 민족 문제 해법이 옳았음을 다시 한 번 보여주었다.

2006년 인터뷰 때 리영희는 "미국이 장차 동북아에서 강대해지는 중국과, 과거 소련에 대해 그랬던 것처럼 전쟁을 하려는 건 분명한 사실이다. 미국으로선 그 때문에 일본의 군사 대국화가 필요하고 남한은 거기에 '0.5 군사 국가'로 덧붙이려 한다. 특히 강대국으로 행세했던 일본의 과거에 대한 향수는 지극히 강하다. 지금의 이런 동북아 상황은 1930년대 초와 아주 흡사하다"라는 준열한 정세 인식과 함께 그들에 동조하는 국내 기득권 세력의 지배욕을 비판했다. 그래서 맥아더를 좋아하지 않는다고 했듯이, 최후 순간까지 그의 정신은 쉬지 않았다.

2. 리영희의 통일관 — 체제 수렴과 사민주의 그리고 미국 경계

변함없이 그것이 유일한 방법이라고 생각한다.

　　2005년에 출간된 『대화』에서 리영희는 자신이 1990년대 초 서울대 신문연구소와 문화방송(MBC)이 공동 주최한 학술 심포지엄에서 발표한 '동북아 지역의 평화적 질서 구축을 위한 제언'을 언급하면서 남북문제, 나아가 통일(그는 '재통합'이라는 말이 더 적합하다고 했다) 문제 해법은 여전히 그 길밖에 없다고 말했다. "북한의 핵이나 남한의 핵이나 한반도의 비핵화, 가능하면 궁극적으로 통일 한국의 비핵화·중립화로 동북아시아 6개국의 공동체적 평화 체제를 구축할 수 있지 않을까 하는 생각을 했어요."

　　그러면서 그는 남북이 각각 자체 수정을 거쳐 서로를 닮아가는 '체제 수렴적 통일'론을 주창했다. "남북한이 시장경제와 사회주의를 절반씩 도입해서 비슷한 경제·문화가 되어야 각기 국민(인민)의 행복이 증진될 수 있어요. 그렇게 서로 상대방의 장점을 절반씩 가미한 제도의 국가는 통합되기가 쉽지." 2004년 한홍구 성공회대 교수와의 대담에서도 그는 "현재의 이질적인 두 체제를 재통합하기 위해서는 체제 수렴적인 방식밖에 없다"라고 했고, 이미 1988년 8월 잡지 〈말〉과의 인터뷰에서도 그런 발상의 윤곽을 피력했다.

　　"남북이 상대방의 체제를 인정하고 일정 기간 연합의 형식으로 두면서, 두 지방 국가의 대표 기구가 쌍방의 두 지방 국가 내부의 경제구조라든가 이질적인 요소를 순차적·단계적으로 수정, 변화시켜나가는 형식을 고려해볼 수도 있을 것입니다." 2000년 6·15남북정상회담에서 합의한 '느슨한 국가연합, 낮은 단계의 연방' 방식의 통일 방안이 이와 크게 다르지 않고, 1989년 4월 문익환 목사가 평양에서 김일성 북한 주석과 합의한 통일 방안과도 별로 다르지 않다. 그래야 남북이 서로 접근할 수 있는데, "현재의 체제로는 대립과 충돌, 심지어 전쟁을 피할 수 없어요." 이번 연평도 사태는 물론, 그 전의 몇 차례 서해 교전을 통해서도 그의 우려는 이미 현실화했다.

이는 그의 사회민주주의 소신과도 밀접하게 얽혀 있다. "나의 결론은 인간은 물질적 요소로 존재하는 동물이니까 자본주의적 요소로 말미암은 필연적인 비인간화적 결과를 5할 정도의 선에서 인정하고, 그러나 그것으로 인해 일어날 수 있는 인간성 파괴의 측면을 보완하기 위해 게마인샤프트^{공동체} 사회적 사회주의적 요소를 5할 정도 융합하는 방식인 사회민주주의적 체제가 현실적으로는 결함과 약점이 없진 않지만, 그래도 인류 사회의 현 발전 단계에서는 가장 낫고, 사회주의 없는 미국식 체제보다 우월하다고 확신해요."

그러나 리영희는 그러기에는 두 가지 중대한 장애가 가로놓여 있다고 지적한다. 하나는 그가 "파시즘의 초기 단계를 넘어서고 있다"고 본 우리 내부의 기득권자들, 그리고 또 하나는 그들이 기대고 있는 미국이라는 나라다. "우리 경제는 미국 자본주의 경제구조 속에 강력히 편입되어 있는 상태입니다. 때문에 극단적으로 불평등한 경제구조를 평등하게 만들려고 시도할 때, 관련된 강력한 기득권 세력이 야기하는 내적인 요소와의 투쟁뿐만 아니라 주로 미국을 축으로 한 큰 구조와의 모순 해결도 동시에 수행해야 합니다."

리영희는 분단을 주도한 미국의 남한 지배가 한반도 문제의 출발점이자 본질이며, 그 미국과의 모순 관계를 해소하지 않고는 한반도 안보위기 해소는 물론 남북문제, 재통합 문제도 해소할 길이 없다고 본다. 북핵 문제도 거기에서 시작됐으며, 그것을 해소하기 위해서는 남한과 미국이 막대한 군사비 투입을 중단해야 하고, 북한을 우선적인 공격 대상으로 겨냥한 미국 군부, 즉 우파 네오콘^{neo-conservative, 공화당을} ^{중심으로 한 미국 신보수주의자들} 세력의 전략이 철회돼야 한다고 주장한다.

김삼웅 전 독립기념관장과의 2010년 8월 27일 병상 인터뷰에서도 리영희는 "서해와 남해에 미국 항공모함이 그렇게 마음대로 오가는" 상황이 중국을 자극하면서 위기를 심화시킬 것이라며 지금을 "(을사) 조약 시기, 강제 병탄 직전인 1905년, 거의 사실상 국가를 상실한 그 시기로 본다"라고 말했다. 다만 강제 병탄 주체가 일제에서 미국으로 바뀌었을 뿐이라는 것이다. 2006년 인터뷰 때는 이런 말도 했다. "100년 전과도 비슷하고 주변 열강들에게 우리가 농락당한 1920년대 이후 상황과 더욱 비슷하다. 1920~1930년대는 바로 제국주의 각축전이 치열하게 전개된 시대다. 그럼에도 상당히 다른 점은 미국, 일본 그리고 영국까지 포함한 진영에 대항하는 러시아 중국 쪽이 전쟁이나 지역적으로 위기 상황을 조성할 동기가 없다는 것이다. 자신들에게 해로우니까. 건설과 평화 쪽이 그들에겐 유리하다. 문제는 역시 지금도 100년 전과 마찬가지 입장을 추구하고 있는 미국과 일본 영국이다. 이들 남북 분단 고착화를 노리는 외부 세력 때문에 우리의 내부 갈등 구조가 지속되고 있다."

남북문제, 한반도 통일문제 해결은 결국 그런 안팎의 모순을 해소하는 것과 동전의 양면을 이루고 있으며, 그 해소의 주체는 각성한 시민 또는 민중일 수밖에 없다고 리영희는 생각했다. 그는 그런 자각과 각성을 향한 고행길에서 오직 진실을 무기로 타협 없는 불굴의 전사가 됐다.

3. 그의 책들 — 하늘이 무너지는 충격

나는 그 책을 밤새워 읽었고, 그 후에도 읽고 또 읽었다. 그 책을 먼저 발견한 동료가 내게 권했던 것처럼 나 역시 만나는 동료와 후배

들마다 그 책을 권했다. 그러나 그 책은 우리가 지닌 상식에 어떤 것을 보태어 '주는' 것은 아니었다. 오히려 이런 메시지를 전해주었다. '네 머릿속에 들어 있는 상식을 버려라. 네가 진실로 믿고 있는 많은 것들은 허위의식, 그러한 미신들을 네 머릿속에 주입한 이 우상들의 세계의 본질을 꿰뚫는 새로운 눈으로써 이 세계를 다시 바라보라.' (…) 그래서 진실을 안 데 대한 최초의 반응은 기쁨이 아니라 '두려움' 일 수밖에 없었다.(김세균 서울대 교수)

'그 책'을 읽고 김동춘 성공회대 교수는 "하늘이 무너지는 충격을 받았다"라고 했고, 같은 대학 조희연 교수는 "이미 나 자신의 일부가 되어버린 냉전적 의식 및 사고의 깊은 중독 상태에서 벗어나는 지적 해방의 단비를 맛보았다"라고 했다.

1974년에 창작과비평사가 펴낸 리영희의 평론집 『전환시대의 논리』. 리영희라는 새로운 민주주의 전사, 우상 파괴자의 등장을 알린 그의 첫 단행본은 1970년대 유신 전체주의 억압 체제하에서 "'전논'이라는 은어로 불리면서 학생과 노동자들 사이에 '해일과 같은' 폭발력으로 퍼졌다".(『리영희 평전』 김삼웅 지음, 책으로보는세상, 2010) 금서가 된 이 스테디셀러는 이처럼 권력의 감시망을 뚫고 떠돌고 회자되면서 20세기 말 한국 사회 격동을 예비했다. 87년 체제와 민주 정부 탄생이 상징하는 한국 민주화와 변혁 운동의 이론적·실천적 주역들 다수가 그 세례를 받았다. 그런 점에서 리영희는 분명히 '의식화의 원흉'이요 '주범'이었다. 베트남전에 개입하기 위한 미국의 '통킹 만 사건' 조작 사실을 폭로한 대니얼 엘스버그와 그 사실을 보도한 〈뉴욕 타임스〉의 보도 태도를 부각시키고, 냉전 의식에 사로잡혀 미국 사회를 분열과 해체 상태로 몰아가던 반공주의 세력을 비판하면서 권력의 언로 차단과 비밀

주의, 자유 억압이 결국 비극으로 귀결될 수밖에 없음을 논한 그 책 제
1장은 이후 평생 변하지 않을 우상 파괴자 리영희의 존재 방식에 대한
예시였다. 코페르니쿠스처럼 '가설'임을 전제로 여섯 개의 장으로 구성
한 그 책은 중국에 대한 접근을 축으로 한 이른바 '닉슨독트린'에 따른
연쇄반응인 주한 미군 감축, 그 자리를 대신할 일본의 군사적 재무장,
그리고 그것이 야기할 한반도 정세의 그야말로 코페르니쿠스적 전환
에 대한 분석과 전망을 담고 있으며, 아무것도 모른 채 조건반사의 토
끼처럼 권력과 외세의 조종에 놀아나던 한국인들에게 토끼장에서 벗
어나라고 절규한다. 그가 전한 사실 자체가 충격이었으며, 그것은 결연
하고 처연했던 그 뒤 한국 사회의 변혁을 예고했다.

"나의 글을 쓰는 유일한 목적은 진실을 추구하는 오직 그것에서
시작되고 그것에서 그친다. (…) 그것은 우상에 도전하는 이성의 행위
다. 그것은 언제나, 어디서나 고통을 무릅써야 했다. (…) 그러나 그 괴
로움 없이 인간의 해방과 발전, 사회의 진보는 있을 수 없다"라는 유명
한 선언적 머리말이 실린 『우상과 이성』은 『전환시대의 논리』 출간 이
후의 세상 변화까지 담은 그 책의 '속편' 성격을 지니면서 그 책과 더
불어 리영희의 초기 대표작으로 꼽힌다. 광복 32주년의 반성과 중국이
라는 나라, 베트남전 총평가, 냉전과 독일 통일 문제 등을 담아 시야는
더욱 넓어졌다. 이 책 두 달 전에 『8억인과의 대화』가 나왔다. 1974년에
한양대가 설립한 중국문제연구소를 맡은 리영희의 중국 연구 성과를
담은 『8억인과의 대화』는 해외 중국 전문가들 저술의 편역이었음에도
출간 약 두 달 만인 그해 11월 1일, 중장정보부가 판매 금지 조처를 내
렸다. 그 책이 판금당한 바로 그날 『우상과 이성』이 출간됐다.

1970년대 중반 이후 유신 체제에 대한 저항이 거세지던 그 상황에
서 당국은 그 이념적 배후로 리영희를 지목했고 『전환시대의 논리』와

『8억인과의 대화』『우상과 이성』은 그를 반공법으로 옭아넣는 구실이
됐다. "1977년 11월 23일 아침 7시, 나는 집에서 세 사람의 낯선 손님
의 방문을 받았다. 그들은 다짜고짜로 서재로 올라가 수백 권의 책을
훑어 꾸린 다음 '잠깐 조사할 일이 있으니 함께 가자'고 했다." 그가 끌
려간 곳은 남영동 치안본부 대공분실이었고, 1980년 초에야 그는 광
주교도소에서 출감했다.

　　『80년대의 국제정세와 한반도』(동광, 1984), 『분단을 넘어서』(한길
사, 1984), 『역설의 변증』(두레, 1987)은 이스라엘-아랍 등 제3세계로
그의 시선을 더욱 넓히는 한편, 문화적 접근 단계를 넘어 군사협력 체
제로 나아가던 한일 보수 정권 유착 관계의 진화와 이를 뒤에서 조종
한 미국의 세계정책 구상 분석을 중심으로 핵 문제와 통일 문제에 대
한 인식을 심화시킨 그의 '80년대' 저작들이다. 이들 80년대 저작 중
에서 특별한 책 하나가 그의 탄생부터 5·16쿠데타 직후 그의 30대까
지의 삶을 뒤돌아본 『역정』이다. 문학적 감수성이 풍부하게 녹아 있
는 이 책의 내용은 이후 말년까지 그가 여러 글과 책에서 회고하고 재
인용한 그의 삶의 형적들의 원형을 이룬다. 고향에 대한 애틋한 기억
들, 가난했던 서울 유학 시절, 문사 기질의 그가 경성공립학교 전기과
와 국립해양대 항해과에 들어가게 된 삶의 궤적과 백범 김구를 연모하
며 4·19혁명에 뛰어들었던 얘기, 미군 통역장교 등으로 복무한 7년간
의 군대 생활, 그때 목도한 군과 국가의 부패와 부도덕이 그의 인생 지
침을 돌려놓게 되는 과정, 언론사 입문 과정 등이 흥미롭게 그려져 있
다. 장교 시절 군인들이 불쏘시개로 삼던 신흥사 목판 경전들을 구한
얘기, 술 마신 기분에 호기를 부렸다가 도리어 준엄한 꾸중을 듣고 무
릎 꿇고 사죄해야 했던 어느 진주 기생의 기개와 인간적 무게를 보며
깨친 생각 등 흥미로운 대목이 많다.

『自由人, 자유인』(범우사, 1990), 『새는 좌우의 날개로 난다』(두레, 1994), 『스핑크스의 코』(까치, 1998), 『반세기의 신화』(삼인, 1999) 등 그의 '90년대' 저작들에는 1989년 베를린 장벽 붕괴 이후 급속히 진행된 현실사회주의 체제 붕괴를 지켜봐야 했던 리영희의 인간과 사회에 대한 반성적 성찰과 고뇌가 깊게 배어 있다. 하지만 그의 1970년대적 시선과 문제의식은 일관되게 유지되며 종교·문화·언론·통일 문제를 아우르는 그의 사유는 더욱 깊고 풍성해진다. 1996년 지중해 일대를 여행한 뒤 쓴 『스핑크스의 코』는 지식·문화·종교·예술·정서 등 모든 면에서 오로지 자기 것만을 내세우며 약자에게 이를 강요한 지배적 문명, 그 폭력 숭배와 잔인성, 반지성, 반문화, 몽매와 독단이 이집트 스핑크스의 코를 무참하게 뭉개버린 사실을 지적하면서 이를 처참하게 망가진 얼굴의 한국 사회와 대비시킨다.

2005년에 문학평론가 임헌영 교수와 대담 형식으로 엮은 회고록 『대화』는 리영희의 삶과 사상의 종합편이다. 리영희의 기억을 재생시키는 역할을 맡은 임 교수의 주도면밀한 진행에 따라 리영희의 삶과 기억들은 깔끔하게 정리되고 풍부하게 종합된다. 원숙과 깊이, 그리고 삶에 대한 달관의 경지까지 느낄 수 있는 『대화』는 『전환시대의 논리』의 문제의식이 세상과 사투를 벌이며 마침내 당도한 변증법적 종합이라 할 수 있다.

나의 삶을 이끌어준 근본이념은 '자유'와 '책임'이었다. (…) 진정한 '지식인'은 본질적으로 '자유인'인 까닭에 자기의 삶을 스스로 선택하고, 그 결정에 대해서 '책임'이 있을 뿐만 아니라 자신이 존재하는 '사회'에 대해서 책임이 있다는 믿음이었다. 이 이념에 따라, 나는 언제나 내 앞에 던져진 현실 상황을 묵인하거나 회피하거나 또는 상황과의 관계 설정을 기권으로 얼버무리는 태도를 '지식인'의 배신으로 경멸하고 경계했다. 사회에 대한 배신일 뿐 아니라 그에 앞서 자신에 대한 배신이라고 여겨왔다. 이런 신조로서의 삶은 어느 시대 어느 사회에서나 그렇듯이 바로 그것이 '형벌'이었다. 이성이나 지성은커녕 '상식'조차 범죄로 규정됐던 '대한민국'에서랴.

2006년에 한길사가 기존 저서에 담지 못한 글들을 모은 새 책 『21세기 아침의 사색』을 포함한 총 열두 권의 '리영희 저작집'을 냈는데, 『8억인과의 대화』와 『중국백서』(전예원, 1982)는 번역·편역·주해서라는 이유로, 『인간만사 새옹지마』(범우사, 1991)와 『동굴 속의 독백』 등은 기존 저서들에 담긴 내용들과의 중복이나 재수록을 이유로 제외했다.

민주주의 나무는
피를 먹고 자란다

　　22년간 피땀 흘려 쌓아온 대한민국 민주주의라는 나무가 고사하
는 데에는 채 2년이 걸리지 않았다고 611명의 해외 유학생들이 탄식했
다. 민주주의라는 나무는 피를 먹고 자란다고 말한 이는 토머스 제퍼
슨이었던가. 김수영은 4·19혁명 뒤 노래했다.

　　　　푸른 하늘을 제압하는
　　　　노고지리가 자유로웠다고
　　　　부러워하던
　　　　어느 시인의 말은 수정되어야 한다

　　　　자유를 위해서
　　　　비상하여 본 일이 있는
　　　　사람이면 알지
　　　　노고지리가
　　　　무엇을 보고
　　　　노래하는가를
　　　　어째서 자유에는

피의 냄새가 섞여 있는가를

혁명은

왜 고독한 것인가를

혁명은

왜 고독해야 하는 것인가를

─김수영, 「푸른 하늘을」

　　1789년 삼부회가 소집되고, '인간과 시민의 권리선언'이 발표되고, 바스티유 감옥이 함락되고 나서도 프랑스혁명이 정치적으로 안착하는 데는 100년 가까운 세월이 걸렸다. 1791년 헌법은 입헌군주제였고, 기요틴에서 루이 16세의 목이 떨어지고 마침내 공화정이 수립된 것은 1793년. 하지만 1804년 다시 나폴레옹이 제정을 세웠고 1814년에는 왕정복고가 이루어졌다. 1848년 2월혁명을 거쳐 제2공화정이 수립됐으나 1851년 다시 제2제정이 섰다. 1871년 민중 봉기와 파리코뮌을 거쳐 제3공화정이 수립된 것은 1875년이었다.(『푸코 & 하버마스 : 광기의 시대, 소통의 이성』) 얼마나 많은 피가 흘렀던가.

　　1979년 부마항쟁이 일어나고 그해 10월 26일 궁정동 안가에서 흐른 피! 그리고 12월 12일 신군부 쿠데타, 1980년 광주민중항쟁의 피바다! 1987년 6월항쟁, 그 뒤 20년간의 87년 체제. 그리고 이명박 정권 출범. 불과 2년도 채 되지 않아 20여 년 키워온 민주주의 나무가 고사하고 있다고 유학생들은 얘기했지만, 부마항쟁까지 거슬러 가면 30년, 4·19혁명까지 가면 50년간 그 나무는 피를 먹고 자랐다. 제국주의 압제에 항거하고 공화정 수립 의지를 분명히 한 3·1운동까지 가면 거의

100년, 동학농민혁명까지 가면 120여 년. 혁명은 계속되고 있다. 얼마나 더 피 냄새를 맡아야 할까.

1776년 민주주의라는 나무를 미국 땅에 심은 제퍼슨은 인간은 평등하게 태어났고 생명과 자유와 행복 추구는 양도할 수 없는 권리라고 천명했다. 이 권리를 위해 사람들은 정부를 조직했고, 통치 체제의 권력은 사람들의 동의에서 나오며, 어떤 정부든 이 원칙을 어길 때는 언제든 갈아엎고 인민의 안전과 행복을 가장 효과적으로 보장해줄 새로운 정부를 세울 권리가 있다는 점도 분명히 했다.

불행하게도 그 '인간' 속에 흑인 노예와 원주민(인디언)은 포함되지 않았지만, 230년이 더 지난 지금 대한민국은 어떤가. 유학생들은 말했다. "일부 부유층의 경제적 이익에 철저히 복무한" 정권에 비판적인 연구원들은 밥그릇을 위협받고 있고, 공영방송은 관제 방송이 됐으며, 집권에 협조적인 보수 언론에 보은하기 위한 법을 만들려 하면서 한배를 타고 있는 이들의 말을 들으려 하지도 않는다고. 함께 가는 정치, 소통의 정치를 포기했다고.

다시 또, 대한민국 해외 유학생이 몇만 명인데 고작 611명밖에 가담하지 않은 걸 갖고, 라고 하겠지.

사람들은 알지. 보수 반동 또한 한때일 뿐이라는 걸. 얼마나 더 많은 피를 먹어야 민주주의 나무는 거목으로 자랄까.

좌냐 우냐,
보수냐 진보냐가 아니다

배절자들

한때 개화파의 리더였고 독립협회, 대한자강회도 조직했던 윤치호는 일제 말기에 그들 편에 붙어 귀족원 의원 노릇까지 했다가 뜻밖에도 나라가 해방되자 부끄러워 자살했다고 한다. 그에겐 썩었지만 그래도 주자학적 양심과 자존의 끄트머리라도 남아 있었던 모양이다. 풍설이겠지만, 나라 빼앗은 자들에게 고개조차 숙이기 싫어 뻣뻣하게 서서 옷에 온통 물을 흘리며 세수를 했다는 단재 신채호는 망명지 중국 뤼순 감옥에서 해방을 보지 못하고 세상을 떠났다. 조선총독부 꼴도 보기 싫어 집을 북향으로 지었던 만해 한용운은 고명딸 호적 올리는 것도 거부하고 역시 해방되기 전에 외롭게 죽었다. 만해가 코앞에서 "내가 아는 최남선은 죽었다"라고 곡을 했다는 그 최남선과 2·8독립선언서를 초안하는 등 한때 독립파로 행세했던 나약한 변절자 이광수는 윤치호처럼 자살하지도 못했다. 그들 인생 말년이 애처롭지만, 따지고 보면 그들은 자신들이 지은 죄를 만분의 일도 갚지 못하고 죽었다. 그들의 세계관은 일제라는 테두리를 넘지 못했거나, 어렴풋이라도 세상 돌아가는 걸 알았지만 식민 체제가 친일 세력에게 제공했던 안락에 대한 타성 또는 저항이 야기할 보복과 도태의 두려움 때문에 이름을 더

럽혔을 것이다.

마오쩌둥의 중국 혁명을 그린 『중국의 붉은 별』의 저자 에드거 스노의 부인 님 웨일스가 쓴 『아리랑』의 지조 있고 늠름했던 김산(본명 장지락)은 중국공산당 내부 문제로 어이없이 희생당했다. 조국을 찾기 위해 고향을 떠나 대륙에서 풍찬노숙하며 중국 혁명에 기여했던 수많은 조선 사람들이 이렇게 또는 저렇게 희생당했다. 중국 혁명과 현대 중국 건설 과정에서 조선 사람들이 흘린 선명한 핏자국은 영원히 지울 수 없을 것이다. 우리는 그들을 외면했다. 또한 조국이 남북으로 갈리면서 공산당 또는 이른바 좌익에서 활동했던 숱한 독립운동가들을 우리는 우리의 기억장치에서 애써 지웠다. 그리하여 식민지 민족 해방 투쟁사에서 빛나는 자리를 차지했던 한민족 항일 독립운동사를 우리는 스스로 반의 반 쪼가리로 만들고 '식민지 근대화론'이라는 사이비 주장이 판치는 민족 허무주의에 빠져들었다. 황하와 발해만과 요동, 산둥, 만주 그리고 압록과 한반도라는 지척의, 발해만과 황해를 마치 내해처럼 에워싼 분리될 수 없는 동일한 역사 무대는 그렇게 해서 우리의 의식 속에서 단절되고 분단됐다.

『해란강아 말하라』 등을 쓴 김학철은 고교 시절 윤봉길 의사 의거 소식을 듣고 중국으로 탈출해 항일 무장 조직 조선의용군에서 활동했다. 우리가 몰라서 그렇지 그런 청년들이 그 외에 또 얼마나 많았겠는가. 일본군과 싸우다 다리를 다쳐 결국 그 다리를 잘라야 했던 김학철은 해방 뒤 서울을 거쳐 북으로 갔으나 거기서도 실망해 전쟁 시기에 중국으로 갔다가 중국공산당과도 싸웠다. 얼마 전 자신이 암에 걸린 사실을 알고 20여 일을 굶은 끝에 한 많은 세상을 떠났다. 그들은 변절하지 않았다. 변절할 수 없는 사람들이었다. 장준하는 일제군에 징병당했다가 중국 현지에서 탈출해 광복군에 들어갔다. 1975년 약사봉에서 의문의 죽임을 당한 그는 백범 김구, 몽양 여운형, 죽산 조봉암 등 평생을 동포 해방에 바친 민족주의자들이 줄줄이 죽어나가는 걸 지켜보며 잘못된 세상에 항거했으나 그 자신 그들과 마찬가지로 일찍이 불귀의 객이 되고 말았다. 그런 사람들이 하도 많아 일일이 거론하기도 어렵다. 지금 세상을 호령하는 그 누구보다 민족 전체를 위해 열심히 살다 간 그들은 너무나 쉽게 잊혀갔다. 하지만 그들과 정반대의 길을 간 자들 역시 결코 적지 않았다.

노덕술

노덕술. 일제 시절 평안남도 경찰 보안과장을 지냈고 해방 직후 평양경찰서장을 하다 1945년 월남한 뒤 오늘로 치면 서울경찰청장인 수도경찰청장 장택상의 비호를 받아 수도경찰청 수사과장이 됐다. 그의 인생 전반기는 일제 주구로 조선 독립운동을 깨부수는 데 바쳤고, 후반은 이승만 주구로 살았다. 일제강점기 경찰 보안과란 사상 분야 전담 조직이다. 일제강점기 사상 문제란 바로 반일 독립사상이다. 이른바 좌익 공산당이 주요 표적이었지만, 일제강점기 조선 사람들의 좌익 공산당은 독립운동의 한 방편이었을 뿐이다. 임시정부 국부총리를 지낸 무장 독립 투쟁론자 이동휘던가, 1922년 모스크바에서 열린 극동피압박인민대표대회에서 그를 만난 레닌은 그가 마르크스주의에 대해선 아는 게 없지만 혁명가로선 훌륭했다며 칭찬했다는 일화가 남아 있을 정도로 반일 독립운동가들에겐 공산당이건 아나키스트건 상관없었다. 중요한 건 그게 아니라 민족 해방이었다. 단재 신채호도 결국 아나키스트, 무정부주의 운동에 몸담았지만 그것은 그게 일제를 쳐부수는 데 가장 효과적이라고 생각했기 때문이다. 단재가 상해임시정부를 버리고 떠난 이유는 외교를 통한 독립론을 주장한 이승만이 임정 대통령이 된 데 반발했기 때문이다. 그가 보기에 이승만식 독립운동은 식민 체제를 인정한 틀 안에서 강국들의 눈치를 보며 독립을 구걸하자는, 말도 안 되는 소리였다. 나중에 미국에 간 이승만이 실제로 한 독립운동이란 것도 결국 그런 것이었고, 일제 패망 뒤엔 미국에 빌붙어 남쪽 단독 정권을 세워 분단을 영구화했다. 거기에 반대한 백범 김구나 몽양 여운형 등은 모조리 제거당했다. 단재의 형안이 틀리지 않았던 것이다. 이승만이 해방된(일제로부터의 해방일 뿐이지만) 조국에서 최고 권력자가 되는 과정, 그 오욕과 거짓의 역사에 노덕술은 큰 공을 세운다.

노덕술은 윤치호, 최린, 이광수, 최남선, 그리고 누구보다 바로 자신과 같은 친일 부역자들을 나라를 세우고 이끄는 핵심 자리에서 몰아내고 그들이 한 짓에 대한 응분의 처벌을 받게 해 새 조국을 정의의 반석 위에 세우고자 구성한 반민족행위특별조사위원회(반민특위)를 깨부수는 데 혁혁한 공을 세웠다. 신생 대한민국 경찰부는 그 공을 높이 사 그를 경찰부 보안주임 자리에 앉혔고, 그 뒤 그는 헌병 중령, 서울 15범죄수사대 대장까지 했다. 사상범 전담인 그가 조사한 범죄라는 건 한마디로 친일 행위를 처벌하라는 '위험한' 주장을 하는 사람, 반민특위를 해체한 자들을 비난하는 '불순한' 사람, 이승만 체제를 비판하는 '빨갱이'들의 소행이었고, 그런 그들을 색출해서 일제로부터 배운 대로 잔인하게 고문하고 처단하는 게 그의 일이었다.

전봉덕

전봉덕. 일제 때 경성제국대학˙ 법문학부를 졸업했고 관리 등용문인 고등문관시험에도 합격했다. 그래서 총독부 관리가 돼 평안북도 경찰부 보안과장[**]이 됐고, 경기도 경찰부 수송보안과장이 됐으며, 해방 당시 조선에 있던 일제 경찰 관리 최고위직인 8명의 경시 가운데 한 사람이었다.

전봉덕 역시 수도경찰청장 장택상의 비호를 받아 미군정 경무부 공안과장 자리에 들어갔으며, 반민특위를 깨부수는 데 앞장섰다. 나중에 이승만 정권 국방장관이 되는 신성모가 만든 친일파 그룹 '88구락부'에 접근해 육군사관학교를 1기로 졸업하고 헌병부 사령관이 됐다. 신성모란 자는 이승만이 방귀를 뀌자 "각하, 시원하시겠습니다"라고 알랑거렸다는 무능한 자다. 그가 6·25전쟁 때 한 짓이 뭐였던가. 친일파들이 자신들의 복락을 위협하는 반민특위를 깨부술 때 조작한 또 한 가지 유명한 공작이 이른바 '국회 프락치 사건'이었다. 아직까지도 전모를 알 수 없는(알 수 없는 게 당연하다. 권력자들이 전모가 밝혀지는 걸 극구 꺼렸으니까. 그리고 멀쩡한 국회의원들을 오직 자신들의 정략에 반대한다는 이유만으로 빨갱이로 몰아버렸으니까) 국회 프락치 사건 조사 특별 수사본부까지 맡은 전봉덕은 당연히 사건을 축소하고 은폐하는 데 엄청난 공을 세웠다. 그 덕에 국무총리 비서실장까지 하고 대한변호사협회장까지 지내며 영달하다가 1980년대에 미국으로 건너가버렸다. 여담이지만 그 사람의 맏딸이 유명한 여성 문인 전혜린이다. 물론 아버지의 그런 행적을 전혜린의 문학 활동과 직접 연계하는, 일종의 연좌

제로 엮는 짓거리를 해선 안 된다. 그 둘은 다른 문제다.

김창룡

김창룡. 이 유명한 사나이, 이승만의 주구 중의 주구였던 사나이, 김구 암살의 배후로 찍혔던 이 사나이 역시 둘째가라면 서러울 친일파다. 일본군 대륙 침략 첨병인 관동군 헌병대에 들어가 뛰어난 활약[■]으로 출세를 거듭해 심지어 중국공산당 상하이 조직 파괴 공작 책임자로 파견되기까지 해 거기서도 대단한 공을 세웠다. 말하자면 봉건 중국, 아편전쟁에 참패해 서양 제국주의의 밥이 되고 있던 중국에서 일어난 반제국주의 민족운동의 주요 물줄기 가운데 하나였던 중국공산당을 누구보다 증오했던 일본 제국주의의 앞잡이가 돼 그 상하이 조직을 파괴하는 정예분자로 공을 세웠다는 얘기다. 역시 일제가 패망하자 남쪽으로 내려와 육군사관학교를 3기로 졸업하고 특무부대장이 됐으며 국군 소장 자리에까지 올랐다. 그가 백범을 암살한 안두희를 비호했을 것은 당연지사. 이른바 빨갱이 사냥에 특출한 재주와 무모할 정도의 용감성을 자랑했던 김창룡의 오직 한 목표는 이승만 권력 보지를 위한 충성이었고, 적색분자 색출이라는 그의 주 업무는 실은 반이승만 세력 때려잡기였다. 그는 나중에 모호한 내부 알력 와중에 암살당하는데, 이승만은 죽은 그를 1계급 특진시켜주기도 했다. 그의 무덤이 아직도 국립현충원에 있다던가.

노덕술과 전봉덕, 김창룡이 한 일을 정리하면, 우선 골수 친일파로 조선 독립 세력을 때려잡은 자신들의 행적을 감추고 미화하고, 그것을

[■]   관동군은 박정희가 일본 육사 졸업 뒤 배속됐던 바로 그 군대이며, 일제 헌병대의 뛰어난 활약이란 반일 독립 세력을 신속히 효과적으로 때려잡는 일이었다.

비판하는 자들을 무자비하게 제거하는 것이었다. 그리고 그다음, 그것을 위해 친일파 제거에 반대하는 정치 세력이 신생 대한민국의 '정통' 권력으로 등극하는 일을 분골쇄신 떠받치는 일이었다.

김성수

고려대학을 세우고 〈동아일보〉를 키운 인촌 김성수, 김연수 형제는 호남 만석꾼 지주의 아들들이었는데, 그 만석꾼, 즉 그들의 아버지는 일제 때 진산(지금의 금산) 군수를 지냈다. 일제가 조선 땅을 삼키려 수많은 일본인들을 조선으로 이주시켰을 때(그 대신 수많은 조선 사람들은 만주로 중국으로 일본의 막벌이꾼으로 내몰렸다) 일본인 지배 체제를 확립하기 위해 가장 먼저 착수한 일 중의 하나가 토지조사사업*이었다. 근대적 토지 소유 개념이 없었던 당시의 조선 사람들이 땅 필지를 구획하고, 그 주인을 정해주고, 주인 없으면 국유로 돌려버리는 그 조사 사업에 제대로 대응했을 리 없고, 일제와 일제에 빌붙은 '약삭빨이'들이 수많은 무지렁이 농민들을 꼬드겨 헐값에 일제에 넘겨버렸을 것임은 불문가지다. 일제는 그리고 낙동강이나 한강, 영산강 유역의 광대한 저습지, 배후습지 등에 (물론 조선 사람들을 강제로 또는 헐값에 동원해서) 긴 제방과 둑을 쌓아 방대한 옥토를 만들고 조선 사람들을 소작인으로 부려먹었다. 소수의 조선인 지주도 만들어냈는데, 그때 이용한 대상이 바로 지역 군수 등의 하급 관리들이다.(물론 그들 자신이 일제에 충성하는 사상적 무장이 돼 있어야 했다.) 그들에게도 토지 병탄의 기회를 주어 토지조사사업이 일제에게만 좋은 것이 아니라 조선을 위해

■　당시 쌀이 부족했던 일제가 조선에서 부족분을 가져가기 위해 벌인 '산미증식계획'이라는 것과도 관련이 있다.

서도 좋은 것임을 선전하려 했다.

1931년에 만주를 침략하고 1937년 중국 본토를 침략하고, 1941년 하와이 진주만과 남방(동남아)을 침략할 때 길도 새로 닦고 넓히고 공장도 짓고 조선 사람들을 무지막지하게 동원해서 말하자면 생산력을 높인 것과 이 토지 및 농민 착취를 두고 뉴라이트는 식민지 근대화론을 주장하지만, 이미 그 조선 땅이 누구의 땅이 됐고 그 늘어난 생산과 높아진 생산력의 덕을 누린 자들이 누구였는지, 그 때문에 얼마나 많은 조선 사람들이 죽고 피눈물을 흘렸는지 그들은 문제 삼지 않는다. 심지어 그들은 조선 땅 요지를 차지하고 이른바 근대화의 단물을 독점하고 있던 조선 이주 일본인들과 그들에 협력한 친일 매판買辦 세력들을 자신과 동일시하고 있는지도 모르겠다. 그렇지 않고서야 그들의 생산력, 그들의 성공, 그들의 근대화가 어찌 조선의 근대화, 조선의 생산력, 조선의 성공이라고 주장할 수 있겠는가.

어쨌든 원래 지방 부자였던 김성수의 아버지는 그런 과정을 통해 그야말로 엄청난 부자가 됐다. 경성방직을 만들고 〈동아일보〉를 키우고 해방 뒤 한민당을 만들고 한 자금이 다 거기서 나오지 않았겠는가. 인촌 김성수가 〈동아일보〉라는 막강한 매체의 힘 덕에 해방 뒤에도 한 번도 제대로 친일 부역자로 낙인찍히고 처벌받은 적이 없지만(애매하게도 그의 동생인 김연수가 반민특위에 붙들려가서 고생 좀 했다), 총독부를 제집 드나들듯 했던 그가 이광수, 송진우, 장덕수 등을 앞세워 말도 안 되는 '조선민족개조론'을 떠들고 천황을 위해 성전에 나서자며 선동해 수많은 조선 청년들을 사지로 내몬 것은 움직일 수 없는 사실 아닌가.

이승만

　한민당은 처음엔 김구의 임정 세력(조선을 점령한 미군은 그의 입국을 바라지 않았다)을 끌어들여 자신들의 친일 행적을 감추고 새 나라의 한 기둥을 차지하려는 전략을 짰다. 그때까지 이승만은 미국 윌슨 대통령의 제자로 (조선말은 잘 못해도) 영어 잘하고 미국 친구들 많다는 것 외에 거의 아무런 정치적 토대도 없었다. 처음에 해방 정국을 장악한 것은 노덕술과 전봉덕과 김창룡이 그렇게도 무서워하고 증오했던 바로 그 반일 독립 세력, 그들의 용어로 말하면 '빨갱이'들이었다. 그들 중엔 사회주의자도 공산주의자도 무정부주의자도 있었지만, 한 가지 다름없었던 것은 모두 식민지 해방론자였고 독립론자였으며 반일주의자였다는 것이다. 이승만이 정치적 기반을 다지게 되는 것은 물론 하지John Reed Hodge 중장을 비롯한 점령군의 비호 덕도 있지만, 더 결정적인 계기가 된 것은 모스크바삼상회의에서 결정한 신탁통치반대운동(반탁운동)이었다. 원래 한반도 신탁통치(그것도 10년간이나!)를 주장한 것은 미국이었음에도(지금이야 이런 사실이 명명백백해졌지만 불과 얼마 전까지만 해도 미국은 반탁을 주장한 것으로 알려져 있었다), 이승만과 그 반공 친미주의자 일파는 모든 잘못을 소련의 흉계로 돌리고, 김구의 임정 세력 주도로 열화같이 일어난 반탁운동(김구 입장에서야 너무나 당연했다. 누구의 땅인데 자기들 마음대로 신탁이란 말인가. 게다가 단 한 번도 조선 사람, 특히 임정과 의논한 적도 없이)을 끌어들여 그 열기를 자신의 몫으로 앗아가버렸다. 이승만은 순수 민족주의자 백범을 이용할 대로 이용해먹고 잔혹하게 내팽개쳤다. 사태가 그렇게 돌아가자 김성수의 한민당은 재빨리 이승만과 손을 잡았다. 그래서 김성수의 〈동아일보〉는 이승만이 한때 구애했던 임영신 등을 시켜 백범을 영어도 모르는 무식쟁이로 몰고 테러리스트로 몰았으며, 심지어 한국독립당의 토지 국유화 강령을 들어 소련의 앞잡이, 말하자면 빨갱이 혐의자로까지 몰았다. 이승만의 단정 수립에 반대하고 남북협상을 부르짖으며 미소 양군 철수와 임시 통일 과도정부 수립을 주장한 백범 얘기대로 세상이 굴러갈 경우 한민당과 이승만에 빌붙은 친일파는 일제 때 쌓아올리고 누렸던 모든 기득권을 박탈당하고 생존마저 위태로워질 것으로 봤기 때문에 그토록 광포하게 백범을 배척했던 것이다. 백범은 불과 얼마 뒤 암살당했다. 임시정부 법통을 사실상 부정하면서 '정부 수립' 60돌이 아니라 '건국' 60돌임을 고집하는 뉴라이트 계열의 뿌리가 한민당에 닿아 있다는 건 새삼스러울 게 없다. 그들이 왜 이승만을 국부로 추켜 세우고 백범과 임정에 부정적인 자세를 취하겠는가.

나중에 이승만 독재가 극성을 떨고 민심이 이반됐을 때 이승만과 한패였던 조병옥 등 한민당 계열은 이승만의 정치적 반대 세력으로 돌아서서 대권에 도전하지만, 바로 그것, 즉 야당으로서 대권을 차지하기 위한 반이승만·반독재 정치 투쟁을 벌였다는 그 사실 때문에 한민당 계열의 친일 부역 사실은 또 한 차례 윤색돼 물타기가 된다.

다시 본론으로 가자. 노덕술과 전봉덕과 김창룡(안두희까지 여기에 포함할 수 있지만)은 결국 성공했다. 그들의 친일 본색은 감춰졌고, 친일 골수파들을 등용한 이승만은 권력을 잡았으며, 미국은 골치 아픈, 어쩌면 자신들에게 대들었을지도 모를 임정 계열과 몽양 계열 그리고 좌파들을 깨끗이 '청소'했다. 한국전쟁이 그들의 '청소'를 또 한 차례 결정적으로 도왔지만…….

친일파 살아남기 — 이데올로기 조작

윤치호처럼 자살할 용기도 없었던 골수 친일파들이 살아남기 위해 벌인 더러운 생존 투쟁의 백미는 주로 보안과를 장악했던 그들의 전력이 말해주듯 사상 조작, 이데올로기 조작이었다.

그들은 1947년 트루먼독트린 이후 본격화된 미국의 냉전 전략에 편승해 공산주의 반대, 즉 반공주의로 모든 세상을 색칠해버렸다. 반공이 알파요 오메가였다. 그들은 해방 조국 최대의 과제였던 친일파 청산 문제(너무 당연하지 않은가. 어제까지 일제에 빌붙어 자기 동족들을 멸시하고 착취한 자들을 그대로 두고, 아니, 높은 자리에 앉혀놓고 무슨 새 나라 건설이 있을 수 있겠는가!), 즉 '반일이냐 친일이냐'의 문제를 '반공이냐 친공이냐'의 문제로 바꿔버렸다. 친일을 했든 반일을 했든 그게 문제가 아니고 문제는 빨갱이다, 라는 쪽으로 몰아가버렸다. 물론 그게 미국이 바라던 바였고, 나라야 영구 분단이 되든 말든 권력 추구에 혈안이 됐던 이승만은 그런 미국에 가장 합당한 정치가였다.(우익은 이런 이승만의 단정 수립을 당시 국제 정세를 정확하게 읽은 현실주의자로서의 올바른 처신이었다고 치켜세우고 있다! 따라서 백범은 국내외 정세도 모르는 아둔한 청맹과니로 몰고!) 심지어 골수 친일파라도 반공만 하면 선인이 되고 친공이면 악인이 됐다. 친공이냐 반공이냐를 가르는 기준도 없었다.

당시 조선 사람 대다수는 심지어 사회주의적 급진 세력에 물들었던 사람들조차도 마르크스주의를 제대로 알 리 없었고 공산당에 가입할 수는 더더구나 없었다. 반공이냐 친공이냐는 정말 공산주의에 물들었냐 아니냐가 아니라, 내 편이냐 내 적이냐에 따라 갈렸다. 내 편이 아니면, 내게 득이 되지 않으면, 내 주장이나 이익을 해친다고 판단되면 모조리 빨갱이로 몰았다. 수십만 명에 달한다는 '보도연맹 사건' 희생자들을 기억해야 한다. 그들이, 어느 날 경찰이나 우익 앞잡이들 소집에 응해 학교 운동장에 모였다가 트럭에 타거나 줄에 묶여 산으로 가 구덩이를 판 뒤 영문도 모른 채 총 맞아 죽은 전국 곳곳의 그 수많은 보도연맹 희생자들이 죽어야 할 만큼의 골수 공산당원이었나? 빨갱이였나? 그들 중에 물론 그런 사람들이 없었다곤 할 수 없겠지만, 대다수는 그저 죽인 자들이 위험하다고 일방적으로 판단한 대상들, 말하자면 그들의 이익에 반하거나 그들 편에 서지 않은 사람들, 그리고 그들과 이런저런 인연으로 연결된 사람들이었다. 그들은 대부분 마을의 친일파들을 비판하고 그들의 과거 행적을 들먹이며 분노를 터뜨리던 사람들이나 그 친인척 내지 스승과 제자들, 동조자들 아니었겠는가. 친일파들로서야 그들이 사라져야 자신들의 과거가 은폐되고 누려온 복락이 세세연년 유지될 수 있지 않겠는가. 그렇게 해서 빨갱이로 몰린 사람들이 어디로 갔겠는가. 결국 산으로 들어가 빨치산이 되지 않았겠는가. 바다로 막히고 철조망으로 막힌 좁은 땅에서 갈 데가 없으니 그리로 갈밖에. 제주4·3사건이 왜, 그 처참한 살육이 어떻게 벌어졌겠는가! 그렇게 해서 친일파들을 미워한, 또는 그들에게 응당한 대가를 지불하라고 요구한 세력들(이들이야말로 살아남았다면 새 나라의 '건전 세력' 중심축이 되지 않았겠는가)은 이 땅에서 절멸당하고 말았다. 완전 소탕되고 말았다. 씨가 말라버리고 말았다. 일부 은둔자나 기회주의자들을 빼고는. 일제에 그토록 철저히 당하고 해방되자 자기 동족들 손에 다시 철저히 유린당해버린 그 사람들. 나라에도 기풍이라거나 기백이라는 게 있다면, 어찌 그것이 이 땅에 남아 있었겠는가. 새 나라를 향해 막 새롭게 솟구쳐 오르던 조선 민중의 에너지, 그 기백기풍은 그렇게 해서 꺾이고 말았다.

프레임 조작 — 산업화 세력과 민주화 세력의 대결 구도

이 훼절과 조작의 역사는 그것으로 끝나지 않았다. 1960년대 이후 세계를 놀라게 한 한국의 압축적 경제성장의 주역은 누구인가? 박정희? 전두환과 노태우? 이건희? 한나라당(현 새누리당)?

김민기의 애절한 〈공장의 불빛〉, 김지하[*]의 눈물 나는 「서울길」, 조세희의 슬픈 『난장이가 쏘아올린 작은 공』을 읽거나 들어본 사람들은 알리라. 동일방직과 YH사건과 전태일 분신과 이소선, 제일교회, 도시산업선교회, 구로공단, 윤흥길의 『아홉 켤레의 구두로 남은 사내』에 대해 들어본 적이라도 있는 사람은 알 것이다. 한국의 경제성장 기적을 일군 사람들이 누구인지를. 브레히트가 말했듯이 길을 닦고 다리를 놓고 못질을 하고 나사를 박고 기름칠하고 공장을 돌린 사람, 피땀 흘리며 논밭을 간 사람은 결코 박정희도 전두환도 노태우도 이건희도 한나라당도 아니었다. 그들이 나사 하나 조인 적이 있었던가. 그들이 호미자루라도 한번 잡아본 적이 있었나.

그런 그들이 한국 경제성장 기적의 모든 공을 가로채버렸다. 이른바 '산업화 세력'이란다. 자신들은 산업화 세력이고, 자신들의 정치적 견해에 동조하지 않거나 생각이 다른 사람들이지만 존재 자체를 부정할 수 없는(이것도 민주화 덕택에 가능해졌다. 군사독재 시절이라면 존재 자체를 인정하지 않았을 뿐 아니라 철저히 압살해버렸을 것이다), 아주 부담스러운 세력을 왈 '민주화 세력'으로 묶었다.

이 산업화 세력과 민주화 세력이라는 구도 설정의 목적은 오직 하나다. 그것은 자신들을 산업화 세력으로 포장한 반민주주의자들, 반민주화 세력, 독재에 빌붙어 민주화를 경찰력과 무력과 행정력을 동원해 그토록 집요하게 깨부수려던 세력이 민주화가 대세가 된 세상에서 자신들의 이익을 지켜내기 위해서다. 그들은 자신들이 반민주화 세력, 민

---

[*] 안타깝게도 지금의 김지하는 그때의 김지하가 아니다. 우파 세력은 분명 심각한 병을 앓고 있는 그를 정치적 목적을 위해 이용한다는 혐의를 받고 있다.

주주의의 적, 한국 경제성장의 방해꾼으로 전락할 수밖에 없는 바로 그 순간 '민주화'와 적대적 대립 관계가 될 수 없는 '산업화'를 대립항인 양 내세우는 이데올로기 조작을 통해 민주주의의 적, 민중의 적이라는 자신들의 죄과를 산업화의 간판 뒤에 숨겨버리고 민주화 세력을 산업화 세력과 대립하는 한 집단으로 매도하는 역공세를 취했다. 우리를 이렇게 잘 먹고 잘 살게 해준 것은 민주화가 아니라 산업화라며 자신들이 선점한 산업화를 적어도 민주화와 대등한 지위로 끌어올리는 이데올로기 조작을 시도했던 것이다.

하지만 알다시피 산업화의 주역은 그들이 아니라 그들의 채찍을 맞아가며 그들에게 생산한 몫을 착취당하며 피땀 흘려 일하고 또 일한 농민과 노동자, 서민들이었다. 그들의 동일방직과 YH와 평화시장 봉제 공장과 구로공단 노동자들이 경제 기적을 일구었고, 그들이 자신들의 정당한 몫까지 빼앗아가는 지배 세력을 고발하고 맞서 싸우며 노조를 결성하고 법률 개폐를 주장했으며, 제일교회와 가톨릭과 도시산업선교회와 김민기와 김지하와 조세희와 이소선이 그들과 함께, 그들 편이 되어 싸워 얻은 게 오늘날 한국의 압축적 경제성장의 기적이 아닌가.

그들을 인간적으로 멸시하고 억압하고 착취하고 똥을 퍼붓고 마구잡이로 붙잡아 유치장에 처넣은 세력들이 지금 '산업화 세력'의 대표 주자인 양, 자신들이 산업화를 다 이룬 양 스스로를 분칠하고 있다. 마치 친일파 노덕술과 전봉덕과 김창룡이 '성스러운' 반공주의자로 둔갑했듯이.

다시 한 번 묻자. 박정희와 전두환과 한나라당이 산업화를 일궜나? 산업화의 공을 왜 그들이 독점해야 하나? 소위 민주화하자는 세력들은 기껏 거기에 방해나 했나? 민주화를 외치다 감옥에 간 그들을 옥바라지한 이름 없는 가족과 친지들이야말로 밭 갈고 공장에서 실 잣고 저축하며 피눈물로 세월을 보낸 산업화의 주역들이 아닌가?

이른바 보수와 진보, 좌파와 우파, 반미와 친미, 친북과 반북, 친북 반미 좌파와 반북친미 우파라는 이항 대립의 이데올로기 조작, 그런 단순 이항 대립으로의 치환을 통해 진실을 은폐하고 절대적 이익을 누리는 세력은 누구인가? 이 산업화와 민주화의 이항 대립 구도야말로 『코끼리는 생각하지 마』의 조지 레이코프가 말하는 프레임 조작의 전형이다. 그렇게 해서 그들은 대립의 한쪽, 즉 절반을 자기편으로 자동 확보하는 농간을 부렸다.

친북반미 좌파라고 주장하며 이득을 얻는 세력들의 정체는 무엇인가? 이렇게 물어보자. 한나라당이나 한나라당 지지 세력이 비난하는 친북반미 좌파 세력이 정말로 친북하고 반미하며 왼쪽으로 기울었나? 정부의 대북 정책 비판이 친북이 될 수 없으며, 미국의 대외 정책을 비판한다고 반미주의자가 되진 않는다. 그리고 우파를 비판한다고 좌파가 되는 건 아니다. 중도나 온건 우파를 좌파나 빨갱이라 비난하는 건 자신들이 구제 불능의 극우 또는 '꼴보수'임을 스스로 선언하는 것이다. 그렇게 말하는 자들은 친북반미 좌파의 엄밀한 개념은 안중에 없다. 그들에겐 그게 중요한 게 아니라 자신들에게 반대하거나 자신들의 이익에 반하는 세력을 어떻게든 소수화해서 제거해버리는 것이다. 자신들의 이기적 목적에 방해된다고 파악하는 훼방꾼을 무슨 수를 써서든지 없애버려야 하는 것이다. 친북반미 좌파란 그들이 자신들의 말을 듣지 않는 반대 세력을 하나로 몰아 붙여놓은 빨간 댕기다. 친북반미 좌파라는 건 다른 말로 하면 그들의 정치적 반대파라는 얘기다. 그 얘기를 바로 하면 거꾸로 자신들의 정체가 탄로 나고 부각되기 때문에 그렇게 돌려서 얘기할 뿐이다. 그런데 그들의 반대파가 친북이 아니고 반미가 아니며 좌파가 아닌 것은 분명하지만, 그들 자신이 반북하고 친미하며 오른쪽으로 기울었다는 것 역시 분명하다.

1950년대 미국에서 벌어진 빨갱이 때려잡기, 즉 '매카시선풍'도 본질은 같다.

1929년 월스트리트 주가가 붕락하고 세계경제가 대공황으로 파산했을 때 거기에 제동을 건 게 프랭클린 루스벨트의 '뉴딜' 정책이었다. 경제학자 존 메이너드 케인스 이론의 유효성을 입증한 그 정책으로 미국은 제2차 세계대전 뒤 비교를 불허하는 초강국이 됐다. 대공황 극복의 최대 도우미가 제2차 세계대전 자체라는 얘기가 있지만, 독점자본의 횡포를 방치한 우승열패, 강자 독식의 정글에 사회보장과 노동조합 강화, 독점 금지 등 제도와 법 개폐로 강자의 자유방임에 제동을 건 게 뉴딜이었고, 그 뒤 1970년대 초반까지 30여 년 안락하고 강력했던 미국이 유지된 것은 상당 부분 바로 그 덕이었다는 건 분명하다.

하지만 루스벨트는 가진 자들, 강자들, 그때까지 세상을 마음대로 주무르던 우파 강자들에겐 눈엣가시였고 원수였다. 그들은 나중에 결국 존 케네디를 죽이고 말았지만, 그들이 루스벨트를 얼마나 증오했는지는 영화나 소설을 통해서도 확인할 수 있다. 1950년 공화당 연방 상원 의원 조지프 매카시가 국무부 안에도 빨갱이가 수두룩하고 정부 내 빨갱이 200여 명의 명단까지 확보하고 있다고 그야말로 새빨간 거짓말을 공개적으로 늘어놓음으로써 불을 붙인 '빨갱이 사냥'은 주로 가진 자들과 그들의 이데올로기에 전염당한 자들의 그런 반뉴딜 정서, 반민주당, 반진보 정서를 바탕에 깔고 있었다. 몇 년 뒤 공화당 아이젠하워 정부가 매카시 얘기가 완전 날조된 것임을 까발림으로써 그 미친 바람은 잠잠해졌지만, 수많은 사람들이 그 때문에 억울하게 당했다. 나중에 워터게이트 사건으로 쫓겨나는 공화당 대통령 리처드 닉슨도 그 매카시선풍을 타고 정치적 출세 가도에 올랐다.

매카시선풍은 사회보장제도와 이를 뒷받침하기 위한 부자들 세금 인상과 노조 강화 등으로 빼앗긴 또는 위험에 처한 자신들의 이익을 도로 빼앗아 오거나 지켜내기 위해 가진 자들이 꾸며낸 이데올로기 공세이자 그들의 심리적 공황 상태의 반영이다. 그 미친 바람의 본질은 빨갱이냐 아니냐, 반공이냐 친공이냐 등 겉으로 드러난 이데올로기가 아니라 가진 자들의 이해관계, 더 많이 차지하려는 탐욕, 잃어버린 경제적·정치적 특권을 되찾으려는 이기적 계산이었다.

가진 자들은 1970년대부터 본격화한 보수주의 운동, 이른바 '공화당 혁명'을 통해 소원을 성취했다. 로널드 레이건이 주역을 담당한 그 운동에 앞장선 자들이 어빙 크리스톨 등 네오콘들이었고, 그들이 한때 대표했던 보수주의 운동은 조지 부시 정권 1기까지 이라크·아프간 침략과 대북 강경 정책 등이 상징하는 신자유주의 보수 꼴통 정치를 30여 년간 선도하며 뉴딜이 이룩한 30년 미국 번영의 토대를 완전히 허물어버렸다. 2008년 노벨 경제학상을 받은 폴 크루그먼의 『폴 크루그먼, 새로운 미래를 말하다』라는 책에 그런 내용을 자세히 담고 있다. 지금 이명박 정권이 바로 그 망해버린 미국 보주수의 운동, 공화당 보수 혁명(그들과 함께 미국 자체도 피폐해지고 도산할 지경에 처했다)을 그대로 흉내 내고 있다.

한민당과 이승만과 미국이, 그리고 그들의 하수인들이었던 노덕술과 전봉덕과 김창룡이 휘두른 피 냄새 진동하는 반공의 칼춤이라는 것도 파헤쳐보면 그 본질은 이데올로기 충돌이 아니라 친일 매족 사실을 감추고 친일 매족을 통해 그들이 쌓아올린 지복을 지켜내기 위한, 그리고 더 많은 이익과 권력을 차지하기 위한 싸구려 신파극에 지나지 않았다. 김성수와 한민당이 나중에 미국 압력으로 마지못해 토지개혁을 조건부로 찬성했지만 대지주였던 그들은 처음엔 소작률을 전체 수확량의 3분의 1로 낮추자는 안에도 반대했다.

본질 감추기

지금 그들의 후예들의 행동 준칙은 오로지 친북반미 좌파인가 반북친미 우파인가다. 자신들의 실정과 도덕적 타락을 그런 이데올로기적 이항 대립으로 치환하고 한쪽을 선점해 앞세우면서 그 본질을 감춰버린다. 그것이 가능한 이유는 그들이 바로 그 유력 신문사를 비롯한 대중 선전 매체들을 사실상 독점하고 있기 때문이다. 예컨대 2009년 보궐선거 결과를 보도하는 유력 방송들과 신문들을 보라. 잘 모르긴 해도 2009년 보궐선거는 집권 한나라당으로서는 충격적인 참패였다. 남은 임기가 결코 평탄치 않을 것임을, 지금 정책 그대로 밀고 가다가는 조기에 레임덕에 빠질 위험이 있다는 것을 선명하게 보여준, 일종의 권력의 변곡점 같은 것이었다. 원래 여권 표밭이었던 핵심 선거구에서 참패한 한나라당의 패배는 한마디로 국민 대다수가 한나라당 정권이 들어서고 1년여 해온 일들을 지겨워하고 반대하고 있다는 걸 분명히 보여준 선거였다. 다각도로 파헤쳐볼 흥미로운 선거였다.

그런데도 유력 신문과 방송들은 온통 노무현 검찰 소환 하나로 도배질해버렸다. 왜 그들은 검찰이 흘리는 얘기에 한 오라기의 의심도 없이, 어찌 그리 충실한가.

따지고 보면 노무현 소환도 그를 둘러싼 실체적 사실 규명이 초점이 아닌지도 모른다. 혹시 모든 게 쇼가 아니었을까. 그런 일로 소환되고, 기자들 수백 명이 벌 떼처럼 뒤쫓고, 그 스펙터클을 화면과 지면에 계속 부각시키고, 전직 대통령의 부정을 예전 전두환, 노태우와 동일 선상에서 갑남을녀가 떠들어대게 만드는 것, 바로 그 과장된 이미지 자체를 나라 안팎에 흩뿌림으로써 숨겨진 정치적 의도를 달성하는 것, 그것이 사건의 본질이 아닐까. 진실 규명이 아니라 진실 규명 시늉이 연출해내는 스펙터클 자체가 목적인 쇼.

하기야 종속국의 언론사 기자라는 자들이 종주국에 빌붙어 단물을 빠는 '콤프라도르'(매판)의 유력 구성 분자라는 얘기는 새삼스러울 게 없으니까. 아니, 어쩌면 우리는 공식적인 당이 아니라 유력 언론사 조직이 여당을 대체하고 나라를 다스리는, 언론 카르텔이 실은 집권 여당이고 집권 여당은 그들의 머슴에 지나지 않는 전례 없는 역사를 살아가고 있는지도 모른다. 그래서 주말마다 광화문 거리를 메우고 있는 경찰들이 지키고자 하는 권리와 명예가 시민들을 있을지도 모를 광우병 내습으로부터 지키기 위해 그 위험성을 알리고 대책을 호소한 〈PD수첩〉과 어린 촛불 시위자들의 권리와 명예가 아니라 그들을 법률의 이름으로 고발한 무능한 쇠고기 협상 관리자들의 권리와 명예인지도 모른다. 힘없는 여배우와 그 가족들의 권리와 명예가 아니라, 어린 신인 여배우를 죽음으로 몰아간 가진 자들, 그 자리에 한자리 긴 부도덕한 유력 신문사 간부들의 권리와 명예인지 모른다.

그들이 설마 노덕술과 전봉덕, 김창룡의 권리와 명예를 걱정했던 그 경찰은 아니겠지.(그게 무슨 놈의 명예인지는 모르겠지만.)

진보냐 보수냐 하는 이항 대립도 역사적으로, 현실적으로 자신들에게 결핍돼 있는 도덕성을 이데올로기 날조로 숨기고 보완하려는 우파들의 꼼수에 이용되기 쉽다. 그들은 부당하게도 진보를 공격하면서 자신들을 그 대립항으로 설정함으로써 원래 없었던 자신들의 입지를 확보하고, 모든 문제를 그런 일반론에 가탁해 자신들의 주장이 마치 세상을 대표하는 대립적 이해관계와 견해들의 하나를 대표하는 양 분칠한다.

경험적으로 우리는 진보냐 보수냐, 좌냐 우냐가 아니라, 세상을 그래도 모두 함께 잘되기를 바라며 양심적으로 열심히 살아온 사람들이냐, 아니면 비열하게 남을 해치며 더럽게 살아온 자들이냐, 또는 자기 욕심만 채우려 안달해온 자들이냐가 문제의 핵심이라는 걸 안다.

오늘의 '중화 사대주의자'는
누구인가?

광해군 몰아낸 인조반정의 허실

2009년 6월 16일 워싱턴에서 열린 한미 정상회담은 한 나라의 사활이 걸린 안보·대외 정책이 단기간에 얼마나 극적으로 바뀔 수 있는지, 나라 전체의 명운이 정치 주도 세력의 비전과 능력에 따라 얼마나 쉽게 부침할 수 있는지를 다시 한 번 환기시켰다. 그날 정상회담에서 '자유민주주의와 시장경제에 입각한 통일' '핵우산을 포함한 확장된 억지'를 명시한 '한미 동맹을 위한 공동 비전'이 발표됐다. 자유민주주의와 시장경제에 입각한 통일이란 2000년 6·15남북공동선언에 명시된 '남북 연합=낮은 단계의 연방제'라는, 남과 북의 체제를 서로 인정한 바탕 위에서의 점진적이고 평화적인 통일 방안을 정면으로 부정하는 것이었다. 그렇다면 상정할 수 있는 현실적인 통일 방안은 사실상 북한 체제 붕괴를 전제로 한 흡수통일밖에 없다. 아니면 영구 분단이거나.

1623년 3월 13일, 서인 세력이 선조의 정궁이었던 인목대비를 앞세우고 쿠데타(인조반정)를 일으켜 광해군을 내쫓았다. 인목대비는 그날 광해군을 폐하는 36가지 죄목을 논한 교서를 내렸다. 그중에 이런 구절이 있다. "광해는 은덕을 저버리고 천자의 명을 두려워하지 않았으며 배반하는 마음을 품고 오랑캐와 화친하였다. 이리하여 기미년에 중국이 오랑캐를 정벌할 때 장수에게 관망하여 향배를 결정하라고 은밀히 지시하여 끝내 우리 군사 모두를 오랑캐에게 투항하게 하여 추악한 명성이 온 천하에 전파되게 하였다."

서인과 인목대비는 천자, 즉 명나라 황제의 명을 거역하고 새로 일어나던 오랑캐(만주 여진의 후금＝청)와 화친한 게 광해군의 죄라 했으나, 광해군은 명과 청 왕조 교체기의 줄타기 외교를 통해 전쟁의 참화를 피해 가고 있었다. 인조반정으로 존명반청尊明反淸·향명배금向明排金 세력이 권력을 쥔 지 4년 만인 1627년 정묘호란이 일어났고, 다시 1637년 병자호란이 일어나 인조는 삼전도에서 청 태종에게 세 번 절하고 아홉 번 머리를 조아리는 '삼궤구고두三跪九叩頭'의 치욕을 당했다. 국토는 무참하게 파괴되고 수많은 백성들이 잡혀갔다. 임진왜란(1592~1598)이라는 대병화를 겪은 지 불과 30년도 되지 않아 시작된 북쪽과의 두 차례 전란은 서인 반정 세력의 세계관과 그에 따른 대명 사대주의 일변도 정책과 밀접한 관련이 있으며, 조선은 이후 영·정조기에 마지막으로 반짝거린 불씨를 빼면 쇠락을 향해 줄달음쳤다.

2004년 5월 19일 〈조선일보〉에 이런 글이 실렸다. "고려는 417년 동안 1.09년에 한 번꼴로 침략을 받았고, 조선 왕조 519년 동안엔 1.44년에 한 번꼴로 침략을 당했다고 한다. 이 피침은 거의 대부분 중국과 일본에 의한 것이었다."

최근 'G2'라는 말이 유행할 정도로 급성장하면서 팍스 아메리카나Pax Americana, 미국 주도의 세계 평화 체제를 대체할 차기 패권국으로 거론되고 있는 중국이 조만간 팍스 시니카Pax Sinica, 즉 중화 제국 체제를 확립한 뒤 한반도를 삼킬 것이라는 '중국 위협론'이 고개를 들고 있다. 특히 '동북공정' 문제가 불거진 이후 두드러졌다. 중국 위협론은 한국이 안보를 대폭 의존하고 있는 팍스 아메리카나 체제, 곧 미국을 어떻게 생각하고 미국과 그 동맹 세력인 일본과의 관계를 어떻게 설정해가야 할지에 관해 중대한 함의를 갖는다. 중국 위협론은 곧 대 미국·일본 의존 체제 강화 또는 북한과의 적대 관계를 전제한 한·미·일 안보 공조 강화 같은 우리의 국가 진로 설정 문제와 밀접하게 연관돼 있다.

이삼성 한림대 정치행정학과 교수는 자신의 저서 『동아시아의 전쟁과 평화』(한길사, 2009)에서 앞서 언급한 〈조선일보〉 기사 속의 수치들을 인용한다. 그 수치들이 어떤 근거를 갖고 있는지 확인할 순 없지만 이런 의심을 해볼 수는 있다. 조선이 침략당한 대표적 전쟁들 속에 위의 정묘호란과 병자호란이 당연히 들어갈 텐데, 그때의 후금 또는 청을 '중국'으로 통칭할 수 있을까? 이삼성 교수는 그럴 수 없다고 얘기한다. 후금은 중원의 명에 대한 북방의 도전 세력이었다. 지금 우리가 부르고 있는 '중국'이라는 나라는 분명 그때로 치면 중원을 차지한 명이지 명을 위협했던 만주·요동의 후금이나 청은 아니다. 그때 조선을 침략한 것은 명이 아니라 명을 압박하던 북방 여진족의 나라 후금이었다. 후금은 1636년 나라 이름을 청으로 바꾸지만 명이 망한 것은 그 8년 뒤인 1644년이었다. 정묘호란과 병자호란이 일어났을 때 명은 존속하고 있었다. 만일 중국을 중원을 차지하고 주변을 조공·책봉 체제로 아우른 중화 제국 체제를 확립한 나라(이게 실은 동서양이 통상 '중국'이라고 지칭할 때의 바로 그 나라다)로 개념을 규정할 경우 그 점은 더 분명해진다. 청이 중원을 차지하고 중화 제국 체제를 확립하는 것, 곧 중국이라 통칭할 수 있게 되는 것은 아무리 당겨 잡아도 1644년 명 왕조가 멸망한 이후다.

이삼성 교수는 몇 가지 예를 더 든다. 예컨대 10세기에 고려를 침입한 거란족(요나라를 세우고 북송을 무너뜨린다)의 나라를 '중국'이라 통칭할 수 있을까? 드라마 〈천추태후〉에 등장하는 당시의 거란족의 나라를 중국과 동일시할 수 있을까? 또 13세기에 고려를 휩쓴 북방 초원 몽골족(원나라를 세운다)의 나라를 중국이라 통칭할 수 있을까? 여기서 분명히 짚어야 할 것은 청이나 몽골이 조선이나 고려를 침략한 것, 말하자면 조선과 고려를 상대로 전쟁을 벌인 것은 그들 나라가 중원을 차지하기 전의 북방 도전 세력일 때였다는 사실이다. 일단 중원을 차지하고 주변을 조공·책봉으로 엮은 중화 체제를 확립한 이후의 청과 몽골은 한반도에 대규모 전쟁을 걸어온 적이 없다. 적어도 신라가 삼국통일 뒤 당의 간섭을 물리치고 난 8세기 이후 1200년 동안은 그런 패턴이 되풀이됐다.

그렇다고 예컨대 원 제국의 고려 간섭을 긍정하자는 건 아니다. 하지만 여기서도 한 가지 짚어야 할 것은, 몽골 침략기에 백성들을 침략자의 손에 넘겨준 채 강화도로 천도한 무신정권의 행태다. 고려의 권신들은 그렇게 해서 몽골에 저항하며 그들만의 권력과 부를 상당 기간 유지할 수 있었겠지만, 침략자들 손에 무방비로 남겨진 대다수 백성들은 약탈과 강화도 정권 유지를 위한 무신정권 쪽의 가렴주구라는 참혹한 이중고를 당했고 국토는 국토대로 거듭 유린당했다. 지금도 제주도 사람들은 삼별초군에 대해 좋은 감정만 갖고 있는 건 아니다. 그 기억은 오히려 부정적이다. 일반 민중에게 자신들의 삶과 거의 무관한 고려 권신들의 정권 존속을 위해 침략자의 약탈과 무신정권의 가렴주구라는 이중고를 감내해야 할 이유가 있었을까. 다분히 근대 민족 수난기에 애국주의 항전의 상징으로 영웅화된 삼별초 전승의 이면도 우리는 살펴봐야 한다. 그리고 이렇게 물어볼 수 있어야 한다. 유럽 일부까지 석권한 역사상 최대의 제국을 건설한 파죽지세의 몽골 세력에 대한 고려 무신정권의 당시 대처 방식은 다른 선택지가 없는 유일 최선이었을까?

〈조선일보〉 기사에 등장하는 수치 속에 이들 주요 침략 전쟁들도 포함되는지 여부는 모르겠으나(당연히 포함시켰을 것이다. 왜냐하면 현대의 우리 기억에까지 뚜렷이 남아 있는 이들 주요 전쟁들을 빼버린 수치는 별의미가 없을 테니까), 평균 거의 매년 고려와 중국을 침략*했다는 나라들이 '대부분 중국과 일본'이었다고 할 때의 뭉뚱그려진 '중국'이라는 통칭이 적절한지에 대해 의심해보지 않을 수 없다.

중국이 강해지면 한반도가 위험할까?

『동아시아의 전쟁과 평화』에서 이삼성 교수는 이렇게 얘기한다. 북쪽에서 한반도를 침략해온 것은 중화 체제로서의 중국이 아니라 대부분 그런 중국을 침입해 들어간 북서부 변방 세력이었다. 신라의 통일 이후 한반도를 침략한 주요 북방 세력인 거란, 말갈, 여진의 나라들은 중국이 아니라 북방 노마드 세력(유목 또는 유목·농경 혼합)이다. 이 북방 노마드 세력은 '내륙 아시아'적 정체성을 지닌 세력으로 통칭되기도 하는데, 거기에는 만주와 요동뿐 아니라 몽골과 신장위구르, 티베트까지 포함된다. 한반도가 침략 전쟁 위험에 노출되는 것은 바로 이들 북방 세력과 중국이 대결하고 이들 사이에 한반도가 끼인 구조, 말하자면 '중국-북서 변방 세력-한반도'라는 '마의 삼각 구조'가 형성됐을 때다. 이때 중원은 5대 10국 시대처럼 분열돼 있거나 중화 제국 체제가 약화돼 있을 경우가 많다. 이 삼각 구조에서 침략자로 등장하는

■　침략이라는 개념을 분명히 하지 않으면 엄청난 오해를 부를 수 있다. 예컨대 소규모 왜구들의 약탈이나 숱하게 일어난 국경 지역 주민들 사이의 유혈 분쟁이나 알력까지도 침략 범주에 넣어야 할까?

것은 북방 세력이다. 북방 세력의 궁극적 목표는 중원이다. 그들은 중원을 장악하기 전 중원을 중심으로 조공과 책봉 체제로 결합된 사실상의 독립국들 간의 '위계적 안보 레짐'(또는 독특한 세계 체제라 할 수 있는 중화 체제)을 지탱한 기둥 가운데 하나인 고려·조선을 침략해 배후를 위협당할 가능성을 사전에 제거했으며, 또한 중원 침략을 위한 병참기지로 삼았다.

따라서 이런 결론을 내릴 수도 있다. 한반도가 침략 전쟁에 노출될 가능성은 중국이 강성 대국이 됐을 때가 아니라 오히려 중국이 약화되거나 분열됐을 때다. 조선이 일본제국주의의 식민 지배를 받게 된 것도 1840년 아편전쟁 발발과 함께 200여 년 계속돼온 청나라의 팍스시니카가 무너진 결과다. 도요토미 히데요시의 임진년 조선 침략이 실패로 끝난 것은 명을 중심으로 한 중화 체제가 비록 그 절정기를 지나 기울고는 있었지만 그런대로 유지되고 있었고 따라서 명이 조선에 지원군을 급파할 수 있었기 때문이다. 하지만 아편전쟁 이후 중화 체제가 무너진 뒤 힘의 공백을 메운 것은 서양 제국주의 카르텔이었고, 일본도 거기에 주요 멤버로 가담해 이권을 나누었다.

여기서 중화 체제와 군국 일본이 경영한 식민 제국 체제, 즉 대동아공영권을 어떻게 볼 것인가 하는 문제가 제기될 수 있다. 이삼성 교수가 중원 중심의 위계적 안보 레짐 또는 세계 체제로 규정한 전통적 중화 체제는 형식적으로 조공·책봉 체제라는 주종 관계로 묶여 있으나 조공국들은 외교, 국방 및 내정에서 중원의 직접적 간섭을 거의 받지 않는 사실상의 독립국들이었다. 반면에 유럽 제국주의 국가들이 유럽 바깥 지역에서 수립한 체제는 그 지역의 주권을 빼앗고 직접 통치하는 식민 체제였다. 제국주의 카르텔의 일원이었던 일제의 대동아공영권도 그와 다를 바 없었다.

그렇다면 새로운 중화 체제의 등장이 장래 한반도 평화를 보장해줄 완벽한 대안이 될 것이라는 얘기인가? 『동아시아의 전쟁과 평화』가 그런 식의 결론을 내리고 있다면 우리가 여기서 이처럼 길게 거론할 필요가 없을지도 모른다. 이삼성 교수는 중화 체제가 한반도에 침략 전쟁을 유발한 것이 아니라 오히려 평화를 보장한 측면이 있다는 걸 논증함으로써 '중국이 강대해지면 한반도가 위험하다'는 속설이 근거 없다는 걸 밝혔지만, 한반도 주민들, 특히 지배 그룹이 기성의 중화 체제에 과잉 적응(조선 양반 주류들의 '소중화小中華' 의식이 바로 그 증좌다)할 때 그 중화 체제가 치명적인 독이 될 수 있다는 사실 또한 구체적인 역사적 사실들을 통해 논증한다. 중화 체제에 과잉 적응할 경우 자기의 안전을 뒤흔들 중대한 변화가 나라 안팎에서 진행되고 있는데도 중화 체제에 모든 걸 의존하는 사대주의가 만연하면서 주변을 타자화하고 그들을 깔보며, 거기서 일어나는 변화에 눈감는 치명적인 오류에 빠지게 된다.

그 대표적인 예가 바로 정묘호란과 병자호란 때의 조선 지배층이 저지른 오판이었다. 임진·정유 병란을 겪은 광해군은 명과 새로 일어나던 청(후금) 어느 쪽으로도 경사되지 않고 북서 변방과 중원의 정세 변화를 살피면서 나름대로 대비 태세를 갖췄다. 청과 대적하던 명은 끈질기게 파병 등을 요구하며 조선에 협력을 촉구했으나 광해군은 호락호락 응하지 않았고, 파병이 불가피해졌을 때도 현지 파견 사령관에게 융통성 있게 대처하라는 재량권을 주었다. 인목대비가 광해군이 재조지은再造之恩, 명이 임진왜란 때 지원병을 보내 조선을 다시 일으켜 세워준 은혜의 의리를 팽개치고 오랑캐(청)와 친했다는 걸 인조반정 쿠데타 명분의 하나로 거론한 근거가 거기 있었다. 정권을 잡은 인조와 서인은 광해군의 균형 외교를 내팽개쳤다. 중원만 바라보며 만주에서 당대 최강의 세력으로 급성장하고 있던 후금을 오랑캐로 타자화하고 무시했다. 심지어 1644년 명이 멸망한 뒤에도 만동묘萬東廟를 지어 명나라 황제들에게 제사를 지내게 한 우암 송시열처럼 서인과 노론 집권 세력들은 명의 약화와 멸망 뒤 오히려 자신들이 망한 중화의 정통 후계자임을 자처하는 시대착오적 향명배청의 소중화 의식에 집착하면서 과거에 자신들이 야만시했던 여진족에 대한 허황된 우월감을 벗어버리지 못했다. 광해군을 쫓아낸 반정 세력은 임진 전란의 기억이 생생하던 시기임에도 중원만 바라보며 아무런 군사적 대비 태세도 갖추지 않은 채 그나마 광해군이 쌓아올린 토대마저 허물어버렸다. 주전파와 주화파의 공허한 명분론만 요란하게 맞부딪쳤을 뿐 실제로는 속수무책으로 당한 정묘·병자년의 허망한 귀결이 거기서 비롯했다.

대비가 있었든 없었든, 그리고 조선이 외교를 잘했든 못했든 상관없이 중원을 겨냥한 청은 결국 조선을 쳤을 것이고 참화는 피할 수 없었을 것이라는 주장도 근거 없는 것은 아니다. 하지만 잊지 말아야 할 것은, 조선의 지배 세력이 광해군 외교의 연장선 위에서 그것을 더욱 발전시키고 대비 태세를 더욱 철저히 갖추었다면 최악의 경우 절대 강자로 커가던 청의 간섭을 피할 순 없었다 할지라도 조선의 지위를 상대적으로 높이면서 피해는 줄일 수 있었을 것이고, 하층 서민들이 가장 큰 희생자가 되는 전쟁을 피하거나 그 피해를 최소화할 수 있었을 것이라는 점이다. 조선에겐 다른 선택지가 있을 수 있었다. 이 점이 중요하다. 『동아시아의 전쟁과 평화』를 쓰게 만든 동기 가운데 하나였을 것이다.

강희제, 옹정제, 건륭제의 번성한 150년 청조 중화 체제가 가져다준 긴 태평 시대의 혜택을 누리면서도 재조지은의 성리학적 의리에 함몰된 조선의 지배 세력은 말기까지 청을 깔보는 소중화 의식을 버리지 못한 채 청의 실사구시적 실용주의를 외면했다. 역설적이게도 조선 지배층이 사대 의식의 대상을 명에서 청으로 바꾼 것은 아편전쟁으로 청의 중화 체제가 무너진 이후다. 중화 질서 동요와 함께 더 큰 위기에 봉착한 조선 사대주의자들은 그제야 현실을 직시하고 이홍장과 위안스카이한테 매달렸지만 이미 때가 늦었던 것이다. 망해가던 청은 그럴 힘이 없었다.

앨 고어가 미국 대통령이 됐다면

다 지난 일일까? 이삼성 교수는 이게 과거가 아니라 바로 지금 다시 이 땅에서 벌어지고 있는 일이라는 걸 환기시킨다. 바로 이것이 책을 쓰게 된 핵심 동기가 아닐까.

평양에서 사상 첫 남북 정상회담이 열린 2000년. 그해 6월 15일 '남북 연합＝낮은 단계의 연방제' 통일 방안에 합의한 공동선언이 발표됐다. 10월에는 매들린 올브라이트 미 국무장관이 평양에 가고 조명록 북한군 차수가 워싱턴을 방문했다. 그다음 달 미국 대통령 선거전이 치러졌다. 그때 민주당 앨 고어 후보가 승리했다면 미국과 북의 관계, 나아가 남북의 역사와 동아시아 정세는 지금 크게 달라졌을 것이다. 하지만 선거는 석연찮은 투·개표 논란 끝에 결국 공화당 조지 부시 후보가 전체 득표수에서 지고도 승리한 것으로 귀착됐다.

만일 그때 고어가 이겼다면 어떻게 됐을까?

알다시피 공화당 보수 우파 세력과 네오콘들의 열망을 등에 업은 부시는 당선 확정 뒤 'ABC^{Anything But Clinton, 전임 클린턴 정권 정책에 대한 전면}적 거부'를 앞세우며 북미 관계를 클린턴 이전으로 완전히 되돌렸다. 역사에서 가정은 허망한 노릇이지만 무의미한 것은 아니다. 다른 선택을 했다면, 또는 다른 길로 이어졌다면 어떻게 됐을까 상상하는 것을 바둑 대국이 끝난 뒤의 복기에 비견할 수 있을까. 바둑 세계의 지평을 더 크게 열고 더 깊이 들어가기 위해선 이미 끝난 게임이지만 복기를 통해 대전 때의 주요 국면들을 재점검해봐야 한다.

고어가 당선되고 클린턴 정부의 정책 틀을 승계했다면 우리는 지금 전혀 다른 세상에서 살고 있을지도 모른다. 고위급 관리들의 상호 교환 방문을 성사시킨 미국과 북한은 현실감을 띠어가던 정상들 만남을 통해 '관계 정상화'를 서두르지 않았을까. 설사 정상 교환 방문까진 가지 않았을지라도 말이다. 평양과 워싱턴에 상주 대표부 또는 대사관을 개설한 두 나라는 지금 두 나라 관계를 험지로 옭아넣고 있는 핵과 미사일 문제를 그때 이미 어떤 형태로든 타결했을 것이다. 따라서 북이 핵실험을 강행했을 리도 없다. 북·미 관계 정상화에 대한 방해 세력은 없었다. 서울이 그것을 강력히 원했고 베이징도 원했고 모스크바도 환영했다. 도쿄 극우 정권이 떨떠름했겠지만 대세를 거역할 순 없었을 것이다. 그것은 2002년 9월 17일 고이즈미 준이치로 총리의 전격적인 평양 방문을 보더라도 짐작할 수 있다. 그의 방북은 남한 정부의 강력한 대북 접근 정책에 따라 가변성이 커져가고 있던 한반도 주변 정세 속에서 자칫 일본이 동아시아 질서 재편 움직임에서 소외당할지 모른다는 일본 우파 세력 일각의 우려와 초조감을 반영하고 있었다. 일본 일각의 그런 독자적 움직임을 그다음 달인 10월 평양을 방문한 제임스 켈리 미 국무부 동아시아태평양 담당 차관보 일행이 야기한 우라늄 농축 의혹 사건, 이른바 제2차 북핵 위기를 통해 미국 부시 정권은 조기에 차단해버리고 말았지만, 만일 그때 고어가 집권하고 있었다면 사태는 전혀 다르게 흘러갔을 수도 있다. 남북 관계가 그랬고 북·미 관계, 나아가 북·일 관계, 북·중 관계 전반이 연쇄적으로 크게 요동치면서 빠른 속도로 지금과는 매우 다른 판이 짜이기 시작했을 것이다.

그리하여 1989년 베를린 장벽이 무너진 지 10여 년 만에 동아시아에서도 마침내 냉전은 종결되고, 반세기 이상 뒤틀릴 대로 뒤틀렸던 동아시아 국제관계와 남북 관계도 전혀 다른 차원으로 진입했을 것이다. 그쯤 되면 '남북 연합=낮은 단계의 연방제' 통일은 문서 속의 기록이 아니라 현실의 살아 있는 생활이 될 수도 있지 않았을까.

아주 낙관적으로 상상해 일이 제대로 굴러갔다면, 6·15공동선언 열 돌이 됐을 즈음 이미 남북은 여전히 철조망은 걷어치우지 못했을지라도 개성공단 규모의 남북 합작 공단들이 남포와 신의주, 원산 등지에도 들어서고, 묘향산과 칠보산이 개방되고, 동해안 철도를 타고 백두산으로 가는 표를 사려는 사람들이 서울의 여행사들 앞에 장사진을 치고 있을지 모른다. 이미 원산, 블라디보스토크를 거쳐 모스크바, 베를린, 파리 그리고 지브롤터 해협까지 이어지는 철로와 자동찻길은 서울과 도쿄에서 출발한 사람과 물산들로 채워져 있을지 누가 알겠는가. 형용모순이긴 하지만 '제한'된 '자유 통행'과 '자유 투자' 허용으로 한 해 수백만의 남쪽 사람들이 북의 산천을 찾고, 반세기도 더 전에 흩어진 남북의 가족들은 애틋한 기억들을 땅에 영원히 묻기 전에 대다수가 다시 만났을 수도 있다. 인생살이에는 이런 게 중요하다. 개인이든 역사든 그런 반전과 일탈, 역전이 때로 필요하다. 만일 남북 합쳐 7000여만이 정치는 일단 제쳐놓고 단일 경제권역만이라도 만들어낸다면, 그리하여 자족적 규모의 내수 시장을 창출해낼 수 있다면 수출에 목숨 거는 과도한 개발과 광기 어린 성장 지상주의에서 벗어나 농업 자생력을 획기적으로 높이면서 한반도 전체가 좀 더 환경 친화적이고 인간적인 삶을 설계해볼 수 있지 않을까. 그리하여 한반도가 21세기 새로운 문명의 시원이 되는 길이 열리지 않을까.

가장 중요한 것은, 그쯤 되면 남북 관계나 한반도 운명의 열쇠를 주변 외세가 쥐는 게 아니라 한민족이 쥐게 된다는 점, 1945년 일제 패망 뒤에조차 되찾지 못했던 민족사의 주도권을 비로소 온전히 우리가 쥘 수 있는 길이 열리게 된다는 점이다. 외세가 짜놓은 틀, 지난 한 세기 동안 우리를 가두고 있던 그 틀을 깨부숴버릴 결정적인 기회가 조성되는 것이다.

어쨌든 미국과 중국의 체제 안전 보장 속에 북한은 더욱 과감하게 문을 열어젖혔을 것이고, 중국이나 베트남과 같은 후유증을 피할 순 없었겠지만 북한 주민의 생활수준도 극적으로 개선됐을 것이다. 물질적으로도 그렇고 정신적으로도 그랬을 것이다. 어떤 이유에서건 굶주리는 체제, 과도한 긴장과 관료적 억압이 일상화된 폐쇄 체제가 제대로 굴러갈 순 없다. 북한이 변하면 현상 고착 내지 북한 왕따를 통해 동아시아 전후 지정학적 특성을 최대한 향유해온 완강한 일본 극우 정권도 생각을 달리할 수밖에 없을 것이다. 그 변화가 불러올 정세 재편과 엄청난 규모의 새로운 비즈니스 기회를 놓칠 순 없지 않겠는가. 그리하여 그 전제 조건이 될, 배상을 통한 북한과의 식민 유제 청산을 서두를 수밖에 없을 것이다. 고착된 현상이 무너지기 시작하면 당연히 거기에 편승해온 자민당 보수 우익의 장기 집권, 즉 55년 체제도 종말[■]을 고할 것이고, 중국공산당 일당 체제도 심대한 전환을 서두르지 않을 수 없을 것이다.

말하자면 미국 대선 플로리다 투·개표에 대한 미국 대법원의 판정이 민주당 쪽으로 방향을 살짝만 틀었더라도 동아시아 전체의 지정학 구도는 대격변에 휩싸였을 것이고, 20억에 가까운 역내 주민들의 실제

[■] 2009년 8월 말 총선 참패로 자민당 55년 체제는 무너졌다. 그러나 정권 교체로 들어선 민주당 정권의 실패로 자민당은 야당이 된 지 3년여 만에 다시 집권당이 됐다.

삶과 지향하는 가치, 그들의 장래 비전 역시 지금으로선 상상하기 어려운 경지로 나아갔을 수 있다. 그 대전제는 바로 남북한이 오랜 적대 관계를 해소하고 협력함으로써 민족사(민족은 객관적 주관적 실체로 존재하며, 우리에겐 저항적 민족주의 담론도 여전히 유효하다)의 주도권을 되찾아 그런 변화를 유도하고 또 능동적으로 활용할 태세를 갖추고 있어야 한다는 것이다. 이런 주체적 노력과 준비 태세 없이 외부 변화에 명운을 건다면 그것은 고질적 사대주의 폐악의 또 다른 버전에 지나지 않을 것이다.

물론 그런 식의 변화가 반드시 바람직한 것인지, 또 변화가 그런 쪽으로만 향했을지, 그렇게 낙관적이기만 했을지 누가 알겠는가. 하지만 적어도 실현 가능한 현실로서 그런 변화를 상상해볼 수는 있었을 것이다. 어떤 변화, 어떤 가치가 더 나을지 고민하는 것은 그다음 단계다. 아예 한 걸음도 떼지 못한 채 옴쭉달싹도 하기 어려운, 가능성이 거의 없어 보이는, 효율과 타당성 측면에서도 매우 의심스러운 북 체제 붕괴나 항복 선언, 그리고 (물론 안 되더라도 손해 볼 것 없다고 생각하겠지만) 흡수통일만 기다리면서 기하급수적으로 긴장과 충돌 가능성만 더해가는 지금의 답답하고 위험한 상황과는 전혀 다른 가능성이 펼쳐지지 않았겠는가.

주지하다시피 부시 정권의 등장으로 그런 꿈은 일단 물 건너가 버렸다. 그렇지만 그 꿈을 향한 노력은 중단된 적이 없다. 2002년 2월 서울에서 열린 정상회담에서 김대중 대통령은 부시에게 "대화는 필요하면 적과도 하는 것"이라며 설득했다. 그해 9월 17일 고이즈미의 방북과 '평양 선언' 발표도 한국 정부의 그런 노력이 중대한 역할을 했다. 2·13이니 9·19니 하는 남북 관계에서 막힌 숨통을 틔운 극적인 타협이 이루어진 것도 그런 노력 덕이었고, 2007년 노무현 대통령의 방북과 10·4남북공동선언도 부시가 흔들어버린 꿈을 되찾기 위한 집요한 노력의 연장이었다. 한나라당과 그들을 대변하는 보수 언론들이 노래하는 '잃어버린 10년' 동안의 이런 남쪽 정부 정책 자체를 혐오하거나 비판하는 사람들도 있겠지만, 그 타당성 여부를 따지기 전에 그런 노력이 끊임없이 경주돼온 건 분명한 사실이며, 그것이 또 다른 가능성의 지평을 넓혀놓은 것 역시 분명한 사실이다.

현대판 재조지은, 제국주의 카르텔

2007년 말 대선과 2008년 이명박 정권 출범으로 다시 한 번 극적인 전환이 일어났다. 2009년 6월 16일 워싱턴의 한미 정상회담 기자회견 내용이 선명하게 보여주듯이 남쪽 새로운 집권 세력은 지난 10여 년의 안보 정책을 완전히 뒤집어버렸다.

이른바 IMF 사태가 말해주듯 대책 없는 신자유주의 정책 전면 도입으로 '잃어버린 10년'을 불러들이고(진짜 '잃어버린' 것이라면 그들 자신이 잃어버린 것이니 그에 대한 비난은 자가당착 아닌가) 전쟁 일보 직전까지 가는 위기 상황을 속수무책으로 바라보고만 있어야 했던 1994년 제1차 북핵 위기를 초래한 그 이전 정권들의 정책으로 완전히 회귀해버린 듯하다. 2000년의 북·미 관계 정상화, 남북 관계 질적 전환 가능성을 날려버린 건 조지 부시 정권 등장이라는 외부 환경 변화였으나 이번에는 당시와는 기막히게 정반대 현상이 벌어졌다. 이번에는 한국 정부가 가로막고 나섰다. 이명박 정권이 바라본 곳은 남과 북, 즉 우리 내부가 아니라 외부, 결국 미국이다. 다시 외세에 손을 벌리는 일종의 '투항주의'다. 김대중, 노무현 정권의 대북 정책을 거부한 이명박 정권이 부시 정권의 외교정책을 비판하며 들어선 오바마 정권의 대북 정책과 마찰을 빚을 수밖에 없는 정세 역전이 이루어졌으나 현실은 기묘한 방향으로 나아갔다. 이명박 정권은 일본 극우 정권과 함께 오바마 정권을 기존 부시 정권의 대북 정책 쪽으로 끌어가고 있고, 핵과 미사일을 앞세운 북의 무모한 도박이 오바마 정권과 일본 한국 우익 정권의 야합을 도와주었다.

『동아시아의 전쟁과 평화』에서 이삼성 교수는 묻는다. "21세기 한국이 동아시아에서 전쟁을 피하고 평화를 확보할 백년대계의 전략적 패러다임은 무엇인가?" 이게 이 책을 관통하는 대주제다. 이걸 제대로 논의하기 위해서는 우리에게 마치 선택 불가능한 대전제처럼 주어져 있는 것을 넘어서야 한다. 그것이 무엇인가? 바로 한미 동맹이다. '용미用美'라는 말조차 '반미反美'로 치부하고 불온시하는 상황에서 한국인 대다수가 의식적 무의식적으로 받아들이고 있는 가장 기본적인 전략적 전제가 돼 있는 이것, 한미 동맹의 이데올로기화다. 대전략의 한 요소일 뿐 그것 자체가 우리 대전략의 전부 또는 중추가 될 수 없는 한미 동맹이 이데올로기화하면서 "동맹 그 자체가 전략적 수단의 개념을 넘어 본질적 목적으로 화하고, 미국이라는 특정 국가 이외의 다른 사회와 국가들을 타자화"하게 된다. 이건 매우 위험하다. 그렇게 되면 "전쟁을 피하고 평화를 담보해낼 전략에 대한 부단한 성찰과 비판적 사유를 용납하지 않기 때문이며, 주변에 대한 타자화 이데올로기가 발동해 주변의 변화에 눈감게 됨으로써 자주적이고 건설적인 상호작용을 위한 비전 가꾸기에 나태하거나 이를 왜곡시킬 수밖에 없게 되기 때문"이다. 임진년에 속수무책으로 당하고 병자년에 인조가 삼전도에서 삼궤구고두의 치욕을 당했으며, 급기야 일본에 나라를 완전히 빼앗겨 식민지가 된 게 중원에 대한 맹목적인 사대, 이데올로기화한 성리학 사도들의 소중화 의식 때문이 아니었던가.

이와 관련해 이 교수가 이 책에서 또 하나 주목하고 있는 개념이 '제국주의 카르텔'이다. 아편전쟁 이래 영국, 프랑스, 독일, 네덜란드 등 서유럽 대다수 제국주의 국가들이 중국 침탈 과정에서 때로 경쟁하면서 연합해 공동작전을 펼쳤다는 것은 잘 알려져 있다. 하지만 이 교수는 그들 사이의 경쟁은 부차적인 것이고, 그들이 연합해서 합동으로 중국을 유린하고 그 전리품을 나눠 가진 게 동아시아 제국주의 침탈사의 핵심이라고 본다.

가장 뚜렷한 예가 바로 장기간에 걸친 일본과 영국, 미국의 협력 관계다. 서구 제국의 최종 표적은 언제나 광대한 중국 대륙이었다. 1853년 매슈 페리 제독이 흑선을 이끌고 도쿄 만 우라가 해안에 등장했을 때도 그의 목표는 일본과의 교역이 아니라 중국과의 거래를 위한 중간 기착지, 중간 보급소를 일본에 확보하는 것이었다. 영국 역시 일본을 중국에 접근하는 중간 통로이자 협력자로 활용했으며, 특히 장기간에 걸친 영일동맹과 러일전쟁 당시 미국과 함께 적극적으로 일본을 밀어준 예에서 보듯 일본을 러시아제국 팽창주의에 대항하는 서방 제국 연합 전선의 동아시아 지역 핵심 멤버로 육성했다. 일본이 중화 체제 붕괴로 생긴 동아시아 힘의 공백을 메워가는 비유럽권 주요 세력으로 돌출 성장을 할 수 있었던 것은 바로 근대 중국 해체를 주도했던 이 제국주의 카르텔, 특히 영·미·일 삼각 카르텔 덕이었다는 게 이 교수 생각이다.

오늘날 많은 한국인들은 제국주의의 동아시아 침탈 과정에서 미국은 예외적 입지, 즉 탈제국주의나 심지어 반제국주의적 입장을 견지한 것으로 알고 있지만, 이것이야말로 '잘못된 기억의 정치'가 만들어 낸 착각이다. 미국은 유럽 제국주의 국가들의 중국 약탈 과정에 깊숙이 동참했을 뿐 아니라 마오쩌둥이 중국을 재통일하는 마지막 순간까지 장제스의 국민당을 지원하며 그 주역으로 남아 있었고, 청일전쟁과 을사늑약, 을미사변 그리고 러일전쟁 때부터 일본의 조선 침탈을 방조하거나 지원했다. 러일전쟁 직후에 일본의 조선 지배권을 승인해준 가쓰라–태프트 밀약, 한일 강제 합병을 밀어준 1908년의 루트–다카히라 밀약에서 보듯 미국은 조선을 일본과의 거래를 위한 재료로 활용했으며, 미·일 카르텔은 영·일 카르텔을 밀어내고 가장 강력한 동아시아 침탈 제국주의 카르텔로 등장했다. 일본의 조선 지배가 당연하다고 공언했던 시어도어 루스벨트는 말할 것도 없고, 민족자결주의로 평가받는 우드로 윌슨이나 심지어 프랭클린 루스벨트조차 한반도를 그들의 동아시아 내 제국주의적 거래를 위한 재료로 활용했다.

미국은 1940년까지도 전투기와 폭격기, 폭탄, 폐철과 강철 등 일본의 조선·중국·동남아 침탈에 필수적인 전략 물자를 일본에 수출했으며, 석유는 일본군이 하와이의 진주만 미 태평양함대를 기습하기 불과 5개월 전인 1941년 7월까지 계속 일본에 공급했다. 일본의 만주 독립운동 세력 살육과 난징 대학살도 미·일 제국주의 카르텔 속에서 자행됐다.

미국과 일본의 아시아 경영을 위한 공존·공생 카르텔이라는 면에서 지금도 그 상황은 기본적으로 변함이 없다. 일본 패망 뒤 한반도를 자의적으로 분단하고 친일파들을 대거 등용시킨 이래 기본 구도가 변한 적이 없다. 유엔의 이름으로 한국전쟁에 개입한 이후 미국은 남쪽에서 임진왜란 이후 조선 지배층의 머리를 점령했던 재조지은의 지위까지 확보했다. 오늘날 한국인 대다수의 맹종적 친미주의는 한국전쟁 이후 권력을 장악해온 한국의 친미 보수 우파 세력이 유포한 바로 그 현대판 재조지은 이데올로기 때문이라고 해도 과언이 아닐 것이다. '미국이 다 망한 나라를 살려주었다'는 신화. 사람들은 자신들의 나라를 애초에 다 망하게 만든 주역들이 누구인지는 생각하지 않고 막판에 구해줬다는 신화만 기억한다. 전형적인 '잘못된 기억의 정치'다.

21세기의 중화, 미국

한국인에게 21세기의 중원은 미국이다. 재조지은의 나라 미국이 육성한 이 땅의 현대판 소중화주의자들에게 미국은 알파요 오메가다. 한 국가의 자주성을 가름하는 주요 지표 가운데 하나인 전시작전통제권 환수마저 극력 반대하고 3·1운동 기념일에 성조기를 들고 반북 친미 시위를 벌이며 병든 쇠고기 수입을 감수해서라도 약탈적 금융자본이 지배하는 미국과의 시장 통합을 필사적으로 추진하는 대한민국 우파 주류한테서 우리는 만동묘를 지어놓고 명나라 황제 제사를 지내던 조선 시대 맹목적 사대주의자들의 모습을 찾아낼 수 있다.

한국의 지배 세력은 미국이라는 현대판 중화 체제에 과잉 적응하고 있는 것이다. 그들의 의식 속에서 미국과 그 동맹국 일본을 뺀 중국, 러시아, 동남아 제국은 최근 이들 나라의 경제성장과 함께 교역과 투자 상대로 점점 비중을 더해가고 있긴 하지만, 미·일 카르텔에 비하면 여전히 신뢰할 수 없는, 야만적인 타자일 뿐이다. 특히 동족인 북쪽은 조선 시대 지배층이 타자화한 여진과 거란과 말갈보다도 나을 게 없는 야만적이고 후진적인 존재로 자리매김했다. 그들의 모든 언행과 정책이 그것을 뒷받침하고 있다.

주도권을 외세에 넘겨준 상황에서 남북, 북·미 관계 악화는 제1, 2차 북핵 위기 때 현실로 다가왔던 전쟁 발발 가능성을 급속히 높인다. 1929년에 시작된 세계 대공황이 결국 전쟁을 부르고 그 전쟁을 통해 공황의 원인인 자본주의 과잉생산을 최종적으로 해소했듯이, 서브프라임 모기지subprime mortgage, 비우량 주택 담보대출 부실화가 부른 월스트 리트의 금융공황이 야기한 지금의 전 세계적 불황 속에 최종 해결책 은 결국 전쟁뿐이라는 얘기가 떠돌고 있다. 반도체와 전자 제품, 자동 차, 조선 등에서 경쟁력을 지닌 한국 경제가 전쟁으로 마비될 경우 과 잉생산으로 허덕이는 세계 자본주의 체제에 복음이 될 것이라는 김영 호 유한대 총장의 경고가 의미심장하지 않은가.

이런 상황에서는 이삼성 교수가 지적했듯이 백년대계를 위한 전략 적 패러다임을 짜기 위한 성찰도 사유도 토론도 불가능하다. 중국 위 협론조차 이런 상황에서는 미국이라는 현대판 중화 체제의 연장을 위 해 소중화주의자들이 의도적으로 유포한 허위 이데올로기라는 의심 을 받을 수밖에 없다. 한반도를 거대 중국의 위협에서 구해낼 수 있는 것은 바다 건너 미국뿐이다! 실은 식민과 분단, 점령, 전쟁, 개발독재로 점철된, 길게 보면 훗날 우리 민족에게 대재앙으로 기록될 지난 1세기 내내 그런 신화는 살아 있었다. 인조 때의 재조지은이 대명 사대주의 를 매개로 한 서인 반정 세력의 사회적·경제적 기득권 지키기 전략과 불가분의 관계에 있었듯이, 현대판 소중화주의자들의 재조지은도 그 들의 기득권 지키기와 밀접한 연관을 지니고 있을 것이다. 물질적 이해 관계는 정신의 오염에 선행한다.

우리 사회에 만연한 '잘못된 기억의 정치' 현상이 지난 2000년간 의 중국, 일본 등 동아시아 주변 역사의 진실을 왜곡함으로써 지금 이 시대의 올바른 현실 인식과 성찰적 사유를 가로막고 있다.『동아시아 의 전쟁과 평화』가 고대부터 현대에 이르는 한반도 관련 주요 전쟁들 과 국제관계를 추적하면서 역사학, 국제정치학, 국제관계학을 종횡으 로 구사하는 건 그걸 깨뜨리기 위한 작업이기도 하다.

왕조 몰락의 공식

중국이든 조선이든 한 왕조가 어떻게 일어섰다가 어떻게 망하는가. 복잡하겠지만, 아주 단순화·도식화한다면 이런 것이 아니겠는가.

전대의 왕조가 쇠퇴기를 거쳐 지배 체제가 더욱 경직되면서 부패는 극에 달하고 가렴주구가 우심해지면 백성의 신음소리가 커지다가 마침내 폭발한다.

왕조 권력 내부든 황건적과 홍건적과 같은 외부든 기존 체제에 저항하는 세력들이 기존 체제에 대한 백성들의 광범위한 불만과 원성을 영양제 삼아 기하급수적으로 힘을 키워간다. 그리고 마침내 뒤엎는다. 한고조 유방이나 명의 주원장이 등장한 경로들이 다 엇비슷하다. 고려 왕건이나 조선 이성계 역시 크게 다르지 않을 것이다.

그리하여 새 왕조가 수립되는데, 새 왕조 초기 약 몇 세대는 힘의 팽창기가 지속된다. 구악을 일소하고 백성의 변화된 욕구를 우선적으로 수용해서 안정시킬 필요 때문에, 그리고 기존 체제의 방해 세력들을 척결해야 할 필요 때문에 새 집권 세력은 과단성 있게 낡은 틀을 부숴버리고 새로 자라나는 신흥 세력들에게 숨구멍을 터준다. 그 결과 새 왕조는 번창한다.

그러나 그 번창은 통상 오래가지 못한다.

왕조의 또 다른 붕괴 사이클은 기득권 세력, 새로운 권력 집단, 관료화하고 타성화한 지배 그룹의 등장과 함께 시작된다. 소련 체제의 노멘클라투라^{구소련의 특권 계급}처럼, 조지 오웰의 『동물농장』의 돼지 나폴레옹과 그 똘마니들처럼 혁명이나 왕조 교체기의 새로운 야망과 비전, 꿈을 상실하고 타성화한 지배 그룹에게 남은 것은 정실 관계에 토대를 둔 적나라한 이기주의와 편 가르기가 판치는 단견과 무지, 타락과 부패와 음탕과 음모뿐이다.

그들 부패한 지배 그룹이 자신들의 기득권을 유지 확대하고 세세연년 사치와 호화를 누리는 가장 강력한 도구는 바로 교육이다. 조선으로 치면 성균관이나 과거 시험에서 좋은 성적을 거두는 자들의 유형이 왕조 중기에 접어들면서 점점 굳어져 스테레오타입화한다. 머리도 비전도 없는 달달 외기 선수들이 대거 등장하는 것이다. 왕조 초창기에 나름의 고민과 앞날에 대한 설계와 도전, 창의성을 지닌 자들이 등장했고, 지배 그룹은 그들의 등장에 관대했을 뿐 아니라 적극적으로 그들을 활용했다. 하지만 시간이 지나면서 그들은 점점 거추장스럽고 위험하고 귀찮은 존재가 돼간다. 성균관 입시나 과거 시험에서 성적 상위자들은 그런 창의적 인간형이 아니다. 이미 굳어가던 지배 체제의 경직성과 비례해 주어진 시험문제나 출제 경향에 맞춰 달달 외는 데만 총력을 기울여 무조건 점수 따기에만 골몰하는 바보 똑똑이들이 대세를 차지하게 된다. 그들에겐 왕조 건국의 대의니 이상이니 지향이니 하는 게 아무 의미가 없다. 그저 주어진 틀 안에서 점수나 따서 이룩한 기성 체제와 가치 속에 끼어들어 될 수 있는 한 더 많이 차지해서 자기 일족 중심으로 그것을 더욱 굳혀 영생토록 누리는 게 그들의 유일한 인생 목적이 된다. 왕조 창건 이념이나 백성, 타인들의 존재는 그들의 안중에 없다.

　　그때 틀을 잡는 것이 동일한 룰이 적용되는 무한 경쟁(요즘 신자유
주의식으로 말하면 시장 만능 자유경쟁)의 점수 따기와 그에 따른 서열화,
성적순 줄 세우기다. 달달 외우게 해서 줄을 세우고 거기에 맹목적으
로 따르는 텅 빈 머리와 탐욕으로 꽉 찬 이기주의 점수 따기 기술자들
의 양산 체제가 갖춰지면 기성 체제의 전횡은 한동안 안정된 기반 위
에 서게 된다. 교육은 기득권 세력의 배를 채우는 계급 재생산의 확실
한 도구로 정착한다. 달달 외기의 일차원적 무한경쟁에 따른 단 한 번
의 시험과 성적순 줄 세우기는 모든 구성원의 능력과 사람값을 매기는
유일한 기준이 돼 기득권과 강자들에겐 자신들의 지배와 전횡을 정당
화하는 도구가 되고, 성적이 낮은 사람이나 탈락자들에겐 움직일 수
없는 무능의 척도가 돼 대들거나 반항할 의지조차 스스로 꺾어버리게
만든다. 모든 것은 개인 능력 차라는 객관적 기준에 따라 결정된 것으
로 치부된다. 하지만 성적은 평가 대상자의 능력이나 생각과는 아무
상관이 없다. 객관이라는 이름의 성적순 족쇄. 물론 이건 완전 사기다.
오로지 줄 세우고 자르고 가려 뽑고 배제하고 도태시키기 위한 분류
표, 기표일 뿐이다.

　　이미 그 단계에서는 자유경쟁이란 허구가 된 지 오래고, 경쟁은 출
발점부터 불공평하다. 시험문제 자체가 기성 체제에 대한 어떤 이의 제
기도 불가능한, 기득권 가치 옹호 일변도의 맹목적이고 폭력적인 사탕
발림으로 가득 차 있다. 시험문제를 내고 성적을 매기는 자들의 도덕
성이나 능력, 안목, 비전, 그 어느 것 하나 성한 게 없다. 그들에겐 오로
지 자신들 말만 베껴 외고 고분고분 시키는 대로 잘하는 로봇만 필요
하다. 거기에 이의를 제기하거나 대드는 놈은 용서 없이 박살내야 한
다. 성적 따기 기술자들은 애초 출발부터 그랬지만 그 결과에 대해서
도 만족하고 기성 체제를 적극 옹호함으로써 자신의 이익을 지키려 든

다. 그렇게 해서 그들의 세상은 완성된다. 하지만 그것은 바로 왕조 후기 몰락의 시작을 의미한다. 그들의 성공이 곧 몰락의 전조인 것이다.

저들이 말하는 대한민국 건국 60여 년. 60여 년 만에 또 하나의 왕조가 저물기 시작했다. 애초에 제대로 된 토대 위에 서지 못했기에 몰락도 더 빠른가 보다. 일제고사, 외고와 과학고 따위의 특수고, 대학 서열화, 성적 서열순의 권력 독점, 그리고 이 모든 것을 입안한 자들의 도덕적 해이와 윤리 타락. 자신의 자식들을 성적 상위자로 만들기 위해 위장 전입을 밥 먹듯이 하고 병역을 기피하고 세금을 탈루하며, 자신들이 정한 법률을 한낱 장식물로 여기며 희희낙락하는 비전 없는 자들의 대량 증식이 그것을 이미 오래전부터 예고해왔다. 정조 사후 권문세족들의 세도정치가 조선을 온갖 기생충들이 우글거리는 식물 국가, 치매 국가로 전락시켰듯이.

도쿄 특파원 시절, 〈마이니치신문〉에 실린 오사카 쪽의 한 정신과 의사가 쓴 글을 읽은 적이 있다. 한 면의 절반에 가까운 지면을 차지할 정도의 장문의 글이었는데, 묘한 내용이었다. 지금 기억해낼 수 있는 그 글의 요지는, 걸핏하면 터져 나오는 일본과 한국의 불화, 뿌리 깊은 불신은 오랜 역사적 연원을 갖고 있다는 것이었다. 그 뿌리는 7세기 나당 연합군이 백제를 멸망시킨 지점까지 뻗어 있다. 그 의사가 보기엔 현대 일본인의 주류는 그때 무리 지어 남서해 바다를 건너간, 멸망당한 백제 유민들 후손이다. 한을 품고 고향 땅을 떠난 그들은 일본에 정착한 뒤에도 고토와 거기서 일어난 일을 잊지 못했고, 언젠가는 원한을 갚고 고향을 되찾으리라는 결의와 비분과 눈물과 향수의 세월을 보냈다. 그들에겐 조상의 무덤이 있는 옛 백제 땅을 되찾아 조상의 한을 갚는 게 필생의 소망이었다.

알다시피 그 뒤 역사는 그들의 소원대로 진행되진 않았지만, 그때의 백제 패망 사건은 현대 일본인 주류의 무의식 속에 각인된 잠재의식이 돼, 기회 있으면 언제든 의식의 표층으로 튀어나와 천 수백 년 묵은 원한을 되새김질한다는 것이 그 의사가 말하고자 한 바였다.

믿거나 말거나 자유지만, 뭐 이렇게까지, 라는 생각 한편으로는 어쩐지 한구석에서 찡한 애상 같은 게 밀고 올라오지 않는가.

일본인들은 백제를 '구다라〈だら한자로는 '百濟(백제)' 그대로 쓴다'라고 부르는데, 구다라라는 말이 원래 '큰 나라'에서 왔고, 큰 나라는 바로 옛 선조들 고향땅을 가리킨다는 얘기도 있다. 1000년 전의 일본은 홋카이도와 오키나와까지 합쳐 한반도 넓이의 1.7배나 되는 오늘날의 일본과는 전혀 달랐다. 그때의 일본은 긴키 지방, 그러니까 오늘날의 교토와 나라를 중심으로 한 혼슈 남서부와 후쿠오카와 구마모토가 있는 규슈 일대였다. 홋카이도와 오키나와는 19세기 말 메이지유신 이후 병합된 신천지(물론 일본 본토인들에게 그렇다는 얘기)고, 1000년 전엔 혼슈조차 오늘날의 수도 도쿄 일대까지 포함해 그 동북쪽 지역은 거의 미개척 지대였다. 지도를 펴보면 알겠지만 긴키 일대는 남북으로 조금만 나가면 바닷가에 닿는 좁은 땅이다. 규슈도 통틀어 경상도만 할까.

임진왜란 때 조선을 유린한 왜병들이, 과연 대륙의 나라 조선 땅은 넓구나, 했다는 기록이 남아 있다는데, 그것은 당시 조선과 일본인을 지배했던 정신세계의 넓이를 반영한 것이기도 하지만, 실제 당시 일본인들이 알고 있던 세계의 실상이 그대로 반영된 것이기도 하다는 해석이 가능하다.

물론 백제계만 건너간 건 아니다. 한반도에서 또는 한반도를 거쳐 일본에 정착한 사람들은 고구려에서도, 신라에서도, 특히 가야에서도 숱하게 건너갔다. 아마 가야가 신라에 강제 병합당할 때 가야 지배층의 상당 부분과 많은 유민들이 바다를 건넜을 것이다. 고구려 쪽도 결코 적지 않았던 것으로 보인다. 지금도 니가타 쪽 혼슈 중북부 해안 지방을 중심으로 고구려 지명과 신사 등 그때 흔적들이 많이 남아 있다. 하지만 패망한 고구려의 주류는 만주 요동 그리고 발해 쪽에 흡수되고 통일신라 쪽으로도 대거 합류했을 것이다. 신라계 역시 다이카 개신 이후 고대 일본 국가가 수립되기까지 지배층 주류의 한 갈래를 형성할 만큼 많이 건너갔다. 그 흔적은, 조사 주체에 따라 수치에 상당한 차이가 나지만, 오늘날의 유전자 검사를 통해서도 확인된다. 일본 인구를 형성한 주류의 한 갈래는 한반도에서 건너간 이른바 '도래인'들이다. 그렇지만 가장 극적인 대규모 디아스포라는 아마 원래 하나의 나라로 간주될 정도로 가까웠던 백제와 왜라는 축을 타고 이루어졌을 것이다.(오늘의 일본 우파는 그것을 임나일본부설任那日本府說의 유력한 근거라 고집하고 있지만 말이다.)

오사카 정신과 의사의 상상력을 빌린다면, 숱한 왜구의 한반도 침탈과 1592년의 임진왜란도 그 사회적·경제적 배경 외에 역사적 잠재의식이 강력하게 작용한 결과였던 셈이다. 1000여 년에 걸쳐 의식의 밑바닥에서 끊임없이 소용돌이치던 그들의 오랜 소원은 마침내 1905년 을사늑약과 1910년 강점으로 성취됐다. 하지만 그것도 잠시, 그들은 결국 자신들이 도발한 바다 건너 또 하나의 경쟁자 미국에 의해 옛 선조들의 땅에서 다시 퇴출당했다. 미국은 그 이후 60여 년이 지난 오늘날까지 군대를 주둔시킨 채 사실상 한반도 남부를 장악하고 있다. 김유신의 군대는 백제와 고구려 멸망 뒤 당나라 군대와 싸워 한반도 북부 청천강 이북으로 밀어냈지만, 오늘날 그 경계선은 훨씬 더 남쪽인 한반도 한중간에 걸쳐 있고, 신라 통일 이래 1000년 이상을 이어온 한반도의 지리적 인문적 통일성은 산산조각이 났다.

경제와 문화적 측면에서 보자면 오늘날 남한은 북한보다는 일본과 미국 쪽에 훨씬 더 가깝다. 남한 사람들의 일상생활과 그들의 의식을 지배하고 있는 것은 미국 일본의 그것과 별 다를 게 없으며, 북쪽 동족은 핏줄과 언어의 흔적만 남아 있을 뿐 전혀 이질적인 존재로 변해가고 있다. 불과 한두 세대 만에. 1000만 이산가족들의 장년층, 분단이라고는 상상도 하지 못한 채 '잠시 다녀오마'고 집을 나선 것이 평생 이별이 되고 만 그들이 아직도 두 눈 뜨고 살아 있는 세월 동안에.

북쪽이 변했다기보다는 남쪽이 변해버렸다. 오늘날의 남북의 이질화는 서로 적대했던 천 수백 년 전의 통일신라와 발해 간의 이질화보다 정도가 훨씬 더 심하다. 오늘날 남쪽 사람들이 북쪽 사람들을 바라보는 시선은 옛 신라인이나 고려인, 조선인이 만주 여진인이나 거란인을 바라보는 시선보다 더 곱지 않다. 남쪽 사람들의 의식 속엔 북쪽 동포는 이젠 사실상 이민족과 다름없고, 더욱이 이웃 이민족보다 더한 적대 세력으로 각인되기에 이르렀다. 혈연 언어라는 요소만 빼면, 오늘날의 한국(남한)인은, 근대의 민족 개념에 비춰본다면, 북한 동포들보다는 일본 미국인들과 같은 민족, 그들과 한 민족이 됐거나 급속히 돼가고 있다.

또 다른 얘기지만, 한나라가 한사군을 세웠을 때만 해도 한민족과 거의 구분되지 않았던, 그 일파나 동족이었던 여진, 중원과 한반도의 변방이었던 여진은 고구려 멸망 1000년 뒤 금나라를 세워 중국 중원을 차지해 청을 건국하고 한반도를 복속시켰다. 고구려의 또 다른 일원이었던 거란과 말갈도 요나라를 세우고 한때 양자강 이북 중원을 차지했다. 그들이 한반도를 침략하고 간섭할 때도 전략적 필요 외에 오랜 세월 함께 부딪치며 주고받은 상처들에 대한 머나먼 기억들이 작용하지 않았을까.

오사카 의사를 생각해낸 것은 역사의 무게, 불교식으로 말하면 인과응보, 아니 업이라는 것, 인생사나 역사가 인간이 지은 업, 수천 년 수만 년 아래의 깊은 지층 속에 새겨져 있는 업에서 자유로울 수 없는 게 아닐까 하는 생각이 문득 들었기 때문이다. 막연히 오늘날의 남북 분단과 적대는 1000년 전 삼국 쟁패와 발해 건국, 400년 전 임진왜란,

100년 전 일제 침략의 쌓이고 쌓인 업보들이 뒤엉켜 된장처럼 발효해 화산처럼 분출을 기다리며 냄새를 피우고 있는 게 아닐까 하는 생각. 물론 황당할 수 있다. 이런 생각이라는 게.

이런 이야기는 어떨까.

일제 식민 지배 36년(1894년 청일전쟁 이후까지 포함하면 50년) 뒤 당시 이후 세계를 양분했던 미국과 소련에 의해 뜬금없이 한반도가 분단됐다. 곧이어 본격화된 냉전의 그림자 속에 한반도의 분단선은 양대 세력이 맞부딪치는 최일선의 이념의 분단선으로 화하고, 각각의 세력을 대리한 극단의 이데올로그들이 각각 지배한 남북으로 한반도 한민족의 지적·정치적·경제적 양극 분해가 이루어졌다. 냉전은 식민과 피식민, 그리고 친일 부역 지주 세력과 인구의 대다수를 차지한 소작농을 전형으로 한 계급적 미청산 과제를 미처 제대로 꺼내보기도 전에 사회주의와 반사회주의, 친공과 반공이라는 외래의 이념 전쟁으로 도배질해버렸다. 남쪽에선 반공이라는 신형 이데올로기를 걸친 친일파들이 득세하면서 대립하는 세력들은 자진해서 북으로 가거나 북으로 내쫓겼다. 그들 사이에 전쟁이 일어났다. 북진 통일과 남선 해방을 부르짖던 세력끼리 맞붙었다. 지금까지 나온 증거로는 북쪽의 계획된 남침이 분명해 보이지만, 남북 어느 쪽이든 일제 패망 뒤 대국들의 신탁 통치 계획에 분노하고 독립국 수립을 당연시했던 당시 의식으로 보면 분단은 용납할 수 없는 폭거였다. 미구에 통일 전쟁이 벌어지는 건 필연이었다. 원죄는 분단에 있었다. 그 원죄를 만들어낸 미국과 소련, 중국이 다시 전쟁에 끼어들었다. 전쟁은 결국 민족 내전의 꼴을 띠었지만 실제는 그들 간의 전쟁이 됐다. 적어도 맥아더의 인천상륙작전 이후의 전쟁은 미군과 중국군이 맞붙고 타협한 그들끼리의 전쟁이었다. 어쨌건 그 와중에 남북은 각기 이데올로기적 제노사이드를 감행했고, 자신들의 적을 제각각 깨끗이 인종 청소를 했다. 천지는 주검 썩는 냄새로 가득 찼다. 수백만이 죽었다. 오늘날까지도 한두 다리 건너 전쟁의 상흔을 발견할 수 없는 사람은 한민족이 아니라고 해도 좋을 지독한 참화였다.

7세기 나당 연합군의 협공을 받던 백제군을 지원하기 위해 백강으로 달려간 일본(왜)의 함선들은 1300년 뒤 소련 중국의 지원을 받은 북에 밀려 한 점 섬으로 포위당한 남의 군대를 지원하기 위해 낙동강 전선으로 달려간 미 7함대와 어딘지 닮아 있지 않은가. 백강의 왜군 함대는 패했고 백제 지배 세력의 일부는 일본으로 건너갔다. 7함대는 인천 상륙으로 기세를 올렸으나 1·4후퇴로 다시 밀려 전쟁 이전의 판세 회복에 만족해야 했다. 그래도 그들은 교두보를 확보했고 50년이 지난 지금까지 발을 빼지 않고 있다.

중국군 포로의 6·25전쟁 체험을 토대로 미국 보스턴에 살고 있는 하진이라는 작가가 재구성한 소설『전쟁 쓰레기』를 보면, 그 전쟁이 옛날 수와 당의 고구려 침공, 나당 연합 때처럼 그저 한반도라는 국지전이 아니라 동아시아 전체를 뒤흔든, 중국 화남 섬서 사천의 시골 구석구석까지 기막히고 안타까운 사연들을 끝없이 남긴 대참화였음을 실감할 수 있다.

어쨌거나 그때 낙동강 전선이 무너졌다면 어떻게 됐을까. 미군이나 중국군이 개입하지 않았다면 어떻게 됐을까. 어느 쪽이 옳고 그르고를 떠나 역사는 전혀 지금과는 다른 방향으로 전개됐을 것이다.

다시 처음 얘기로 돌아가자. 그렇게 수백만을 죽이고 수천만의 삶을 완전히 바꾼 분단과 전쟁의 인과, 그 주역들이 쌓은 업보가 얼마일까. 임진년의 참화, 정묘·병자년의 굴욕과 비참, 그리고 심지어 백강과 황산벌의 비극마저 아직도 잊지 못하고 있는데 50여 년 전 제 부모형제들이 눈앞에서 난도질당한 그 피의 절규, 울부짖음, 원한이 잊힐까.

남북 관계가 하도 답답해서 이 궁리 저 궁리 하다가 어쩔 수 없겠 구나, 하는 생각이 어느 순간 들었다. 잘 풀릴 리가 없지. 그 겹겹이 쌓인 원한들을 두고 어떻게 잘 풀리기를 기대할까. 1300년 전 백강의 원한은 무의식으로 가라앉아 있지만, 50여 년 전 그 처절했던 상흔은 여전히 의식의 표층에서 마구 날뛰고 있는데.

그래서 미국과 일본 또는 주변의 센 나라들이 한반도를 '요리'하는 건 식은 죽 먹기라는 생각도 든다. 그 펄펄 살아 있는 상흔을 살짝 건드리기만 하면 그야말로 7000만 남북 겨레가 하루아침에 미친 듯이 입에 거품을 물고 50여 년 전의 악몽을 현실에서 재연한다. 그 증오와 원한 앞에 멀쩡한 이성, 점잖은 합리란 존재할 수 없다. 남북 관계가 좀 되려나 보다, 하는 순간 우리는 누군가 건드리는 상처의 통증에 움찔하면서 50년 전의 지옥으로 되돌아가버린다. 그 순간 오직 적의와 원한만 날뛴다. 돌이켜보면 지난 50여 년간 뭔가 좀 될라 치면 매번 그랬다. 50여 년간 그 짓을 되풀이하고 있다. 슬프게도 남이나 북이나 모두 거기엔 속수무책인 것 같다. 잘잘못을 따지기도 덧없다. 누가 상흔의 스위치를 터치하는 순간 각자 제 죽은 부모형제 수백만만 생각하고 길길이 날뛰며, 눈에 퍼런 불을 켜고 이를 갈고 입에 흰 거품을 물며 동족을 증오하도록 우리는 프로그래밍돼 있는 것 같다. 그 순간 남북 모두 파블로프의 개가 돼버린다. 그때마다 이득을 보는 자들은 언제나 스위치를 누르는 자들이다. 조지 오웰의 『1984』의 섬뜩함은 이 프로그램이 연출해내는 참으로 질긴 구제불능의 비극에 비하면 아무것도 아닐지도 모른다.

정치라는 게 뭔가. 그 원한에 찬 얘기를 들어주고 상처를 쓰다듬으며 민족적 트라우마를 치유하는 것이어야 하지 않을까. 민족 구성원

대다수가 여전히 뚝뚝 피를 흘리는 그 상처 치유를 최우선 임무로 삼아야 하는 게 아닐까. 왜 50여 년간 오히려 증오만 더욱 키워온 실패한 치유법을 고집하는 것일까. 방법을 바꿔야 하지 않을까. 정치인들은 도대체 무슨 생각을 하고 있을까. 왜 누천년 의식과 무의식 속에 쌓여온 업을 풀 생각을 않고 또 다른 업만 쌓으려 하는 걸까.

자유로를 타고 가다 일산을 지나면 강 건너 북녘땅이 보인다. 맑은 날엔 개성 송악산이 바로 눈앞에 있다. 그쯤서 보면 북한산보다 오히려 그쪽이 더 가깝다. 고려 수도 개성과 조선 수도 한양은 그렇게 지척에 있었고 그 사이엔 한강과 임진강 한탄강이 흘렀다. 또 그들 사이사이엔 낮은 구릉지대와 평야가 번갈아 이어지는 살기 좋은 땅. 백제와 신라가 서로 먼저 차지하기 위해 싸웠고 고려와 조선이 도읍을 정한 그 일대는 한반도 역사의 중심 무대였다. 한때 그곳을 가득 채웠을 인간과 역사의 열기와 냄새는 한복판을 가로지르는 살벌한 철조망의 무게에 짓눌려 싸늘하게 식었다.

이대로 달리면 불과 10분 뒤 개성이고 한 시간 남짓이면 평양인데, 점심은 평양 가서 먹을까, 아니면 신의주로 내리달릴까. 아니, 그쪽이 아니라 오른쪽으로 꺾어 원산 함흥으로 가서 냉면 먹고 명사십리 해당화 찍고 길주 명천 해안 길을 달려 올라갈까. 저녁은 북청쯤에서? 차를 몰고 가다가 곧잘 그런 상상을 한다. 그때쯤 되면 프로 축구나 야구도 연고지 팀이 지금의 두 배가 될 것이고, 먼 아오지나 삼수갑산, 박천, 중강진, 혜산에서도 선수들과 장안 구경도 겸해 몰려온 응원단들이 서울 여기저기 장사진을 치고 있지 않을까. 그들의 투박한 말투와 인정이 그립지 않은가. 그때야말로 전국 대회라는 게 실감 나지 않을까. 실은 그 악몽의 일제 식민지 시대 때까지도 우리는 전국 대회를 그렇게 치렀다. 반 쪼가리로 나누어져 궁색해진 몰골이 된 건 또 그렇게 보면 그리 먼 옛날이 아니다.

북쪽의 그들이 그립다. 남쪽과 마찬가지로 전쟁에 상처받고 가위 눌려 살아왔을, 지금 더욱 퇴락한 그들이 가엾다. 탈북 난민들! 금강산, 칠보산, 임꺽정과 장길산이 호령했던 구월산, 묘향산, 개마고원이 그립다. 일제 때의 기억으로만 남은 대동강 모란봉 을밀대 능라도가 그립다. 자유로에서 멀리 건너다보이는 북쪽의 황토 드러난 붉은 산이 눈에 밟힌다. 아마 연료 때문에 나무란 나무는 다 잘라서 썼을 것이다. 금강산 가는 길목의 헐벗은 야산과, 삽과 망치로 길을 닦던 어린 인민군들의 땟국 절은 가난이 애처로웠다. 바로 지척인데. 기름진 강들과 유역들을 버려두고. 원래 지상엔 어떤 선도 장벽도 없었다. 저 멀리 철조망 너머 보이는 저들과 내가 무슨 악연으로 한 세상을 이렇게 살다 가야 한단 말인고. 서로 마음만 바꾸면 예성강 벽란도 박연폭포 장안사 마하연 송악 삼각의 그 시대로 한걸음에 달려갈 수 있을 것도 같은데.

덧없는 일이다.

다시 국가연합,
낮은 단계의 연방

실용주의를 내건 이명박 정부의 반실용주의 대북 정책은 실패할 것이며, 결국 남북 관계가 파탄 나고 중국 등 주변국에 모든 실리와 명분을 다 내준 뒤 다시 원점으로 돌아갈 것이다. 뤼디거 프랑크 오스트리아 빈대학 교수 등 많은 사람들이 4년 전에 한 예언은 실현됐다. 한나라당은 정강·정책의 북한 관련 항목에서 "자유민주주의 체제로의 전환을 위해 노력한다"라는 대목을 결국 삭제했다. 하지만 너무 늦었다. 그래도 그것은 실패에 대한 이 뒤늦은 자백을 "무원칙일 뿐"이라 비판하며 북에 개혁과 개방을 압박하지 않는 한 북의 변화도 통일도 없다고 주장한 자칭 보수 본진보다는 낫다. 제법 솔직하고 용기 있어 보이지만, 자칭 본진이야말로 고장 난 녹음기처럼 계속 틀어대는 흘러간 옛 노래 뒤에 숨어 60여 년 분단의 단물을 빨아온 비겁한 기득권층의 대변자일 수 있다.

진짜 북의 개혁·개방을 바라는 사람은 개혁·개방을 외쳐대지 않는다. 진짜 실용을 추구하는 사람은 실용을 떠들지 않는다. 인권이 그렇고, 통일 또한 그렇다.

이명박 정부와 거의 같은 시기에 출범한 대만의 마잉주馬英九 정권은 양안兩岸(중국과 대만) 관계에 한국의 '햇볕정책'을 도입했고, 이명박 정권은 그때 햇볕정책을 버렸다. 마잉주는 중국과 경제협력 기본 협정을 체결해 경협을 지원했다. 통상·통항·통우(체신)의 '대3통'을 성사시켰으며, 중국인 개인의 대만 관광까지 허용했다. 200만의 대만 기업인들이 대륙에서 사업을 벌이고 춘절(설)을 맞아 수만 명의 중국인이 대만을 찾았다. 중국공산당과 국민당의 싸움으로 찢어진 피붙이들이 그렇게 오가고 최고 10퍼센트가 넘는 경제성장을 이뤘다. 양안의 인권과 민생 개선을 이보다 더 효과적으로 달성할 수 있는 방도가 달리 있었을까. 같은 4년간 남북의 인권·민생 지표는 악화일로였다. 이산가족들의 상봉길마저 거의 막혀버렸다. 남북이 멀어진 만큼 가까워진 것은 북한과 중국이다. 무역협회가 집계한 2011년 북·중 교역 규모는 56억 달러가 넘었고 이는 남북 교역 규모의 세 배가 넘는다. 격차는 점점 더 벌어지고 있다.

선경후정先經後政(경제 우선, 정치 다음), 선이후난先易後難(쉬운 것 먼저 어려운 것 나중)을 앞세운 대만의 햇볕정책과 이경제정以經制政(경제로 정치 제압), 선양후요先讓後要(먼저 양보하고 뒤에 요구)를 내건 중국의 상호 실용주의는 양안 통일을 가속화시켰다. 지금 양안 관계는 경제적으로는 사실상 통합됐다. 대만인들 다수가 이런 변화를 지지해 마잉주 총통은 재선됐다. 흡수통일을 꿈꾼 이명박 정권은 거꾸로 갔다.

정치적 통일에 집착하는 한 남북통일은 불가능하다. 한나라당이든 민주당이든 조선노동당이든 자신의 해체와 소멸이 예정된 통일을 추구할 리가 없다. 남북에 이미 형성된 강고한 기득권층은 자신의 특권을 더욱 확장하는, 상대의 전멸을 전제로 한 통일은 추구하겠지만, 자신들이 위험에 빠지는 통일을 추구할 까닭이 없다. 고미 요지 〈도쿄신문〉 편집위원이 펴낸 『아버지 김정일과 나—김정남 독점 고백父.金正日と私.金正男獨占告白』국내에는 『안녕하세요 김정남입니다』라는 제목으로 출간을 읽어봐도 그걸 느낄 수 있다. 따라서 통일은 상생의 통일이 될 수밖에 없다. 그렇지 않은 통일은 내분과 참혹한 내전으로 이어질 수 있다는 걸 우리는 이미 60년 전 전쟁을 통해 체험했다.

경제적 통합, 그와 동시에 진행될 문화적 통합 등 비정치적 통합을 우선하면서 다 함께 사는 방식의 통일. 그것이 세월 지나면 피 흘리지 않고 특권층을 소멸시키면서 결국 정치적 통일도 달성하는 가장 효과적인 길일 수 있다. 남북이 합의해서 개성공단 열 개만 만들면 사실상 통일은 달성된다.

이것이 바로 남북이 6·15선언에 명기하고 10·4선언에서 재확인한 국가연합제요, 낮은 단계의 연방제 아닌가. 그 길밖에 없다.

한국,
이념 권하는
사회

自由言論實踐宣…

1974년 10월 24일,
'신문, 방송, 잡지에 대한 어떠한 외부 간섭도 강렬히 배제한다'
'기관원 출입을 거부한다' '언론인의 불법 연행을 거부한다'고 결의한
〈동아일보〉 기자들의 자유언론실천선언 현장.

기자로
살아간다는 것

　　부산의 어느 고등학교 교사 한 분이 졸업에 맞춰 발간할 교지에 실겠다며 '대한민국에서 기자로 살아간다는 것'이 어떤 것인지에 대한 소견을 써달라는 부탁을 해왔다. 망설임 끝에 다음과 같이 정리해서 보냈다. 주로 학생들이 읽게 될 것이므로, 예전에 했던 원론적인 얘기들을 상당 부분 다시 거론하며 정리할 수밖에 없었다. 그럼에도 원칙의 재천명은 흐트러진 스스로의 자세를 가다듬기 위해서도 언제나 필요하다.

:: 기자로 산다는 것

　　'대한민국에서 기자로 살아간다는 것'이 어떤 의미를 지닐까? 생각 끝에 이런 얘기부터 살펴봐야 한다는 결론에 도달했다.

　　1896년 4월에 창간된 〈독립신문〉은 1899년 나라의 독립과 부강보다 자기 씨족 일파의 권세와 축재에만 열심이었던 무능한 수구 세력이 지배하던 왕조 말기의 정부 손에 넘어가 그해 12월 폐간당했다. 지배그룹은 자신들을 감시하고 비판하던 골치 아픈 존재들을 그런 식으로 제거했으나, 얼마 못 가 그 자신 일본 제국주의 침략자들 손에 제거당한다. 라디오, 텔레비전이 존재하지 않던 시절 거의 유일한 유력 언론 매체였던 신문의 자유로운 발행을 새로운 지배자인 제국주의 일본은 용인하지 않았다. 신문은 존재했으되 비판적인 신문은 존재할 수 없었다.

우리나라 신문 역사 초기의 기자들은 따라서 침묵하거나, 저항하거나, 아부하는 수밖에 없었다. 그렇게 해서 끝까지 고개를 숙이지 않았던 단재 신채호 같은 이는 남의 나라로 망명해 '강도 일본' 타도를 외치다 붙잡혀 감옥에서 죽었다. 「시일야방성대곡」의 장지연이나 상하이 임시정부 기관지를 만들기도 했던 이광수, 이른바 신문학의 기수 최남선 같은 이들은 결국 변절해서 일제에 빌붙어 먹고살면서 그들이 끌어가는 세상이 옳다고 소리쳤다. 나머지는 입을 다물었다.

〈동아일보〉나 〈조선일보〉가 등장한 것은 1919년 3·1운동으로 무력적 탄압 일변도의 억압정책으로는 식민 통치가 더는 불가능하다는 것을 자각한 일제가 통치 방식을 바꾼 이후의 일이다. 말하자면, 그냥 두면 압력이 점점 올라가 감당하기 어려운 대폭발을 일으킬 게 뻔한 상황에서 불만이라는 압축가스를 살살 빼내어 폭발을 미연에 막는 안전장치로서의 바람구멍을 만들려던 게 훗날 그런 신문 발행자들이 '민족지'였다고 우기게 되는 신문들이 등장하게 된 배경이다.

그런 신문들에도 물론 민족을 생각하는 뜻 있는 이들이 있었다. 하지만 그들의 존재 때문에 그들 신문이 민족지라고 주장하는 것은, 닥치는 대로 죽이고 빼앗고 겁탈하고 불태우는 왜군을 말린 일본 군인이 몇몇 있었다고 해서 임진왜란을 인도적 평화 지원군이었다고 주장하는 거나 다름없다. 식민 지배 확장을 위해 도로를 닦고 공장과 다리를 지었다는 이유로 일제 식민 지배가 한국에 근대화 선물을 안겨준 자비 행위였다고 떠드는 뉴라이트들의 뒤틀린 논리가 그에 근접한다.

그들 신문은 논밭과 임야를 일제와 그들 앞잡이들 손에 수탈당해

나라 안팎 사방으로 야반도주하듯 비참하게 흩어지고, 폭탄 투척과 목숨을 맞바꾼 윤봉길, 이봉창 같은 열혈 동포들이 나라를 구하겠다며 나라를 버리고 떠나가던 시절에 상해임시정부나 한반도 북부와 만주 일대, 중국 화북 일대의 항일 무장 세력을 도적이니 비적이니 무뢰배니 하며 진실을 은폐하는 데 앞장섰다. 훗날 그들 신문은 그런 시절에 혈서로써 일본 관동군 입대 허가를 애소하고 만주국과 일본 육사를 거쳐 항일 독립 세력 '토벌'과 식민 통치의 유지 및 확장이 주 임무였던 관동군 장교로 복무한 뒤 광복 이후 이 나라의 권력자로 등장하게 되는 일군의 배절자들을 민족을 구한 사표로 선전하게 된다. 그들은 세상을 거꾸로 서서 봤다.

그들 신문은 자신들의 식민 지배를 합리화하기 위해 조선 민족의 아둔함과 후진성을 날조한 일제의 선전·선동에 동조했고, 모든 잘못을 당시 피억압 민족들의 희망이었던 볼셰비즘(사회·공산주의='빨갱이')의 과오와 잔인무도 탓이라 우기며 거기에 가담한 민족주의 세력을 야만으로 매도한 일제의 농간을 제대로 문제 삼은 적이 없었다.

그런 그들은 일제 패망으로 광복이 됐을 때 일제에 순종하거나 부역한 덕에 지주 상공인으로 출세한 세력이 결성한 한민당 등 '민족'을 앞세운 우파 정치 세력의 입이 되고 그들의 경호대가 됐다. 일제가 자신들의 침략 죄악과 조선 민족주의 세력의 저항을 좌익 볼셰비즘 위협론으로 감추고 호도했듯이, 광복 뒤의 친일 세력들 역시 반공주의라는 '빨갱이 신화'로 자신들의 지난 죄를 모조리 감추었다. 나라가 침략자의 손에서 벗어난 뒤 당연히 핵심 담론으로 등장했던 친일 세력 척결 문제가 자신들의 숨통을 조여오자 그들은 불과 얼마 전까지도 같은 연합 세력이었던 소련과의 대결 정책(냉전)으로 돌아선 미국이 앞세운 이승만 등 친미 세력의 반공주의에 편승해 담론 자체를 '친일이냐 아니냐’에서 ‘반공이냐 아니냐’ ‘빨갱이냐 아니냐’로 바꿔치기해버렸다.

그 반공주의 그늘에 자신들의 친일 죄악을 숨기고 살아남아 다시 바뀐 시대의 대세를 장악하기 위해 그들은 멀쩡한 사람들, 주로 친일 세력 척결을 주장했던 양심적 민족 세력을 빨갱이로 몰아갔다. 한국전쟁 직전 시작된 ‘보도연맹’ 단속과 무참한 양민 학살이 그렇게 해서 일어났다. 한동네 사람들을 아무 이유도 없이 줄로 묶어 세워 무자비하게 총살한 ‘빨갱이 소동’은, 말하자면 일제 부역자 친일 세력이 자신들의 죄를 표백하고 모든 죄를 사실상 존재하지도 않았던 빨갱이 세력에 전가하는 일종의 알리바이 조작과 같은 것이었다. 그들은 자신들의 비리를 알고 있거나 자신들을 반대하는 사람들을 빨갱이라는 이름표를 붙이고 폭력적으로 제거함으로서 후환을 없애는 제노사이드를 감행했다. 해방 뒤 제대로 된 세상 오기를 갈구하던 사람들이 왜 산으로 들어가 이른바 ‘빨치산’이 됐을까. 한동네 친근한 이웃이요 형제였던 그들은 왜 그럴 수밖에 없었을까. 그들을 사회주의 이념의 덧없는 포로요 희생자들이라 간단히 매도해버릴 수 있을까.

친일 부역 세력이 정치와 경제와 군대와 경찰을 장악한 이 나라의 주류 언론 매체들은 사실 날조와 왜곡을 일삼으며 그런 범죄행위를 옳은 일이라 비호하고 찬양하는 데 앞장섰다. 그 주류 언론의 자기 계급 감싸기야말로 친일 세력이 살아남고 권력과 부를 차지한 사연을 들려줄 비밀의 열쇠 가운데 하나다.

마침내 4·19혁명으로 한민당과 이승만 친미 연합 정치 세력이 무너진 뒤 비로소 그런 언론 전통에 동조하지 않는 〈민족일보〉 같은 혁신 매체가 등장했으나 무참한 비극으로 끝났다. 5·16쿠데타로 다시 정권을 장악한 친일 세력들은 〈민족일보〉를 폐간하고 그 사주를 모호한 죄목으로 몰아 처형했다. 바로 그 전에 한때 민족 해방의 수단으로 사회주의를 받아들였다가 광복 뒤 탈공산당 선언을 하고 제헌의회 의원과 국회 부의장을 지냈고 제2대, 제3대 대통령 선거 후보로 나서기까지 했던 죽산 조봉암을 역시 빨갱이로 몰아 처형했다. 이유는 그가 중심이 된 정치적 반대 세력이 그들의 기득권을 위협할 정도로 커졌기 때문이다. 오로지 그 이유뿐이었다. 권력은 처형 사실의 보도조차 금했고, 신문들은 고분고분 따랐다.

1970년대 초반, 군사정권의 유신 독재 체제가 이어받은 그런 유구한 전통에 항거한 일군의 기자들이 있었다. '자유언론실천선언'을 통해 사실 보도를 천명한 당시 〈동아일보〉와 〈조선일보〉 기자들은 결국 그 때문에 무더기로 쫓겨났다. 동아만 1백 수십 명, 조선도 수십 명의 기자들이 하루아침에 쫓겨나 이른바 '해직 기자'가 됐다. 당시 박정희 유신 정권은 〈동아일보〉가 정권의 '보도지침*'에 따르지 않자 〈동아일보〉에 광고를 주던 기업들을 협박해 광고를 중단시켜버렸다. 그러자 〈동아일보〉는 한동안 광고란에 광고도 없이 그냥 허연 지면을 그대로 내보냈다. 유명한 '백지 광고 사태'라는 것이다.

한국의 신문들은 수입의 대부분을 그런 광고에서 얻는다. 잠시 버티던 〈동아일보〉는 결국 정권의 폭압에 저항하던 자유언론실천 기자들을 무더기로 내쫓음으로써 광고를 되찾았다. 유신 독재 체제가 노리던 바였다. 그렇게 해서 죽은 것은 〈동아일보〉 저항 기자들이 아니라 〈동아일보〉다. 〈동아일보〉 사주(경영주)는 수많은 기자들의 직업적 죽음을 딛고 그렇게 살아남았지만 역사적으로 죽은 것은 쫓겨난 기자들이

■　　이건 보도하고 저건 보도해선 안 되며, 이건 이렇게 크게 보도하고 저건 작게 보도해라, 제목은 이렇게 달아라 등등을 신문사 간부들에게 일일이 지시했고, 그것을 관철하기 위해 신문사에는 당시 중앙정보부원들이 상주했다. 나중에 그 지시 내용들을 용감한 어느 기자가 몰래 빼냈고, 당시 지하 언론이던 잡지 〈말〉에서 1986년 『보도지침』이라는 책자로 펴내 세상을 떠들썩하게 만들었다. 그 책 발행을 주도했던 사람들은 나중에 붙잡혀 징역살이를 했다.

아니라 〈동아일보〉요 그 사주였다.

그렇게 해서 쫓겨나 투쟁위원회(동아투위, 조선투위)를 결성한 해직 기자들 가운데 일부가 1980년대 초 민주언론운동협의회를 만들고 지하 저항 잡지 〈말〉을 만들었다. 그들은 1987년 6월항쟁을 거쳐 국민 모금으로 1988년 5월 창간한 일간지 〈한겨레〉를 만드는 데에도 주역이 됐다.

〈한겨레〉가 등장하자 동아, 조선 등 기존 언론들은 〈한겨레〉 기자의 기자실 출입도 금하는 등 한동안 무시와 견제, 압박으로 일관했다. 1997년 외환 위기 사태(IMF 사태)를 거치면서 건국 이후 처음으로 야당에게 정권이 넘어가자 주류 언론들은 또다시 태도와 전략을 바꾼다. 김대중 정권이 출범하자 주류 언론들은 〈한겨레〉를 친정부 신문, 친여당 신문으로 몰면서 대립각을 세우기 시작했다. 출발부터 힘 있는 주류 지배 세력에 찰싹 붙어 그들을 맹목적으로 대변해온 친권력 신문들이 어느 날부터 갑자기 전투적 야당지, 반권력 정론지 행세를 하기 시작한 것이다. 〈한겨레〉나 〈동아일보〉가 변한 것이 아니라 상황이 변한 것이다.

애초에 전체주의 권력 비판을 출발점으로 삼은 〈한겨레〉는 군사 독제 체제에 저항한 야당 쪽에 설 수밖에 없었고 또 그렇게 했다. 어느 날 정권이 야당으로 넘어갔다고 해서 기존 지배 세력이 장악해온 권력 및 사회 비판 논조를 바꿀 이유는 없었다. 비록 정권 교체 뒤 권력 감시 기능이 상대적으로 약화되는 등 이른바 '팔이 안으로 굽는' 현상이 없었다고 할 수는 없지만, 〈한겨레〉 논조가 근본적으로 바뀐 적은 없다. 표변한 것은 저들이었다. 권력 감시나 비판이 아니라 권력 밀착, 권력 옹호로 일관해온 탄생 때부터의 태생적 한계를 한 번도 벗어나본 적이 없는 주류 신문들은 자신들이 옹호한, 자신들과 한 배를 탔던 주류 지배 세력이 야당으로 전락하자 하루아침에 '야당지'를 표방하며 '언론의 정도'를 소리 높이 외치기 시작했다. 그들은 본색이 바뀐 것이 아니라 바뀐 외부 상황에 맞게 본색을 새로 치장했을 뿐이다.

1987년 6월항쟁으로 절차적 민주화가 달성되고 그 전까지의 철권 통치 아래 억압당했던 힘들이 요란한 해방의 구호들과 함께 폭발적으로 쏟아져 나왔다. 민주화 억압 세력에 동조하거나 침묵하면서 그들과 한패가 됐던 보수 주류 언론들이 바뀐 상황에서 살아남기 위해서는 다시 한 번 여론과 담론의 전복이 필요했다. 그들은 '민주냐 반민주냐' 라는 당시의 주류 담론을 '영남이냐 호남이냐'의 지역주의 담론으로 바꿔치기했다. 영호남 지역주의를 담보로 잡은 양 김 씨(김영삼, 김대중) 의 파당 정치(여기에 김종필까지 넣은 '3김 씨' 담론이 유행했다)가 나라를 죽이고 있다고 그들은 소리치며 신문 지면을 도배하고 이간질했다.

하지만 죽어가던 것은 나라가 아니라 민주화를 거부하며 기득권 적 특권에 안주하던, 민주주의를 망가뜨렸고 민주화 때문에 위기에 몰 린 그들 자신이었다. 그 절체절명의 위기를 모면하기 위해 그들은 필사 적이었다. 없던 (아니면 미미했던) 지역주의가 나라의 명운을 좌우할 지경으로 만개한 것은 그들이 시나리오를 쓰고 연출한 덕택이었다. 위 기 국면을 맞았지만 여전히 언론 시장을 압도적으로 지배하고 있던 보 수 주류 언론의 계산대로 민주화 세력은 지역으로 갈라서고 갈가리 찢어졌으며, 전선은 민주냐 반민주냐가 아니라 영남이냐 호남이냐를 중심으로 재편됐다. 그렇게 해서 일제 침략 이래 유구하게 이어져온 그 들의 아성은 다시 철옹성이 됐다.

2007년 10년의 절치부심 끝에 권력을 탈환한 세력이 다시는 권력 을 잃어버리지 않게 보장해줄 비책으로 개발한 것은 이념·색깔 공세 와 성장 논리. 반미친북 좌파! 스스로를 친미반북 우파로 자리매김하는 이 황당무계는 자신들이 바로 전까지 그토록 비난했던 친여당지, 친정부 신문이 될 수밖에 없게 된 역설적 상황을 호도하기 위해 주류 신문들이 다시 불러낸 과거의 악령이다. 민주 정부 10년간 '비판적 정론'을 앞세우며 사실상 맹목적 정부 비난·비판으로 일관했던 그들은 자신들이 역시 맹목적으로 옹호했던, 자신들과 한배를 탄 정치 세력이 정권을 탈환하자 이제까지의 정부 비난 논조를 하루아침에 찬양하고 지지하는 논조로 바꿨다. 그 이유 없는 표변을 그럴듯하게 윤색하는 장치가 바로 반미친북 좌파라는 낡은 이데올로기 복원이었다. 우리가 다시 친여당지, 친정부지가 된 것은 위험하고 패륜적인 반미친북 좌파들을 비판하고 견제하기 위한 어쩔 수 없는 선택이다! 이제 언론에게 중요한 것은 권력 비판이 아니라 반미친북 좌파냐 친미반북 우파냐다!

권력의 주체가 내 편이냐 네 편이냐에 따라 친여, 반여가 되는 신문은 올바른 신문이 아니다. 신문은 어떤 권력이든 비판적 시각으로 바라봐야 한다. "권력은 부패하고, 절대 권력은 절대 부패한다"라는 영국 역사가 액턴John Dalberg-Acton, 1834~1902의 유명한 경구도 있지 않은가. 이른바 민주 정부 10년은 한국 민주주의 발전에 분명 큰 공헌을 했지만, 신자유주의의 과도한 도입으로 양극화를 가속화하고 민주화의 열매를 서민들이 아니라 약삭빠른 가진 자들이 독차지하게 만든 과오를 저질렀다. 당연히 비판받아야 한다.

그런데 그 민주 정부 10년의 경제난 비판을 앞세워 집권에 성공한 이명박 정권은 지난 정부들의 그런 과오를 비판적으로 재검토하기는커녕 그 과오를 증폭시키고 있다. 이명박 정부의 정책 기조가 바로 미국 일본에서 실패로 판정난 신자유주의의 더욱 과감한 도입이다. 4대 강 개발로 대표되는 과도한 토건 사업과 종부세의 사실상 폐지가 상징하는 부자 감세, 각종 서민과 장애자 등 약자 지원 정책 철회로 나타난 사회 안전망 파괴, 환율 정책과 대미 자유무역협정FTA 강행에서 드러나는 수출 지향의 대기업 위주 산업 정책, 인천공항 등 공기업과 의료 민영화 시도 등에서 보는 도를 넘은 규제 완화 민영화, 점수와 학벌을 향한 무한 경쟁을 부추기며 불평등하고 불공정한 계급 확대재생산을 방치하는 교육 현실이 그것을 웅변한다. 일본 자민당이 고이즈미 정권 시절 과감하게 도입했다가 실패로 끝나 일본 경제와 사회를 위기로 몰아간 게 신자유주의 정책이다. 결국 그 때문에 자민당 55년 체제가 무너지고 처음으로 야당 민주당이 정권을 장악하는 정권 교체가 이루어졌다. 이명박 정권은 1970년대부터 시작돼 조지 부시 정권 때 절정에 달한 미국과 일본의 신자유주의 정책을 한발 뒤늦은 지금에야 성공 모델로 삼고 있는 듯하다. 과연 우리의 미래 희망이 거기에 있을까.

대한민국의 최근 이런 흐름을 비판하기는커녕 거기에 적극 동조하고 그 이데올로기를 유포하면서 권력의 신자유주의 정책에 대한 단순한 지지를 넘어 그 정책 입안자요 전파자 노릇을 하고 있는 존재가 대한민국 주류 보수 언론이다. 물론 이건 어디까지나 필자의 생각이다. 주류 언론 종사자들 중에도 훌륭한 분들이 많다. 나를 포함한 비주류 언론 쪽에도 어찌 문제가 없겠는가.

하지만 대한민국에서 기자로 산다는 것은 시대 전환기마다 카멜레온처럼 표변하면서 민족 전체의 이익보다는 자신들만의 이익 지키기에 집착해온 그런 주류 언론과 싸우며 산다는 얘기와 상통한다. 대한민국 기자의 주요 소명이 바로 기자들과 싸우는 것이라는 기막힌 역설. 물론 이것도 어디까지나 개인적인 생각이다. 틀렸을지도 모르겠지만, 대한민국에서 기자로 살아간다는 것은 그런 류의 고민을 붙들어 안고 살아간다는 것이다.

2010년 7월, 미국 캘리포니아 주 로스앤젤레스 카운티 남동쪽에 있는 소도시 벨에서 난리가 났다. 히스패닉계의 노동자들이 많이 사는 인구 3만 5000명 정도의 가난한 그 도시 책임자인 행정관 로버트 리조가 78만 7637달러나 되는 엄청난 연봉을 받고 있다는 사실이 드러났기 때문이다. 이는 버락 오바마 연방 대통령 연봉의 두 배나 된다. 리조의 연간 수입 총액은 150만 달러에 달했다. 그를 돕는 한 측근 관료의 연봉도 37만 6000여 달러나 됐다. 로스앤젤레스 시 행정관관리장의 연봉이 25만 달러 정도인 데 비하면 터무니없는 액수다. 경찰서장 봉급도 1만 3000명의 수하를 거느린 로스앤젤레스 서장 연봉이 30만 7000달러인 데 비해 고작 마흔여섯 명의 부하를 둔 벨 서장 연봉은 45만 7000달러였다.

미국 소도시에서 일어난 부패 소동

평균 소득 수준이 캘리포니아 주 전체 평균에 한참 못 미치는 가난한 소도시 벨의 행정관리들이 주민 세금을 자신들 개인 호주머니로 마구 빼돌린 거나 마찬가진데, 어떻게 이런 터무니없는 일이 벌어졌을까. 1993년 리조가 벨 행정관에 처음 취임했을 때 그의 연봉은 8만 달러에도 못 미쳤다. 10여 년의 세월 동안 자신의 봉급을 열 배 이상 부풀린 것이다. 벨 주민들의 평균 소득은 그 세월 동안 거의 변하지 않았다. 최근의 공식 통계들은 미국 서민들의 실질 소득이 10여 년 전보다 오히려 약간 줄었다는 사실을 보여준다.

2011년 10월 29일 자 일본 〈아사히신문〉을 보다가 중요한 사실을 알게 됐다. 벨에서 벌어진 이런 황당한 일이 1998년 이후 그곳 지방신문 발행이 중단된 사실과 밀접한 연관이 있다는 것이었다. 지방신문이 사라지자 시청과 시의회를 취재하는 기자들도 사라졌다. 리조가 호화 저택을 짓고 광대한 목장까지 구입했지만 시민들은 그 사실조차 몰랐다. 리조는 시의회와 경찰마저 구워삶아 제 편으로 만들었다. 그럼에도 그는 이를 위해 별다른 위장 전술을 구사하지도 않았다. 아무도 감시하지 않았기 때문이다. 기자 한 사람만이라도 취재했다면 속속들이 그 사정이 드러났을 텐데 아무도 그렇게 하지 않았다. 아니, 할 수 없었다. 벨은 취재기자가 한 명도 없는 '취재 공백 지대'였기 때문이다. 2010년 7월 리조 등의 비리를 폭로한 건 그 지역 커뮤니티 매체가 아닌 〈로스앤젤레스 타임스〉 기자들이었다. 그들은 인근 소도시 메이우드 관리들의 비리 혐의를 뒤쫓다가 그 사실을 알게 됐다.

〈아사히신문〉은 최근 미국에서 벌어지고 있는 이런 식의 언론 환경 변화를 〈뉴스위크〉와 〈유에스 뉴스 앤 월드 리포트〉 기자 출신 스티븐 월드먼과의 인터뷰를 통해 알리고 자세히 분석했다. 월드먼은 전자 네트워크 보급 속에 미국 전역 커뮤니티의 보도 수요가 어떻게 충족되고 있는지 알아보기 위해 미국 연방통신위원회FCC가 의뢰한 위탁 조사를 수행한 서른여덟 명의 전문가 중 한 명이다.

월드먼에 따르면 미국 지방지 기자 초임은 우리 돈으로 연봉 5000만

~6000만 원 수준이다. 그러니까 만일 시민들이 그만한 돈으로 기자 한 명이라도 고용해 시정을 살피도록 했다면 매년 100억 원이 훨씬 넘는 자신들의 세금이 몇몇 무책임한 관리들 호주머니 속으로 들어가진 않았을 것이라고 그는 말했다.

미국에선 최근 5년간 신문광고 수입이 절반으로 줄었단다. 그 결과 신문 면수도 줄고 기자들 봉급, 그리고 기자들 수도 줄었다. 휴간된 신문이 212개에 이르는데, 20년 전 6만 명이었던 미국 전역의 신문기자는 지금 4만으로 급감했다. 기자 감원은 직접 독자들 눈에 띄지 않는 편집 분야에서부터 시작돼 영화평이나 서평을 자사 기자가 쓰지 않아도 되는 문화부, 교육, 재판(법조), 환경, 농업 등 바쁘면 건너뛰고 읽는 분야의 담당 기자들로 확대됐다. 미국에선 이들 분야를 '브로콜리 분야'라고 한다. 영양학상 없어선 안 되지만 통상 맛나는 것부터 먹는 식탁에서 마지막까지 남아 있는 채소에 비유한 것이다.

그 결과 남은 기자들은 더욱 정신없이 바빠졌다. 기사를 쓰고 사진도 찍고 심지어 동영상까지 만들어 인터넷에 속보로 보내고, 개인 블로그도 갱신해야 하고 페이스북과 트위터까지 해야 하는 1인 7, 8역을 해야 한다. 그래야 그나마 살아남을 수 있을 테니까. 제대로 취재할 여유도 없이 다람쥐 쳇바퀴 돌듯 정신없이 허겁지겁 살아야 하는 기자들은 자신들을 '햄스터 기자'라 자조한단다. 매체가 줄고 봉급도 줄고 심지어 기자까지 줄어들자 지방 취재, 특히 소도시의 관청, 의회, 학교, 지방법원 재판정 등엔 아예 기자들이 가지 않는, 갈 수 없는 취재 공백 지대가 늘기 시작했다. 미국은 원래 지역에 자사 기자들을 상주시키는 전국지라는 게 없다. 각 자치단체 뉴스 취재는 현지의 각 지역 단위 지방지들이 도맡아왔다. 그런데 지난 150여 년간 수지맞았던 신문 산업이 최근 매체 환경의 급격한 변화로 심각한 어려움에 봉착하면서 그런 전통이 무너지고 있다. 더불어 비리에 오염될 가능성이 커진 자치단체들도 위기에 직면하고 있다.

취재 공백이 부른 부패

신문이 없어지거나 취재기자가 줄면 공무원들 부정부패가 늘고 선거 투표율마저 떨어져 정치 영역도 중대한 영향을 받게 된다. 오하이오 주의 경우 2007년 지방지가 없어진 뒤 자치단체 선거 후보 수가 줄고 투표율도 하락했다. 현직 관료들의 실적이 전혀 보도되지 않아 투표할 때 누구를 찍어야 할지 판단할 변변한 자료조차 없다. 공판을 방청할 기자도 없는 법조 취재는 거의 절멸 수준이다. 의료나 교육 분야도 마찬가지란다.

월드먼은 이제까지 조사해본 결과 "오늘은 이 도시의 결산과 의사록에 부정은 없는지 뒤져보자"고 마음먹는 사람은 기자들밖에 없다는 사실을 깨달았다고 했다. 지자체 움직임을 감시하고 주민들에게 소식을 전달하는 일을 개인들이 자비로 할 순 없으니 반드시 지역 매체 소속 기자들을 배치해야 하는데, 지금 미국 전역에 적어도 5만 명 이상의 기자가 있어야 미국 민주주의가 돌아갈 수 있단다. 그러니까 4만 명밖에 안 되는 지금 1만 명 정도의 기자가 더 있어야 한다는 얘기다. 월드먼은 특히 신문의 역할을 강조하면서 방송이나 인터넷 매체들이 뉴스 가공이나 보급에는 탁월한 능력을 발휘하지만 그 원석이라고 할 뉴스 취재와 발굴에선 여전히 신문과 신문기자가 결정적인 역할을 하고 있다고 했다. "신문기자들이 꾸준히 조곤조곤 현장이라는 갱내에서 (방송이나 인터넷 매체들이 재빨리 가공해서 널리 퍼뜨리는 뉴스의 원석들을) 채굴하는 작업을 중단하면 뉴스들은 그대로 파묻힌 채 죽어버린다." 인터넷 매체 등이 신문(최근 한국 사회의 예를 보건대 발군의 취재력을 보여준 일부 주간지들도 이에 포함돼야 할 것이다)이 빠진 공백을 메우기에는 아직 역부족이란다. 월드먼은 그게 현실이라는 걸 이번 미국 전국 조사를 통해 확인했단다.

그렇다고 해서 그가 신문사를 살려야 한다고 주장하는 것은 아니다. 경기나 광고 수익에 의존하는 기존 신문들의 비즈니스 모델은 이제 한계에 부닥치고 있다. 따라서 비영리기구NPO 보도 전문 조직을 각지에 만들고 대학과 대학생들을 취재 보도의 거점으로 활용하는 등의 대안을 찾아야 한다는 것이다. 이것이 대안이 될 수 있을지는 좀 회의적이다. 그러면서 월드먼은 "기자는 민주 사회에 불가결한 공공재라는 것, 교사나 의원, 경찰관, 소방관이 그러하듯 필수 불가결한 존재라는 것을 주민이나 대학, 재단, 기업이 이해하도록 만들어야 한다"라며 그 이해를 토대로 기부금을 받는 것도 하나의 방안이 될 수 있다고 했다.

이를 월드먼을 인터뷰한 야마나카 스에히로 〈아사히신문〉 뉴욕 지국장 버전으로 바꾸면 이렇다. "민주제도 유지에는 영양소가 필수적이다. 정치나 경제가 하루라도 없어선 안 되는 탄수화물이나 단백질이라면, 보도는 비타민 같은 것일지도 모르겠다. 2, 3일 정도는 섭취하지 않아도 견딜 수 있지만 완전히 끊어버리면 중병에 걸린다."

미국 연방통신위원회는 이를 미국 민주주의의 장래가 걸린 심각한 문제로 보고 대책 마련에 부심하고 있는 모양인데, '종편 올인'으로 신문업계의 큰손들을 뺀 다수 중앙지들과 대다수 지방신문들을 고사 위기로 몰아가고 있다는 비판을 받고 있는 대한민국 방송통신위원회는 어떻게 생각하는지 궁금하다.

우리 신문, '어떻게' 살아남을까?

스티븐 월든먼은 특히 신문과 신문기자의 중요성을 강조했다. 그가 왜 그러는지 충분히 이해할 수 있지만, 그렇다고 다른 매체의 기자들이 덜 중요하다는 얘긴 결코 아닐 것이다. 그는 다만 새로운 매체들이 속속 등장하는 전통적 신문 산업 위기의 시대에 그렇게 속수무책으로 신문이 조락해도 괜찮은 게 결코 아니라는 얘기를 강조하고 싶었을 것이다. 아직은 보도의 정형 또는 기본은 신문과 신문기자라는 생각을 신문 및 잡지기자 출신인 월드먼은 굳건히 견지하고 있는 듯하다. 확실한 대안, 정립된 대안 없이 기존 신문 산업이 제구실을 하지 못할 경우 어떤 일이 벌어질 수 있는지 월드먼 개인뿐만 아니라 미국 통신위원회 등도 걱정하면서 심각하게 그 문제를 고민하고 있는 듯하다.

그러나 한편으론 이런 생각도 든다. 신문 또는 취재 공백도 당연히 심각한 문제지만 신문 과잉, 취재 과잉도 문제가 될 수 있다고. 언젠가 신문에서 부산이던가 어느 지역 취재기에 그곳 사람들이 FTA 국회 비준 처리 과정마저 경상도와 전라도의 지역 대결쯤으로 생각하고 있더라는 내용이 들어 있었다. 대한민국의 이 망국적인 지역의식, 지역감정은 일반적이거나 자연스럽거나 정상적인 것이 아니다. 다분히 조작되고 날조된 허위의식 같은 것이다. 우리나라 지역 사람들 의식, 특히 정치·사회관이 그 지역에 배포되고 있는 주류 매체, 주류 신문이 어떤 것이냐와 밀접한 상관관계를 갖는다는 건 누구나 알고 있는 일이다. 각 지역이 자신들 고장에 대한 긍지와 자부심을 갖는 건 문제가 될 수 없다. 문제는 그게 배타적이라는 것, 잘못된 정보에 기초를 둔 편견과 왜곡에 토대를 두고 있다는 것, 근시안적이라는 것, 자신의 긍지와 자부심이 타인의 긍지와 자부심과 대립하거나 적대해야 할 아무런 필연성도 필요성도 없는데도 불구하고 나의 자부심과 긍지가 타자의 열등과 비열을 전제로 하고 있는 듯 착각하는 풍조 또는 그 역, 상생 공존이 아니라 상멸 공망이라는 것이다. 타자를 깔아뭉개고 욕하면 내가 높아지는 게 아니라 오히려 그 이상으로 내가 더 낮아지고 비열해진다는 기본을 망각한 단견이 어디서 유래했을까?

우리나라 주류 매체들의 책임이 크다고 하면 망발일까? 지난 권위주의 시절부터 지금까지 그들 주류 매체, 특히 주류 신문들의 행태는 별로 변한 게 없는 것 같다. 따라서 그들이 양산해낸 한국 사회 모순도 끊임없이 확대재생산되고 있다. 이럴 경우는 취재 공백, 신문 공백이 문제가 아니라 취재 과잉, 신문 과잉이 문제가 아닐까. 물론 이건 답답한 김에 내뱉어 본 억지다. "신문 없는 정부보다 차라리 정부 없는 신문을!"이라고 외친 이가 누구였나. 신문, 아니 모든 언론 매체와 매체 기자들은 중요하다. 월드먼의 말대로 사회의 공공재다. 이 말의 의미를 오늘날 대한민국 모든 매체 기자들이 제대로, 뼈저리게 자각하고 있는지 자괴감이 들지만, 나 자신을 포함해서 모든 기자들이 더 큰 시야와 마음을 품을 수 있도록 더욱 노력해야 하지 않을지.

한국방송통신위원회와 위원장이 종편 문제를 처리하는 걸 지켜보노라면 그들은 정말 개인적 소신과 확신, 그렇게 해야 대한민국 언론이 바로 서고 나라가 바로 선다는 확신을 갖고 있거나 아니면 정권과 한편이 돼 그들의 도구로서 오직 그들의 정치적 필요와 목적을 위해 무리수를 두고 있거나, 둘 중의 하나라는 생각이 든다. 과연 저들은 자신들이 고집하고 있는 방식이 대한민국 언론과 나라를 위한 유일한 길이라고 생각하는 걸까? 아니면 그런 류의 자기 체면에 걸려 있는 걸까? 종편이나 KBS 도청 문제, MBC 〈PD수첩〉 등과 관련한 사태를 대하는 지금 정부나 주변 권력자들의 상식을 벗어난 시선이나 태도는 참으로 이해하기 어렵다. 그 행태를 생각할 때마다 몹시 비감해진다. 고

금동서에 세상은 원래 그런 것인가 보다.

그러나 한편으론 너무나 잘 이해된다. 계급적 관점을 취할 때 그렇다. 저들은 자기 계급의 이익을 위해 필사적으로 덤비고 있는 것이다. FTA를 얘기할 때 '우리'나 '우리나라'라는 말은 공허하다. 별 의미가 없다. 우리 또는 우리나라로 통칭되는 시공간에 살고 있는 사람들 모두가 과연 우리 또는 우리나라로 뭉뚱그려도 좋을 정도로 동질적인 사고와 생활수준과 동류의식, 같은 바람과 삶의 전망을 갖고 있거나 느끼고 있을까? 아마 아닐 것이다. 어쩌면 일반 서민이라는 좀 막연하지만 그래도 감 잡기 쉬운 편의적 용어를 빌려 쓰자면, 대한민국 일반 서민의 관점에서 대한민국 상층부 몇 퍼센트는 일본이나 태국, 미국 또는 베트남 일반 서민보다 훨씬 더 먼 존재들이 아닐까. 한국 서민들은 베트남 서민이나 일본 서민과는 밥그릇과 사회적 지위를 놓고 직접적 대결을 벌이진 않지만 우리로 통칭되는 시공간에 함께 있는 대한민국 상층부 몇 퍼센트는 서민들과 서로 뺏고 빼앗기는 제로섬게임을 벌이는 당사자들이다. 한미 FTA가 시행될 때 대한민국 농민과 대기업 간부들은 같은 이익을 볼까? 중소 상인과 수출업자들은? 고위 공무원, 장성, 국회의원, 장차관, 재벌 등 김지하가 일찍이 오적으로 불렀던 자들과 대한민국 서민 모두 FTA로 균등한 이익을 볼 수 있을까? 현실은 오적의 이익을 위해 대다수 서민들이 밥그릇을 빼앗기는 쪽으로 나아가지 않을까? 가진 자들은 가진 자들이 더 많이 가지면 거기서 흘러 떨어지는 부스러기, 떡고물도 많아질 테니 모두가 이익을 볼 수 있다고 주장하지만, 글쎄, 부스러기, 떡고물, 버리는 구정물을 받아먹는 자들과 그걸 남아서 버리는 자들이 같은 세상을 살아간다고 할 수 있을까? 신자유주의가 휩쓸고 간 미국 사회를 보면 가진 자들은 떡고물도 남기지 않았다. 그들은 자신들 몫 챙기는 데만 급급하며 부스러기 한

조각이라도 떨어질까 전전긍긍했을 뿐. 애초 트리클 다운^{trickle down, 대}
기업이 성장해야 중소기업과 소비자 등 전체 경기도 활성화된다는 경제 이론 효과라는 것
자체가 가진 자들이 자신들의 탐욕을 그럴듯하게 포장해서 양심의 가
책을 덜어내기 위해 고안해낸 거짓말 장치 같은 것 아닌가. 도대체 자
신이 배 터지게 먹고 도저히 더는 못 먹어 쬐금 흘려주는 걸 받아먹는
게 그래도 그게 어디냐는 식의 발상 자체가 망가진 자들, 정신이 병든
자들의 논리가 아니고 뭔가. 그들은 그렇게라도 부스러기를 주워 먹는
약자들이 감사의 눈물을 흘리며 자신들을 칭송할 것이라는 생각이라
도 하는 건가. 뻔! 중국말에 멍청한 돌대가리를 뜻하는 말이란다. 뻔!

차라리 '우리 계급'이라고 하라

가진 자들을 우리 또는 우리나라라는 말로 한 카테고리에 묶어
통칭할 수 있을까? 차라리 베트남의 서민, 일본의 서민, 태국의 서민이
대한민국 서민들에겐 더 우리에 가까운 존재가 아닐까. 한정된 같은
시공간에 산다는 이유만으로 대한민국 상부 특권층을 우리로 통칭할
아무런 근거도 정당성도 합리성도 없다. 그들은 공간적으론 우리 곁에
살진 몰라도 실은 전혀 다른 이해관계 속에 전혀 다른 세상을 살면서
약자들의 마지막 지닌 것까지 빨아가려는 부도덕한 짓을 하면서도 마
치 베풀기라도 하는 양 거들먹거리고 있다. 우리 또는 우리나라로 통
칭할 아무런 근거도 없다.

바꿔 말하면, 상층부 1퍼센트는 어느 나라 어느 지역에서 살든 그
들끼리는 동류의식, 같거나 유사한 가치관과 계급의식으로 상통하고
잘 뭉친다. 특히 자신들의 이익이 걸린 문제에서. FTA로 이익을 볼 자
들은 그들이고 FTA를 줄기차게 추진하는 자들도 그들이다. 그들이야

말로 지구촌 시대, 글로벌 시대의 새로운 지배계급이다. 그들에겐 조국이 없다. 오늘날의 99퍼센트 프롤레타리아들에게도 실은 조국이 없다. 내셔널리즘은 가진 자들 1퍼센트가 자신들의 독점을 민족과 국익의 이름으로 정당화하기 위해 동원하는 사악한 무기가 돼버렸다. 정작 자신들은 민족과 국익을 가볍게 걷어차버리면서. 자신들의 이익과 민족 또는 국익이 배치될 때 그들은 아무 미련 없이 민족과 국익을 걷어차고 비행기를 타면 그뿐이다. 돈 많은 그들을 환영하는 곳은 세계 도처에 널려 있다.

역설적이게도 만일 내셔널리즘, 민족주의가 그나마 의미를 지닌다면 바로 그런 초국적 소수 부유층들의 횡포와 부도덕을 막고 저들이 남용하는 권력과 돈을 99퍼센트에게 돌려주기 위한 저항의 무기로 존재할 때가 아닐까? 가진 자들의 초국적 공모와 배타적 독점권을 분쇄하기 위한 저항의 근거지 내지 그 출발점으로 내셔널리즘, 저항적 민족주의는 여전히 유효하지 않을까? 따라서 우리는 민족주의의 이름으로 FTA에 저항할 수 있다. 그게 효율적인 한.

통신위와 통신위원장이 그들만의 세상을 위해 그렇게 분골쇄신하는 것이라면, 차라리 우리니 우리나라니 하는 거짓말 하지 말고 당당하게 '우리 계급'이라는 말을 쓰기 바란다. 그게 거짓말하는 것보다는 낫다. 그래, 당신들은 당신네 계급 이익(초국적 소수 지배계급들이 공모한 독점적 이익) 확보에 투철하라! 제발 우리니 대한민국이니, 국익 따위 읊조리지 말고. 국익이라니, 그대 몇 사람들의 이익이 곧 나라 전체의 이익이라도 된단 말인가. 국익이라는 이름으로 그대들 소수 특정 계급의 탐욕과 이익과 이기와 독점을, 다수를 소외시키고 피멍 들게 만드는 부도덕을 얼버무리지 마라.

그래서 이런 생각도 든다. 대한민국에서 신문이 살아남을 수 있을까? 살아남는다는 게 그냥 떵떵거리고 패악질하며 돈 잘 번다는 것 이상 다른 의미를 지닐까?

가해를 잊은 피해자의
'도착적 행복'

한겨레신문사에서 아동 성폭력 문제를 주제로 강연했던 한 여성 검사도 그런 얘기를 했지만, 성폭행을 당한 여성들 중에는 가해자를 증오하고 원망하면서도 한편으로는 가해자에게 의존하거나, 심지어 쌍방 관계가 의사擬似 연인 관계처럼 진행되는 경우도 있다고 한다. 압도적 물리력(신체적 폭력)과 경제력(돈) 또는 또 다른 형태의 불가항력에 피해자가 굴복해서건, 제3자가 이해하기 어려운 상황이 빚어낸 양자 간의 특별한 교감이나 심리 교란 때문이건, 가해자와 피해자 간의 그런 관계를 '정상적인 관계'로 볼 수 있을까? 피해자가 가해자의 폭압을 폭압으로 느끼지 않고 안도감이나 행복으로 받아들이는 도착적인 관계, 이런 경우 검사는 어떻게 대처해야 할까?

이른바 '국치 100년'이라는데, 오늘이 100년 전과 얼마나 다를까? 테사 모리스-스즈키 호주국립대 교수는 청일전쟁과 러일전쟁을 연속된 10년 전쟁으로 보고 그것을 '제1차 조선 전쟁'이라 명명했다. 제2차 조선전쟁은 물론 6·25전쟁이다. 1592년 임진왜란을 제1차 조선 전쟁, 청일전쟁을 제2차, 러일전쟁을 제3차, 6·25전쟁을 제4차 조선 전쟁으로 본 이는 와다 하루키 도쿄대 명예교수다. 모두 한반도를 놓고 싸운 제국주의 식민지 쟁탈전이다.

그런 관점에서 본다면 일본 팽창주의 세력은 임진왜란으로 발흥한 이래 400여 년 만인 지금 어느 정도 소원을 달성한 것인지도 모르겠다. 침략자들의 터무니없는 억지논리이긴 하지만, 그들을 겨눈다는 한반도라는 비수의 칼자루 절반을 그들과 그 동맹국이 쥐게 됐으니까. 어차피 다 먹을 수 없다면(혼자 다 먹으려 하다간 다 잃는다) 절반이라도 나눠 갖자는 게 한반도 전쟁에 참전한 열강들이 추구한 한결같은 전략이었다.

치욕의 지난 100년을 지나면서 우리는 나름대로 성공했다고들 자평한다. 반박정희든 친박정희든 지난 반세기 동안 한국인들이 경제와 기타 등등에서 이룬 성과와 달라진 소비 수준을 폄훼할 이유는 없다. 그야말로 질풍노도처럼 한국인들은 역경을 뚫고 '미친 듯이' 경제 재건에 매진했고, 놀라운 성공을 거두었다. 누가 뭐라든 최빈국을 일거에 부국으로 바꾸고 독재 체제를 무너뜨린 그 능력에 긍지를 느껴도 좋다.

하지만 잊어서는 안 될 것들이 있다. 그 성공은 한반도 반쪽만의 것이라는 것, 그마저 한민족을 둘로 가른 가해자들이 제공해준 안보와 시장이라는 틀 안에서 가능했다는 것, 무수히 많은 약자들을 도태시키는 그들의 세계 전략을 추종하고 거기에 편승함으로써 가능했다는 것을. 그리고 그 정도의 성공을 손에 쥐기 위해 우리는 동족을 적으로 삼는 민족 해체를 반공의 이름으로 정당화하고, 빈부 격차를 확대하고 전통 가치들을 파괴했으며, 최소한의 예의염치와 존엄마저 쓰레기 더미에 내던져버리고 자연환경을 난도질했다.

100년 전 한반도를 식민지로 옭아맸던 가해자들이 기획한 틀을 여전히 벗어나지 못한 채 전시작전통제권마저 그들에게 떠안기며 의존하는 분단 체제 반쪽의 성공. 거기에 도취한 의사 연인 관계. 정말 행복할까? 진짜 문제는 그 100년의 틀이 거대 중국의 등장과 함께 무너지고 있는 지금 피해자의 그 야릇한 도착적 행복이 이대로 지속될 수 있느냐는 것이다.

21세기형 반공 투사들의 시대

약속 시간은 다가오고 애가 타는데 차들은 밀리고. 목적지로 빠져나가는 진입로에 한 줄로 길게 늘어서서 한 대 한 대 꼼지락거리며 진행하는 자동차들. 그럴 때 잘 빠지는 옆 차선으로 저 뒤에서 뒤늦게 죽 달려와 줄 저쪽 앞에서 염치도 없이 깜빡이도 요란하게 끼어드는 차량들. 결국 그들 때문에 아까부터 줄 서 있던 차들의 진행 속도는 더 느려지고, 그렇게 해서 늘어선 차량 줄이 길어지면 길어질수록 더 심해지는 끼어들기. 그 악순환의 가속화. 나머지 모두를 죽이고, 남들이 죽는 그만큼 자기는 더 잘 살게 되리라는 걸 누구보다 잘 아는 저 얌체들은 도대체 어떤 뇌 구조를 지니고 있을까.

그 얄미운 차들이 아무나 쉽게 탈 수 없는 고급 승용차들이라면 또 어떨까. 오래 관찰을 해왔지만, 값비싼 국산 최고급 차나 외국산 승용차를 타는 자들 중에 그런 후안무치한 불법 무도에 가담하는 비율이 더 높아 보이는 건 관찰자의 편견 탓일까 아니면 객관적 사실일까? 그건 잘 모르겠지만, 어쨌든 돈 자랑하듯 엄청난 기름을 태우며 소형 차들의 몇 배나 되는 배기가스를 뿜어대는 번드르르한 고급 차들, 그만큼 돈벌고 성공했으면 누구보다 그렇게 해준 사회의 규율이나 질서를 앞장서서 지켜야 할 자들이 탄 비싼 차들이 유독 그런 불법 무도의 현장에서 자주 눈에 띄는 건 그렇게 보는 자의 마음이 비뚤어져 있기 때문일지도 모르겠다.

하여튼 그 비싼 고급 차들을 모는 자들은 남다른 재주를 지녔음이 분명하다. 이 살벌한 무한 경쟁의 세상에서 그런 정도의 차를 사서 기름과 배기가스를 왕창 흩뿌리며 설쳐대도 가계 부도가 나지 않을 정도의 부를 과시할 수 있는 자들은 분명 뛰어난 재주를 지녔음이 분명하다. 그래도 그건 자본주의 사회가 보장하는 그들의 취향이요 권리요 자유라 치자.

남들은 다 애태우며 길게 줄 서 있는 교통 정체 현장 저 앞쪽에서 휙 끼어드는 그런 재주 좋은 자들이 모는 고급 차들 꼬락서니를 보고 있으면 저들의 저 호사를 위해 또 얼마나 많은 사람들이 피눈물을 흘렸을까를 생각하게 된다. 저 무도하고 예의염치도 없는 자들이 저 비싼 차를 몰고 다니며 자신들의 재력을 과시하는 천박한 성공을 위해 얼마나 많은 패배자들이 눈물을 흘렸을까. 이 살벌하고 불공정한 세상에서 양순하고 괜찮은 사람들이 그들과 경쟁해서 이길 방도는 아예 처음부터 없지 않을까? 그 경쟁 자체가 공정하지 못한데, 애초에 그들만의 룰이 선택적으로 적용되는 원천 불공정 경쟁에서의 승리를 전혀 부끄러워할 줄 모르는 자들을 양순한 서민들이 어떻게 이길 수 있단 말인가. 그 자신마저 악랄한 야차로 트랜스포메이션하지 않는 한.

국회 청문회 과정에서 낙마한 장관 후보자들의 그 화려한 이력들을 보면 고급 승용차 몰고 저 앞쪽에서 고작 깜빡이 한 번 켜고(죄송하다, 변명할 길이 없다, 앞으론 조심하겠다, 아이를 위해 어쩔 수 없었다―자기만 아이들이 있나? 그 아이들이 무얼 보고 배울지―, 노모 때문에 어쩔 수 없었다―세상의 부모 모시는 사람들은 어떤 야바위 짓을 해도 괜찮나?―, 심지어 향후 인생의 교훈으로 삼겠다는 뻔한 거짓말을 입에 침도 바르지 않고 역겹게 늘어놓는 자들의 후안무치) 싹 끼어들어 양순한 자들의 무고한 땀의 대가를 홀로 다 앗아가는 자들이 생각난다. 그런 불법 무도나 후안무치에 남다른 재주를 발휘한 약삭빠른 자들이 이 사회의 유능하고 성공한 인재, 다른 양순한 준법인들을 지도하고 이끌어갈 이른바 사회의 지도급 인사로 대접받고 비까번쩍한 관작까지 얻는 세상. 오직 그런 자들이어야만 그 번드르르한 야바위 짓에 가담할 명함이라도 내놓을 수 있는 자격을 획득하는 구역질나는 세상.

낙마하지 않은 자들이라고 다를까? 오히려 낙마한 자들보다 한 수 더 위여서 국회 청문회마저 빠져나갔다고 하면 모함일까? 투기와 위장 전입과 문서 조작과 거짓말의 달인들. 그들의 남다른 능력이란 게 그런 불법과 무도와 불공정과 야바위 짓 위에 구축된 거짓과 위선의 성이었다는 것, 아니 그런 야바위 짓을 잘해낼 수 있는 능력 그 자체였다는 것을 우리는 고위 공직자 임용을 위한 국회 청문회 때마다 확인한다. 결코 공직을 맡아서는 안 될 반공反共적 야바위꾼들이 갖은 수단을 다 동원해 악착같이 고위 공직자로 출세하는, 말하자면 21세기형 반공 투사反共鬪士들이 판치는 세상. 바야흐로 낡은 반공 투사들의 시대는 가고 더러운 반공 투사(반공 투기사反共投機士가 더 적절할지도 모르겠다)들의 시대가 도래했도다!

지금도 크게 다를 바 없지만, 예전에 초등학교 시절부터 죽자사자판 입시 경쟁이 벌어지던 시절, 학동들의 사회의식이나 준법정신의 정도를 알아보는 테스트조차 무조건 높은 점수를 따야 했는데, 그걸 위해 교실에서부터 엉뚱한 짓을 하는 아이들이 있었다. 예컨대 '당신은 남의 물건을 주웠을 때 그냥 슬쩍 가져도 된다고 생각하십니까?'나 '또는 그런 적이 있습니까?'와 같은 단답형 질문이 나왔을 때 그 테스트의 본래 의도대로라면 자신이 실제 그렇게 생각하는지 아닌지, 한

적 있는지 없는지를 골라 동그라미를 쳐야 하는데, 그게 나쁜 짓인 걸 아니까 자신의 실제 행위와는 상관없이 '그렇게 생각하지 않는다'나 '한 적 없다'에 동그라미를 치는 아이들이다. 아이들 중 일부는 그런 테스트의 성격을 잘 이해하지 못해 그럴 수 있다. 반드시 나쁜 의도가 아니라. 문제는 담임선생 등이 그 테스트의 기본 취지를 아이들이 이해할 수 있도록 설명해주는 게 아니라 그런 식의 테스트 결과를 (애초에 정답이란 게 있을 수 없는 질문인데도) 누가 얼마나 많은 정답을 맞혔다는 식으로 집계해서는 아이들에게 무슨 별다른 설명도 없이 흘린다는 것이었다. 결국 뽐내고 칭찬받고 싶은 아이들은 거짓으로 답할 수밖에 없었고(결과적으로 선생들이 그걸 조장했다), 결국 그에 합당한 평가를 받았다.(꾸중이나 반성이 아니라 칭찬과 보상을 받았다.)

고교 시절 적성검사라는 게 있었다. 정해진 시간을 주고 다양한 문제를 풀게 하는 테스트였다. 이 테스트는 말 그대로 각자가 어떤 성향을 지녔는지, 어떤 일을 잘 할 수 있고 어떤 일엔 상대적으로 서툰지를 알아보는 데, 그리고 그걸 토대로 장차 어떤 진로를 택하는 게 유리할지를 알아보는 데 목적이 있었다. 바로 옆줄 옆자리에 앉은 한 녀석이 "자, 시작!" 하는 담임선생의 신호가 떨어지기 전에 먼저 시작하고, "자, 그만!" 하는 호령에도 들은 척하지 않고 눈치를 보며 계속 답안지를 채웠다. 한두 번 그런 게 아니라 그 테스트 내내 그런 식으로 문제를 풀었다. 성격이 다른 문제들을 묶은 문제 다발마다 그렇게 시작과 끝을 알리는 담임의 호령이 있었고, 예컨대 "시작!"과 함께 풀기 시작하는 5~10분짜리 문제 다발이 끝나면 "그만!" 하는 호령에 따라 문제지를 엎어놓고 다음 테스트를 준비하는 1, 2분간 쉬는 간극이 있었다. 그런데 옆쪽에 앉은 그 녀석은 전혀 그런 신호를 아랑곳하지 않았다. "그만!" 소리가 나오든 말든 다음 문제 다발로 바뀔 때까지 계속 자신의 그런 행위가 담임에게 들키지 않도록 눈치를 보면서 문제를 풀었다.

그렇게 해서 나온 테스트 결과가 그의 적성을 알아보는 데 무슨 소용이 있단 말인가? 그 녀석에게 그 테스트는, 이 아이는 이런 식의 약아빠진 짓을 잘할 수 있는 특수한 심성의 소지자, 그런 것도 적성이라면 그런 쪽의 야바위 짓에 능한 적성을 지닌 학생이라는 걸 보여주는 것 외에 아무 의미도 없는 테스트가 되고 말았다.

하지만 그 담임이란 자는 나중에 그 테스트 결과를 얘기하면서 엉뚱하게도 문제의 그 녀석과 몇몇 아이들이 아주 높은 점수를 얻었다는 사실만을 언급하며 치켜세웠다.

중학 시절 어느 날 미술 시간에 스케치북이 없어졌다. 분명히 갖고 왔는데 미술실에 가져가려고 뒤져보니 없어졌다. 내가 실수했나, 하고 너무나 속상해 끙끙거리며 그 전 시간에 미술 선생이 내준, 아주 자신 있었고 또 그럴듯하게 열심히 그려둔 그림 숙제를 제출하지도 못한 채 (선생은 그냥 책상 위에 각자 그 숙제들을 잠시 펼쳐놓게 하곤 슥 둘러보았다) 핀잔을 들으며 그 시간 내내 아무것도 못하고 다른 아이들 그림 그리는 것만 구경했다. 그런데 미술 시간 끝나고 우리 교실 내 자리에 돌아와 보니 뜻밖에도 내 스케치북이 내 책상 위에 놓여 있었다. 꼭 보여주고 싶었던 내 그림 숙제를 담고. 하도 기가 막혀 눈물이 다 났는데, 한 얌전한 모범생이 다가와 토닥거리며 나를 위로해주었다. 아주 나중에야 알았지만 범인은 바로 그 녀석이었다. 어린아이를 그렇게 만드는 세상이었다. 오로지 점수 따기로 아이들을 한 줄로 세우는 기이한 세상이 만든 풍경이었다. 지금 오히려 더 심해졌지만, '성적成積'이라는 말에 속아 넘어가서는 안 된다. 4대강 죽이기를 살리기라 하고, 불공정을 공정이라 하고, 투기를 투자라 하고, 매국을 애국이라, 압제를 민주주의라, 불법을 법치라 일컫는 뒤집힌 말의 오염. 성적이란 원래 일해서 이룬 실적을 뜻했겠지만 지금은 일도 하지 않고 해 처먹은 실적이나 수단 방법 가리지 않고 딴 점수, 인생이 무엇인지, 어떻게 하면 모두가 더불어 좋은 세상을 만들 수 있을지를 생각하고 고민하기 시작하는 순간부터 급속히 잃어버리게 될 점수, 그 가장 반교육적인 성과를 나타내는 지표, 그것을 이용해 실적을 쌓아올린 야바위꾼들의 무기로 변질된 지 오래다.

그런데 세월 지나고 보니 결국 그런 자들이 더 많이 출세했다. 그런 세상에 소박하게나마 저항하고 그것을 거부하려 했던 아이들 중에 다수가 어른이 된 뒤 가난하고 어렵게 살거나 이미 세상을 떠났다. 살아남은 그들 중 또 다수는 세상과의 인연을 끊고 잠적했다.

지금까지 대한민국이라는 사회는, 전적으로 그렇다고 하면 안 되겠지만 상당히는 그런 약삭빠른 막무가내, 그러니까 테스트의 기본 취지를 이해하지 못하거나 혹은 알면서도 테스트를 운용하는 자들의 우둔까지 약삭빠르게 이용해먹을 줄 아는 영악하거나 '빽줄' 좋은 아이들의 몰염치가 칭찬받고 찬양받고 보상받는 세상이었다고 할 수 있을지 모르겠다. 누구나 지켜야 한다고 교육받은 규칙이나 예의염치를 무시함으로써 테스트 자체의 의미를 파괴해버리는 자들이 그 테스트에서 좋은 점수를 얻었고, 그럼으로써 무의미해진 테스트를 비판하고 성찰하기는커녕 그것을 출세의 도구로 계산하고 활용하는 자들이 생겨났다. 어른들은 그런 그들을 꾸짖거나 그런 게 아니야, 이건 이런 의미가 있는 거니까 이렇게 해야 맞아, 라고 설명해주거나 야바위 짓을 중단시키는 게 아니라 칭찬하고 보상해주었다. 그래서 공의와 공동체가 해체 지경에 이르도록 풍비박산이 나버린 사회. 우리의 입시 제도, 무한 경쟁 교육정책이 바로 그 부도덕과 아둔함을 옳고 현명하다고 우기는 자들, 자신들만의 이익을 위해 자신들과 그 자식들에게만 유리한 그 제도나 정책을 필사적으로 고수하는 자들을 위한 사이비 테스트 같은 게 아닐까. 국가란 오로지 그 테스트 결과에 불만을 품지 말고 결과를 존중하라고 윽박지르고 말 안 들으면 완력으로 때려눕히는 가진 자들의 사익(공익이 아니다!) 도모 위원회 같은 게 아닐까. 현직 장관이 자신의 딸을 자신이 지배하는 공조직에 이해하기 어려운 방법을 통해 채용하려 했다가 들통 난(들통 나지 않은 더 많은 기행 괴담들을 상상해보지 않을 수 없다) 〈세상에 이런 일이〉 수준의 우행을 보면, 국가란 부르주아들의 사적 고민 해결을 위한 위원회일 뿐이라고 했던 옛 현자(카를 마르크스)의 말이 생각난다.

수단 가리지 말고 어떻게 해서든 남이 알아주는 값비싼 고급 차나 외제 차를 입수할 수 있는 돈을 벌고, 그것을 발판으로 공무원과 이웃을 속이거나 협박하거나 꾀거나 매수해서 위장 전입 또는 투기를 하고, 자기 아이들을 입시에 유리한 학교에 전학시키고, 수십 채의 아파트나 가난한 이들의 닭장 집들을 불법 전매하고, 남들의 논문 조작을 그토록 욕하면서 자신의 논문 조작은 다 이유가 있거나 그저 미안한 정도의 사소한 실수로 생각하는 야차들의 야바위 짓을 능력으로 평가하고 그들을 왈 인재로 찬양하는 사회가 제대로 된 사회로 존속할 수 있을까?

이른바 4대강 사업. 인간의 욕심에 맞게 흐름이 비틀린 강들을 원래의 자연 상태 또는 자연에 가까운 상태로 되돌리는 'river restoration(강 복원)'을 한다며 그 정반대의 짓거리, 멀쩡한 강을 파헤치고 콘크리트를 발라 댐을 건설하며 유역 생태계를 인간 놀이공원이나 부동산 개발 투기장으로 만들어버리는 짓거리를 해놓고 강 죽이기를 강 살리기라고 강변하는 자들. 천안함 사태와 관련한 모든 직접적인 정보의 외부 공개를 차단한 채 군사기밀이라는 자신들만의 기준으로 자신들만 볼 수 있게 해놓고서는 거기에 대한 모든 의문과 문제 제기를 불법으로 몰아가는 시대착오적 민주주의 파괴자들이 애국자로 둔갑하는 세상. 무엇이 사실이고 진실인지 알 수 없도록 만들어놓고 그것을 문제 삼는 사람들의 정당한 항의를 공권력으로 압살하려는 자들이 주요 공직을 독점하는 사회. 그래도 GDP만 성장하면 좋은 사회인가? 그런 바탕 위에 GDP 성장이 얼마나 지속될 수 있을까? 어쩐지 사회 전체가 조만간 무너져 내리거나 철거당할 거대한 가설 무대 같지 않은가? 한바탕 신나게 약을 팔아먹은 자들은 가설무대 철거와 함께 또 어디론가 떠나겠지. 야바위판을 벌일 또 다른 가설무대 설치 공간을 찾아.

　　소나무가 솔방울을 주렁주렁 많이 다는 것은 생장하기 좋은 환경
에 있을 때보다 환경이 나빠졌을 때라고 한다. 자신의 생존이 여의치
않겠다고 판단한 소나무. 극악한 상황, 자신의 존재 자체가 절멸할지도
모를 상황이 언제든 도래할 수 있겠구나, 하고 느끼면 그 전에 가능한
한 빨리 자손들을 되도록 많이 퍼뜨리거나 퍼뜨릴 수 있는 씨앗들을
많이 남기려 하겠지. 아닌 게 아니라 심산유곡이나 국립공원보다 서울
남산 등 나무가 살기 힘든 환경에 놓인 소나무들이 솔방울을 훨씬 더
많이 달고 있는 것 같다. 어떤 나무들은 보기에도 안쓰럽게 까맣게 보
이는 솔방울들을 온통 덮어쓰고 있다. 척박한 땅일수록 더.

　　『교양 노트』라는 책에서, 상상력이 발랄한 지은이 요네하라 마리
는 인간도 마찬가지 아닌가 하는 얘길 한다. 잘사는 나라보다는 못사
는 나라 사람들이 자식들을 더 많이 낳고 인구 증가 속도도 더 훨씬
빠르다. 지금 70억, 10~20년 안에 80억을 넘길 것이라는 지구 인구 폭
발도 대부분 못사는 나라 사람들의 놀라운 다산 능력에 힘입은 바 크
다. 다 그런 건 아니겠지만 대체로 경제적으로 비교적 풍족한 나라일
수록 출산율이 낮다. 예전엔 출산율이 높았을 나라들도 경제적으로
어느 정도 유복해지면 출산율이 뚝 떨어지는 경향이 있다. 가장 잘산

다는 미국 같은 나라 인구 증가율이 그래도 높은 것은 그 나라가 전 세계 이민자들이 몰려드는 이민 국가라는 특성을 지닌 데다, 3억 인구 중에 빈곤선 이하 인구도 상당하다는 그 나라의 양극화, 말하자면 미국이라고 다 잘사는 게 아니라는 미국 사회 내부의 모순 때문일 수 있다. 큰 나라니까. 인구수로 봐도 중국, 인도 다음 아닌가. 그다음이 인도네시아쯤 되나.

한 나라, 한 지역일지라도 시대에 따라 상황에 따라 출산율도 크게 출렁인다. 요네하라 말마따나 '전후 베이비 붐'이라는 게 제2차 세계대전이든 태평양전쟁이든 한국전쟁이든 전쟁 끝나고 한참 먹고살기 힘들 때의 경이로운 다산의 흔적들이 아닌가. 우리도 1950년대나 1960년대생이면 자신 또는 이웃의 형제자매가 열 명을 넘나들던 시절의 기억들을 대개 갖고 있을 것이다. 많이 낳고 또 많이 죽었다. 그것도 전쟁이라는 극한상황 이후 갑자기 풀어진 전후 '좋은 환경' 덕이라고 보기보다는, 어려운 시절 앞날을 알 수 없는 시대가 안겨준 존재 불안감과 관련된 것으로 보는 요네하라 쪽 해석이 더 그럴듯해 보인다. 거기에다 외부 원조가 가져다준 식량과 의료 혁신이 겹치면 생존율이 높아지고 인구는 폭발적으로 늘어날 것이다.

어쨌든 요네하라는 자신의 조국 일본을 주로 염두에 두고 이야기를 하는데 심사가 별로 편치 못한 것 같다. 그가 세상을 떠나기 1년 전에 출간된 이 책 원고들을 마무리했을 시기에 1950년생인 그의 나이는 이미 50대 중반이었다. 고령화 사회를 거쳐 초고령 사회로 진입하고 있는 일본은 그야말로 자나 깨나 고령화가 몰고 올 사회적 충격을 거론하면서 나름의 대비 태세를 갖춰가고 있다. 세계 최고령 국가 일본의 고민은 장기적 인구 감소 추세와 65세 이상 고령 인구의 급속한 증가가 일본 사회를 조만간 뒤흔들어놓을 것이고 적절한 대책을 마련하지 못할 경우 지금 일본인들이 누리고 있는 생활수준은 일거에 풍비박산 날 수도 있다는 것, 그걸 알면서도 뾰족한 수가 없다는 것이다. 그럴 경우 고령화와 장수는 축복이 아니라 저주가 되기 쉽다. 특히 돈을 벌어야 하는 산업이라는 측면에서는, 그리고 자본이나 기업들에는.

잘살고 오래 건강하게 살자고 열심히 일하고 노력해왔는데, 그게 재앙이 될 수 있다니. 그러니 연일 자본의 대변자 매스컴들이 고령화 대책을 떠들어대는데, 그때 오래 사는 것은 자연히 심각한 문제, 고민거리, 즉 부정적 대상으로 부각된다. 쉰 중반을 넘어가는, 10년 뒤면 악의 근원처럼 비치기 시작한 그 고령화 연령대에 들어가는 요네하라 마리.(그러나 안타깝게도 그녀는 2006년 지병으로 세상을 떴다.) 젊은 사람들이라면 느끼지 못했을지도 모를 뭔가를 감지하고 심사가 뒤틀렸는지 모르겠다. 아니, 어쩌다 오래 사는 게 축복이 아니라 저주가 돼버렸지?

요네하라에 따르면 장수와 출산은 반비례 관계다. 사람들이 오래 사는 곳에선 출산율이 낮다. 많이 낳는 지역에선 대체로 일찍 죽는다. 그는 장수자들이 많은 땅에서 출산율마저 높거나, 많이 낳는 나라 주민들이 오래 살기까지 한다면 자원이 한정된 지구가 어떻게 견디겠느냐며 이 역비례 관계야말로 보이지 않는 어떤 주재자의 의도에 따른 것일지도 모른다는 생각을 한다. 독실한 종교 신자론 보이지 않는 그이니만치 그냥 막연히.

사람만 그런 게 아니다. 코끼리, 학, 거북, 고래 등 오래 사는 짐승들은 하루살이나 게, 따개비, 물고기, 쥐나 돼지나 닭처럼 많은 자손을 낳지 않고, 많이 낳더라도 초기 생존율이 높지 않다. 고래나 코끼리가 돼지나 쥐처럼 많은 새끼를 낳는다면 먹이 부족과 생존 터 부족으로 자멸하고 말겠지. 생각해보면 인간이야말로 그런 이치를 거슬러 가는 예외적 동물이고 그것이 전 지구적 생태 위기를 부르는 최대의, 그리고 거의 유일한 원인이라는 걸 알 수 있다. 지구에 인간만 한 덩치를 지니고 인간만큼 많은 먹이를 먹어치우는 생물은 달리 존재하지 않는다. 인간은 지능과 거기에 토대한 기술 발전으로 자연 약탈 수준을 질과 양에서 타 생물들과 비교 불가능한 지경까지 끌어올렸다. 그 덕에 단기간에 70억으로 폭증했다. 그야말로 기하급수. 이런 팽창이 지금과 같은 속도로 계속된다면 조만간 지구 생태계는 재생 불능 상태로 무너진다. 그 결과는 인류의 자멸이다.

우리나라 출산율이 제법 사는 나라들 중에서도 더 낮은 건 (진보적 의식을 지닌 사람일수록 더욱) 흔히 얘기하는 열악한 출산, 보육 환경, 생존 환경 때문만으로 설명할 수 없을지 모른다는 생각이 든다. 물론 그런 악조건이 출산율 저하에 한몫한다는 건 누구도 부인하지 않을 것이다. 하지만 요네하라가 얘기했듯이 출산율이 낮다는 건 기본적으로 먹고살 만하기 때문일지도 모른다. 전통적 삶의 가치에 대한 반란과 세속적 쾌락, 행복에 경도된 개인주의의 만개도 그와 무관하지 않을 것이다.

또 한 가지 요네하라가 지적하지 않은 게 있는데, 일본이나 한국이나 낮은 출산율엔 사는 땅에 비해 인구가 너무 많다는 것, 즉 과도한 인구밀도(과잉 인구)도 한몫하지 않았을까. 한국은 10만 평방킬로미터 정도 되는데 인구가 5000만이나 돼 세계적으로도 몇째 가는 인구 과밀 지역이다. 일본도 한국에 비해선 넓다곤 하나 홋카이도까지 합쳐 봤자 한반도 면적의 1.7~1.8배 정도인데 1억 2500만이 산다. 이미 인구가 너무 많은 것이다.

장래 노동인구의 부담을 심화시키고 전반적 복지 수준을 떨어뜨리는 등 출산율 저하가 문제 될 수도 있지만, 지나치게 과장해서 거의 공포 분위기를 조장하는 건 문제가 있지 않나. 우파들 중엔 특히 인구 감소와 고령화가 국력을 갉아먹을 것이고 그리하여 적대적 이웃에게 으스대거나 자기 뜻대로 움직이도록 윽박지를 수 없을지 모른다는, 또는 굴욕을 당하거나 먹힐지도 모른다는 강박증을 지닌 사람들이 많은 것 같다. 그들은 스스로의 뇌를 그쪽 방향으로만 프로그래밍해둔 것처럼 보이기도 한다.

될수록 많은 인구가 될수록 많이 소비하면서 될수록 흥청대는 게 발전이고 행복일까? 출산율이 떨어지고 평균수명이 늘어나면 우리는 정말 불행해질까? 출산율 저하와 건강하고 유복한 장수는 양립할 수 없을까? 그거야말로 축복일 수도 있지 않을까?

고령의 분계선이라는 65세 이후의 인생은 자신에게도, 타인에게도 아무짝에도 쓸모없는 덤의 인생, 부負의 인생, 어떻게든 하루빨리 청산해야 할 죄업인가? 사람은 누구나 다 늙어가게 돼 있는데, 비록 지금 자신이 장차 져야 할 복지 부담을 저주하며 고령자들을 짐으로만 생각하는 젊은이들조차 곧, 조만간, 얼마 지나지 않아, 바로 자기 부모처럼 그 자신이 그 처지가 될 것이라는 걸 빤히 알 수 있는데도 왜 늙음과 늙은 인생 종반기를 부정적으로만 인식할까? 65세 전까지의 삶만이 의미 있는 것이라면 차라리 65세 이후를 걱정하며 끙끙대지 말고, 누구나 그 나이가 되면 고통 없이 깨끗이 자살하도록 법률을 만들고 그에 합당한 의료 대책을 마련해두는 게 현명하지 않을까? 그게 정말 현명한 걸까? 늙는다는 건 애초 인간의 삶에는 불필요한, 없는 게 좋은 골칫덩이, 암과 같은 것, 쳐다보기도 싫은 오물과 같은 것일까? 소란스러움에서 벗어나 고요한 황혼, 적막한 인생 말년을 맞이하는 게 오직 고통이요 공포일 뿐인가?

정년퇴직이니 은퇴니 하는 삶의 분계선을 설정한 것 자체가 잘못된 것은 아닐까. 돈 벌 수 있는 나이가 지난 인생은 없어도 되는 덤에 지나지 않는 것인가. 돈과 직업, 직장 외에 인생에 더 의미 있는 건 없는 걸까.

2006년에 리영희 선생과 인터뷰할 때 이런저런 질문 끝에 우리가 미국, 일본 쪽에 붙어야 잘 살 수 있다는 주장이 여전히 통하고 있는 게 현실이라고 하자 선생은 이런 얘길 했다.

본질 파악은 인간 개인 단위로 생각하면 쉽다. 예컨대 어느 동네에 힘세고 난폭한 깡패가 있다 치자. 그 '꼬붕부하'이 되는 게 유리하다는 얘기는, 온갖 패륜적 행위로 선량한 이웃들을 괴롭히더라도 나만 잘 살면 되는 것 아니냐는 얘기와 같다. 국가도 마찬가지로 '인격' 같은 게 있다.

요즘 유행하는 '국격'이라는 말을 창안해낸 자들(창안이 아니라 아베 신조 전 총리 정권 때부터 자민당을 비롯한 일본 우익 세력이 써먹어온 것을 그대로 베낀 것으로 보인다)이 참고했으면 좋겠다. '국격'을 욕보이는 짓이 국격을 높이는 것으로 뒤집히는 조지 오웰식의 사고 조작은 4대 강 죽이기가 살리기로, 인권 죽이기가 인권 살리기로(현병철 국가인권위원장 행태를 보라), 영화 죽이기가 살리기로(조희문과 문화부 행태), 서민 죽이기가 살리기로 뒤바뀌는 데서도 보듯 현 정권의 성격을 드러내는 가장 전형적인 현상 중 하나다.

미국, 일본이 과연 '힘세고 난폭한 깡패'와 같은 존재인지, 아니면 그런 비유의 대상이 될 정도로 부도덕한 짓을 해왔는지에 대해서는 다른 생각을 하는 사람들이 있겠기에, 선생의 말씀의 진의가 모든 이들에게 제대로 전달될 수 있을지는 자신이 없지만, 미국과 일본의 이른바 제국주의적·패권주의적 행태가 약자들 사회에 야기한 비참과 비극은 식민과 약탈 대상으로 전락했던 중남미와 아시아 아프리카 여러 나라까지 갈 것 없이 우리의 근현대사만 살펴봐도 알 수 있다. 세상 사람들이 다 아는 얘기 아닌가. 동족인 북과 이렇게 남북으로 나뉘어 전쟁까지 치르고 지금도 으르렁대며 우리가 가진 자산들을 동족 증오 놀음에 허비하면서 주변 대국들의 밥 노릇을 하고 있는 비참한 우리 현실 자체가 어디에서 비롯했는지만 생각해본다면. 우리는 그걸 제대로 잘 모르는 세상, 알면 위험한 세상에서 살아왔다. 어쩌면 우리와 몇몇만 아직도 그런 세상에서 살고 있는지도 모르겠다. 군국 일본의 야만은 말할 것도 없겠고, 중남미 열세 개 나라에 개입해 독재자들의 더러운 전쟁을 기획하고 지원하는 등 자국 입맛대로 주물러온 미국의 이라크·아프간 침공과 아부그라이브 수용소의 야만이 그렇고, 한국과의 FTA 재협상, 쇠고기 파동, 이명박 정부 들어 '격상'된 미국의 한국에 대한 엄청난 무기 장사 등 최근의 일 몇 가지만 떠올려봐도. 어쨌든 우리는 그들에 빌붙어 제법 먹고살게 된 건 사실이고, 리영희 선생은 나라가 제대로 된 '인격(국격)'을 갖추고 살려면 그런 식의 처세에서 벗어나야 한다는 얘기를 한 것이다.

왜, 미국과 일본의 잘못된 정책(그것도 우리에게 직접 심각한 피해를 줬거나 주고 있는 정책)을 비판하면 스테레오타입으로 즉각 북한과 비교하면서 그 몰골과 대적하는 우리. 우리는 행운아고 그 행운을 준 것은 소련과 중국이 아니라 미국과 일본이다, 따라서 미국과 일본은 무조건 선하고 옳다, 북에 비하면 우리는 행복하다, 미국과 일본을 비판하는 건 행복한 우리를 삐뚤게 바라보면서 북한을 찬양하는 것이다, 정말 북한이 좋냐, 좋으면 북으로 가라, 우리는 왜 이런 식으로 옆길로 새어 버리는 건지. 조폭 깡패의 꼬붕 노릇을 한 대가일지도 모를 그 자그마한 성공이 그렇게도 자랑스럽고 행복한가? 전쟁 세대도 아니고 신세대 중에도 그런 사고 회로에 갇혀버린 사람들이 많다. 기막히게도 어쩌면 그들이 절대다수일지도 모르겠다. 심각한 정신적 외상(트라우마), 강박, 파블로프의 개 실험이 보여주는 조건반사와 같은 것.

왜 북한을 모든 판단의 기준으로 삼을까? 현실이 아무리 개 같아도 북한보다 좋기만 하면 행복한가? 북한보다 과오가 덜하기만 하면 옳고 선한 것인가? 누가 아무리 개판 쳐도 북한보다 나쁘지만 않으면 무조건 지지하고 박수쳐야 하는 건가? 그리고 북한의 실제가 어떠한지 제대로 알고나 있는 걸까?(물론 북이 천국이라는 얘기가 결코 아니다. 비교하는 대상을 제대로 알지도 못하면서 거의 절대악으로 상정해놓고는, 그것보다 더 나쁘지 않은 남쪽은 다 옳다, 선하다, 행복하다, 남쪽 비판하는 놈은 나쁜 놈이다, 라고 주장하는 괴상한 논법이 이 21세기에도 버젓이 횡행하고 있는 게 문제다.) 북한보다 괜찮기만 하면 미국과 일본이 무슨 짓을 해도 괜찮은 건가? 미국과 일본의 식민 지배나 분단 같은 범죄행위도 우리를 북의 지옥에서 구해낸 천사 같은 행동이 되는 건가? 이 말도 안 되는 강박적 조건반사야말로 우리 자신이 중환자라는 사실을 적나라하게 보여주는 병리 현상이 아닐까.

남북의 체제 경쟁은 끝났다. 그것은 남이 북보다 수십 배 경제적으로 더 잘살기 때문에 그런 게 아니다. 그런 경제 상황은 언제든 바뀔 수 있다. 북은 나름대로 장점도 갖고 있겠지만, 그나마 이런 식의 체제

비판이나 동맹국 비판조차 불가능한 폐쇄 사회이고, 오히려 신분이나 성별, 계급적 제약이 더 펄펄 살아 있는 듯한 사회이고, 개인숭배가 횡행하는 사회이기 때문이다. 통치 권위를 왕조적 혈통에 의존해야 하는 사회는 현실이 비참할 수밖에 없고 미래 전망도 없다. 다만 그것이 엄연한 현실이기 때문에 우리는 그들을 냉철하게 대하며 서로에게 최선의 상태를 지향해야 한다는 건 또 다른 문제겠다. 상대를 무조건 욕하면서 망하기를 바라는 것은 이제껏 우리를 가지고 놀아온 자들의 농간에 또 놀아나는 어리석은 짓이 될 테니까.(내가 생각하는 유일의 해법은 '퍼주는 것'이다. 될 수 있는 한 많이 자주 북에 현금이든 물자든 퍼주는 것이 우리 모두를 살리는 길이라고 확신한다. 그러면 그 몇 배로 되돌려받게 될 것이다.)

남이나 미국, 일본을 비판하는 것은 북한을 찬양하는 게 아니다. 그건 전혀 별개의 문제다. 이렇게까지 얘기를 해야 하는 현실이 참으로 한심하다.

그리고 또 한 가지. 북의 실패는 곧 우리의 실패, 우리 전체의 실패라는 것이다. 북과 비교해서 남쪽이 살기 괜찮으니까 남쪽은 성공했고 선이고 옳으며 다행이고 행복한 게 아니라, 우리의 성패를 판단할 때는 북도 우리의 일부, 우리와 한 몸으로 바라봐야 한다는 것이다. 북보다 잘돼서 다행인 게 아니라 우리의 성공이나 행복이라는 게 북의 2300만 동족 및 1000만 이산가족의 비참과 동전의 양면을 이루고 있다는 것, 북을 비난하는 건 우리 자신을 비난하는 것이라는 것, 우리를 이렇게 남북으로 갈라놓고 서로 싸우게 만들어놓은 자들의 농간에 놀아나고 있는 것이라는 것, 그들의 주문대로 양육당하고 있는 것이라는 것, 범죄자들이 걸어놓은 주술에서 벗어나지 못하고 있는 것이라는 것.

조폭 패거리들 편싸움에 말려들어(우리가 원한 게 아니다) 형제끼리 갈라져서 싸우고는 한평생 서로 증오하면서 꼬붕 노릇 하다가 어쩌다 손에 돈 좀 쥐게 된 한쪽 꼬붕이 힘에 밀린 다른 쪽 패거리 꼬붕의 쫄쫄 굶는 모습을 보고 조롱하고 욕하면서 "오야붕(두목) 만세! 내가 옳았어! 나는 정말 행복해! 오야붕 욕하는 놈 관두지 않을껴!" 하는 것, 이게 정상인가? 그러면 국격이 높아지나?

살인범의 정체를 집요하게 추적해가는 내레이터. 마침내 드러난 범인의 실체. 뜻밖에도 범인은 바로 내레이터 그 자신이었다. 오래전에 읽은 애거사 크리스티 추리소설 중의 하나였는데, 이런 막판의 극적 반전은 소설이나 영화에선 재미와 감동을 배가하는 요소지만 그게 현실이라면 얘기는 달라진다.

이렇게 출판계가 어려울 줄은 정말 몰랐습니다. 특히 출판이 제대로 대접받지 못하고 있는 것이 가장 가슴 아팠죠.

2012년 7월 출범한 한국출판문화산업진흥원(진흥원)의 이재호 초대 원장이 〈출판저널〉 9월 호와의 인터뷰에서 한 취임 소감 첫마디다. 그는 그래서 진흥원 첫 슬로건을 '출판, 제대로 대접받자'로 잡았다면서 이렇게 말했다.

출판이 문화의 원천 콘텐츠로서 파생 콘텐츠보다 못한 대접을 받아서는 안되겠다는 생각에 앞으로는 출판 산업뿐만 아니라 출판인들이 제대로 대접받도록 노력할 것입니다. 현재 영화, 뮤지컬 등 다양한 분야에서 출판물을 각색, 인용해서 쓰는 부분이 많은데, 그 바탕에 있는 출판인들의 노고에 대해서는 전혀 생각하지 않고 있어요. 출판인의 헌신과 노력 덕분에 대한민국 한류가 발전하고 있는데, 그 기반을 만든 출판인은 찬밥이고 푸대접받고 있다면 문제가 있는 것 아닙니까. 출판이 정당한 대우를 받을 수 있도록 하는 것이 진흥원이 해야 할 역할입니다.

약간 맥락이 다르긴 하지만, 참으로 역설적이게도 최근에 만난 한국 출판계 중진들이 이구동성으로 한 얘기는 '출판인들 홀대와 찬밥, 푸대접을 보여주는 표본은 초대 진흥원장 바로 당신이 아니냐'라는 것이었다. "진흥원이 안고 있는 가장 큰 문제는 바로 원장 자신"이라고 고영은 한국출판인회의 회장은 말했다. 윤철호 사회평론 대표도 그랬고, 백원근 출판연구소 책임연구원이 그랬으며, 한기호 한국출판마케팅연구소 소장도, 강맑실 사계절 대표도, 한철희 돌베개 대표도 다르지 않다. 문광부는 출판계 외부 인사의 낙하산 인사 결사반대를 외치는 출판계의 목소리를 깨끗이 묵살해버렸다. 그렇게 해서 등장한 이 원장이 출판계 푸대접 악습 시정에 진흥원 초대원장 자격으로 앞장서겠다고 하면 자기부정이 되는 것 아닌가?

만일 출판계 인사들의 주장이 사실이라면, 이재호 체제의 진흥원은 사실상 존립할 이유가 없다. 출범과 동시에 죽어버린 조직이 된 셈이다. 그게 사실이라면 제아무리 그럴듯한 정책을 내놓는다 해도 그것은 진정성 없는 공염불에 지나지 않을 것이며, 무더기 예산 약속도 허사에 지나지 않을 것이다.

자칫 일방적 매도가 될 수도 있겠기에 출판인들이 무슨 근거로 그런 말을 하는지, 이미 대충 알려져 있긴 하지만, 2012년 9월 11일 서울

청계광장에서 열린 '소리 질러, 책을 불러! 록 북 콘서트' 전날 기자들에게 배포된 자료를 인용해 살펴보겠다. 한국출판인회의와 대한출판문화협회가 '한국출판문화산업진흥원 원장 낙하산 임명 철회와 출판문화 살리기'를 위해 결성한 비상대책위원회 명의의 자료는 이렇게 주장한다.

이재호 초대 원장은 이명박 대통령 측근으로 알려진 이재훈 씨의 친형이다. 이재훈 씨는 2009년 부평을 재보선 때 후보 낙하산 공천 논란을 불러 낙마했다. 2010년에는 지식경제부 장관에 내정됐으나 역시 청문회를 통과하지 못하고 낙마했다. 쪽방촌 투기와 '김앤장 법률사무소' 사외 이사로 있으면서 15개월 동안 4억 9000만 원을 챙긴 사실이 드러났기 때문이다. 2010년 8월 참여연대는 '청와대 인사 기준은 이명박 대통령에 대한 충성도'라 비판하며 낙마 대상 장관 후보 4인방의 한 명으로 이재훈 씨를 지목했다. 그의 형인 고대 출신 이재호 씨가 진흥원장에 임명된 것은 현 정부의 보은·낙하산 인사의 전형이라 아니할 수 없다.

비대위의 그 자료에 따르면, 애초에 진흥원을 설립하자고 요구한 건 출판계였다. 1999년부터 줄기차게 요구해온 주장이 10여 년 만에 마침내 결실을 보게 됐을 때 그것을 추진하고 준비해온 출판계는 당연히 어려운 출판 사정을 누구보다 잘 알고 출판에 대한 전문적인 식견을 지닌 출판계 인사가 초대 원장이 되는 게 옳다고 봤다. 그리고 그렇게 주장했고, 그걸 수용하라고 문화부에 강력하게 요구했다. 그리고 자격 및 선임 기준과 절차를 미리 밝히라는 출판계 요구를 문화부는 끝내 듣지 않았지만, 문화부 실무 관리자가 출판계에 원장 추천을 출판계에 요청했고, 공청회 등에서 제기했던 출판 전문성과 실무 경험 중시에 대해서도 어느 정도 공감대가 형성됐다고 판단한 출판계는 업계 내 인사를 추천했다.

그런데 문화부는 2012년 5월 23일 공모 마감과 그달 30일의 면접 뒤 한 달 보름 동안 아무 연락도 없이 질질 끌다가 공표 하루 전날에야, 출판계가 보기에는 출판 문외한인 이재호 원장 최종 낙점 사실을, "그래도 출판계 인사가 원장이 되리라는 건 전혀 의심하지 않았다"던 고영은 출판인회의 회장에게 일방적으로 통보했다. 그것도 달랑 문자 메일 한 줄로. 세상에, 진흥원 창립을 주도해온 당사자들에게 이런 푸대접, 찬밥이 있을 수 있나. 이런 경우 차라리 '물타기' 내지 '가로채기' 아니면 '진흥원 죽이기'라고 해야 하나.

거기엔 권력의 너절함과 집요함은 있었으나 애거사 크리스티 소설의 긴장과 극적 요소는 없었다. 설마하며 긴가민가했지만 대충 짐작할 수 있는 일이었기에. 결국 설마는 역시나의 환멸과 탄식 그리고 분노로 귀착됐다.

출판계는 이 원장의 〈동아일보〉 출판국장 이력을 전문 출판인 경력으로 인정하지 않지만, 이력과 상관없이 타고난 능력과 감각을 지닌 비상한 사람도 있을 수 있으니 그것만으로 부적격자로 몰아붙이는 건 무리일 수 있겠다. 하지만 그의 취임 뒤 공식 매체와의 인터뷰 첫마디가 "이렇게 출판계가 어려울 줄은 정말 몰랐습니다"였다. 그렇잖아도 수많은 출판인들의 의구와 탄식이 자자한 가운데 나온 그 말을 의례적 겸양지사로 받아들이긴 어렵다.

만일 이 원장이 정말 출판계 사정을 제대로 아는 게 없는 낙하산 인사 수혜자에 지나지 않는다면 그가 할 수 있는 일, 진흥원이 할 수 있는 일은 사실상 거의 없다. 예컨대 출판계가 공통적으로 지적하는 출판계 최대 현안이자 한국 출판의 사활이 걸린, 시급히 해결해야 할, 그리고 진흥원을 만든 최대 이유 가운데 하나이기도 한 도서정가제 문제를 그가 해결하거나 해결의 실마리라도 찾기를 기대할 수 있을까?

불가능할 것 같다. 2012년 9월 26일 '출판문화산업 진흥 5개년 계획'을 발표하는 자리에서 이 원장은 도서정가제 문제를 거의 언급도 하지 않았다. 그 문제에 대한 기자 질문이 나오자 그제야 그는 마치 준비라도 해 온 듯 "거기엔 시각차가 존재한다"라고 말했다. "책을 문화적 공공재로 보느냐 단순한 교환재(상품)로 보느냐에 따라 달라진다. 공공재로 보면 완전 도서정가제를 실시해야 하는데 대다수 출판사들이 그런 입장이다. 그러나 기재부나 공정거래위 등 정부 입장은 그와 다르다.(교환재로 본다.) 지난한 과정이지만 진흥원은 어느 일방을 지지하지 않고 중간적 입장에서 풀어가도록 노력하겠다." 중간적 입장이라 했지만 사실상 출판계 요구를 수용하지 않겠다는 얘기다. 책은 공공재가 아니라 시장의 자유경쟁에 내맡겨야 할 일반 상품들 가운데 하나일 뿐이며, 경쟁을 통한 가격 형성을 방해하는 도서정가제야말로 시장 체제를 거부하고 소비자(독자)들에게 불이익을 안긴다는 철저한 신자유주의의 신봉자들. 출판계로서는 출판 진흥 기관으로서의 최소한의 의지조차 보여주지 않은 이 원장의 발언에서 자신들에 대한 변함없는 푸대접을 재확인했을 것이다.

현행 도서정가제는 출간한 지 18개월이 넘지 않은 '신간' 도서를 정가의 10퍼센트까지 직접 할인할 수 있고 또 판매가의 10퍼센트까지 경품이나 마일리지 등의 형태로 추가 할인을 할 수 있도록 돼 있다. 결국 최대 19퍼센트까지 할인할 수 있다. 출간 18개월을 넘긴 '구간' 도서들은 그런 규제 대상에서도 제외돼 50퍼센트 이상 싼값으로 덤핑 판매되기도 한다. 또 도서관이나 사회복지시설에 판매하는 간행물, 저작권자에게 판매하는 간행물, 발행일부터 18개월이 지난 종이 간행물과 내용이 같은 전자출판물, 그 밖에 대통령령으로 정하는 간행물도 규제 대상에서 제외되고 실용 서적으로 분류되는 책들도 제외된다. 백원근 씨는 이를 두고 한국의 도서정가제는 나쁜 정부의 제멋대로 도로교통법과 같은 것이라고 했다. 누구누구는 도로 정체 때 갓길을 달려도 된다, 어떤 차는 규제 대상에서 제외된다, 이런저런 경우에는 단속할 수 없다 등등 예외 규정투성이의 도로교통법이라면 본래 입법 취지와는 거꾸로 오히려 교통 흐름을 방해하게 된다. 그런 법을 누가 제대로 지키려 하겠나. 백 씨가 보기에 현행 도서정가제가 바로 그런 형국이다.

그 결과 극단적 가격 할인 경쟁이 난무하면서 수십 년간 지역 중견 서점 역할을 해온 동보서적, 문우당, 성안길문고, 영등포문고 등 전통 있는 유명 서점들을 비롯한 중소 서점들이 무더기로 무너졌다. 2003년 2477개였던 서점 수는 지난 6년간 29.3퍼센트가 줄어 2011년에는 전국에 1752개의 서점만 살아남았고, 이들 살아남은 서점들도 성장을 멈추거나 매출액 감소로 폐업이 시간문제란다. 심지어 상대적으로 유리한 교보나 영풍문고 같은 대형 서점도 예외가 아니다. 예스24, 인터파크, 알라딘 같은 인터넷 서점들도 2009년 이후 성장률이 둔화되다가 2011년에는 광고 수익을 뺀 도서 매출 수익률이 제로가 됐고, 2012년엔 절대 매출액조차 줄었다. 한 해 한 종 이상 책을 내는 출판사 판매 부수도 2010년에 전년 대비 8.5퍼센트 줄었고, 2011년에는 7.8퍼센트 줄었다. 단행본 신간 발행 종수 역시 2008년 이후 2011년까지 4년간 23퍼센트나 줄었다. 이런 불량 도서정가제는 오로지 팔리는 책 위주의 출판을 부추겨 책의 다양성을 죽이고 할인으로 인한 손실분을 벌충하려는 책값 인상으로 이어져 결국 책 소비자들, 독자들을 가장 큰 피해자로 몰아갔다.

출판계는 이런 파행을 낳는 출판문화산업진흥법 제22조 3항, 4항의 개정 또는 삭제를 요구하고 있다. 말하자면 예외 규정 없는 완전한 도서정가제 실시를 요구하고 있다. 그것도 빠른 시일 안에 정착시키지 않으면 이 원장도 얘기한 "문화의 원천 콘텐츠"인 책과 출판과 서점, 독서 시장이 오래지 않아 고사할 것이라고 경고하고 있다. 하지만 이 원장 체제의 진흥원이 그걸 해소해줄 가망은 별로 없어 보인다. 이와 관련한 복잡한 업계 내부 이해관계 조정은 차치하고, 공정거래위원회, 총리실 산하 규제개혁위원회 등 할인 경쟁 규제가 자유시장 원칙이나 그것을 규정한 국제 협약에 위배된다고 보는 신자유주의 신봉자들이 버티고 있는 정부 기관들에 속수무책일 테니까.

"완전 도서정가제 실시는 절체절명의 원칙이다. 출판계 전체가 사느냐 죽느냐가 거기에 달렸다. 책은 한 나라의 문화 기반이 되는 문화 상품이기 때문에 일반 소비재처럼 자유경쟁에 내맡겨서는 안 된다. 공정거래위는 이런 주장을 출판사들 간의 담합으로 보고 마치 자기네들이 소비자인 독자의 입장에서 도서정가제를 반대하는 것처럼 얘기하는데, 이는 완전히 거꾸로다. 확언컨대 완전 도서정가제만이 독자들을 위하는 길이다." 강맑실 사계절 대표도 이런 얘기를 했지만, 그러려면 정부 기관을 설득하고 압박하고 때로는 그들과 싸우기도 해야 한다. 집권 말기 정권의 낙하산 인사 수혜자한테서 그런 역할을 기대할 수 있을까.

이 원장도 "출판인들을 만나 보니 가장 많이 거론하는 과제가 도서정가제 문제였다"라는 얘기를 하긴 했다. 하지만 "정부와 출판계가 함께 진흥원을 중심으로 바로잡아야 할 것"이란 원칙론 외에 구체안은 없다. 〈출판저널〉에 따르면, 프랑스에는 출판사가 도서정가제를 결정한 후 2년 동안 정가를 바꿀 수 없도록 하고, 할인율은 직·간접 할인을 모두 포함해 정가의 5퍼센트 이내로 제한하는 '랑법Loi Lang'이 있다. 또 독일에는 온라인 서점 책 공급가격이 일반 서점의 공급가보다 낮으면 안 된다는 법이 있다.

도서정가제 외에 출판계가 대망하고 여야 국회의원들도 반대하지 않는다는 5000억 출판진흥기금 조성, 경제개발협력기구OECD 수준의 도서관 정사 구입 예산 확보, 학교 독서 교육 강화, 출판 유통 현대화, 전자책 진흥 등 굵직한 출판계 현안들도 사정은 크게 다를 것 같지 않다.

이런 한국 출판의 현상을 타파하고 미래를 결정할 굵직한 현안들에 제대로 손을 댈 수 없다면 예산이라도 좀 늘려 당장의 전시효과를 올릴 수 있는 '잔챙이 사업'들에 주력할 수도 있겠지만, 이마저도 여의치 않을 것 같다. 진흥원은 출판계의 기대를 충족시키기에는 의지도 없어 보이고 방향도 잘못돼 있지만 예산도 턱없이 부족하다. 이 원장 체제가 계속되는 한 앞으로도 그런 사정은 별로 바뀔 것 같지 않다.

2012년 문화체육관광부 미디어정책국 '출판 부문 예산' 운용 계획에 따르면, 정부의 2012년 출판 인쇄 산업 예산 총액은 204억 원 정도다. 2007년의 101억 원에 비해 두 배가량 늘어난 것처럼 보이지만 실상은 그렇지도 않다. 진흥원 산하로 들어간 간행물윤리위원회(간윤) 지원금 40억 원과 2010년에 설립한 한국문학번역원 지원금 53억 원을 빼면 제자리걸음이다. 운용 계획 중의 '출판 산업 육성 및 해외 진출 지원' 예산은 2011년 118억 원에서 2012년 111억 원으로 오히려 7억 원 이상 줄었다. 대신 간윤 지원금이 4200만 원, 문학번역원 지원금이 7600만 원 늘었지만 전체적으론 꽤나 줄었다.

줄어든 건 이것만이 아니다. 정부는 우수 학술 도서와 우수 교양 도서 선정 및 구입 예산을 대폭 깎아버렸다. 2007년 72억 원이던 이 분야 예산은 2012년 52억 원으로 이명박 정권 5년간 27.8퍼센트나 줄었다. 그 연쇄작용으로 도소매 서점을 키워야 할 공공 도서관 납품도 오히려 서점을 죽이고 있다. 공공 도서관 구입 도서의 76.9퍼센트가 '최저가 낙찰제'여서 정가 대비 60퍼센트대의 도서 납품도 허다하단다. 2011년부터는 광역 지자체 도서관 지원 예산 감소로 도서 구입비 절대액이 줄어 거래 도서관 납품 총액도 크게 줄었다. 결국 불황에 직면한 서점들은 마진도 없이 공공 도서관 입찰에 응모해야 하고, 그 결과 부실과 부도는 늘 수밖에 없다.

정부의 방송영상콘텐츠산업 진흥 예산은 2007년 131억 원에서 2012년 607억 원으로 4.6배 늘었다. 2012년 출판문화산업진흥원 순수 예산은 사실상 간윤 지원금인 40억 원. 간윤은 2012년 9월 6일 고전 대접을 받아온 프랑스 작가 마르키 드 사드의 소설 『소돔의 120일』을 음란성 강한 유해 간행물로 판정하고 배포 중지와 즉시 수거 폐기 조처를 내렸다. 이것이 진흥원 출범 뒤 존재감을 드러낸 의미 있는 첫 작업이라면 진흥원은 자신의 역할과 위상을 간윤 계승 정도로 설정하고 있는 것은 아닌지. 그렇게 되면 진흥원 설립의 주목적은, 많은 사람들이 이미 의심하고 있듯이, 출판 진흥이 아니라 출판 감시와 규제가 되는 셈인가. 2012년 9월 26일 발표한 출판문화산업진흥 5개년 계획에서 이 원장은 2016년까지 5년간 모두 1660억 원의 국고 보조금을 투입하겠다고 했지만, 이미 매년 200억 원 이상의 국고 보조금을 투입해온 만큼 의미 있는 예산 증액이라 보기 어렵다. 게다가 그것을 포함해 5년 뒤 약 두 배로 늘어나는 것으로 돼 있는 연간 예산 총액도 확정액이 아니다. 용두사미식 빈 공약으로 끝날 수도 있는 돈이다.

한편 다른 문화 산업 지원 기관들, 예컨대 한국영화진흥위원회 2012년 예산은 2877억 원, 한국콘텐츠진흥원 예산은 2880억 원이다. 책과 출판이 모든 문화의 원천 콘텐츠라고 언표된 바와는 달리 영상과 콘텐츠기술산업 위주로 짜인 정부 문화 정책의 심한 불균형을 여기서도 확인할 수 있다. 국립중앙도서관은 2012년도 운영비만 354억 원, 인건비 140억 원이었다. 전체 문화 산업에서 출판이 차지하는 비중이 매출액 기준 27.8퍼센트나 되고 종사자도 문화 산업 전체 종사자 47만의 거의 절반인 20여 만인데도 출판 산업 육성 예산은 국립중앙도서관 한 개 기관 운영비의 절반에도 못 미치는 111억 원이다. 2012년이 정부가 정한 '독서의 해'였지만 예산은 단 5억 원, 국민 1인당 10원도 되지 않았다.

이재호 체제가 정말 출판을 진흥할 수 있으려면 이명박 정부를 가득 채우고 있는 이런 출판 푸대접 '마인드'와 맞서 싸우며 그것을 바꿔놔야 한다. 그래야 그 자신에 대한 출판계의 주장도 항간의 근거 없는 억측으로 돌릴 수 있다. 진흥원과 이재호 체제의 존재 이유가 거기에 달렸다. 기대하긴 어려워 보이지만.

아시아,
그리고
반도의 삶

ㅣ것이民族的

1965년, 서울 시내 고등학생들의 한일회담 반대 시위.

제주 해군기지를 반대하는
몇 가지 이유

2011년 8월, 제주 해군기지 건설에 대한 제주도 주민 찬반 투표를 하자는 주장을 당국이 거부했다. 오키나와 미군 기지에 대한 오키나와 주민 투표에선 언제나 주민들 압도적 다수가 미군 기지에 반대하는 걸로 나온다. 제주도에 기지를 건설하려면 오키나와처럼 당연히 제주도 주민들 의견을 묻는 주민 투표 절차를 거쳐야 한다. 뒤에 다시 얘기하겠지만, 우리나라는 있지도 않은 종북從北주의가 문제인 게 아니라 미국만 쳐다보는 노예적 종복從僕주의가 문제다.

오키나와를 보면 제주도가 보인다

오키나와 주민들이 군사기지에 반대하는 이유는 기지가 오키나와 사람들의 삶을 망가뜨리고 있기 때문이다. 오키나와에 기지가 들어선 지 60년이 훨씬 넘은 지금까지 오키나와는 일본 전체 현들 소득 비교에서 항상 꼴찌였다. 약간 꼴찌가 아니라 아주 많이 꼴찌다. 도쿄 도민 평균 소득의 절반 정도밖에 안 된다. 그럼에도 도쿄하고도 그 가장 중심부인 가스미가세키, 즉 일본 중앙 정치 무대가 오키나와 미군 기지 유지에 가장 적극적이다. 말하자면 오키나와 기지 철수 결사반대에 가장 앞장서고 있는 곳이 일본에서 가장 못사는 오키나와 기지 덕에 최고의 평균 소득을 올리고 있는 도쿄, 그중에서도 중앙 정치 무대라는 얘기다.

왜 그런가? 미·일 동맹 유지로 가장 큰 득을 보고 있는 곳이 바로 가스미가세키요, 그것이 대변하는 것이 일본 보수 우익이기 때문이다. 미·일 동맹 유지의 근간은 주일 미군 기지이고, 그들은 주일 미군 기지의 75퍼센트를 19세기 후반까지 일본 땅도 아니었던, 독립 류큐왕국 琉球王國이었던 오키나와, 일종의 일본 본토 식민지와 같은 옛 류큐 땅에 몰아넣었다. 왜? 군사기지가 험하고 위험한 기피 시설이라는 걸 그들은 잘 아니까.

1995년 오키나와 현지 여중생에 대한 미 해병대 병사들의 집단 성폭행 사건으로 오키나와 미군 기지 반대 운동이 거세게 불타오른 사례에서 보듯, 군사기지가 있는 곳엔 '기지 문화'라는 이름으로 비정상적 성 문화를 비롯한 온갖 퇴행적인 문화가 독버섯처럼 퍼지고 자란다. 그리고 기지 의존적 현지 경제는 온전하지 못한 비자립적 불구 경제로 전락한다. 오키나와는 기후도 좋고 경관도 좋아 관광산업만으로도 잘 살 수 있는 여건을 지니고 있으며, 좋은 위치 덕에 예부터 조선, 중국, 일본, 타이 등을 잇는 중계무역도 번성했다. 거기에 19세기 후반 그 땅을 강점한 일본 보수 우익 세력이 제2차 세계대전 패전 뒤 자신들의 면죄부를 받고 전후 일본의 지배 세력으로 재등장하기 위해 미군을 끌어들이면서 거기서 발생한 거의 모든 부담을 자신들이 사는 본토가 아니라 준식민지 오키나와에 떠넘겨버렸다. 그게 오키나와 주민들이 미군 기지 결사반대를 외치고 있는 이유다. 그게 한 많은 오키나와 현대사의 시작이다. 오키나와는 예전부터 그랬지만 냉전이 끝난 오늘날 더욱, 일본뿐만 아니라 동아시아에서 미국의 이익을 지키는 최전방 기지 역할을 하고 있다. 최근 반기지 운동이 거세지면서 미국은 자국령 괌으로 오키나와 해병대 기지와 병력 일부를 옮기는 시늉을 하고 있지만 내심 바라지는 않는다. 일본 우익도 미국의 그런 속내를 잘 알고 있을 뿐만 아니라 실은 철수하지 말라고 조언하며 그들과 밀약을 맺고 있다. 이런 사실은 최근 〈아사히신문〉이 보도한 위키리크스 폭로 문서들을 통해서도 확인됐다. 훨씬 남쪽 태평양 한가운데 있는 작은 섬 괌은 기지 이전에 대한 주민들 반대도 만만찮지만 오키나와에 비해 전략적 가치가 뚝 떨어진다.

일본을 지키는 제주 해군기지

제주도는 오키나와 본섬보다 훨씬 큰 섬이다. 게다가 냉전이 끝나고 중국이 미국 대항마로 등장하면서 오키나와보다 더 북쪽, 중국, 한국 일본 등 주요국들을 거의 등거리에 두는 절묘한 위치에 있는 작지 않은 섬 제주는 미국 입장에선 어떤 면에선 앞으로 오키나와보다 전략적 가치가 더 커질 수도 있다. 미국이 세계의 반대를 무릅쓰고 추진 중인 미사일 방어MD, Missile Defense 기지, 특히 저장성 연안 지대에 포진한 중국의 장거리 미사일들을 차단하는 미사일 방어망 축 건설지로 동아시아에서 제주도만 한 데가 없을 것이다. 더욱이 일본 오키나와처럼 기지 반대·미군 주둔 반대 운동도 별로 없으니 금상첨화다. 미국은 결코 표면에 나서지 않겠지만, 한국군 기지 건설에 미국이 개입하지 않는다면 그거야말로 이상한 일이다. 한미상호방위조약이라는 게, 한미 동맹이라는 게 그런 개입을 확고히 보장해주고 있지 않나. 게다가 한국군 고위급 장교, 현역이든 예비역이든 미국 군사전략에 제대로 이의를 제기해본 경험이 있는 사람이 얼마나 될까. 전시작전통제권을 반환해주겠다는 미국을 오히려 말리면서 서울 시청 광장에 모여 성조기 들고 종북 세력 타도, 미국 만세를 외치는 사람들이 그들 아닌가. 있지도 않은 종북이 문제가 아니라 늘 있는 종복, 미국을 하늘처럼 떠받드는 노예적 종복, 종복주의자들이 문제 아닌가.

제2차 세계대전 이후, 말하자면 일본 패전 이후(실은 그 전부터도 그랬지만), 통탄스럽게도 분단당하고 말았지만, 한국이 독립한 이후 미국의 동아시아 정책은 언제나 미·일 동맹 중심이고 한미 동맹은 그 보조 축에 지나지 않았다. 말하자면 미국이나 일본에게 한반도 남쪽은 미국의 동아시아 전략 거점 일본을 지키는 최전방 기지에 지나지 않았다. 한국과 일본의 과거사 때문에 한일 동맹은 미국의 강력한 종용에도 불구하고 끝내 성사되지 못했지만, 미국은 자신이 중간에 끼어 일·미·한이라는 사실상의 삼각동맹을 만들어 유지해왔다. 최근에는 아예 일본 자위대가 한국 해군기지를 방문하고 자위대 고관들 역시 한국을 들락거리며 미국과 더불어 삼국 군사 협의와 합동 훈련을 점차 강화하고 있다. 제주에 기지가 생긴다면 당연히 이런 동맹 관계의 연장선상에서 역할을 떠맡게 될 것이다. '일본을 지키는 제주 해군기지'라는 말은 그런 맥락 위에서 한 얘기다. 실제로 미국의 안보 및 군사 전문가들은 제주 기지를 얘기할 때 예외 없이 모두 일본 방어를 먼저 거론한다. 일본을 미국의 기지이자 이익 대행자로 키우는 것, 그게 미국의 동아시아 전략의 핵심이다.

물론 주민 투표가 능사는 아니다. 후쿠시마 원전 사고에서 보듯, 10여 개로 나뉜 일본의 전력 분할 구역을 장악하고 있는 민간 전력 회사들의 원전은 형식상 거의 모두 주민 찬성투표를 거쳐 유치된 것이다. 주로 경제적으로 뒤처진 낙후된 오지 주민들은 번쩍거리는 청사진을 펼치면서 유치하면 엄청난 경제적 혜택을 누리게 될 것이라는 전력 회사 및 지자체 쪽 설명에 넘어갈 수밖에 없다. 실제 오키나와도 그랬지만, 원전 유치 지역에는 각종 시설을 짓고 일자리를 마련해주고 보조금도 주는 선무 작업을 대대적으로 펼친다. 주민 투표를 해도 반대는 극소수다. 그런 용감한 반대자는 핍박당할 수밖에 없다.

어쨌든 그런 후한 지원 대책에도 불구하고 후쿠시마 원전 사고에서 보듯 주민들의 삶은 여전히 불안정하고 소득도 타 지역에 비해 높지도 않았으며(거듭 얘기하지만 미군 기지가 있던 동두천, 의정부, 평택, 군산이 그 덕에 다른 데보다 더 잘살았나? 미군 부대가 아니더라도 군부대가 있는 지역 소득 수준이 타 지역보다 더 높나?), 한번 사고가 나면 자자손손 살아갈 땅이 아예 사람이 살 수 없는 지역이 되어버린다. 그런 위험성 때문에 전력 회사와 당국이 그런 오지를 유치 지역으로 고른 것이다. 만일의 사태 때 그 결정적인 피해를 힘없는 오지 주민들에게 사실상 몽땅 떠넘기기 위해. 지금 일본을 보라. 실제 피해 지역 주민에게 일본 정부가 해주는 것과 해줄 수 있는 게 뭔가? 그들의 망가진 삶에 비춰본다면 거의 아무것도 없다.

그럼에도 주민 투표는 당연히 실시해야 한다. 그래서 주민들이 자주적 의사를 표출할 수 있는 기회를 부여하는 게 그곳에 위험 시설을 두려는 당국의 당연한 의무다. 그것 없는 기지 건설은 원천 무효다. 그럼에도 강행한다면 나중에 그 책임을 누군가 지게 될 것이다.

주민 투표란 무상 급식을 놓고 엉뚱한 짓을 한 서울시가 아니라 바로 이런 제주도 같은 상황에서 실시돼야 한다. 정작 실시해야 할 제주도에선 안 된다고 하고, 해선 안 될 서울에선 그렇게 말리는데도 강행했다.

당국이 제주도 주민 투표를 반대할 아무런 명분도 없다. 명분 없이 반대한다면 주민 투표에서 이길 승산이 없는 게 하도 뻔해서 그런

거라고, 그래서 기지 건설은 할 수밖에 없게 돼 있는데 다수 반대가 나오면 난리가 날까 봐 그런다고 생각할 수밖에 없다. 왜 난리가 난다고 생각할까? 노무현 정권 때부터 추진된 제주 군사기지, 단독으로 그렇게 결정했을까?

어느 정권이 잘하니 못하니 하는 얘길 하자는 게 아니다. 제주 기지 건설 문제는 그런 차원의 얘기가 아니다. 설사 우리를 위해 제주 기지가 필요하더라도 지금과 같은 형식과 절차로 추진돼선 절대 안 된다. 세계자연유산, 관광 보고를 그렇게 망가뜨리고, 자칫 동북아 안보 불안정화의 도화선이 될지도 모를 제주 해군기지를 이렇게 일방통행식으로 강제해선 안 된다.

제주 해군기지가 이어도를 지킬까?

이어도와 독도를 지키는 데 제주도 기지가 없으면 안 된다는 억지는 어디서 나온 얘긴가? 이제까지 제주도 기지가 없어서 일본이 저토록 독도 내놓으라고 야단법석을 떨고 협박을 해댔나? 제주도 기지가 생겼다고 중국이 입 다물고, 일본이 죽었다 하고 물러설 것 같은가? 제주도 기지는 오히려 그런 분쟁을 더 격화시킬 가능성이 농후하다.

중국이나 일본, 미국과 대등한 또는 대응할 만한 군사력을 갖추는 게 안보의 최선책일까? 전쟁에서 지지 않으려면 일정한 무력을 지녀야 한다는 건 맞다. 하지만 가장 좋은 방법은 전쟁 위험 자체를 없애는 것이다. 우리가 주변 대국들과 군비경쟁을 하는 건 실로 어리석다. 군사적 대결로는 인구가 억을 넘는 주변 군사 대국들로부터 우리를 안전하게 지켜낼 수 없을 뿐만 아니라 엄청난 돈과 에너지를 낭비해야 한다. 무엇보다 지금 구도에선 그 대결의 최전선이 바로 억지로 잘려나간 우리 동족, 우리 영토인 북한이 될 수밖에 없다는 사실을 유념해야 한다. 미국이 주도해온 이런 구도는 일본이, 역대 보수 주류 총리들이 천우신조, 즉 하늘이 일본을 돕는다고 감격했을 만큼 정말 좋아하는 구도이고, 아직은 패권을 논할 만큼 제대로 힘을 키우지 못한 중국도 나서서 반대할 이유가 없다. 오로지 우리만 계속 분단된 채 막대한 에너지만 낭비하는 봉 중의 봉으로 남는 구도다. 이 구도를 깨야 한다. 제주기지는 거꾸로 이 구도를, 제2차 세계대전 이후 일본을 살찌우고 한반도를 분단과 전쟁으로 몰아갔고 지금도 대치하며 엄청난 민족 에너지를 소모하게 만드는 이 구조, 이 구도를 한층 더 강화하겠다는 얘기다.

우리는 제주도 기지 건설이 경제적으로 득이냐 손이냐 하는 좁은 논의에 갇혀 큰 것을 보지 못하는 우를 범해선 안 된다. 더 큰 구도로 봐야 하고, 우리 민족을 죽여온 이 잘못된 구도를 깨거나 다시 짜는 쪽으로 모든 걸 사고해야 한다. 우리의 안보 정책은 우리 민족 전체를 살리는 쪽으로 우리가 주도적으로 결정하고 추진해야 한다. 설사 나중에 제주에 기지를 건설하게 되더라도 지금과 같은 방식이어서는 안 된다.

〈최종병기 활〉이 말해주는 것

영화 〈최종병기 활〉을 보면 첫머리에 장차 주인공이 될 아이의 아버지가 역적으로 몰린 뒤 자신을 죽이러 오는 군사들의 발자국 소리가 들려오는 가운데 오누이를 다급하게 불러놓고는 개성에 있는 자신의 친구 집으로 피신하라며 문제의 활을 준다. 그때 활만 준 게 아니고 그 친구에게 전하라며 몇 마디를 자식에게 일러준다. 구사일생으로 살아난 오누이는 개성의 부친 친구 집에 당도해 아버지의 말을 전한다. 그 문구가 정확하게 기억나진 않지만 대충 이런 내용이다. "세상이 무능한 자들 손에 넘어갔으니 장차 나라를 어찌할 것인가. 통탄스럽구나."

그 아버지는 왜 역적이 됐나? 그걸 알려면 먼저 당시 동아시아 정세를 살펴봐야 한다. 17세기 전반, 그 직전 임진왜란의 참화를 가까스로 수습한 조선은 나라 북쪽에서 일어나고 있는 엄청난 변화에 휘말리고 있었다. 만주에서 일어난 여진족(만주족)의 후금(곧 청이 된다)이 북중국을 장악하고 그때까지 중국을 지배해온 명을 밀어붙이고 있었다. 명은 새로 일어선 청의 힘에 눌려 존망의 위기 상황에 몰려 있었다. 당시 조선의 왕은 광해군. 그는 이 급변하는 정세, 당시 동아시아 국제 정세를 정확하게 꿰뚫고 있었고 현명하게 처신했다. 이른바 재조지은의 나라 명은 사대주의적 의리와 충성을 요구했고, 청 토벌 지원군 파병을 요구했다. 중화주의 조공 체제와 성리학적 윤리로 보자면 광해군은 당연히 명의 요구를 따라야 했지만, 그러다가는 곧 중원을 장악할지 모를 청의 무자비한 보복을 받게 되리라는 걸, 아니면 최소한 우리와 인접한 북중국 일대를 장악한 청이 대명 사대를 이유로 조선을 배후의 위험 요소로 간주하고 끊임없이 괴롭히며 침략해오리라는 걸 알고 있었다.

광해군이 그때 동원한 전략이 일종의 등거리 외교였다. 명의 요구를 아주 거절하진 못해도 그들 요구대로 맹목적으로 후금을 적극 적대하지도 않았다. 명의 요구대로 청 토벌대를 파병할 때조차 원정군 대장들에게 시늉만 하고 청에 적극 대적하지 말라는 밀명까지 내렸다고 한다. 그래서인지 광해군 치세 때 큰 전란은 없었다. 강토가 유린당하고 백성이 어육이 되고 수십만이 산 채로 끌려간 병자호란의 대참화가 일어난 건 광해군을 쿠데타(반정)로 몰아내고 등극한 인조 때다.

인조와 반정 세력은 광해군이 존명 사대의 의리와 명분을 저버리고 북쪽 만주 오랑캐 여진의 후금, 즉 청을 떠받드니 공맹의 가르침으로 볼 때 차마 그대로 두고 볼 순 없다는 걸 쿠데타의 최대 명분 가운데 하나로 들이댔다.

그래서 쿠데타를 성공시킨 그들은 어찌 되었나? 알다시피 남한산성에 들어가 항전 폼만 잠시 잡다가 항복하고 인조가 한강변 삼전도로 직접 나가 청에게 세 번 무릎 꿇고 아홉 번 이마를 땅에 찧는 치욕을 당했다. 영화에서도 나오지만 결국 그렇게 결말이 날 때까지 조선 땅은 박살이 나고 백성들 다수가 죽고 다치고 재물이 손괴되고 50만이 산 채로 끌려갔다. 그때 끌려간 여자들을 조선 조정은 구해서 데려올 생각도 하지 않았고 구사일생으로 도망쳐 돌아온 여자들을 오히려 더럽게 몸을 버렸다며 화냥년(환향녀)으로 핍박했다.

광해가 그대로 임금 자리를 유지했더라도 필시 청은 조선이라는 위험한 배후를 그대로 두고 중원을 공략하진 않았을 것이다. 조선을 침략해서 정복하든지 같은 편을 만들든지 해서 먼저 배후를 청산했을 것이다. 그래도 광해군처럼 처신했다면 병자호란과 같은 전란의 참화는 피했을지 모른다. 광해군은 말하자면, 일어서는 만주족 청, 유라시아 대륙 거의 전부를 석권할 기세였던 청과 정면 대결을 벌이는 건 바보 같은 짓이며 멸망지화를 부르는 어리석은 짓이라 판단했다.

〈최종병기 활〉의 주인공 아버지는 광해군 때 충신이었는데, 반정이 일어나자 거기에 저항했고 그래서 역적으로 몰렸다. 어떤 세월 어느 나라든 쿠데타 세력은 거기에 저항하는 세력은 모조리 역적으로 몰아

■　임금 이름에 군을 붙이는 건 아주 못돼먹었거나 무능하거나 나쁜 왕에게 후세 권력자들이 붙여주는 일종의 격하 명칭이다. 연산군은 아마도 전형적으로 그런 케이스에 해당하겠는데, 광해군은 아주 억울한 케이스일 가능성이 높다. 그를 몰아낸 인조와 반정 세력이 그를 군으로 강등시켰지만 역사적 사실을 따져볼 때 광해군은 인조보다 훨씬 현명하고 지혜로웠다. 그가 권좌에 계속 앉아 있었다면 병자호란의 화는 면할 수 있었을지 모르고, 조선은 근대를 훨씬 더 양호한 상태에서 맞이할 수 있었을지 모른다.

죽이든지 제거해버린다. 그래야 자신들 행위를 정당화할 수 있으므로. 그 아버지는 광해군 충신으로 당연히 저항했겠지만, 반정으로 정권을 잡은 세력이 나라를 어떤 꼴로 만들지 걱정하며 죽어갔다.

만일 유라시아 대륙을 석권한 13세기 몽골(원)이나 17세기 여진(청)이 그 무서운 기세로 중국 중원과 조선 땅을 향해 물밀듯 내려온다면 어떻게 대처해야 했을까? 이길 가망은커녕 전멸당할 게 뻔하지만 대의명분을 위해 끝까지 저항하다 남김없이 모두 깨끗이 가는 게 옳을까? 아니면 그들이 내려오기도 전에 미리 항복하겠다, 모든 걸 다 내주겠다, 살려만 달라, 와서 마음대로 해라, 하며 항복하고 나라를 몽땅 내주는 게 옳을까? 답은 아마도 그 양극단 어느 쪽도 아닌 중간 어디쯤 있을 것이다. 지혜로운 자만이 중간 그 어디쯤 있을 정답을 찾아낼 것이다.

원, 청 등 중원을 석권한 북방 유목 민족들이 큰 세력을 이루어 남하할 경우 조선뿐만 아니라 중국조차 힘 한번 제대로 써보지 못하고 무너졌다. 원과 청의 영역은 멀리 중앙아시아를 넘어 유럽 일부에까지 걸쳐 있었다. 그 강대한 청의 등장에, 임진왜란으로 이미 피폐할 대로 피폐해진 조선의 왕 광해는 정면 대결은 자살과 같다는 결론을 내리고 나름 현명하게 대처했다. 그는 그 중간 어디쯤을 알고 있었다. 존명 사대가 정답이 아니라는 걸 잘 알고 있었다. 그 자신뿐만 아니라 자신의 백성들을 위해서도.

하지만 인조와 반정 세력은 바로 그게 사대에 어긋난다며 나라를 뒤엎었다. 물론 그건 명분일 뿐 실제는 더 많은 땅과 재물과 관직을 반정 세력은 원했을 것이고, 그래서 그들끼리 작당해 존명 사대를 명분으로 내걸고 쿠데타를 일으켜 성공했다. 그리고 나라는 병자호란으로 작살났다.

군사력 강화만이 해법인가?

새로 일어서는 15억 인구의 대국 중국과 군사적으로 맞장을 뜨려고 제주에 해군기지를 만들자는 건가? 아니면 인구 1억 2600만에 세계 2위의 경제 대국, 세계 2위의 해군 대국 일본과 맞장 뜨자고?

우리가 적정한 군사력을 보유해야 한다는 건 당연하다. 그래야 능멸당하지 않는다. 자신을 지킬 정도의 군사력, 경제력은 갖추고 있어야 한다. 하지만 그것만으로는 안 된다. 외교력과 지혜도 있어야 한다. 힘센 상대를 또 다른 힘센 상대를 이용해 제압하거나 상대적 약자끼리 연합해 견제하는 것, 즉 외교력을 발휘하는 게 무조건 군사력만 강화해서 '맞장'으로 나아가는 것보다 훨씬 더 득이 될 수 있다. 물론 외교에도 군사력과 경제력이 뒷받침돼야 한다. 우리는 이미 전 세계를 뒤져봐도 무장 병력에선 몇몇 대국을 빼놓곤 최대의 병력을 보유하고 있고, 무기와 장비도 나라의 크기에 대비한 상대적 파워에서, 아니 절대적 파워에서도 세계 몇 번째 안에 드는 군사 강국이다. 어쩌면 지나치게 무장하고 있는지도 모른다. 아니, 지나치게 무장하고 있다. 엄청난 무기들을 사댈 수 있는 대단한 경제력도 갖고 있다. 거기에 너무 많은 돈을 들이고 있다. 우리 국방비의 몇 분의 1만이라도 절약할 수 있다면 무상 급식, 대학 등록금 무료화는 아무 문제도 아닐 수 있다.

남북 대치라는 우리의 특수 상황을 얘기하겠지만, 그것조차 군사력으로 푸는 것보다 외교력으로 부는 게 훨씬 더 현명하고 득이 될 수 있다. 남북문제를 군사적 대결 국면으로 몰아가는 것이야말로 가장 어리석고 위험한 전략이다. 해군기지를 건설하는 것만이 해법은 아니다. 적정한 군사력과 경제력을 배경에 깔고, 현명한 외교력을 동원하는 것, 제주 해군기지를 건설하지 않아도 그 이상의 안전 보장을 성취하는 것, 가능한 일일뿐 아니라 그렇게 해야만 한다.

그러니까 〈최종병기 활〉을 보면서도 우리는 바보 같은 무력 일변도보다 똑똑한 외교가 나라를 지키는 데 더 도움이 된다는 메시지를 읽어낼 수 있다. 물론 영화 주제는 그와 전혀 무관하지만.

군사력만 키운다고 장땡이 아니다. 키우면 그보다 더 키우는 녀석들이 항상 있게 마련이다. 그래서 무한 군비경쟁이 일어나고 백성은 굶주리고 안보는 더욱 위기에 처하게 된다. 군비 강화가 오히려 안보 위기를 부를 수도 있다는 말은 현실에서 무수한 실제 사례들을 통해 확인할 수 있는 사실이다.

또 한 가지. 오늘날 우리의 골수에 박힌 친미 사대주의는 저 조선 중기 인조반정 세력의 편협한 존명 사대주의와 얼마나 다를까? 사대가 너무 깊어지면 나라 망하는 줄도 모르고 매달리게 된다. 저 인조와 그 친위 쿠데타 세력처럼. 그 반정 세력과 후예들이 나중에도 오직 대중화 명을 위하여 계속 군비 강화와 북벌을 외쳤지만 실제 북벌은 흉내조차 제대로 내본 적이 없다. 그것으로, 그 명분으로 권력은 쥐었고, 북벌은 바로 자신들이 빼앗은 권력을 유지하기 위한 공허한 명분, 구호, 이데올로기에 지나지 않았다. 그리고 그렇게 해서 권력을 쥔 세력들이 서인, 노론으로 이어지며 대대로 부귀영화를 누렸고, 백성은 주렸으며, 결국 조선은 그 때문에 이웃 후발국 일본한테 망하고 말았다.

잘못된 군사전략은 나라를 망치는 길이다. 특히 군사 사대주의는 나라를 망하게 하는 첩경이다. 우리에겐 미국과 일본도 중요하지만 중국도 마찬가지로 중요하고, 북의 우리 동족도 중요하다. 인조와 반정 세력들의 어리석은 행보를 교훈 삼아야 한다.

사이코패스를
피해 가는 법

2010년 12월 3일, "오키나와 주민들은 게으르며, 속임수와 갈취의 명수"라고 얘기했던 케빈 메어 미 국무부 일본 부장이 경질당했다. 미국 아메리칸대학교 학생 열네 명을 상대로 오키나와 후텐마 기지 이전과 관련한 비공개 강연 중 한 말이었다. 비공개 강연이었으니 마음 놓고 얘기했을 것이다. 말하자면 그게 그의 본심이다. 그런데 뜻하지 않게 강연 기록이 밖으로 새어나갔고 일본까지 흘러가 소동이 난 모양이다. 메어 부장이란 자가 2006년부터 2009년까지 오키나와 총영사로 근무한 경력이 있는 걸로 보아 그의 발언을 의도하지 않은 우발적인 것이나 실수 따위로 얼버무리기도 어려울 것 같다. 그의 그 말은 평소 오키나와 사람들에 대한 그의 신조, 그 자신의 평가(편견)를 그대로 드러낸 것이다. 그야말로 속내다.

국무부는 그 발언의 정치적 파장을 겁내 허겁지겁 메어의 목을 자르는 걸로 수습하려 했지만, 실은 메어의 얘기는 곧 그를 둘러싼 조직 즉 국무부 주류의 생각을 그대로 반영하고 있다는 건 의심할 여지가 없다. 메어의 그런 생각은 평소 그들끼리 끊임없이 떠들어대던 농담과 진담들 중 하나였을 것이다.

"한국인은 들쥐"

"한국인은 들쥐와 같아서 누가 지도자가 되든지 따르기만 할 뿐이다. 민주주의는 한국인에게 적절한 시스템이 아니다." 1980년 광주항쟁 진압군을 두둔했던 주한 미군 사령관 존 위컴John Adams Wickham이 한 말이다. 메어 발언의 복사판이다. 물론 위컴이 그 말을 했다고 목이 날아간 건 아니다. 미군 장성 위컴의 목줄이 일개 국무부 부장급 메어의 그것보다 더 질겨서였는지, 아니면 한국이라는 나라가 일본이라는 나라 변방의 일개 현보다 더 헐값이어서 그랬는지는 모르겠다.

아마 주한 미국 문화원 점거 사건 등과도 무관하지 않을 텐데, 민주화 운동이 한창이던 시절 주한 미국 고위 외교관(이름이 생각나지 않는다)이 한국 대학생들을 "버릇없는 놈들"이라고 욕한 적도 있다. 백인의 부와 문화를 선망하며 아부하고 고분고분한 것 같던 한국의 '아이들'이 어느 날부턴가 갑자기 자신들을 쌀쌀하게 대하면서 비난까지 하고 나섰을 때 그들이 느꼈을 당혹감을 짐작할 수 있다. 그런 그들 눈에 여전히 굽실거리는 기성세대들과 달리 고개를 빳빳이 쳐들고 미국에 대들며 나가라고 고함치는 대학생들이 요즘 말로 얼마나 '싸가지 없고' 위험천만한 존재들로 비쳤겠는가. 주한 미국 관리들의 그런 푸념과 욕과 경멸은 곧 자기 존재에 대한 위기감, 정체성의 혼란을 반영한 것이기도 했다. 미국인들에겐 너무나도 편안하고 익숙했던 과거와 갑자기 결별을 선언해버린 한국의 아이들.

"오키나와인은 속임수와 갈취의 명수"

오키나와 후텐마에는 미 해병대 기지가 있다. 이젠 다들 알고 있겠지만, 오키나와는 일본 영토의 0.6퍼센트밖에 안 되는 면적인데 주일 미군 기지의 75퍼센트가 몰려 있다. 제2차 세계대전 뒤 패전한 일본 지배 세력이 1951년 샌프란시스코강화조약으로 7년에 걸친 미군정 체제를 마무리할 때 일본 보수 세력들이 미·일 안보 조약을 동시에 체결해 안보를 미국에 내맡기는 대신 일본 영토를 미군 기지로 내주고 천황제와 일본 보수 정치의 안전을 보장받았을 때 그들은 오키나와를 제물로 삼았다. 오키나와는 본래 독립 '류큐왕국'으로 중국, 조선, 일본 등과 교역하며 나름 잘 살아가던 나라였으나, 근대에 들어와 중국, 조선이 쇠퇴하고 일본이 발흥하면서 일본에 복속당하는 전형적인 제국주의 식민 지배 패턴을 밟게 된다. 류큐가 오키나와로 일본에 복속된 것은 19세기 말 메이지유신 이후의 일이다. 일본 보수 우파들은 자신들의 체제 보장 대가로 미국에 기지를 제공하면서 그 짐을 거의 몽땅 오키나와에 지워버린 것이다. 오키나와는 지금도 일본에서 가장 낙후되고 경제적으로 못사는 지역이다. 제주도보다 훨씬 작은 오키나와 섬 20퍼센트 이상을 미군 기지가 뒤덮고 있다. 후텐마 기지도 그중 하나다. 제주도에 해군기지가 들어서면 제주도가 경제적으로 득을 볼 것이라는 선전에 현혹당해서는 안 된다. 그게 거짓말이라는 걸 오키나와의 현실은 잘 보여준다.

1995년에 미 해병대 병사들이 오키나와 현지 여중학생을 집단 성폭행한 사건이 일어났고 오키나와 주민들이 들고 일어섰다. 주민들은 미군에 사과하고 보상과 재발 방지를 요구했고 기지 철수도 요구했다. 누가 말했듯이 그런 사건이 그때 어쩌다 일어난 건 아니며, 그런 일은 미군 기지가 있는 한 오히려 일상적인 일이었다. 다만 세속적 계산에 찌들지 않은 어린 여학생이었기에 그 사실을 공표하고 항의할 수 있었을 뿐이며, 그와 유사한 성폭행 사건은 오히려 미군 기지 주변에는 늘 일어나는 일상사였고 나이 든 피해자들은 돈벌이를 위해, 생존을 위해, 또는 주변의 눈이 무서워 입을 닫고 있었을 뿐이다. 그렇게 보는 게 상식적이지 않을까. 오키나와 사람들 중에 실제로 그렇게 얘기하는 사람들이 있다. 오키나와 주민들의 반기지 운동, 미군 기지 철수 운동은 그때부터 본격화했다. 오키나와의 누적된 불만과 반기지 정서가 그 사건을 계기로 불타올랐다.

후텐마 기지는 기노완이라는 도시 한복판에 큰 비행장을 지닌 해병대 항공기지다. 활주로가 도시 중앙을 차지하고 때로 인근에 추락 사고까지 일어나는 아주 기형적인 기지요 도시다. 주민들이 도시의 정상적인 발전을 가로막고 지독한 소음을 내뿜고 있는 기지의 철수를 요구하는 건 당연한 것이다. 미군 기지가 지역 경제에 뿌리는 돈, 그리고 본토가 아닌 오키나와에 미군 기지를 붙잡아두려는 일본 중앙정부의 무마책으로 그 지역에 뿌려지는 각종 정책 예산들로 오키나와가 얻는 경제적 혜택이 없는 건 아니지만, 그 때문에 오키나와가 잃는 것에 눈을 감아서도 안 된다. 길게 보면 잃는 것이 압도적으로 많다. 세월이 갈수록 오키나와 현지 주민들이 바로 그 플러스마이너스 계산에서 미군 기지 때문에 얻는 것보다 잃는 게 더 많다고 여기는 경향이 점점 더 짙어지고 있다는 게 가시적으로 드러나고 있다.

후텐마 미군 기지 철수 운동은 그렇게 해서 불타올랐고, 그 기세가 일정 선을 넘자 당시 일본 집권 자민당과 미국은 후텐마 기지를 폐쇄하는 대신 그 북동쪽 헤노코 기지 옆 해안 지역에 새 비행장을 만들어 이전하기로 합의했다. 하지만 주민들은 오키나와 현 내 이전이 아니라 현 바깥, 즉 일본 본토나 미국령 괌 또는 미 본토로의 철수, 또는 부대의 해체를 요구했다.

하토야마 유키오 전 일본 총리가 바로 이 후텐마 기지의 현 바깥 이전을 공약으로 내걸고 야당인 민주당을 여당으로 만든 총선에서 압승을 거두고 집권했다. 물론 하토야마 압승이 모두 후텐마 공약 덕인 건 아니지만 이전 자민당의 외교 안보 정책과 결별한다는, 새로운 정책을 시작한다는 상징으로서 후텐마 기지 이전 공약은 중요한 의미가 있었다. 하토야마가 집권하자 미국 보수 매파Hawks, 대외 강경론자들은 초조해졌고, 자칫 오키나와 미군 기지 전체가 철수 위기에 직면할지 모른다는 불안감에 휩싸였다. 결국 그들은 오랜 친미 정부 아래서 양성된 일본 내 주류 친미 세력들과 협공해 하토야마를 권좌에서 밀어냈다. 그때 하토야마가 후텐마 기지의 오키나와 현 바깥 이전 공약을 철회하고 헤노코로의 이전, 즉 자민당과 미국이 예전에 합의했던 기존 이전안으로 후퇴하면서 그 구실로 내세웠던 것이 한국 천안함 침몰이다. 그는 천안함 침몰을 북(중국)의 위협과 연결하고 미군의 동아시아 주둔이 갖는 억지력의 효용, 전혀 새삼스러울 것도 없는 요소를 자신의 공약 철회 명분으로 앞세웠다. 정치가들이란 어느 나라나 별로 다를 게 없는 모양이다.

메어의 발언은 오키나와 미군 기지를 둘러싼 밀고 당기는 싸움 과정에서 불거진 것이다. 거기엔 주둔군의 고압적인 자세와 자기중심주의, 이기주의, 약한 타자에 대한 우월감과 경멸이 짙게 배어 있다.

메어 부장이란 자가 오키나와 주민들을 게으른 데다 갈취와 속임수의 명수라고 얘기한 건, 위컴 주한 미군 사령관이 한국인들을 민주주의 할 자격도 없는 쥐새끼라고 한 것이나 주한 고위 미 외교관이 한국 대학생들을 버릇없는 자식들이라고 한 것의 복사판이다. 그건 강자의 눈치를 살펴야만 생존할 수 있는 약자들의 처지를 이해할 수 없는, 약자의 처지에 공명할 수 없는 지배자, 즉 강자의 사이코패스적 특성이다. 대체로 정신병자는 억압당하는 약자가 아니라 억압하는 강자다. 강자의 그런 사이코패스적 특성은 시대와 지역을 초월한 보편성을 지닌다. 유럽 백인들이 아메리카를 점령하고 약탈과 살육을 일삼으면서 원주민들을 인간 이하로 취급함으로써 자신들의 반인륜적 패악질이 가져다줄 심리적 압박감을 날려버렸듯이. 수천만의 아프리카 원주민을 노예로 붙잡아 팔아먹는 데서 나아가 짐짝처럼 배에 처박아 수백만을 죽이고서는 그들을 짐승으로 간주함으로써 죄책감을 털어버렸듯이. 백인들은 그들의 손가락 까딱 한 번으로 생사가 갈리는 절망적 상황에 처한 인디언이나 흑인들이 생존을 위한 몸부림을, 오키나와 주민들을 두고 "게으르고 비열하고 속이고 갈취한다"라고 비난했던 메어 부장이란 자와 꼭 같은 시선으로 바라봤을 것이다. 그게 절대 강자, 지배자의 한계다. 그들이 사이코패스가 될 수밖에 없는 건 그들은 결코 약자의 처지를 이해할 필요도 이유도 없을 만큼 절대적으로 강자이기 때문이고, 배곯을 걱정을 하지 않아도 되기 때문이다. 자신들이 품위 있고 우아하다고 착각하는 그들 눈엔 살기 위해 아득바득 몸부림치는 약자들의 모든 것이 비열하고 더럽고 속이는 짓으로 비칠 것이다. 부와 안락한 삶에 갇혀버린 그들의 굳어버린 상상력은 그 틀을 벗어날 수 없다. 생존 조건이 그들을 다른 종류의 인간으로 만들어버린 것이다.

사이코패스가 되지 않으려면

그건 졸지에 삶터와 재산을 날려버리게 된 용산 재개발 지구 서민들의 몸부림을 바라보는 가진 자들과 그들의 머슴 노릇을 하는 국가 공권력 집행자들의 시선과도 닮은꼴이다. 시위 진압 경찰 간부들이나 집권 세력에게 생존을 위해 저항하는 약자들의 몸부림은 그저 조금이라도 더 많은 돈을 받아내기 위해 비열하고 더럽게 속이고 갈취하는,

말도 안 되는 주장만 늘어놓는 위험 분자들이었을 것이며, 제거해버리고 싶은 사회 부적응자들, 배우지 못한 놈들이었을 것이다. 조선을 점령한 일본제국주의자들이 식민 지배에 저항하는 조선의 독립운동가들을 바라본 시선도 하등 다를 바 없었다. 그게 이른바 '불령선인不逞鮮人'이었다. 조센징은 더럽고, 마늘 냄새 나고, 게으르고, 비열하고, 속이고, 남의 것 갈취하고…… 그들 무력 지배자들이 피지배자들을 향해 끊임없이 쏟아낸 저주들이 모두 같은 계열이다.

메어 부장이란 자가 한 말은 애써 꾸며낸 거짓이 아니다. 그는 진심으로 그렇게 생각했을 것이다. 그게 몇 년간 오키나와 총영사로 있으면서 현장에서 그가 겪으면서 끌어낸 결론이리라. 그의 눈엔 실제로 오키나와 주민들이 게으르고, 속임수와 갈취의 명수처럼 비쳤을 것이다. 용산 참사 진압 경찰이 절대 볼 수 없었던 가난한 자들 몸부림 뒤의 진실을 메어 부장이란 자도 볼 수 없었을 뿐이다. 한때 자신들이 크게 신세 졌던 이웃 나라, 어쩌면 같은 조상을 두고 있을 이웃을 '조센징'이라는 경멸적인 어투로 부르며 멸시하고 탄압했던 일본 군국주의자들이 왜 그들에게 조선인들이 때론 저항하고 때론 굽실거릴 수밖에 없었는지 그 이유를 상상하지도 않고, 공명하고 이해할 수도 없었던 것처럼. 어쩌면 오늘 한국인 다수가 자신들보다 경제적으로 못하다고 느끼는 베트남이나 동남아인들, 중국인들한테 품고 있는 우월 의식 속에도 그 못난 인간적 한계가 똬리를 틀고 있을지도 모른다. 한때 자신들이 당한 그 수모를 자신보다 약하다고 생각하는 대상을 향해 그대로 투사하는 악순환. 복제된 사이코패스. 북쪽에 대해 남쪽 주민들이 느끼는 복잡한 다중 의식 속에도 사이코패스적 요소가 엄존할 것이다. 그렇게 멀리 갈 것 없이, 산업화 과정에서 상대적으로 소외당한 특정 지역 사람들을 똑같은 시선으로 바라보며 수군대는, 터무니없는 편견에 사로잡힌 자들이 여전히 활개 치는 오늘의 대한민국을 보라.

메어 부장이란 자, 위컴 사령관이란 자, 그리고 고위 주한 미 외교관, 지독한 인종주의와 편협한 민족주의에 사로잡혔던 일본 제국주의 식민 통치자들, 아메리카를 침탈한 백인들, 죽음의 노예 상인들, 용산 비극을 만들어낸 주역들, 그리고…….

엄청 변하는 것 같지만 또 전혀 변하지 않는 세상. 어느 날 내가 누구를 욕하고 싶을 때, 그런 자들의 그 변함없는 지독한 역사를 한번 떠올려보라. 혹시 나도 모르게 지금 내가 그들처럼 변해 있는 건 아닌지. 약자인 오키나와 주민이 강자 메어의 눈에 왜 그렇게 비칠 수밖에 없는지, 왜 그럴 수밖에 없도록 세상은 여전히 뒤틀려 있는지.

독도 전쟁 1

이명박 대통령이 독도를 방문하자 〈아사히신문〉이 사설로 '분별없는 행동'이라고 비판했다.

분별 있는 행동이 어떤 것인지는 모르겠으나, 일본 쪽이 그런 얘기를 할 처지는 아닌 것 같다. 우리는 이렇게 되물을 수밖에 없다. 〈아사히신문〉은, 일본은 독도 문제와 관련해 그동안 분별 있는 행동을 해왔나?

2005년에 시마네 현이 기어코 '다케시마의 날'까지 제정했을 때, 그리하여 그럴 경우 남북한이 어떤 자세를 취할지 뻔히 예측할 수 있는 그 문제로 이웃 나라를 자극했을 때 〈아사히신문〉과 일본 사회는 그들의 분별을 문제 삼은 적이 있나? 그리고 일본 외무성과 방위성이 백서니 청서니 하는 정부 공식 문서에 "다케시마는 일본 고유 영토"라고 못 박고, 학교 교과서들까지 그렇게 명기하도록 문부과학성이 교과서 검정 제도와 학습지도요령 따위를 이용, 사실상 강제해 한일 간에 외교적 긴장이 높아질 때마다 〈아사히신문〉과 일본 사회가 보여준 자세는 분별 있는 행동이었나? 그럴 때는 무조건 조용히 모른 척 아니면 점잖게 한마디하고 지나가는 게 분별 있는 행동인가? 적어도 오늘의 독도 문제를 만든 건 한국이 아니라 일본이었다.

이명박 대통령이 무슨 생각으로 독도 방문길에 나섰는지 그 속사정은 청와대가 잘 알고 있겠지만, 그가 독도에 가기 전에 일본군위안부(성 노예) 문제의 성의 있는 해결을 여러 경로를 통해 일본 정부 쪽에 누차 촉구했으나 응답이 없었다. 뿐만 아니라 그의 대통령 취임 이후 해마다 독도 문제, 역사 교과서 문제가 불거졌고 일본 쪽 주장은 점점 도를 더해갔다. 2012년에도 결국 양국 간 미묘한 시점일 수밖에 없는 8·15를 전후해서 일이 터졌다. 이명박 대통령 독도 방문 뒤에 이미 집권 초부터든가 3년 전부터 독도를 방문할 생각을 하고 있었다고 한 건 지어낸 얘기 같지는 않다. 퇴임을 앞둔 정권 말기, 집권 마지막 해의 8·15를 택해 나름의 거사를 감행한 사정을 짐작할 수 있다. 그래야 이웃 국가 대표를 상대해야 할 부담도 적고, 정권 말기에 나름의 정치적 이익도 챙길 수 있겠고. 레임덕을 완화하기 위한 것이라거나 본인과 측근, 친인척 등의 비리로 인한 비판 여론을 얼버무리고 잠재우기 위한 것이라는 해석은 일본 쪽에서 줄기차게 나오고 있다. 예전에도 그랬다. 일본 정치인들이나 일본 언론은 주변국을 한 수 아래로 깔보는 그런 식의 진부한 해석에 아주 익숙하다. 그러면서 원인 제공자로서의 자기 잘못을 은폐하고 상대방에게 책임을 몽땅 전가한다. 자신들은 다른가? 아닌 게 아니라 이 대통령이 그런 효과를 노렸을 것이라는 관측은 국내에서도 적지 않다.

하지만 그게 다는 아닌 것 같다. 대통령이 무슨 생각으로 독도 방문을 결행했는지는 따로 한번 따져봐야겠지만, 그와는 무관하게 결과적으로 우리가 앞으로 '독도 문제'를 풀어가는 데에는 하나의 중요한 전환점을 만들었다는 건 분명하다. 조용히 그러나 야금야금 밀고 나가려던 일본 우파의 독도 일본 영토 만들기(국제적 묵인) 전략에 차질이 빚어질 수밖에 없게 됐다. 오해의 소지가 있을지 모르나, 이건 이명박 또는 이명박 정권에 대한 평가와는 별개의 문제다.

센카쿠 혹은 댜오위다오

한일 간에 일이 터지자 중·일 간에도 댜오위다오釣魚島(일본명 센카쿠 열도尖角列島) 문제가 터졌다. 이건 정밀하게 주시해야 할 아주 흥미로운 사건이다.

급기야 홍콩 주민들이 댜오위다오에 상륙했고, 일본은 그들을 체포했으며, 그리고 일본 지방의원들도 센카쿠로 갔다. 광둥 선전과 칭다오 등 중국 전역에서 반일 시위가 시작됐고 일본 식당 유리창이 깨졌으며 일제 차량이 불탔다. 대만인들도 일본에 항의하고 마잉주 대만 총통은 독도 문제를 국제사법재판소에 가져갈 양이면 댜오위다오 문제도 거기 들고 가서 따져보자고 반격했다. 이시하라 신타로의 도쿄 도가 8월 말에 센카쿠에 상륙하겠으니 허가해달라는 신청서를 일본 정부에 제출했다. 이 극우 이시하라 신타로야말로 이번 센카쿠 소동이 촉발되는 데 한몫했다. 그는 일본 정부가 센카쿠를 국유지로 사들이지 않으면 도쿄 도가 사들이겠다며 우익들 애국주의에 불을 질렀다. 그러지 않아도 언제 퇴진하고 총선을 실시하느냐 하는 여론에 쫓길 정도로 지지율 바닥인 노다 요시히코 정권이 영토 문제에 세게 나설 수밖에 없도록 부추긴 꼴이 됐다. '삼국인' 따위의 발언에서 보듯 이웃 나라와 그 주민을 예비 범죄자로 간주하는 수준 이하의 극우 이시하라가 네 번이나 내리 선거에 압승해서 도쿄 도지사에 선출되고 이런 일에서 전면에 나설 수 있는 일본 사회의 한심한 풍토도 독도 문제 악화와 결코 무관하지 않다.

2012년 8월 24일, 노다 요시히코 일본 총리가 "센카쿠 열도는 일본 고유 영토"라고 얘기하자 중국 외교부는 즉각 "일본의 주장은 근거 없는 것이다. 댜오위다오는 중국의 불가분의 영토"라고 반박하면서 이 렇게 얘기했다. "일본이 자기들 주장의 근거로 들이대는 샌프란시스코 강화조약에 중국은 참여하지도 않았다. 그 조약(에서 댜오위다오와 관 련해 어떤 결정이 내려졌건 그것)은 무효다." 이른바 '실효 지배'라는 면 에서 독도를 영유한 한국과 댜오위다오 점유에서 일본에 밀린 중국은 처지가 다를 수 있지만 문제의 본질은 다를 게 없다. 결국 근대 제국 일본의 침략주의적 팽창 과정에서 생겨난 문제이고, 일본 패전 뒤 전 후 처리에서 그 문제들이 제대로 해결되지 못했기 파생한 일이다. 일본 은 전쟁에 진 뒤에도 영토와 영해를 전쟁 이전 상태로 완전히 되돌리 진 않았다. 일본이 그렇게 할 수 있었던 것은 전승국 미국의 계산 때문 이었다.

냉전 체제하의 미국 지원 아래 한국전쟁을 거치며 고도성장을 계 속해 세계 제2위의 경제 대국으로 일본이 승승장구하던 시절에는 '영 토 문제'가 본격적으로 불거지진 않았다. 그러나 지금은 상황이 바뀌었 다. 1990년대 거품이 꺼진 이후 지금까지 장기 불황이 계속되면서 급 속한 인구 고령화 속에 GDP의 두 배가 넘는 재정 적자까지 안게 된 일본의 국력은 록펠러센터를 사들이고 유니버설 스튜디오와 고흐의 〈해바라기〉 등 명품들을 싹쓸이할 때의 저 1980년대 '넘버원 국가 일 본' 시절과는 딴판이다. 상대적으로 중국과 주변 동아시아국들의 힘은 엄청 커졌다. 2010년에 세계경제 2위의 자리는 중국이 대신 차지했고, 적지 않은 문제를 안고 있음에도 그 성장세는 멈추지 않고 있다. 그리 고 일본의 뒷배를 봐주던 미국의 국세도 과도한 이라크·아프간 개입 과 2008년 금융공황을 거치면서 급격히 쪼그라들고 있다. '일본의 영 토 문제는 그런 정세 변동의 연장선상에서 불거지고 격화되고 있다. 제

2차 세계대전 뒤 미국과 일본이 누이 좋고 매부 좋고 식으로 샌프란시스코에서 주거니 받거니 했던 그들만의 전후 처리, 그들이 만든 제2차 세계대전 이후의 동아시아태평양 질서, 즉 팍스 아메리카나 체제가 근본적으로 흔들리면서 불거지고 악화일로를 걷는 문제인 것이다.

문제의 출발점, 샌프란시스코강화조약

일본은 이렇게 주장할 수도 있을 것이다. 독도 문제는 이승만 대통령 시절 한국이 이른바 '이승만라인(평화선)'으로 먼저 도발한 것 아니냐고. 하지만 이승만라인은 연합군, 즉 미군이 일본의 어업 규제를 위해 패전국 일본의 전후 관할 영역, 즉 영해로 상정한 범위 바깥에 그은 '맥아더라인'을 이어받은 것이다. 거기엔 독도와 근해는 분명히 한국령으로 돼 있다. 이승만라인은 미국이 결국 일본 쪽 요구를 수용하게 되는 미국과 일본의 샌프란시스코강화조약 발효를 앞두고 이승만 대통령이 먼저 기존 맥아더라인 존속을 선언한 것이다. 샌프란시스코강화조약은 1951년 9월에 조인되고 1952년 4월에 발효됐다. 이승만라인은 샌프란시스코강화조약 발효 2개월 전인 1952년 2월에 선포됐다.

일본은 샌프란시스코 조약으로 맥아더라인과 이승만라인은 무효화됐다고 주장한다. 샌프란시스코 조약은 강화조약, 즉 전쟁 당사자들끼리 모여 전쟁을 끝내고 전후 처리 방안까지 합의해서 마무리 짓는 조약인데, 거기서 오늘의 독도 문제가 시작됐다. 샌프란시스코 조약 초안을 작성했을 때까지만 해도 미국은 한국을 대일 전쟁 전승국, 즉 연합국의 일원으로 간주했으나 일본 쪽의 항의와 로비에 넘어가 결국 한국을 전승국 명단에서 빼버렸다. 그때의 미국 처신을 원망하고 비판한 당시 양유찬 주미 한국 대사의 증언은 애처롭다.

그 조약에서 전후 제국 일본이 포기해야 할 영토(영해), 즉 전쟁에 졌으니 전쟁 전에 빼앗았던 땅과 바다를 돌려줘야 하는 영토 조항이 설정됐고, 독도는 처음엔 일본이 한국에 돌려줘야 할 영토 항목에 들어갔으나 일본이 강력하게 반발하자 미국은 이를 슬쩍 빼버렸다. 그렇다고 독도를 일본이 한국에 돌려주지 않아도 되는 땅, 즉 일본 고유 영토라고 못 박지도 못했다. 지금 일본 정부가 샌프란시스코에 그렇게 돼 있다고 주장하는 건 그렇게 애매하게 남겨진 조항 내용을 자기식으로 해석한 억지 주장이다. 울릉도 제주도 등 한국에 돌려줘야 할 몇 개 섬을 명시했는데 거기에 독도가 빠져 있다는 게 그 근거다. 그런 식의 논리라면 그렇게 명시된 그 몇 개 섬을 뺀 나머지 수천 개의 한국 섬들이 일본 고유 영토라고 주장해도 된다는 얘기다.

당시 미국은 중국이 공산화하고 한국에서 전쟁이 벌어져 자국군이 파병돼 있는 상황, 즉 냉전이 열전으로 화한 상황에서 일본을 전쟁 기지로 삼고 장차 냉전의 동아시아 교두보로 키울 필요가 있었다. 그래서 패전 때까지 일본을 지휘했던 전범자들을 다시 정치·경제·사회 일선에 복귀시켜 그들의 요구를 적당히 들어주고 강화조약과 동시에 일본 내 미군 기지의 존속을 보장받는 안보 조약을 체결했다. 그들이 분단한 남북한의 반쪽 남한은 일본의 안전, 즉 미군의 기지이자 냉전 교두보인 일본을 계속 확보하기 위해 단연코 지켜내야 할 땅이었다. '한국민의 자유와 행복'을 위해서가 아니라 '냉전 교두보 일본의 안보'를 위해서.

어쨌든 그렇게 해서 '독도 문제'가 지금까지 이어지고 있는데, 문제는 일본이 자기네 땅이라고 우기는 핵심 근거로 들먹이는 샌프란시스코강화조약이라는 게 제대로 된 강화조약이 아니라는 것이다.

중국 외교부의 지적대로 당시 일본이 저지른 제2차 세계대전, 태평양전쟁의 최대 전장, 최대 피해지의 하나가 중국이었는데, 그 당사자 중의 당사자라 할 중국은 샌프란시스코강화조약에 참가하지도 못했다. 그 중국엔 1949년 마오쩌둥의 중화인민공화국이 수립되고 장제스의 중국(중화민국, 자유중국)은 대만으로 밀려났음에도 미국은 장제스의 중국만 중국이라고 우겼다. 1971년 유엔총회에서 대만의 장제스 대신 마오쩌둥의 중국을 중국 대표로 인정해야 한다는 알바니아 제안이 통과되고, '핑퐁외교'를 거쳐 1972년 리처드 닉슨이 베이징을 찾아가 마오쩌둥과 악수하고 마침내 1979년 미·중 국교가 정식으로 복구될 때까지 미국은 중국을 국가로 인정하지 않았다. 냉전의 적, 소비에트연방의 동맹국 중국을 미국이 끌어안기로 한 것은 장제스의 대만이 중국을 대표하지 못하는 현실에서 비롯한 여러 문제들도 그렇거니와 베트남전쟁의 늪에 빠진 미국이 거기서 빠져나오려면 중국의 도움이 절실했기 때문이고, 그것이 소련과 중국의 알력을 이용해 사회주의 체제를 교란하는 데 유효한 방책이기도 했기 때문이다.

중국 외교부의 얘기대로, 댜오위다오를 일본령 센카쿠로 만든 샌프란시스코, 일본이 1905년에 슬쩍 빼앗아갔고(바로 그해에 러일전쟁이 끝났고, 가쓰라-태프트 밀약으로 미국과 일본이 필리핀과 조선에 대한 식민지배를 서로 독점적으로 보장해주었다. 그에 따라 을사늑약으로 조선이 일본의 보호국이 되었고, 사실상 그때부터 식민지가 됐다) 패전 뒤에도 한국에 확실하게 명시적으로 되돌려주지 않은 독도 얼버무리기가 자행된 샌프란시스코의 그 '강화조약'이라는 데에 당사국 중국과 조선이 참여조차 하지 못했다는 사실을 기억해야 한다.

댜오위다오는 1895년에 일본 영토로 복속됐다. 청일전쟁이 일어난 해다. 그때 조선과 대만까지 장악한 제국 일본은 러시아가 주도한 삼국간섭으로 조선을 바로 집어삼키진 못했지만 대만은 그때부터 식민지로 만들었고, 바로 그 대만 근해에 있는 센카쿠, 옛 류큐왕국(오키나와)에 속했던 댜오위다오도 가져갔다. 패전 뒤 대만은 토해냈으나 센카쿠는 오키나와와 함께 미국에 넘겼다가 1972년에야 돌려받았다. 그때 오키나와 사람들 중엔 류큐 독립을 바라거나 일본 영토로 남더라도 미군 기지는 철수하기를 바란 사람들도 있는데, 일본과 미국은 그들을 무시하고 눌렀다. 중국과 대만은 장제스의 중화민국이 유엔에서 축출되던 1971년 무렵부터 댜오위다오가 일본 땅이 아니라 자기들 땅이라고 공개적으로 주장해왔다. 중국은 댜오위다오가 명나라 때부터 중국 땅이었고 이를 입증하는 문서들도 부지기수라고 주장하고 있다.

양날의 칼, 독도 문제

오키나와가 일본 땅으로 복속된 것은 1871년 이른바 '류큐 처분'의 결과였다. 독립 왕국 류큐는 그때 일본의 일개 번으로 전락하고 오키나와 현이 됐다. 일본의 '북방 네 개 섬'을 거느리고 있던 홋카이도도 1868년 메이지유신 이후 일본 땅에 정식 편입됐다. 그리고 1910년 조선이 강제 '합병'당했다. 패전 뒤 일본은 대만은 도로 뱉어냈지만 센카쿠와 오키나와는 내주지 않았고, 조선은 도로 뱉어냈으나(불행하게도 그리고 부당하게도 미국이 둘로 갈라버렸지만) 독도에 대해서는 계속 집착해왔다. 하나마나 한 얘기지만, 일본 우익은 이웃 나라의 그런 불행을 자신들의 행운으로 잘도 이용하고 즐겨왔으며, 자신들도 그 책임에서 벗어날 수 없는 이웃의 슬픔과 비참을 외면해왔다. 그 눈물이 마르지 않는 한 동아시아는 '정상화'될 수 없다. 일본 우익은 그 책임을 자각하기는커녕 오로지 잊어버리기 위해 애써왔고, 그 망각을 위해 필요하면 자신들의 범죄적 가해 행각을 피해와 선행자의 그것으로 뒤바꿔 자국

민을 교육하고 선전하며 가난한 이웃과 세계를 기만해왔다.

여기서 이런 상상도 해볼 수 있다. 만일 한반도가 분단되지 않고 통일국가가 성립했다면 일본이 독도에 대해 저런 주장을 늘어놓을 수 있을까? 아니 샌프란시스코 조약이 그런 식으로 체결됐을까? 한국전쟁이 일어났을까?

샌프란시스코 조약은 사실상 미국과 일본만의 거래였고 밀약이었다.(그때 동시에 체결된 미·일 안보 조약, 그리고 그 개정 과정에서 일본 역대 최장수 총리 사토 에이사쿠는 미국 핵탄두의 일본 기항과 반입을 몰래 보장해준 사실이 최근에야 폭로됐다. 그럼에도 그는 노벨 평화상을 받았다. 전후 친미 반공 국가 일본을 만드는 데 일등공신이었던 기시 노부스케岸信介는 미국이 생명을 구해준 A급 전범이고, 사토 에이사쿠의 친형이다.) 그 샌프란시스코에서 한국을 전승국에서 제외하고 일본 쪽 요구를 수용하는 미국과 일본의 추악한 밀거래 진상의 일부는, 미국 국가 문서들을 세밀히 조사한 정병준 이화여대 교수의 『독도 1947』에도 자세하게 나와 있다.

민주당 노다 정권으로서는 그럴 수밖에 없을지도 모르겠다. 한심하기로 치면 자민당은 한 수 더 뜨지만, 새로운 정치, 새로운 외교, 새로운 일본 만들기를 외치며 자민당 정권을 갈아치운 민주당 정권의 지금 처지는 실로 옹색하기 짝이 없다. 지켜보는 이웃이 다 비감해질 지경이다. 어쩌다 일본이 저 모양이 됐는지. 오히려 낡은 자민당 뺨칠 정도로 더 낡아빠진 말기적 행태를 보이고 있다. 자민당과 그 협력 정당들이 연일 노다 총리 불신임을 얘기하고, 중의원 해산과 총선 조기 실시를 압박할 정도로 지지율은 바닥이며, 소비세 증세 논란, 오자와 이치로·하토야마 유키오와의 정쟁으로 당은 누더기가 됐다. 노다와 그의 각료들, 민주당 의원들은 독도 문제에 더 요란한 소리를 내는 자민당과 그 우파 협력당들보다 유약하다는 인상을 줬다가는 바로 정권을 내줘야 할지도 모른다는 걱정을 하고 있는 게 분명하다.

물론 그럴수록 거꾸로 더 강경한 제스처를 취하면서 이 국면을 위기 회피용 정치 재료로 활용해서 정권을 연장하는 데 역이용해보겠다는 유혹에 사로잡힐 수도 있을 것이다. "일본군 성 노예라는 한국 쪽 주장은 사실이 아니다, 그게 사실이라면 증거를 대봐라" 따위의 발언이나 하는 빈곤한 정치적 상상력과 양심의 소유자 하시모토 도루 오사카 시장의 인기가 식을 줄 모르고 그가 차기 총리 물망에까지 오르는 상황인 데다, 고령의 극우 이시하라 신타로가 다시 정치 전면에 나설 정도로 국수주의가 고개를 쳐드는 우려할 만한 분위기가 일본에는 분명히 있어 보인다. 정권의 운명이 명재경각에 달린 노다 정권이 그런 분위기를 이용해 보고 싶은 마음을 먹는다고 해서 이상할 것은 없다. 하지만 그게 그리 간단치 않다.

댜오위다오와 독도 문제가 일본 우익들의 바람대로 일본에게 유리하게 돌아갈 것 같진 않다. 일본 우파에게 '독도 문제'는 자업자득일 수 있다. 그야말로 '욱일승천'하던 제국 일본 시절에 러일전쟁을 앞두고 좀도둑처럼 슬쩍 앗아가 자기들 것이라고 선포했을 때부터 그건 일본에 복이 아니라 두고두고 화가 될 운명이었다. 이런 식으로 '영토 문제' 화해버리면 서로 물러서기 어렵다. 일본 우파는 없던 독도 문제를 만들어내 앞으로 빼도 박도 못 하는 처지에 몰릴 수도 있다. 자신들이 일본 영토라고 선포하고 교과서와 정부 문서에도 명기하고 '다케시마의 날'까지 제정한 터에 퇴로가 있을 수 없다. 일본이 가해자였고 침략자였던 과거사는 학교에서도 제대로 가르치지 않으면서 히로시마와 나가사키와 도쿄 대공습의 전쟁 피해국 일본, 불쌍하고 유약하지만 선한 일본만 부각시켜온 그들의 전후 교육이 만들어낸 일본 국민은 그들이 영토 문제, 즉 독도 문제에서 물러서는 걸 용납하지 않을 것이다. 그래서 국내 여론이 들끓게 되면 정치적 위기에 몰리고 자칫 정권을 내주고 정치생명마저 끝장날 수 있다. 그러니 저들로서도 설사 물러서고 싶어도 이젠 물러설 수가 없게 됐다. 스스로 퇴로를 차단해버렸다. 영토 문제라는 게 본래 그런 것 아닌가.

그리고 독도 문제는 곧바로 댜오위다오 문제가 되고 쿠릴 열도 문제가 되었으며, 한국과 북한과 중국, 러시아, 대만, 홍콩, 그리고 어쩌면 오키나와까지 들고 일어설 복잡하고도 미묘한, 아주 위험한 현안이 돼버렸다.

아마도 독도 문제가 없었다면 노다 정권이 이명박 정권과 슬쩍 처리하려 했던 한일 군사비밀보호협정은 미국의 의도대로 체결되지 않았을까? 그리하여 중국을 겨냥한 미국과 일본의 미사일 방어 구상도 한국의 사실상의 참여 속에 쾌속 항진할 수 있지 않았을까? 나아가 한·미·일 남방 삼각군사동맹과 북·중·러의 북방 삼각군사동맹이 대치하는, 20여 년 전에 무너진 냉전의 망령이 다시 동아시아를 배회하면서 한반도 한복판의 휴전선을 양 진영의 실질적 경계, 국경, 대치 전선으로 삼는 신냉전이 시작되지 않았을까? 사실상 이미 시작됐다는 얘기도 있지만.

독도는 크지 않지만 독도 문제는 동아시아 판도를 흔들어버릴 수 있을 정도로 거대한 힘을 지닌 태풍의 눈과 같은 것이다. 이명박 대통령의 독도 방문으로, (아마도 본의는 아니겠지만) 독도를 에워싼 동아시아 힘겨루기 게임이 더욱 가열되기 시작됐다. 독도 전쟁이다. 우리는 바로 그 한복판에 놓여 있다.

　　베이징 일본 대사관 앞 1만여 명, 광둥성 선전 일본 영사관 앞 1만여 명, 후난성 창사 일본계 백화점 등 주변에서 3000여 명 시위. 산둥성 칭다오 일본계 기업 10여 곳에서도. 시안에서는 일제 자동차가 뒤집히는 대규모 거리 시위. 윈난이나 구이저우 등에서도.

　　15일 중국 전역 57개 도시에서 8만여 명 시위 참가 추산. 16일엔 80여 개 도시로 확산.

　　미·중 핑퐁외교가 뚫은 데탕트 분위기를 틈탄 다나카 가쿠에이의 재빠른 행보로 중·일 국교 정상화가 이루어진 1972년 이래 40년 만의 최대·최악 반일 시위.

　　예상한 대로 센카쿠 열도(댜오위다오), 영유권을 둘러싼 중국과 일본의 반목이 갈수록 깊어지고 있다.

　　2012년 9월 18일, 일제의 만주 침략 81돌이 지나면 수그러들 가능성이 있지만, 댜오위다오 문제가 일본 우익들 선공으로 민감한 현안으로 떠오른 상황에서 설사 직접 충돌을 피하려는 양국의 기술적 조정에 따라 사태가 다시 수습 국면으로 접어드는 것처럼 보일지 몰라도 문제를 원천 해소하기는 불가능하고, 긴장은 앞으로도 지속될 가능성 높다. 일본으로서는 불행하게도, 융통성 없는 민주당 우파 및 그들과 한통속인 제1야당 자민당의 극우 민족주의(쇼비니즘)적 대처로는 문제를 풀기보다는 더 꼬이게 만들 공산이 크다.

그 9·18은 중국에겐 잊을 수 없는 날이다. 그날은 1931년 일본군이 날조한 류탸오후 폭파 사건(만철 폭파 날조 사건)이 일어난 날. 제1차 세계대전 때 연합군 쪽에 가담한 일본은 대전 뒤 패전국 독일이 장악하고 있던 산둥 반도 자오저우 만(교주만)을 빼앗고 남만주와 외몽골 일부까지 차지하려는 '21개 조'를 중국에 강요했다. 당시 중국에선 1911년 신해혁명 뒤 군벌 전쟁이 계속되고 있었다.

장제스군과 동북3성을 지배하던 장쭤린군의 대치 속에 일본은 장쭤린을 지원하면서 만주 전체를 집어삼킬 기회 엿보고 있었다. 친일파 장쭤린은 동북 지방의 조선 항일 무장 세력도 탄압했다. 그런데 장쭤린이 장제스군의 대공세로 밀리기 시작하자 일본 수뇌부는 장에게 일단 후퇴하도록 종용한다. 그러나 수뇌부의 이런 조처에 반발한 일제 관동군 장교들이 장쭤린을 아예 제거하고 자신들이 직접 만주와 화북을 통치하려고 1928년 장이 탄 열차를 비밀리에 폭파하는 만행을 자행한다. 장의 죽음 뒤 그의 아들 장쉐량은 장제스와 손잡고 일제에 복수의 칼날을 들이대며 항일 쪽으로 방향을 선회했다. 이를 기화로 일본이 본격적인 만주 분할 지배에 나선 것이 9·18 류탸오후 날조를 통한 만주 침략이다. 이로써 일본이 얘기하는 '15년 전쟁'(만주 침략에서 1937년 중일전쟁, 1941년 진주만 기습을 거쳐 패전까지 15년)이 시작된다. 따라서 9·18은 중국인에겐 근대사 치욕의 날 가운데 하나다.

9·18만이 아니라 7·7, 12·13 등 중국엔 일제 침략과 관련해 잊어선 안 될 날들이 수없이 많다. 1937년 7월 7일 일제는 베이징 서남쪽 루거우차오盧溝橋마르코 폴로 다리 폭파 사건을 날조해 본격적인 중국 본토 침략 전쟁(중일전쟁)을 시작했고, 그해 12월 13일 난징에 난입해 최대

30만으로 추산되는 민간인들을 학살하는 야만을 자행했다. 그런 날들은 일본 패전 전의 '대일본제국'을 일본 역사상 최고·최상이라 지금도 생각하고 있는 일본 우익의 사고(정신)가 바뀌지 않는 한 중국인들 기억에서도 지워지지 않을 것이다. 일본군위안부(성 노예) 문제나 독도 문제, 역사 교과서 문제를 통해 드러나는 일본 우익의 한국과 한국인을 대하는 안하무인격 태도, 여전히 턱없는 우월감에 젖고 선민의식에 절은 그들의 인종주의적 차별 시각에서도 우리는 그걸 예감할 수 있다. 한국을 자신들보다 한 수 아래 하수라고 여겨온 저들 오만한 일본 우익에게 한국도 더는 과거처럼 만만한 상대가 아니지만, 이제까지의 힘의 균형을 일거에 무너뜨릴 공산이 큰 거대한 덩치의 새로운 중국의 등장은 차원이 다른, 더욱 두려운 일일 수밖에 없다.

그런 점에서 독일은 훨씬 현명했다. 그들은 패전 뒤 나치의 과오를 과감하게 인정하고 가능한 한 최대의 배상 자세를 취함으로써 주변 피해국들의 저주와 견제와 거부 정서를 상당 부분 누그러뜨릴 수 있었다. 지금의 유럽연합 중심에 독일이 다시 올라설 수 있었던 건 단지 독일의 경제력 덕만은 아니다. 일본 우익에게도 그럴 기회가 패전 뒤 주어졌으나 제2차 세계대전의 승자 미국이 일본을 친미반공 교두보로 만들고 천황제 유지, 국체호지國體護持를 중심으로 다시 뭉친 우익 전범자들이 전후 일본의 보수 주류로 복귀하면서 그 기회는 사라졌다. 미국은 냉전과 함께 일본 전범자들을 다시 복귀시켜 자신들의 동아시아 전략 도구로 삼았다. 일본은 자신들의 과오를 돌아보고 이웃에 사죄한 뒤 새 출발을 시도할 기회조차 잃어버렸다. 애초 그럴 마음이 있었는지조차 의심스럽지만, 패전은 어쩔 수 없이 그들에게 그걸 강요했을 수 있다. 하지만 미국의 냉전 정책과 함께 그 불확실한 기회마저 사라졌고, 약삭빠른 자들이 미국의 지원과 냉전에 편승해 '일본의 경제 기적'

을 만들었지만 그것은 냉전 붕괴와 함께 종언을 고할, 어차피 오래갈
수 없는 것이었다.

일본 우익의 인지 부조화

1840년 아편전쟁 이후 100년간 지속된 병든 중국의 시대, 일본이
서방 제국주의와 한패가 돼 중국을 마음대로 갉아먹었던 역사는 1949
년 중화인민공화국 성립으로 끝났다. 1978년 개혁개방 이후 30년, 중
국이 동아시아의 새로운 패자로 떠오르고 있다는 사실을 보지 못하거
나 인정하기 싫은 일본 우익들의 심리적 장애, 인지 부조화, 정신적 공
황 상태가 근본적으로 치유되지 않는 한·중·일의 반목 심화와 일본
의 퇴조는 피할 수 없는 장기 추세로 정착될 가능성이 크다. 일본 우
익들은 1894, 1895년의 청일전쟁이나 1900년 전후 의화단사건, 1904,
1905년 러일전쟁 이후 1930년대까지 이어진 그들의 '욱일승천'에 대한
향수, 잘못된 기억에서 여전히 벗어나지 못하고 있다. 거듭 얘기하지만
이것이 근대 이후 일본의 비극이자 동아시아 비극의 뿌리다.

그동안 난징 대학살, 댜오위다오 등 과거사 및 영토 문제와 관련해
중국 내에서 여러 차례 반일 시위가 벌어졌으나, 이번 시위는 또 다른
느낌을 준다. 긴장 고조, 완화가 되풀이되는 표면적 정세 추이와 달리
수면 아래의 갈등 구조는 갈수록 더 꼬일 공산이 크다. 일본 우익의 대
처 방식 여하에 따라서는 제2차 세계대전 이후 동아시아 정세 구도의
틀 자체를 바꿔놓을 수 있는 폭발적인 위력을 잠재한 사안일 수 있다.
그런데 이 갈등은 일본에게 점점 더 불리한 쪽으로 치달을 가능성 높
다. 이것은 중국의 성장과 강성 대국화가 계속되는 한 점차 가속화할
것이다. 중국 인민 대중의 기억은 세월이 지나면서 점차 옅어지는 측면

도 있겠지만 그들이 과거와 다른 힘을 갖게 되면 될수록 점차 짙어지는 측면도 있다. 말하자면 댜오위다오가 정세 변동을 추동하는 근본 요인이 아니라 일본 우위의 근대가 끝나가는, 거대 중국의 등장이 야기하는 정세 변동이 댜오위다오라는 표층의 물결을 일게 만드는 근본 요인, 즉 심해류라는 것이다.

또 하나 중요한 것은 향후 일본이 경제적으로 중국에 의존하는 정도가 더욱 심화할 것이라는 점이다.

이미 중국은 일본에게 최대의 교역 상대국이자 주요 투자국의 하나가 됐다. 향후 중국이라는 요소를 빼고는 일본 경제를 생각할 수 없는 상황. 이것은 일본 기업과 친연성이 강한 대만 기업들의 대규모 중국 투자 및 대중 교역을 감안하면 더욱 그렇다. 중국에서 반일 시위가 일어나고 일제 상품 불매운동이 벌어지는데도 일본이 느긋할 수 있는 시절은 지나갔다. 경우에 따라서는 중국 정부가 직접 대일 경제제재의 칼을 빼들 수도 있다. 일본 역시 반격을 가할 수 있겠지만 그렇게 될 경우 치명타를 입는 쪽은 중국이 아니라 일본이다. 일본 우익이 지금 내심 가장 불안해하는 부분도 바로 그것이 아니겠는가. 시위 자체야 시간 지나고 외교적 무마 조처로 어느 정도 컨트롤할 수 있겠지만, 잔재주로는 막을 수 없는 이런 거대 추세, 흐름을 그들은 두려워할 것이다. 댜오위다오 사건은 말하자면 그런 흐름 속의 한 구비일 뿐이다. 일본 우익이 미국 도움으로 지금까지 견지해온 탈아입구脫亞入歐적 전후 전략 자체를 되돌아볼 수밖에 없게 되는 지점도 바로 이곳이다.

이것은 서구 제국의 동아시아, 특히 중국 침탈 과정에서 그들 제국과 한패가 됨으로써 솟아오를 수 있었던 '영광의 일본 근대'가, 중국 및 동아시아와 서구의 힘 관계가 역전되면서 상황 자체가 근본적으로 바뀌기 시작한 시점에서 끝날 수밖에 없다는 얘기다. 이로써 지난 수천 년간 지속돼온 동아시아 옛 구도로의 단순 복귀는 아닐지라도, 근대 이후의 비정상이 '정상화'될 수밖에 없다는 것을 일본 우익 지배 세력이 자각하고 근본적으로 자기 변신을 꾀하지 않는 한 이런 변화는 그들에겐 벗어날 수 없는 바닥 모를 늪과 같은 것이 될 수 있다. 서구의 대표자 미국은 당장은 아니겠지만 서서히 그리고 결국 지금과 같은 절대 우위의 동아시아 지배권을 포기할 수밖에 없게 될 것이다. 바로 지금 미국은 상대적으로 그리고 절대적으로 퇴조하고 있는 중이다.

이런 관점에서 본다면 독도 문제에 저토록 열을 올리는 일본 우익들은 백일몽을 꾸는 환자처럼 비칠 수 있다. 사태 판단을 제대로 할 수 없는 중증 환자. 아베 신조의 자민당 정권의 화려한 부활은 그 증세가 위중하다는 걸 보여주었다. 일본 다수 국민들의 감각과도 동떨어진 우익. 저들이 독도 문제로 남북한과 등지고 동시에 댜오위다오 문제로 중국과 척을 지는 상황을 감당할 수 있다고 여기는 건 여전히 그 백일몽에서 헤어나지 못하고 있기 때문이 아닐까. 저들은 쿠릴열도 남쪽 섬들(북방 4도) 문제로 러시아와도 갈등을 겪고 있다.

이 쿠릴 섬 '반환'과 관련해 지난 몇 년간 일본 우익이 저지른 과오가 상징적이다. 고이즈미 준이치로, 아베 신조와 아소 다로로 이어지는 자민당 우익 본류는 제2차 세계대전 뒤 소련이 앗아간 북방 네 개 섬 중에서 두 개 섬부터 우선 반환받자는 중의원 의원 스즈키 무네오鈴木宗男와 그의 심복 사토 마사루佐藤優(다치바나 다카시立花隆와 책에 관해 대담한 『지의 정원』, 역적이 된 뒤의 감방살이 경험 등을 버무린 『국가의 덫國家の罠』 등으로도 알려져 있는 우익의 또 다른 분파)를 역적으로 몰아 구속하고 정계에서 도태시킬 정도로 현실감각에 이상을 일으키고 있다. 그들은 4도 일괄 반환이 아니라 현실적으로 가능한 두 개 섬이나마 우선 돌려받자는 우파 정치인들조차 역적으로 몰아붙일 만큼 상황 판단을 잘못하고 있거나, 지나친 자신감 또는 비정상적 초조감에 사로잡혀 있다고 볼 수밖에 없는 정황이 엿보인다. 러시아는 옛 소련 시절 잘나가던 일본과의 국교 정상화를 위해 네 개 섬 중 두 개 섬을 돌려주겠다는 의사를 양국 수뇌회담에서 분명히 밝혔음에도 이를 거부했다. 최근 기밀 외교문서 해제로, 일본 지도부가 그렇게 방향을 바꾼 게 일본·소련 접근을 막으려는 미국 냉전주의자들의 이간질 공작 때문이었다는 게 드러나기도 했다. 어쨌든 불행하게도 2009년에 자민당을 밀어낸 정권 교체 뒤의 민주당 우파 또한 그와 전혀 다를 게 없었다.

북방 4도와 사할린 남부 역시 제국 일본이 침탈한 것이고, 따지고 보면 홋카이도조차 메이지유신 이후 일본 정사에 편입된 땅 아닌가.

독도 전쟁, 극우를 배제하기 위한 동아시아 공동의 전쟁

그러면 독도/다케시마 문제에 대해 우리는 어떻게 대처해야 할까.

역시 무엇보다 중국을 면밀히 주시해야 할 것이다. 최근 중국의 동향은, 근대 이후 한 번도 결정적 고비를 맞은 적 없는 일본 우익을 마침내 피할 수 없는 막다른 골목으로 몰아가 그들에게 돌이킬 수 없는 패배, 최후의 일격을 안길 가능성을 점치게 한다. 그럴 수만 있다면 그것은 어쩌면 일본을 위해서도 좋은 일일 것이다. 일본은 근대의 백일몽에서 하루빨리 깨어나는 게 자신을 위해서나 이웃을 위해 좋다. 다시는 1592년 임진년 이후 되풀이해온 참극이 재연되지 않도록. 그런 식으로 일본의 생존을 도모하면 동아시아에서 더는 발붙일 곳이 없게 되리라는 교훈을 줄 필요가 있다. 한국 단독으로는 힘겨운 탈근대의 과제도 중국과 함께라면 가능하다. 어차피 한국과 중국은 근대 공통의 희생자들 아닌가. 중국의 부정적인 면, 못난 점도 함께 주시하면서 그들의 좋은 점, 막대한 힘을 발전적, 전향적인 쪽으로 유도하고 연대해가는 게 중요하다. 그렇게 해서 남북한 문제뿐만 아니라 동아시아 전체의 얽히고설킨 문제를 함께 풀어가는 게 한국 시민의 역할이어야 하지 않을까. 일본 시민과도 함께. 그게 동아시아는 물론 일본의 장래를 위해서도 좋은 일이다.

독도 문제를 각국 애국주의와 쇼비니즘이 맞부딪치는, 그냥 단순한 영토 분쟁으로 봐서는 안 된다. 독도 전쟁은 한때 하토야마 유키오의 일본 민주당 온건파들도 꿈꾸었던, 하지만 강력한 미국의 거부와 제재로 좌절한, 탈미국 동아시아 공동체 건설, 동아시아 탈근대를 위해서도 피해 갈 수 없는 전쟁이다. 그냥 총 쏘고 대포 쏘는 전쟁이 아니다. 그것은 동아시아 불안정의 뿌리인 한반도 분단 해소를 위해서도 거쳐 가야 할 시민전쟁이 돼야 한다.

독도 전쟁을, 전쟁 유발자이자 동아시아 불안정의 항상적 요소인 일본 극우를 고립시키고 배제하는, 그리하여 동아시아 전체 우익의 적대적 공존 체제마저 종식시키는 동아시아 공동의 전쟁으로 만들 수는 없을까?

이와 관련해, 일본을 하나의 단일 집단, 꼭 같은 생각을 하고 꼭 같은 목소리를 내는 그 무엇으로 상정하는 게 과연 옳을까 하는 생각도 든다. 일본의 반동적 우익, 극우가 일본의 모든 것은 아니며 그들이 일본인을 대표하는 것도 아니다. 독도 전쟁을 일본의 반동적 우익에 대한 동아시아 공동의 전쟁으로 바꾸려면 그들을 일본 또는 일본인으로 통칭되는 것에서 떼어내 생각할 필요가 있다.

달리 말하면 독도 문제는 독도 문제에 집착하는 일본의 불순 세력, 동아시아의 환부인 강퍅한 우익, 극우를 일본 정치 지형에서 제거하거나 축소하는 계기로 활용할 수도 있다. 그러기 위해선 그들을 일본, 일본인으로 함께 뭉뚱그리지 말고 다수 일본인, 시민과 분리해서 볼 필요가 있다. 그래서 한국과 일본 시민들이 그 지점에서 연대하고 연합하는 것, 그런 방향으로 독도 문제를 사고해볼 필요도 있지 않을까. 그것은 한국의 강팍한 우익들, 분단 체제에 기생해온 친일의 후예들, 그리고 적대적 공존 관계인 동아시아 전체 우익들을 억제하거나 해체하고 진정한 동아시아 공동체로 나아가기 위한 정지 작업이 될 수도 있다. 아울러 생성되고 있는 중국 시민사회와도 연대해 장차 거대 중국의 패권화, 국수주의적 중화 체제의 등장이라는 위험 요소를 미리 제거하는 동아시아 시민 연대를 구상해볼 수도 있겠다. 역사가 단순한 과거 회귀 또는 되풀이가 아니라 시행착오를 거듭하며 그래도 조금씩이라도 전진하는 것이라면 마땅히 그래야 한다.

일본,
어디로 가나?

　　2012년 11월 17일, 하시모토 도루 오사카 시장이 이끄는 일본유신회와 그 바로 전 도쿄 도지사직을 사임한 이시하라 신타로의 태양당이 합당했다. 신당의 당명은 일본유신회. 대표는 이시하라가 맡고 하시모토는 대표 대행에 취임했다. 신당 일본유신회는 2009년 민주당으로의 정권 교체와 함께 자민당 55년 체제가 무너지면서 가능성을 보였던 일본 전후 체제 청산 움직임이 노다 요시히코 정권 붕괴와 함께 불과 3년 만에 물거품으로 끝난 이후 원점, 아니 그 이전으로 되돌아간 일본 정치 '반동의 시대'를 상징한다.

일본 정치, 반동의 시대

　　이 신당에는 운수상, 통상산업상, 경제산업상을 지낸 히라누마 다케오 중의원 의원도 원내총무 격으로 합류했다. 히라누마는 문부상과 통상산업상, 자민당 정조회장, 관방장관 등을 지낸 요사노 가오루 등과 2010년에 '일어나라 일본'이라는, 이름부터 우익 민족주의 냄새가 물씬 풍기는 정당을 만들어 대표를 지낸 사람이다. 따지고 보면 이들은 하시모토를 빼고는 모두 자민당 출신들이다. 2009년 자민당 정권 붕괴 직후였다면 이들의 이런 이합집산을 권력을 잃은 자들이 겪는 일종의 금단현상이라고 할 수도 있겠지만 현실은 그게 아니다. 그들은 그야말로 불과 3년 만에 권력의 자리로 다시 돌아왔다. 이 '반동'을 대표하는 이는 아베 신조다. 그는 2007년 9월 총리 재임 1년 만에 물러나 5년 뒤 다시 자민당 총재로 추대되는, 자민당 역사상 전례 없는 이변을 연출한 뒤 민주당 정권 몰락과 더불어 마침내 다시 총리직을 차지하게 됐다.

일본은 어디로 갈 것인가? 이 질문에 대한 답은 매우 복잡하면서도, 한편으로는 대단히 단순명료하다. 문제의 핵심은 '돌아온 그들'에 있고, 그들이 왜 다시 돌아왔느냐 또는 어떻게 다시 돌아올 수 있었느냐에 있다. 자민당 총재 아베 신조는 하시모토나 이시하라, 히라누마 등과 소속 정당은 다르지만 민주당 정권 이후 반동 복귀 시대의 일본 정치를 이끌어갈 그들의 정치 이념이나 신조 등 머릿속은 별로 다를 게 없다. 극우 이시하라를 도쿄 도지사 선거에서 무려 네 번이나 연속 당선시킬 정도의 정치의식이라면 그 바탕 위에서 그들은 필요하면 언제든 손을 잡을 것이다.

종군 위안부에 대해 국가의 강제 연행을 인정하는 듯한 1993년 고노 담화에 대해, 실은 2007년 아베 내각은 중요한 각의국무회의 결정을 내렸다. 군이나 관헌들이 위안부를 강제 연행했다는 증거는 없다고 아베 내각은 2007년 각의에서 결정했다. 이것이 일본 정부의 견해다. 나는 일본인이기 때문에 일본 정부의 이 견해를 따른다. 또 나는 역사가도 아니기 때문에 일본 정부의 각의 결정을 굳이 뒤집는 자료 수집 작업은 하지 않겠다. 그러니까 한국 쪽에 일본국이 강제 연행했다는 증거가 있다면 제시해달라고 말한 것이다. (…) 가장 긴요한 것을 1993년 고노 담화는 피해 갔다. 그 때문에 일한 관계의 신뢰는 무너졌다. (…) 고노 담화를 지금 그대로 방치해서는 안 된다. 일본군이 위안소 운영에 관여한 것은 사실이다. 이것은 전시 상황에서의 일이고 또 시설이 시설이니만큼. 현대사회에서도 풍속점(유흥업소)에 대해서는 공공 기관이 엄격히 감독하고 있다. 위안소에 대해 공공 기관이 감독하는 것은 위생 관리, 질서유지 관점에서 당연하다. (…) 1993년 고노 담화는 '본인의 의사에 반해'라는 말로 얼버무렸다. 이것은 본의가 아니었다는 의미인가, 일본국이 강제했다는 의미인가. 이것을 분명히 할 필요가 있다. 후자라면 사죄는 당연하다. 그러나 지금 그렇다는 증거가 없다. 그러니까 한국 쪽이 증거를 제시해주기 바란다. (…) 2007년에 강제 연행 증거가 없다는 각의 결정을 내렸다면 고노 담화는 수정할 수밖에 없다.

이는 하시모토 도루 오사카 시장이 자신의 트위터를 통해 유포한 글의 일부다. 피해자들의 피맺힌 직접적인 증언조차 날조, 왜곡이라고 주장하는 일본 우익들의 전형적인 어법이다. 아직도 1910년 일본의 조선 병탄을 합법적 조처였다고 주장하는 그들이 '일본의 조선 식민 지배가 불법적인 강제 합병이라는 증거가 있으면 내놔봐! 증거를 내놓지 못하면 강제 합병이 아닌 거야'라고 큰소리치는 것과 다를 바 없다. 침략과 학살과 식민 지배도 증거가 없으면 허구라고 저들은 주장한다. 저들이 말하는 증거는 "공식 문서에 기재돼 있는 내용"이다. 패전 직전 그런 범죄 사실들을 적시한 공식 문서들을 서둘러 불태우고 폐기 처분한 야만을 알고 있으면서 시치미를 떼고 오히려 피해자들에게 증거를 대라며 하시모토는 윽박지르고 있다.

일본의 이런 행태를 날카롭게 비판해온 영국 태생의 테사 모리스-스즈키 호주국립대 교수는 〈재팬 포커스〉에 실은 글에서 이렇게 지적했다. 하시모토의 주장은 고노 담화가 제시한 강제 연행 증거들을 완전히 깔아뭉개고 있다. 그리고 설사 그의 주장대로 위안부 강제 연행에 '일본국', 즉 일본 국가나 공적 기관이 직접 관여하지 않았다고 해서 일본 국가가 그 야만의 책임을 면제받을 수 있는가.

하시모토는 강제 연행 사실 자체를 부정하진 않는다. 그는 그러나 그것을 일선에서 집행한 것은 국가가 아니라 민간업자들이었다고 주장한다. 따라서 일본 국가는 위안부 강제 연행과 관련해 직접적 책임이 없다, 고노 담화는 이 점을 확실히 하지 않음으로써 마치 일본 국가가 범죄를 저지른 양 진실을 호도하고 있다고 그는 억지를 부린다. 이에 대해, 설사 그렇다 하더라도 침략 전쟁 수행을 위해 전쟁터 곳곳에 무수한 위안소를 짓고 일본군 병사들 성적 욕구불만을 해소하도록 국가와 군대가 기획해서 수많은 젊은 조선 여성들을 비롯한 수십만의 여성들을 실제로 동원했다면 그게 강제든 아니든, 그리고 국가기관이 직접 모집했든 민간 업자들이 그것을 대행했든 야만적 범죄행위라는 본질이 달라질 게 뭐 있느냐는 스즈키 교수의 질타는 지당하다. 게다가 일본 국가가 강제 연행에 직접 관여했다는 증거는 일본 정부의 자체 조사로도 이미 입증됐다.

고노 담화문

냉전 붕괴와 민주화된 87년 체제하의 한국에서 처음으로 위안부 할머니들의 공개 증언으로 일본군 성 노예 문제가 국제 문제화하기 시작한 1993년, 자민당 미야자와 기이치 정권의 고노 요헤이 관방장관은 다음과 같은 내용의 담화문을 발표했다.

이른바 일본군위안부 문제에 대해 정부는 재작년 12월부터 조사를 진행해왔다. 이번 조사 결과 장기간, 광범한 지역에 걸쳐 위안소가 설치되어 수많은 위안부가 존재했다는 게 인정됐다. 위안소는 당시의 군 당국의 요청에 의해 설치된 것이며, 위안소의 설치, 관리 및 위안부의 이송에 관해서는 옛 일본군이 직접 또는 간접적으로 이에 관여했다. 위안부 모집에 대해서는, 군의 요청을 받은 업자가 주로 이를 맡았으나, 그 경우에도 감언, 강압을 동원하는 등, 본인들의 의사에 반하여 모집된 사례가 많이 있다. 더욱이 관헌 등이 직접 이에 가담했다는 게 명확해졌다. 또 위안소 생활은 강제 상태하의 참혹한 것이었다.

또한 전장에 이송된 위안부의 출신지는, 일본을 제외하면 조선 반도가 큰 비중을 차지하고 있었다. 당시 조선 반도는 일본 통치하에 있었으며, 그 모집, 이송, 관리 등도 감언, 강압에 의하는 등 대체로 본인들의 의사에 반해 행해졌다.

결국 본건은 당시 군의 관여하에서 다수의 여성의 명예와 존엄에 깊은 상처를 준 문제다. 정부는 이 기회에 그 출신지가 어디든 이른바 종군 위안부로서 허다한 고통을 겪고, 심신에 씻기 어려운 상처를 입은 모든 분들께 사과와 반성의 마음을 올린다.

우리는 이런 역사적 사실을 회피하지 않고, 오히려 이것을 역사의 교훈으로 직시해가고자 한다. 우리는 역사 연구, 역사 교육을 통해 이런 문제를 오랫동안 기억에 남기며 같은 과오를 결코 반복하지 않겠다는 굳은 결의를 다시금 표명한다.

고노 담화는 지켜지지 않았다. 다음 해 자민당과 연정을 꾸린 소수파 사회당 무라야마 도미이치 총리가 유사한 수준의 인식을 표명했으나 1996년 하시모토 류타로의 자민당 정권 복귀와 때를 같이해서 고노 담화에 대한 우익들의 반격은 본격화했다. 고이즈미 준이치로 총리가 야스쿠니 신사 공식 참배를 재개하고 그의 후임 아베 신조는 결국 "일본 국가가 위안부를 직접 강제 연행했다는 증거는 없다"라며 고노 담화 자체를 사실상 부정하기에 이른다. 아베 정권은 공식적으로는 고노 담화를 계승한다는 입장을 견지했다. 그러나 2007년 1월 '일본의 앞길과 역사 교육을 생각하는 국회의원 모임'이 미국 하원의 일본군위안부 문제 관련 일본 비판 결의안 제출 저지를 위해 궐기했을 때 "아베 총리의 본심은 고노 담화에 부정적"이라는 말이 흘러나왔고, 적어도 강제 연행에 국가가 직접 개입했다는 내용을 삭제하는 쪽으로 고노 담화를 수정하는 게 아베의 뜻이라는 게 분명해졌다. 아베가 재집권할 경우 다시 이 문제가 불거질 것이다.

일본 우익과 보수 주류는 왜 이 문제에 이토록 민감한가? 모리스-스즈키 교수에 따르면 이는 지금의 '평화헌법' 개정을 위한 것이고, 개헌의 궁극적 목표는 자위대의 보통군대화와 집단적 자위권 및 교전권 확보를 통한 일본의 급속한 재무장이다. 우익들의 개헌 운동은 일부 여론조사에서 일본 국민 절반 이상이 개헌을 지지할 정도로 이미 여론을 바꿔놓았지만 아직 개헌을 성사시킬 정도로 무르익진 않았다. 개헌 반대 움직임이 만만찮다. 우익은 그 배경에 패전 전 군국 일본의 야만적 전쟁범죄에 대한 강한 거부감이 도사리고 있다고 본다. 그런 점에서 우익들에겐 '영광의 대일본제국' 도덕성을 재는 바로미터이자 전 세계적인 비난을 사고 있는 민감한 일본군 성 노예 강제 동원 문제는 급소 중의 급소일 수 있다. 성 노예 문제는 패전 전의 제국 일본, 메이지유신 이후 승승장구한, 일본의 국민 작가라는 시바 료타로司馬遼太郎가 『언덕 위의 구름坂の上の雲』에서 예찬한 근대 일본, 일본 우익들

에겐 더없는 영광으로 각인돼 있는 '대동아공영'의 대일본제국의 역사적·도덕적 정당성이 걸린 문제인 것이다. 따라서 강제 연행 자체를 완전히 부정할 순 없게 됐지만, 그들은 적어도 일본 국가나 정부가 그 일에 직접 개입했다는 사실만큼은 어떻게든 감추고 호도하려 한다. 적어도 그것이 수치스러운 줄은 아는 모양이다.

이는 바꿔 말하면, 일본 우익과 보수 주류가 지향하는 일본의 미래 비전이 그들에겐 영광이었지만 주변 아시아 나라들엔 거대한 참화였던 저 과거 대일본제국, '강한 일본'으로의 회귀라는 얘기가 된다. '일본은 어디로 갈 것인가?'라는 질문이 향하고 있는 곳이 바로 이 지점이다.

아시아 시민·민중 운동에 앞장서온 일본 반전·평화 국제주의자 무토 이치요武藤一羊 '피플스 플랜 21' 운영 위원은 이런 대일본제국 지향에 대해 '(전쟁 전의) 일본제국 계승론'이라는 이름을 붙였다. 무토는 자신의 책『잠재적 핵 보유와 전후 국가潜在的核保有と戦後国家』에서 1972년 미국의 오키나와 반환 이후의 미·일 동맹 체제와 전후 일본이라는 나라의 본질을 다음과 같이 정리했다.

미국은 오키나와를 미국이 계속 자유롭게 사용할 수 있는 군사 식민지로 간주하면서, 그 관리권을 일본에 넘겨줌으로써 통치 책임을 벗어던졌다. 일본은 오키나와를 국내 식민지로 통합하고 미군 기지가 있는 오키나와 통치 책임을 이어받는 대신 미국의 전략 시스템(핵우산)에 의한 '보호'를 보장받게 된다. 이런 틀 속에서 일본은 미군 전략의 일익을 담당하는 자위대의 강화를 꾀하는 동시에 원자력 체제(원전 추진 정책)의 방벽 뒤에서 독자적인 핵무장을 위한 기술적·경제적 기반 유지와 능력 강화를 계속 추구해 왔다. (…) 지금도 그 기본 틀은 유지되고 있다.

일본 우익과 보수 주류가 오키나와라는, 메이지유신 이후인 1872년에 일본 땅으로 강제 복속당한 옛 류큐왕국을 이처럼 희생 제물로 삼아 추구하고 있는 것이 잠재적 핵무장 능력까지 갖춘 대일본제국 계승 국가라는 것이다. 무토는 일본의 원전 산업과 핵 재처리 시설, H2A 로켓 개발이 모두 언제든 단시간 내에 핵무기를 제조·운반할 수 있는 잠재적 핵무장 국가로서의 지위를 확보하기 위한 전략과 무관하지 않으며, 미국이 이를 요구하고 있다고 본다.

독일의 영토 해법

일본 외무성 국제정보국장을 지냈고 이란 주재 일본 대사직을 거쳐 방위대학교 교수도 역임한 마고사키 우케루孫崎享라는 사람이 쓴 『일본의 영토분쟁』(양기호 옮김, 메디치미디어, 2012)이라는 책에 이런 내용이 들어 있다.

제2차 세계대전 이후 연합군이 일본과 독일에 적용했던 전후 처리를 비교해보면, 독일에 훨씬 더 엄격했다. 소련은 폴란드 동부 지역을 자국령으로 가져갔다. 그만큼 폴란드 영토가 서쪽으로 옮겨가서 독일과의 국경이 오데르-나이세 선으로 바뀌었다. 오데르-나이세 선보다 동쪽에 살고 있던 독일인들은 추방당했다. 독일이 폴란드에 할양한 토지는 11만 2000제곱킬로미터에 달한다. 일본 영토와 비교하자면 오키나와 현을 포함한 규슈 지방(4만 4500제곱킬로미터), 시코쿠 지방(1만 8300제곱킬로미터), 주고쿠 지방 다섯 개 현(3만 1900제곱킬로미터)을 합친 것보다 더 큰 규모다. 또 항만도시 칼리닌그라드는 소련에 할양됐다.

게다가 독일은 전쟁배상으로 알자스로렌 지방을 프랑스에 할양해야 했다. 주민들 대다수가 독일계 언어인 알자스어를 사용하는 알자스로렌 지방만 해도 면적이 규슈 지역의 70퍼센트에 해당한다. 생각해보라. 패전 뒤 일본이 규슈 섬의 대부분을 한국이나 중국에 할양하고 규슈 주민들이 모두 국적을 한국이나 중국으로 바꾸고 한국어나 중국어를 표준어로 써야 하는 상황을. 알자스로렌은 프랑스로 넘어간 뒤 그곳에서만 2만 명이 전쟁범죄자로 기소됐으며 형사범 5000명, 민사범 6000명이 유죄판결을 받았다고 한다. 그뿐 아니라 독일은 분단돼 연합국 분할통치를 받았다.

이에 비하면 패전 뒤 일본이 잃은 영토는 거의 없다. 분단돼 연합국 분할통치를 받은 것도 엉뚱하게도 전범국 일본이 아니라 이웃 피해국인 남북한이었다. 청일전쟁기까지 포함하면 일본이 강탈했다가 제2차 세계대전 패전 뒤에도 돌려주지 않은 영토들이 적지 않다. 중국과 일본이 분쟁 중인 센카쿠 열도(댜오위다오)도 그런 곳 중 하나다.

그런데도 패전 뒤 영토 문제에 민감하게 대응하면서 옛 지배 지역 탈환에 집착한 것은 독일이 아니라 일본이었다. 그리고 그것이 독일, 일본 두 나라의 운명을 갈랐다고 마고사키는 얘기한다. 독일은 빼앗긴 땅의 반환을 당장 고집하지 않고 먼 미래에 해결할 문제로 남겨두는 이른바 '미해결 보류' 정책으로 유럽의 적대감을 완화하고, 철강 공동체로부터 시작해 마침내 유럽연합을 일궈내는 데 주역을 담당함으로써 결국 유럽 전체를 자신들의 경제 영토로 만들었다.

1949년부터 1963년까지 독일 총리를 지낸 아데나워는 회고록에 이런 말을 남겼다.

"새로운 독일인은 확실한 유럽인이어야 한다. 이 방법을 통해서만 독일은 세계에 평화를 보장할 수 있다." 아데나워는 빼앗긴 소유물을 되찾으려 하지 않고 그것을 유럽 공동소유로 만드는 제도를 구축해나 갔다. 말하자면 독일은 영토 수호를 최우선으로 하는 전통적인 사고방식을 버리고 대신 영향력 확대 쪽으로 국가의 목적을 바꾸었고, 성공했다. 헬무트 슈미트 총리도 "우리가 주변국의 이익을 해치지 않고, 그들이 주요한 이익을 얻을 수 있도록 노력하고 배려하는 만큼, 유럽의 변화 과정은 독일에 유리하게 전개될 것"이라고 『독일인과 이웃들Die Deutschen und ihre Nachbarn』이라는 책에서 내다봤다.

일본도 사정은 달랐지만 유사한 정책을 취했다. 절대강자였던 미국이 재편한 전후질서 속에서 그럴 수밖에 없는 게 현실이기도 했다.

1971년 베트남전 늪에 빠져 있던 리처드 닉슨의 특보 헨리 키신저가 핑퐁외교를 앞세우고 베이징에 날아가 중소 분쟁으로 소련과 불화 중이던 중국을 미국 쪽으로 끌어들이는 비밀 외교를 벌였다. 그것이 초래할 외교·안보적 격변을 간파한 당시 다나카 가쿠에이 일본 총리는 그다음 해 재빨리 베이징으로 날아가 중국과 국교 재개에 합의했다. 다나카 총리와 오히라 마사요시 외상은 중국의 제2인자 저우언라이 총리와 만났다. 그때 다나카는 "센카쿠 열도 문제를 어떻게 보는가?"라고 물었고 저우언라이는 "센카쿠 열도 문제를 지금은 말하고 싶지 않다"라고 대답했다. 1978년 센카쿠 해역 어업 분쟁이 일어났을 때 당시 주중 일본 대사가 센카쿠 문제를 꺼내자 중국 외교부 차장은 "대국적인 견지에서 처리하고, 국교 정상화 과정에서 태도를 바꾸지 않기로 하자"라고 대답했다. 그때의 덩샤오핑·소노다 외상 회담 뒤 기자회견에서 덩은 "국교 정상화에서 중·일 쌍방은 이 문제를 다루지 않기로 약속했다. 평화조약 교섭에서도 이 문제를 다루지 않는다는 데 합의했다. 양국 교섭에서 이 문제는 피하는 것이 좋다"라고 얘기했다.

말하자면 센카쿠 등의 영토 문제를 지금 당장 해결하려면 여러 문제들이 불거져 국교 회복이 어려워지고 해결 자체도 불가능하니 미래의 언젠가 해결할 '미해결 보류' 상태로 남겨놓자고 양국 수뇌부가 합의한 것이다. 마고사키에 따르면 이는 일본에게 지극히 유리한 결론이었다. 마고사키는 그 이유로, 미해결 보류 결정으로 일본이 실효 지배하고 있던 섬들에 대한 (영토권 내지 주권은 아니지만) 관할권을 인정받은 셈이고, 그것은 군사력을 동원해 이런 상태를 바꾸지 않겠다는 뜻이며, 일본이 실효 지배를 계속하는 것은 장차 영유권 문제를 다룰 때 일본에게 유리하게 작용할 것이라는 점을 들었다.

그런데 2010년 센카쿠 근해에서 중국 어선들과 일본 해상보안청 함정 충돌 사건이 일어나고 여론이 들끓자 당시 간 나오토 정권은 미해결 보류 정책을 버릴 가능성이 있음을 내비쳤다. 그때 일본은 "센카쿠 문제를 미해결 보류 상태로 두자고 한 건 중국 쪽의 일방적 얘기였으며, 일본은 이를 받아들인 적이 없다"라고 주장했다. 이는 일본 쪽 자료들을 보더라도 명백히 허위다. 중일 접촉에서 센카쿠 문제를 먼저 꺼낸 것은 일본 쪽이었으며, 이에 대해 중국 쪽은 당분간 미뤄두고 현안 우선으로 가자고 응답했고 일본 쪽도 동의했다.

미해결 보류 정책 깨버린 일본

이 중·일 간 영토 문제의 미해결 보류 전통을 결정적으로 깨버린 것은 바로 하시모토 도루의 일본유신회와 합당한 이시하라 신타로 태양당 공동 대표였다. 그때까지 도쿄 도지사로 있던 이시하라는 2012년

4월 중순 미국 방문 때 개인 소유로 돼 있는 센카쿠 열도를 도쿄 도 예산으로 매입하기 위한 협상을 벌이고 있다고 밝혔다. 그러면서 국민들에게 기부금을 내달라고 요청했다. 6월 초 도쿄 도는 기부금이 10억 엔 이상 걷혔다며 센카쿠를 매입해 거기에 항만 등을 건설하겠다고 했다. 이때 노다 요시히코 총리의 중앙정부가 나서면서 문제는 더욱 꼬이기 시작했다. 노다 정권은 각의에서 "오키나와 현 센카쿠 열도를 국유화하기 위해 구입 비용으로 2012년도 예산의 예비비에서 20억 5000만 엔을 책정"하기로 결정했다. 주시하고 있던 중국이 마침내 격렬하게 반발하고 나섰다. 국유화는 차원이 다른 얘기이기 때문이다.

국유화는 '미해결 보류' 폐기를 선언하는 것과 같다. 중국이 가만 있을 리가 없다. 노다 정권은 이시하라의 도쿄 도가 하는 대로 그냥 두면 시끄러워지고 중·일 간 감정만 더 나빠질 것이므로 차라리 중앙정부가 매입해서 큰 탈 없게 안정적으로 관리하기 위해 그랬노라고 변명했지만, 말이 안 되는 얘기다. 그게 꼼수가 아니라면 국유화를 얘기해서는 안 된다.

일본 보수 우익의 이런 대응에서 초조감과 두려움 같은 걸 느낄 수 있다. 이런 사태 진전에는 명백히 거대 중국의 등장과 일본의 상대적 위축이라는, 지금 동아시아 군사 안보 지형 및 그 바탕에 있는 경제력과 국력의 지각변동, 역사가 근대와는 다른 방향, 아니 정반대 방향으로 흘러가고 있는 '천하대란'의 정세 변동이 작용하고 있다. 이런 상황에서 대일본제국을 계승하려는 그 후예들이 급변하는 정세에 불안해하고 옛 영광에 향수를 느끼면서 기득권에 도전하는 새로운 강자에게 적의를 드러내며 대결 자세를 보이는 것은 자연스러운 것일 수 있다. 하지만 독일의 예를 보더라도 그게 현명한 것 같지는 않다. 2009년 자민당 장기 집권 체제의 몰락과 민주당으로의 정권 교체는 그런 대응

방식의 한계를 절감하고 다른 대안을 추구한 세력에 대한 유권자들의 지지요 선택이었다고 할 수 있다. 하지만 민주당은 새로운 시대적 요청에 부응하는 데 실패했다. 실패한 민주당은 스스로 자민당화하면서 퇴화했고, 이제 자력으로가 아니라 민주당 실패에 편승해서 자민당 잔류본당들이 다시 권력을 탈환하기에 이르렀다.

한일의 독도 밀약?

월간지 〈세카이世界〉 2012년 11월 호에 영토 내셔널리즘에 관한 글을 기고한 재일 동포 강성 씨가 '독도(다케시마) 밀약'에 대해 언급한 부분이 흥미롭다. 강 씨는 한일협정 체결 5개월 전인 1965년 1월, 당시 자민당 실력자였던 고노 이치로 건설상과 정일권 국무총리가 국교 정상화에 걸림돌이 될지 모를 골치 아픈 독도 문제를 "해결하지 않음으로써 해결한 것으로 간주"하는 비밀 협정을 맺었다고 썼다. 말하자면 미해결 보류 방식을 취했다는 것이다. 그 골자는 다음과 같다.

한일 두 나라가 서로 (독도를) 자국 영토라고 주장하는 것을 용인한다. 동시에 (한쪽의) 그런 주장에 (다른 한쪽이) 반론을 제기하는 데 이의를 제기하지 않는다. 장차 어업권역을 설정할 때 두 나라가 독도를 자국 영토로 간주하는 선을 각자 확정하고, 그래서 두 선이 중복되는 부분은 공동수역으로 삼는다. 현재 한국이 점거하고 있는 상태를 유지한다. 그러나 경비원을 증원하거나 새로운 시설을 건설 또는 증축하진 않는다. 한일은 이 합의를 영구히 준수한다.

재일 동포 강 씨와 마고사키 우케루는 이런 방식으로의 복귀가 독도 문제 해법이라고 보는 것 같다. 2012년 8월 이명박 대통령이 독도를 방문한 뒤 벌어진 사태 추이를 보더라도 이 밀약설은 꽤나 설득력이 있어 보인다. 이 밀약설을 토대로 한일 두 나라의 대응 과정을 재구성해 보면 아귀가 맞는다. 1980년대 후반 한국의 민주화, 그리고 1990년대 초의 냉전 붕괴 뒤 유착 관계였던 기존 한일 관계가 흔들리면서 이런 밀약에 토대한 한일 집권 세력 간의 암묵적 합의는 흔들리기 시작했다. 그때부터 일본군 성 노예 문제 등 과거사 문제가 불거져 나오기 시작했고, 1965년 체결한 한일협정도 비판의 도마 위에 올랐다. 그때마다 한일 두 나라의 독도 문제 대응 자세는 점점 더 강경해졌다. 〈독도는 우리 땅〉이 인기를 얻고 그에 비례해 일본의 '다케시마 주장'도 점점 더 강해졌다. 그리고 결국 외무성 공식 문서와 학교 교과서에서도 '다케시마는 일본의 고유 영토'이며 '한국은 독도를 불법점거하고 있다'는 주장이 명시되기 시작했다. 이런 움직임은, 실제로 밀약이 존재하기나 하듯 정확하게 그 밀약대로 대응한 모양새를 띠고 있다.

그러나 밀약이 존재하든 않든 일본의 독도 문제 대처는 독일의 미해결 보류 전략과는 차원이 다르다. 독일은 패전 뒤 방대한 영토를 상실했지만 당장의 영토 회복에 연연하지 않고 유럽공동체 결성 쪽으로 나아갔다. 일본 역시 미해결 보류 정책을 취하긴 했으나 자신들이 원래 패전으로 잃은 땅이 거의 없었고, 오히려 청일전쟁 이후 빼앗은 땅의 일부를 돌려주지 않는 방책으로 미해결 보류 전략을 구사했다. 따지고 보면 센카쿠 열도는 원래 그 섬들이 속한 류큐(오키나와)와 함께 청대부터 중국에 조공하고 중국 황제로부터 책봉을 받았으며 중국 연호를 사용한, 즉 '정삭正朔'을 받든 속방(조공국)이었다. 조선을 비롯한 중국 조공국들은 조공과 책봉, 정삭 사용이라는 기본 예만 갖추면 내정에 아무런 간섭도 받지 않는 사실상의 독립국이었다. 일본이 지금 메이지유신 직후인 1872년 센카쿠 열도를 중국도 연고를 주장하지 않는 무주지無主地로 간주하고 일본 영토로 복속시켰다고 주장하는 데 대해 중국 현대사와 동아시아 근현대사 연구자 하네 지로는, 중국이 센카쿠 열도 영토권을 주장하지 않은 것은 그 섬들이 속한 류큐왕국 자체가 중국 조공국이었기 때문에 따로 그런 주장을 펼 이유가 없었기 때문이라며 일본 쪽 주장의 허구성을 지적했다.

오키나와와 센카쿠를 일본이 지배하게 된 것은 패전 뒤 절대 강자였던 미국이 1972년 오키나와 반환 때까지 오키나와를 사실상 점령, 통치한 뒤 이를 일본 쪽에 넘겨주었기 때문이다. 하지만 센카쿠의 경우 미국은 지금도 미국이 일본에 넘겨준 것은 '시정권(행정관리권)'이지 주권은 아니라면서, 만일 중·일 간 영토 분쟁이 열전으로 화하더라도 미·일 안보 동맹상의 무력 개입 의무는 없다는 점을 분명히 하고 있다.

독도 또한 마찬가지다. 독도는 원래 샌프란시스코강화조약 초안에 패전국 일본이 반환해야 할 섬 명단에 분명히 들어 있었으나, 일본의 강력한 로비를 받은 미국은 동아시아 반공 냉전 기지의 핵인 일본의 전략적 가치를 감안해 그 명단에서 독도를 슬쩍 빼버렸다. 그렇다고 해서 일본이 지금 주장하듯 독도를 일본이 돌려주지 않아도 되는 섬 명단에 올린 것도 아니다. 말하자면 미국은 한일 두 나라가 자국 것이라고 딱 부러지게 주장할 수 없는 상태로 문제를 아주 모호하게 만들어놓음으로써 골치 아픈 문제를 얼버무렸다. 당시 일본을 점령 중이던 미국 관리들 중에는 노골적으로 일본 편을 든 자들이 많았고 워싱턴의 고관들 중에도 일본 편을 들어준 자들이 있었다. 오늘의 독도 문제가 거기서 비롯했다. 말하자면 독도 문제는 미국이 자신들의 동아시아 전략을 위해 당사국의 이해를 무시한 채 편의적으로 만들어낸 문제라고도 할 수 있다. 마치 한반도 분단이 그랬듯이. 일본의 독도 영유 주장은 그런 미국의 결정에 거의 전적으로 근거를 두고 있다. 1905년 시마네 현이 슬쩍 독도를 현령으로 편입했을 때도 당시 을사늑약 전후의 한국은 사실상 일본의 식민지였으며, 바로 그 무렵 미국은 가쓰라-태프트 밀약으로 필리핀을 차지하는 대신 일본의 한반도 병탄을 보장해주었다.

패전 직후 요시다 시게루吉田茂 정권 시절 일본은 독도를 일본에 넘기라고 미국에 대해 집요하게 요구했다. 이로 보건대 일본은 영토 문제와 관련해 미해결 보류 전략을 취하고는 있었지만 빼앗긴 땅을 당장 돌려받는 걸 포기한 독일과는 달리 빼앗은 땅을 돌려주지 않기 위해 그 전략을 구사했다.

불행하게도 일본은 독일과는 전혀 다른 길을 걷고 있다. 거대 중국의 등장과 더불어 일본 보수 우익들은 영토 문제와 관련해 기존의 문제 많은 미해결 보류 전략마저 내팽개치고 있다. 마고사키 같은 이는 이를 소탐대실의 어리석은 전략이라 비판한다. 섬 몇 개와 그 주변 해역을 얻는 대신 주변 주요국들과 관계가 틀어지고 일본이 고립된다면 잃을 게 훨씬 더 많고 장차 큰 화를 입게 될 수도 있다고 그들은 주장한다. 그들이 보기에 해법은 독일식 미해결 보류 전략으로의 복귀다. 그러나 우리로서는 빼앗은 땅의 반환을 거부하는 데 무게를 둔 일본식 미해결 보류 전략도 수용하기 어렵다. 현상 유지책으로 한국과 중국이 이를 당분간 묵인할 수는 있어도 종국적인 해결은 일본이 일국 차원의 욕심을 버리고 과거사를 제대로 청산하면서 동아시아 공동체 구상과 같은 공존·공생 전략으로 방향을 트는 것이다. 독일처럼.

2009년 9월에 등장한 하토야마 정권은 마고사키 같은 미해결 보류 전략론자들에게 돌파구로 비쳤을지 모르겠다.

하토야마 정권의 등장은 일본 현대 정치사를 그 이전과 이후로 가를 만큼 중요한 의미를 지니고 있었다. 그때 일본에서 제2차 세계대전 이후 사실상 처음으로 정권 교체가 이루어졌다. 그 전까지는 '55년 체제'로 불린 보수 합동의 자민당 일당 정권이 이어졌다. 냉전 붕괴 직후인 1993년 자민당이 흔들리면서 호소카와 모리히로 정권 등 단기간의 비자민 야당 연립 정권이 등장한 적이 있으나, 곧바로 사회당 무라야마 도미이치 총리를 앞세운 자민당 주도 하의 연립 정권을 거쳐 하시모토 류타로의 자민당 정권으로 복귀했다. 그 예외적 몇 년간을 뺀 전후 일본의 정치사는 자민당 장기 일당 지배 체제 역사 그 자체였다고 해도 과언이 아니다. 민주당 하토야마 정권의 등장은 바로 그 자민당 55년 체제의 종말을 의미했다.

하토야마가 내세운 것은 탈미국(미국에 대한 종속적 지위 탈피와 대등한 관계 수립), 탈신자유주의(우승열패, 강자 독식의 정글 법칙이 아닌 우애의 가치 회복), 아시아 중시(아시아 공동체 구상)였다. 이는 자민당이 지배해온 전후의 전통 가치관과 세계관으로부터의 이탈을 의미했다. 그야말로 탈아입구적 친미(반공) 노선으로 일관해온 전후 체제의 청산을 위한 몸짓이었다. 우리 관점에서 본다면 이는 일본군 성 노예(위안부), 독도 문제로 대표되는 일본 전쟁범죄, 추악한 과거사 청산을 위한 새로운 전기가 마련될 가능성이 커졌다는 걸 의미했다. 그러나 이 실험은 너무 일찍 실패로 끝났다. 이 실패 뒤에 올 정권 역시 전후 청산을 부르짖겠지만 그것은 전혀 성격이 다른 청산이 될 것이다. 매우 위험한 반동적 과거로의 회귀가 될 수 있다.

하토야마 민주당 정권의 실패

하토야마는 중국과의 관계 강화에서 돌파구를 찾으려 했던 민주당 내 또 다른 실세 오자와 이치로와 함께 오키나와 후텐마 미 해병대 기지를 오키나와 바깥으로 이전하도록 추진하면서 팍스 아메리카나의 유지와 강화를 추구하는 미국 매파와 충돌했다. 미국 매파들은 2006년에 당시 자민당 정권과 오키나와 해병대 병력 일부를 자국령 괌으로 이동시키고, 기노완 시 한복판에 자리 잡고 있는 후텐마 기지를 폐쇄하는 대신 그것을 북쪽 헤노코 인근 해변 기지로 이전 및 확장하기로 합의했다. 이는 1995년 미 해병대원들의 오키나와 여중생 성폭행 사건 뒤 몰아친 오키나와 주민들의 거센 반기지 운동 속에 이루어진, 일본 내부 식민지로 사실상 미군이 점령하고 있는 오키나와를 계속 미군 기지로 존속시키기 위한 기만적인 타협책이었다. 후텐마 기지를 오키나와 현 바깥, 즉 일본 본토나 미국 본토를 포함한 아예 일본 외의 다른 지역으로 옮기게 하겠다는 하토야마 정권의 구상은 미국 보수 주류 지배 세력을 분노로 들끓게 만들었다. 미국은 하토야마 정권을 노골적으로 압박하면서 하토야마·오자와 축출 공작을 벌였다. 자민당 장기 집권하에 양성된 일본 친미 보수 관료들조차 자신들의 밥줄을 위협하는 하토야마 정권을 두려워하고 싫어했다. 그들이 후텐마 기지 협상 과정에서 자국 하토야마 정권 편을 든 게 아니라 미국 편을 들었다는 사실은 줄리언 어산지의 위키리크스가 빼낸 미국 정부의 기밀 외교 정보 자료들을 통해서도 확인됐다.

일본 보수 주류 언론들도 그들 편이었다. 언론은 하토야마 정권의 '우유부단'을 문제 삼으며 대안도 없는 비판을 줄기차게 퍼부었다. 그것은 사실상 후텐마 기지는 오키나와 잔류 외에 방법이 없다는 미국과 일본 보수 주류 주장에 대한 동조였다. 하토야마 정권 지지율은 급락했고, 그는 결국 2010년 봄에 터진 한국 해군 천안함 침몰 사건을 구실로 삼아 자신의 정책을 포기하고 미국 압력에 무릎을 꿇었다. 천안함 사태로 북한에 대한 억지력으로서의 미군의 존재 이유는 다시 한 번 입증됐다며, 그 미군 억지력의 동아시아 핵이 오키나와 기지인 만큼 후텐마 기지는 오키나와 내로 이전하는 게 옳다는 게 하토야마가 정책을 번복한 명분이었다. 그것은 곧 탈미·탈신자유주의 정책을 포기하는 것이기도 했다.

하토야마는 결국 그 뒤 물러났다. 간사장이던 오자와도 물러났다. 오자와는 그 뒤 정치자금 조달 부정 의혹과 관련해 줄곧 재판을 받아왔고, 최근에야 사실상 무죄판결을 받았다. 일본 내에는 예전 다나카 가쿠에이 총리의 파벌 정치 수법을 닮은 오자와의 정치 행태를 비판하는 사람들 중에도 그가 그처럼 보수 언론과 권력의 견제를 받으며 정치적 고초를 당한 것은 그가 중국통이기 때문이고 그래서 그것을 견제하려는 미국의 공작 때문이라고 얘기하며 동정하는 사람들이 적지 않다. 그들은 다나카를 권좌에서 물러나게 만든 록히드 뇌물 부정 사건조차 미국 작품이라는 음모론을 입에 올린다. 다나카야말로 1972년 전격적으로 베이징으로 날아가 마오쩌둥의 공산 중국과 국교 정상화를 일궈낸 당사자 아닌가.

'제국 일본' 계승으로 가는 우익 정권

노다 정권 퇴진으로 민주당으로의 정권 교체 뒤 한때나마 부풀어 올랐던 변화의 바람은 점차 사그라지다 결국 완전히 멈춘 셈이 됐고, 이젠 강력한 역풍이 몰아칠 가능성이 짙어졌다. 자민당 친미 보수의 장기 집권에 대한 싫증, '잃어버린 10년', '헤이세이平成 불황'으로 인한 좌절과 당혹감에 대한 반작용이 미국과의 대등한 관계 및 탈신자유주의와 아시아 공동체 구상 등 아시아 중시를 앞세운 민주당 정권의 등장이었다면, 노다 정권의 몰락은 불과 3년여에 걸친 개혁적 비자민당 정치 실험이 실패로 끝나고 다시 전망 없는 과거로의 회귀나 역사적 반동이 시작됐다는 걸 의미한다. 노다 정권은 이미 무기 금수禁輸 완화와 원자력 기본법, 우주의 군사적 개발 규제 완화, 집단적 자위권 관련 헌법 확대해석 검토 등을 통해 자민당 뺨치는 보수 우익 정당으로 변질했다.

향후 반동은 이전 자민당 정권에 비해 더 거칠고 위험스런 회귀로 귀결될 가능성이 농후해 보인다. 자민당을 조종하며 전후 일본을 준식민지처럼 관리했던 절대적 강자 미국의 팍스 아메리카나 체제가 끝나가고 거대 중국이 G2라는 이름의 2극 체제의 한쪽으로 급속히 떠오르는 가운데, '제3의 개국' '제3의 흑선 도래'를 외치며 위기의식에 사로잡힌 일본 보수 주류의 선택은 '다시 과거의 영광으로!', 다시 말해 전전戰前 국가의 부활, 즉 일본제국 체제 계승으로 향할 위험성이 커졌다. 그리하여 퇴행적인 '영광의 일본제국' 부활로 맞서려 하고 있다는 조짐이 곳곳에서 드러나고 있다.

일본의 '영토 분쟁' 과열, 이 몹시 불길한 분쟁들도 이런 동아시아 정세 변동, 그야말로 '천하대란'과 밀접한 조응 관계 속에 진행되고 있다.

노다 정권 이후 일본 정치는 다시 아베의 자민당 단독 정권 또는 자민·공명 연립 정권으로의 복귀나 자민당보다 더 오른쪽으로 기운 이시하라와 하시모토 주도의 일본유신회 등이 합세한 이른바 제3극과 자민당 연립, 아니면 자민당·민주당 대연립으로 갈 것이다. 어느 쪽이 됐든 전망은 어둠침침하다. 오싹할 정도로 캄캄해질지도 모른다.

일제의 괴뢰국 만주국 설계자요 도조 히데키東條英機 전쟁 정책에 적극 가담했던 그의 외조부 기시 노부스케가 그랬던 것처럼 아베 신조가 꿈꾸는 '아름다운 나라' 일본은 제국 계승론적 '영광의 과거'로 회귀하려 한다. '기생집이 많은 걸 보면 한국은 본래 성매매가 성행했던 나라였음이 분명하다'는 얘길 태연히 지껄이며 일본군 성 노예 강제 연행 사실 자체를 부인하고, 2012년 11월 초 미국 뉴욕 인근 뉴저지 지역 신문에 실린, 일본 극우들이 수치스러워해야 할, 위안부 할머니 모독 광고에 버젓이 연대 서명까지 하는 그를 다시 총리로 맞이하게 될 일본은 불행하다. 그와 더불어 '밝고 강력한 일본'을 추구하며 아베를 자신의 신당 당수로 모시겠다고 한 하시모토, 그와 합당한 이시하라와 히라누마의 세계관과 정신세계가 여전히 활개를 치는 동아시아도 불행하다. 그리고 매우 위험하다.

일본 보수 주류에게
조선이라는 나라는 없다

한국인이라면 이런 식의 어법이 낯설지 않을 것이다.

러시아는 일본을 고의로 죽음으로 몰아넣었다. 일본을 궁지에 몰린 쥐로 만들었다. 일본으로서는 사력을 다해서 고양이를 물 수밖에 없었을 것이다. (…) 러일전쟁이란 세계사적인 제국주의 시대의 한 현상임에는 틀림없다. 하지만 그중에서 일본 측 입장은 궁지에 몰린 자가 있는 힘을 다해 임했던 하나의 방어전이었던 것도 부정할 수 없다.

메이지유신 100년이 되던 1968년 극우 〈산케이신문〉에 연재됐던, 러일전쟁을 무대로 설정한 일본의 국민소설 『언덕 위의 구름』의 작가 시바 료타로의 얘기다. 위 인용 글에서 '러시아'를 '미국'으로 바꿔 넣고 '러일전쟁'을 '태평양전쟁'(또는 '대동아전쟁')으로 바꿔 읽어도 일본인 주류 다수는 아마도 전혀 이상한 느낌을 갖지 않을 것이다. '러시아' 자리에 '청'을 넣고 '러일전쟁'을 '청일전쟁'으로 바꿔놓아도 일본 주류 대다수는 거의 또는 전혀 이질감을 느끼지 못할 것이다. 심지어 그들은 420년 전의 임진년에 조선 땅에서 도요토미 히데요시의 침략군이 자행한 참화에 대해서조차 그런 식의, 일본 방어를 위한 불가피한 전쟁이었다고 우길지 모르며, 1400년 전 백강에서 백제군과 함께 싸운 나당 연합군과의 대회전마저 그런 식으로 인식하고 있을 가능성이 농후하다. 일본의 자학 사관을 극복하고 자유주의의 새 역사 교과서를 만들자며 모인 후지오카 노부카쓰, 니시오 간지 등 이른바 우익 '새역모' 주도자들이 고집하는 새 역사의 핵심이 바로 그런 것이다.

일본의 침략 전쟁은 방어 전쟁?

근대 일본이 벌인 전쟁들에 대한 일본 주류의 인식은, 그게 침략 전쟁이 아니라 일본이 살기 위해 어쩔 수 없이 벌인 방어 전쟁이었다는 것이다. 그리고 일본의 전쟁 책임을 인정하는 경우에도 그것은 1931년 만주 침략(만주사변) 이후 패전까지 15년간 계속된 아시아 대륙 침략과 하와이 진주만 기습 이후 미국과의 전쟁에 고착돼 있다. 이른바 '15년 전쟁'이다. 일본에서 얘기하는 군국 일본의 전쟁 책임이라는 것은 주로 이 15년 전쟁과 관련해서만 거론된다. 이 부분을 주목해야 한다.

그러니까 일본 주류의 군국 일본 전쟁 책임 인식 속에는 청일전쟁과 명성황후(민비) 시해, 동학과 의병 전쟁 토벌, 러일전쟁, 조선 식민 지배와 항일 전쟁 토벌 등 메이지 시절의 강화도 침범 이래 70년 가까이 한반도를 유린한 침략의 역사가 거의 완벽하게 누락돼 있다. 자민당 우파만 그런 게 아니라 민주당 주류도 거의 다를 바 없으며, 지한파나 진보적 리버럴, 좌파들조차 별로 다르지 않다. 그들에겐 미국에 대한 일본의 전쟁 책임은 인정할 수 있을지 몰라도 한국 또는 조선에 대한 전쟁 책임은 아예 개념조차 없어 보인다. 아시아에 대한 15년 전쟁 책임을 얘기할 때조차 그들 머릿속에 있는 것은 중국이지 조선이 아니다. 우파 주류야 말할 것도 없고, 다케우치 요시미竹內好나 마루야마 마사오丸山眞男나 난바라 시게루南原繁 같은, 전후 일본 민주주의와 이른 바 평화주의 이념의 전파자들, 실천가들조차 그 점에선 크게 다르지 않다.

20년간 1000회나 이어진 일본군위안부 할머니들의 수요 집회에 대한 저들의 무관심이나 한일 정상회담 뒤 기자회견에서 총리가 독도 영유권 주장을 태연히 늘어놓을 수 있는 것도 조선 침략에 대한 무개념과 무관하지 않을 것이다. 1990년대부터 자민당 내 온건 보수파들이 얘기한 동아시아에 대한 전쟁 책임, 과거사 문제 또는 '아시아로의 회귀'조차 주로 중국을 대상으로 삼을 뿐 조선은 안중에 없거나 곁가지였을 뿐이다.

조선이 일제에 병탄당한 지 100년이 지난 2010, 2011년 일본 공영 방송 NHK는『언덕 위의 구름』을 영상으로 내보냈다. 쇠락 기미를 보이고 있는 지금의 일본과는 달랐던 일본, 메이지 시대의 시작과 함께 태어난 주인공들이 청운의 뜻을 품고 하나하나 그 꿈을 이루어가던 근대 일본의 행복했던 시절, 그 낙관주의를 되살리려 했을까? 아니면 그 행복했던 시절이 지속될 수 없게 만든 요인들에 대한 점검이었을까?

그 메이지와 다이쇼, 쇼와 시대의 낙관, 근현대 일본의 좋았던 시절, 바로 그 언덕 위의 구름이 조선·중국의 비참과 동전의 양면이라는 사실, 그 이웃의 비참을 양산해낸 장본인이 일본이라는 사실에 대한 자각이 거기엔 송두리째 빠져 있을 것이다.

서울대 일본연구소가 펴낸 '리딩 재팬' 시리즈 제3권『러일전쟁과 대한제국』(와다 하루키 지음, 이경희 옮김, 제이앤씨, 2011)은 새삼 그런 문제의식을 자극한다. 와다 하루키 도쿄대 명예교수는 시바의『언덕 위의 구름』을 매개로 일본 주류의 그런 인식상의 맹점을 지적하면서 러일전쟁의 또 다른 이면을 열어젖힌다. 2009년과 2010년에 연속 출간된

방대한 그의 역작 『러일전쟁―기원과 개전日露戰爭―起源と開戰』에 집약한 연구 성과를 토대로 했을, 강연 초록 같은 짤막한 『러일전쟁과 대한제국』은 2010년 11월 19일 서울대 일본연구소가 개최한 와다 교수 초청 강연회 내용을 정리한 것이다. 와다 교수에 따르면 청일전쟁과 러일전쟁은 모두 조선 점령을 목적으로 조선에서 시작된 전쟁이다. 그럼에도 전쟁을 일으킨 일본 주류의 의식 속엔 그때나 지금이나 조선은 빠져 있다. 그 책에 이런 장면이 있다.

1895년 10월8일, 일본 공사가 지휘하고 일본 공사관의 2인자인 1등 서기관 스기무라 후카시杉村濬도 가담하며 일본인 정치 활동가와 일본군이 합세하여 궁전에 들어가 황후를 죽이고 맙니다. 황후가 시해당한 옆방에서 고종은 떨고 있었습니다. 이는 엄청난 폭거입니다. 그 폭거를 안뜰에서 보고 있던 것이 러시아인 고용 건축가 세레딘 사바틴Seredin-Sabatin입니다. 이 사람은 고종이 거주하는 건청궁乾淸宮 안에 서양관 관문각觀文閣을 1888년에 지었습니다. 그리고 1897년에서 1899년까지 1905년 당시 고종이 살고 있던 중명전을 짓습니다.

이 참혹한 광경, 이방인들의 잔학무도. 명성황후 시해는 청일전쟁(조선 지배 전쟁)에서 이긴 일본의 야심을 러시아 등 열강 3국이 간섭해 꺾자 일어난 것으로, 고종과 명성황후가 러시아 쪽에 기대면서 일본 최대의 전리품이 돼야 할 조선이 그들 손아귀에서 벗어나려 하자 일본 침략자들이 일으킨 만행이다. 그 만행 뒤 고종은 아관파천을 단행해 더욱 러시아로 기울었고 일본은 닭 쫓던 개 지붕 쳐다보는 격이 됐다. 와다 교수는 그게 청일전쟁에 승리해 기고만장하던 일본에 대한 최대의 반격이었다고 썼다.

여기서 '무능한 망국의 왕 고종'에 대한 우리의 기성관념에 대해 다시 생각해볼 필요가 있다. 결국 망해버린 나라의 실질적 마지막 군주를 호의적으로 평가하긴 어렵겠지만, 그 고착된 이미지 때문에 고종이 부당하게 취급당하는 면은 없을까? 고종에 대한 폄훼는 필연적으로 일제 식민사관의 정당성 주장과 맞닿아 있고, 실제 일제 관학자들은 그런 고종의 이미지를 조장함으로써 자신들의 식민 지배를 정당화하는 데 이용했다. 12, 13세기 유라시아를 휩쓴 칭기즈칸의 무적 군대를 막아내지 못한 중원의 왕들과 고려의 왕들을 무능한 왕이라 간단히 매도해버릴 수 있을까?

이 부분은 예컨대 메이지유신을 감행한 일본 침략자들의 유능을 상찬하면서, 제대로 대응하지 못한 채 무너져버린 조선의 무능을 탓하고 급기야 식민지 근대화론까지 읊조리는 뉴라이트적 세계로 나아가느냐 아니면 그 세계와 맞서 싸우느냐로 나뉘는 갈림길이 될 수 있다.

김효순이 지은 『역사가에게 묻다』(서해문집, 2011)에 이런 대목이 있다.

"너희들이 공부를 제대로 하지 않아 그렇게 말하는데, 식민지라는 것은 영국의 인도 지배 같은 것을 말하는 것이다. 일본은 조선을 식민지로 한 적이 없다. 조선을 일본의 일부로 하고 조선인을 일본인으로 한 것일 뿐이다."

1950년대 후반 당시 20대 초반의 가지무라 히데키梶村秀樹, 강덕상, 미야타 세쓰코宮田節子 등 젊은 조선 근대사 연구자들 앞에 증언자로 나선 다나카 다케오田中武雄 일제강점기 조선총독부 정무총감 등 옛 식민지 경영자들이 꾸짖듯이 내뱉은 말들 중 하나다.

오늘날 일본 주류의 생각은 저 일제강점기 조선 식민 경영자들의 그런 뒤틀린 세계관과 사고방식을 거의 그대로 복제한 듯 보인다. '리딩 재팬' 시리즈 제2권『착한 일본인의 탄생』이 바로 그 문제를 정면으로 다룬다. 듀크대와 뉴욕대, 시카고대 교단에 선 미국의 저명한 일본 연구자 하루투니언은 역시 실제 강연 초록으로 보이는 이 책에서 시바 료타로가 〈산케이신문〉에『언덕 위의 구름』을 연재하기 2년 전인 1966년 일본 정부 자문 기구인 제19회 중앙교육심의회가 답신으로 정부에 제출한 보고서 '기대되는 인간상'을 분석한다. 그것은 한마디로 일본 교육이 천황의 가부장적 교육칙어가 지배하던 전쟁 전의 인간상, 말 잘 듣고 일 잘하는 '착한 일본인'을 재창출하는 세계로 회귀해야 한다는 얘기였다. 그 답신의 세계관이 지금 일본 주류의 세계관이 돼 있다.

강연 토론자로 참여한 김항 고려대 민족문화연구원 HK(인문한국) 교수는 지적한다.

일례로 현대 일본의 보수화를 '군국주의의 부활'로 해석하는 것은 무리가 있다. 오히려 근대 일본은 메이지유신 이후에 형성된 주류파가 놀랍도록 오랫동안 지배력을 행사해왔다는 점에 주목해야 한다. 즉 변화라기보다는 지속이야말로 근대 일본 사상사·문화사를 파악하는 기본 관점임을 하루투니언 교수의 강연은 잘 보여주었다고 생각한다.

결국 일본의 문제는 '천황' 문제로 귀결된다. 가부장적 가족의 연장선상에 있는 천황제의 그 치명적인 독소를 점령통치의 편의를 위해 패전 뒤의 일본에 온존시킨 건 미국이었다. '역코스' 이전, 일본을 다시는 미국에 대들 수 없는 하류 국가로 개조하려던 미국 점령자들의 초기 의도가 결과적으로 가장 완벽하게 맞아들어간 케이스일 수 있다. 일본의 아킬레스건 천황. 과거에도 그랬고 지금도 그렇고 앞으로도 그럴 것이다.

이 1966년과 1968년에 일어난 일은 와다 교수가 지적한 다음과 같은 현상의 연장선상에 있다.

> 전후戰後도 10년이 지나자 '전전戰前 일본의 전쟁 역사는 전부 부정되어야 하는가? 만주사변 이후라면 몰라도 러일전쟁까지는 괜찮았던 것 아닌가?'라는 인식이 나타나게 됐습니다.

『언덕 위의 구름』이야말로 그런 세계관을 정확하게 반영했다. 1931년 중국 대륙 침략이 본격화하기 전까지 조선에서 자행된 제국주의 일본의 모든 야만적 범죄 행각은 메이지 시절에 대한 향수와 낙관주의 그늘에 가려져 은폐됐으며, 조선은 제2의 일본이라는, 실질과 동떨어진 허위의식이 그로 인한 불편함을 제거해주었다.

북송, 일본과 북의 합작품

리딩 재팬 시리즈 제1권은 영국 출신으로 일본에서 공부하고 활동하다 호주국립대 교수가 된 테사 모리스-스즈키의 『봉인된 디아스포라』다. 역시 강연 내용을 토대로 길지 않은 팸플릿 분량으로 묶은 이 책은 1959년 12월에 시작해 1984년 7월에 완료되는 이른바 '재일 동포 북송 사업' 문제를 다룬다. 총 9만 3340명의 재일 동포들이 북으로 간 그 사건은 제네바 국제적십자위원회ICRC 소장의 방대한 비밀문서들을 발굴 조사한 테사 교수의 책 『북한행 엑서더스』가 일본에서 2007년에 출간되면서 그때까지의 기존 이미지들이 뒤집히게 된다. 책은 요점은, 재일 조선인들의 대거 북쪽 귀국은 그때까지 알려진 대로 김일성의 환영 연설 때문이 아니라 그 3년 전인 1955년부터 일본 정부와 일본 적십자가 계획했고, 북쪽 당국 및 조선적십자중앙위원회 등과의 비밀 협상을 통해 진행됐다. 수십만의 (골치 아픈) 재일 조선인들을 북으로 귀국시킬 것을 먼저 구체적으로 제안한 것은 일본이었다. 말하자면 이른바 '북송 사업'은 북·일 공조의 산물이었다.

여기에 한국 정부의 재일 조선인 귀환 거부 정책, 그들에 대한 일본 정부의 의도된 복지 혜택 박탈 등을 보탤 수 있다. 그 책이 나가자 일본인 연구자들이 인신공격적 비난까지 포함한 맹렬한 비판을 가하면서 문제 삼기 시작했다. 그들 중에는 결과적으로 처참하게 끝난, 귀국 동포들에 대한 일본의 사실상의 추방 조처를 고발한 테사 교수의 보고를 날조요 의도적인 일본 폄훼로 몰아붙이면서 그것은 일본의 책임이 아니라고 완강하게 주장하는 자들도 있다. 『봉인된 디아스포라』는 그런 그들의 반론에 대한 재반론이기도 하다.

이들 리딩 재팬 시리즈와는 별도로 서울대 일본연구소가 기획한 '현대일본생활세계총서' 제1권 『전후 일본, 그리고 낯선 동아시아』도 유사한 문제의식의 연장선상에 있는 책이다. 남기정 교수가 연구 책임자를 맡아 새로운 "일본 연구 패러다임을 제공하겠다"며 꾸린 기획 연구팀의 다양한 참여자들의 학제적 연구를 종합한 이 묵직한 책에서 남 교수는 일본의 전후 민주주의와 평화주의를 이끈 '평화 문제 담화회' 참여 지식인들의 조선관을 다룬다. 그 대표적 인물들 중 한 사람, 전전의 민권·인권 운동을 이끈 전전 자유주의자들, 즉 '올드 리버럴'의 대표 주자로 일본의 대표적 진보 잡지로 분류되는 〈세카이〉 창간에도 깊이 관여했던 아베 요시시게安倍能成뿐 아니라 마루야마 마사오, 우카이 노부시게鵜飼信成 등 '일본의 양심'들도 조선 문제엔 근본적으로 무관심했다. 그들은 일본의 조선 지배는 사상적으로 선의에 따른 것이며, 반성해야 할 점이 있다면 그것은 조선인들의 마음을 사로잡지 못한 방법상의 치졸함이라고만 생각했다. 조선에서의 일본의 행동엔 크게 틀린 게 없었다고 봤다. 그들 역시 천황의 그늘을 벗어날 수 없었다.

'외지'를 가짐으로써 '내지'는 윤택해집니다.

그 자신 재일 조선인 2세인 서경식 도쿄경제대 교수가 2012년 출간한 『역사의 증인 재일 조선인』(형진의 옮김, 반비, 2012)에서 한 말이다. 이 책의 내용을 압축적으로 드러내는 핵심 구절 가운데 하나다. 통렬하다고 해야 하나. 평범해 보이지만, "식민지 지배는 어떤 것이었습니까?"라는 질문에 대한 응답 형식으로 정리돼 있는 이 말만큼 식민지 지배의 본질을 잘 드러내는 말이 있을까. 그뿐 아니라 이 말은 지금의 재일 조선인들에게도 그대로 적용될 수 있다. 그리고 신자유주의를 거쳐 끝없이 외지를 창출하고 확장해가는 자본주의 체제의 본색도 그런 게 아닐까. 이건 이미 지나간 과거형이 아니라 현재 진행형이다. 대한민국의 지독한 경쟁, 대학 입시 전쟁도 따지고 보면 사람을 내지와 외지로 갈라 외지인의 것을 좀 더 효율적으로 빼앗고 그들을 군말 없이 복종케 만드는 합법적인 착취 방편일 수 있다.

식민지 지배를 통하면 막대한 힘을 배경으로 다른 민족의 토지나 자원을 빼앗고, 노동력을 훨씬 싼값에 부림으로써 큰 이익을 얻습니다. 하지만 식민지에 자신들과 같은 규칙을 적용해서는 그런 막대한 이익을 낼 수 없습니다. 그래서 다른 민족을 열등한 민족으로 취급하고, 자신들과 구별 짓고, 자신들에게 유리한 별도의 규칙을 적용하는 것이 전제됩니다.

이 단순 명쾌한 이치에 대해 식민지 근대화론자들, 뉴라이트들은 왜 딴소리를 내는 걸까?

예를 들면 일본에는 제국헌법이 있었지만, 이 헌법은 식민지에는 적용되지 않았습니다. 식민지도 일본의 영토였고 거기 있는 사람도 일본 국적이지만 이들에게는 헌법상의 권리가 인정되지 않았습니다. 대일본제국헌법을 적용하지 않았기 때문에 조선 반도나 대만 등 식민지를 가리켜 '이법지역異法地域' 또는 '외지外地'라고 불렀습니다. 그리고 조선인이나 대만인은 '외지인'이라고 불렀습니다. 그에 대해 원래의 일본 지역(현재의 일본 영역에 거의 해당됩니다)은 '내지內地', 일본인은 '내지인'이라고 불렀습니다.

식민 지배 제1원칙

외지를 가짐으로써 내지는 윤택해진다는 식민 지배의 제1원리의 본질을 언젠가 팔순 어머니는 이렇게 갈파했다. 고향이 마산 인근인 어머니는 어릴 적부터 식민지 시절 마산에, 요즘으로 치면 파출부로 일하러 나간 주변 아주머니들 얘기를 많이 들으며 자랐다. 마산에서도 신마산, 잘사는 일본인들이 몰려 살던 그 동네는 태평양전쟁이 한창이던 시절에도 먹다 남은 쌀밥을 아무렇지도 않게 내다버렸다. 들에서 뜯어 온 나물이나 열매에 좁쌀이라도 넣어 끓인 죽이나마 먹을 수 있으면 다행이던 그 시절, 조선 아주머니들이 그런 밥을 주워 집에 갖고 갈 수 있는 건 일종의 특권이었다. 조선 사람들은 너무 가난했고 일본인들은 부유했다. 시골 사람들도 한 움큼의 곡식이라도 생기면 다른 재료들과 섞어 떡 같은 걸 만들어서 먼 고장까지 팔러 다녔다. 빈부는 개개인의 성실성이나 능력과는 거의 아무런 상관관계가 없었다. 오직 일본인이라는 이유만으로, 오직 조선인이라는 이유만으로 그렇게 갈렸다. 어머니는 몇 번이나 말했다. "땅도 일거리도 없던 조선 여자들이 숱하게 신마산 일본 사람들 집에 일해주며 살았다네. 지독한 놈들. 똑같은 일을 해도 조선 사람들이 받는 삯은 일본 사람들의 몇 분의 일밖에 안 됐다네. 조선 사람들은 제대로 교육도 시키지 않고 부려먹으며 괄시했다네. 지독한 놈들."

당시 김해와 창녕 사이 낙동강 하류의 상습 침수 지역들이 일본인들, 말하자면 내지인들이 몰려오면서 대규모로 개간됐다. 거대한 제방이 강을 따라 쌓였고 광대한 평야 지대가 만들어졌다. 물론 제방을 쌓는데 동원된 사람들은 조선 사람들이었고, 새로 생겨난 논을 차지한 것은 대부분 내지인들이었다. 내지인들은 지주가 됐고 외지인들은 소작인이 됐다. 조선인들은 자신들의 내지에서 외지로 추방당했다. 식민지에서 한몫 보려고 몰려온 내지의 중하류 인생들은 그렇게 해서 외지의 갑부가 되고 지배자가 돼 값비싼 신도시 신마산 등지에서 떵떵거리며 가난한 조선인들을 멸시했다. 모든 착취는 구별과 차별에서 시작된다. 이런 상황에서 이광수 등이 읊조린 '민족개조론' 따위의 개량주의는 지배자들 논리를 따라 외는 그 소수 충복들의 헛소리에 지나지 않았다. 그렇게 개조된 민족의 미래는 바로 친일 변절자 그들 자신일 수밖에 없었다. 개조해야 할 것은 그들이 기생하며 호사를 누리던 세상

구조, 일제 지배 체제였지 조선 민족이 아니었다. 뇌의 개조가 필요한 쪽은 바로 민족개조론을 주장하며 자신들의 죄를 파묻고 문제의 본질을 호도한 변절자 그들이었다.

재일 조선인들은 그렇게 해서 외지로 밀려난 조선인들의 직계 후예들이다. 그들은 지금도 내지 속의 외지인 '마이너리티'로 살아가며 내지인 '머조리티'의 윤택을 떠받치고 있다. 여전히 일본이라는 국가 속의 비일본 국적자로 구별당하고 차별받으면서. 서 교수는 "국가의 보호라는 약속에서 방출되었다는 의미에서 (재일 조선인은) 난민"이라고 했다. "일본이라는 나라는 패전 뒤 자국 안에 재일 조선인이라는 난민을 만든 것입니다. 재일 조선인은 느닷없이 국적을 잃고 그에 따라 다양한 권리도 잃었습니다. 일본 정부가 생활권이나 거주권 등 기본적인 인권과 관련된 것까지 '일본 국적을 가진 자에 한정한다'는 제한(국적 조항)을 두었기 때문입니다." 그들은 일본인들과 같은 세금을 내면서도 공영주택에 입주할 수 없고 국민건강보험에 들 수도 없으며, 신용카드 만들기도 어렵고 국민연금 가입도 안 된다. 공무 담임권도, 국회나 지방의회 의원 투표권도 없다. 아예 참정권이 없는 것이다.

게다가 그들은 분단당한 조국 어느 쪽으로부터도 제대로 대우받지 못하면서 그들 자신마저 분단을 강요당한 비운의 존재들이다. 그들은 뒤틀린 동아시아 근대사의 '유물'이다. 그 유물을 파헤치면 근대사의 본색이 드러난다.

동아시아 근대사의 유물, 재일 조선인

『역사의 증인 재일 조선인』은 일본 헤이본샤平凡社가 일본인 독자들을 대상으로 기획한 책이다. '중학생의 질문 상자'라는 시리즈의 첫 번째 책으로 출판된 것이니 재일 조선인이 도대체 어떤 존재인지, 일본의 중학생 정도면 이해할 수 있도록 쉽게 쓰인 책임을 알 수 있다. 알기 쉽게 쓰인 책이라고 해서 쉬운 내용을 담고 있는 것은 아니다. 오히려 너무 복잡하고 고차원적인 문제여서 가능한 한 알아보기 쉽게 쓴 것이라고 해야 할지 모르겠다. 도쿄경제대에서 이미 20년간 '재일 조선인은 누구인가'에 대해 강의해온 서 교수는 이 책을 기본 발제에 질의 응답이 오가는 연속 강의 형식으로 정리했다. "이야기가 일방적인 자기만족으로 끝나지 않도록" 이 학교 대학생들 몇 명을 상대로 매주 한 시간 반씩 실제로 강의를 진행했다.

『역사의 증인 재일 조선인』이 출간되자 아이덴티티에 대해 다시 생각하고 타자(피해자)의 입장에서 일본을 새로 볼 수 있는 기회가 됐다는 등의 긍정적인 반응들도 많았지만, "차마 눈뜨고 볼 수 없는" 악담과 욕과 중상모략들도 넘쳐났다고 서 교수는 밝혔다. "무슨 일이든 차별이나 식민지 지배 탓으로 돌리지 마라" "거짓으로 학생들을 속이려 한다" "재일 조선인 대부분은 식민지 시대에 연행된 것이 아니라 해방 뒤 제주도에서 건너왔다" 따위는 그래도 점잖은 축에 속했다. 서 교수는 20여 년간 일본에서 수십 권의 책을 냈지만 이 책만큼 일본인들의 반응이 컸던 적이 없다고도 했다.

대다수 일본인들은 재일 조선인 문제가 바로 자신들의 문제임에도 문제 자체를 아예 모르거나 좀 안다고 해도 제대로 이해하지 못하는 모양이다. 학교에선 그런 걸 가르치지 않는다. 이 책을 낸 이유가 거기에 있을 것이다. 일본 우파들 교육 지침에 따라 교육받은 일본인들은 일본을 제국주의와 전쟁 가해국이 아니라 그 피해국으로 간주할 수 있다. 일본의 전쟁범죄를 인정하는 사람들도 상당수가 일군의 극단적 군국주의자들 때문에 일본이 잘못된 길을 가 1937년의 중국 본토 침략과 1941년 진주만 기습 및 미국과의 전쟁으로 치달리는 우를 범한 것이라고 생각한다. 그들이 등장하기 이전 만주 침략과 러일전쟁, 조선 식민 지배, 청일전쟁, 을사늑약, 을미사변, 동학 전쟁 무력 진압, 서구 열강들과의 의화단 사태 개입 등은 그들의 전범 리스트에서 배제돼 있다. 메이지유신과 다이쇼 데모크라시, 쇼와 초기의 '욱일승천' 일본에 대한 다수 일본인들의 기억은 그들의 국민 작가 시바 료타로가 그린 『언덕 위의 구름』처럼 향수 어린 무지개색으로 덧칠돼 있을 가능성이 농후하다.

일본 사람들만 모르는 게 아니다. 읽다 보면 우리도 제대로 아는 게 별로 없다는 것, 그리고 뜻밖에도 우리 자신도 재일 조선인들과 별다를 바 없는 난민, 외지인일 수 있다는 사실을 깨닫게 될지 모른다.

독도 문제가 불거지자 일본에서 또 다시 조선 사람들을 향해 "너희 나라로 돌아가라!"라고 외치는 소리가 터져 나왔다. 한마디로 "꺼져!"라는 얘기다. 예전부터 역사 교과서 왜곡이나 독도, 성 노예 문제 등 과거사 문제로 한일 간에 갈등이 고조될 때마다 되풀이돼온 풍경이다. 꺼지라니, 어디로? 그들에게 그렇게 소리칠 자격이나 있을까?

저들이 꺼지라고 한 대상에는 1945년 8월 일본 패전 이전부터 일본에서 살아온 조선인과 그 자손들인 '특별 영주자' 외에 광복 뒤 귀국했다가 다시 일본으로 밀항해간 그들 중 일부, 상사 주재원이나 취업자, 유학생 등의 '뉴커머'들도 다 포함돼 있을 것이다. 2010년 현재 특별 영주자는 39만 9000여 명. 한때 '60만 재일 교포'로 통칭됐던 그들은 해마다 빠른 속도로 줄어 지금은 한국적과 조선적 모두 포함해서 60만이다. 1965년 한일협정 이후 이들의 80퍼센트 이상이 한국 국적을 취득했다. 거기에 일본으로 '귀화'한 사람들까지 더하면 재일 조선인은 총 100만이 넘는 것으로 추산된다.

‘조선적’은 계속 줄고 있다. 곧 좀 더 자세히 살펴보겠지만 ‘조선’이라는 기호만으론 일본에서 살아가기 쉽지 않다. 외국 나들이에 제한이 많아 조선적을 포기하지 않고는 제대로 된 사업을 하기 어렵다. 그 기호를 고수하는 것만으로도 마치 조선민주주의인민공화국의 대표라도 되는 양 터무니없는 시선을 받으며 ‘불령선인’ 취급을 당하기 십상이다. 예전 ‘씨네 콰논’이라는 영화사 대표였던 재일 조선인 영화제작자 이봉우 씨도 총련계의 조선 학교를 다닌, 조선이라는 기호의 소지자였으나 결국 한국적을 취득할 수밖에 없었다. 축구 선수 정대세 씨 가족의 국적이 복잡한 내력도 일본 내의 구별과 차별 때문이다. 일본에서 살아가려면 그것을 감내하든지 제3국으로 이민가든지 일본으로 귀화하는 수밖에 없다. 귀화하려 해도 절차가 까다롭고 복잡하다. 일본 법무성이 가부를 일방적으로 결정하고 호적에 오랜 세월 그 흔적을 남겨두며, 취득한 일본 국적도 언제든 취소할 수 있다. 귀화하려면 이름도 일본식으로 바꿔야 했다. 창씨개명이다. ‘손 마사요시’로 읽지만 한자 본명으로 표기되는 손정의 씨처럼 조선식 본명을 유지하는 경우는 많지 않다. 차별이 귀찮고 두려워, 말하자면 자유로운 선택이 아니라 유무언의 압박 속에 어쩔 수 없어 귀화하는 판에 굳이 차별 유발 표지를 고집할 이유가 없을 것이다. 이런 상황에선 귀화하면 될 것 아니냐, 그러면 문제가 다 풀리는 것 아니냐, 하는 얘기는 폭언일 수 있다.

봉선화의 노래

눈물 흘리며 문맹인 어머니를 책망했었네. 어린 날 수업 참관일의 나.

일본의 전통 시 단카短歌다. 지은이는 1947년 미에 현 우에노 시에서 태어난 재일 조선인 2세 이정자 씨. 1984년에 첫 출간한 『봉선화의 노래鳳仙花のうた』 이후 지금까지 모두 일곱 권의 단카집을 냈다.

소학교(초등학교) 시절 수업에 참관하러 학교에 온 어머니를 원망하며 눈물까지 흘렸던 옛일을 어른이 된 뒤 회한에 젖어 돌아본 시다. 첫 시집이 1984년이니까 적어도 30대 후반 이후의 나이, 어쩌면 지금의 예순다섯 살에 가까운 나이에 쓴 것일 수도 있겠다. 분해서 눈물까지 흘린 이유는 어머니의 문맹이 탄로 난 게 창피해서일 수도 있지만, 자신이 일본인이 아니라 재일 조선인이라는 사실을 드러낸 어머니의 출현 자체가 어린 그에겐 더 창피하고 두려워서였는지 모른다.

민족과의 첫 만남, 조센징이라 조롱하던 여섯 살 봄이었네.

소학교 입학하기 전에 이미 이 씨는 조센징이라는 자기 정체성이 자신이 살고 있는 사회에서 조롱의 대상이라는 것을 깨달았고 그 충격을 나이 든 뒤에도 잊지 못하고 있다. 재일 조선인은 그냥 조롱받는 정도가 아니라 열등하고 못나고 더러운 존재였다.

『역사의 증인 재일 조선인』에서 이 시들을 인용한 지은이 서경식 교수는 거기에 이런 글을 달았다.

저도 초등학교 시절, 어머니가 수업 참관을 올까 봐 흠칫흠칫하곤 했습니다. 저의 어머니도…… 글자를 몰랐고, 일본인 어머니들과는 분위기가 전혀 달랐는데, 그런 어머니가 교실에 오면 제가 조선인이라는 것이 들통 날까 봐 떨었던 것입니다.

이 씨의 얘기는 곧 서 교수 자신의 얘기였고 재일 조선인 모두의 얘기였다.

또 다른 시를 보면 이 씨는 어릴 때부터 조선식 '본명'이 아니라 일본식 '통명'을 썼을 수 있겠다.

이 춘자(이정자의 일본식 발음) 아니면 이정자, 혹은 카야마, 어떤 게 이름인지 아들이 묻네.

당시 '카야마'라는 통명을 쓰고 본인 스스로 재일 조선인임을 밝히지 않았다면 같은 반 아이들은 이 씨를 일본인으로 생각했을 것이다. 어린 시절의 서 교수처럼.

'일본 남자는 사랑하지 마'라며, 아버지 손에 몇 번이고 맞았다 언니도 나도.

처녀 시절 일본인을 좋아했다가 자매가 아버지에게 매를 맞았다는 얘기다. 이 씨가 자란 곳은 재일 조선인들이 별로 살지 않는 작은 도시여서 그들이 일본 청년을 좋아하게 된 건 자연스러운 일이었다. 고교 시절엔 야구부 에이스가 이 씨에게 러브레터를 보내고 집에까지 찾아오기도 했다. 하지만 이루어질 수 없었다. 이 씨가 학교에서 돌아올 무렵이면 아버지가 언제나 버스 정류장에서 장승처럼 기다리고 섰다가 "일본 남자는 죽어도 안 된다"라고 했으니까.

나이가 더 든 뒤엔 아버지가 그런 식으로 그들을 막을 순 없었다. 그럼에도 그는 일본 남자와 끝내 맺어질 수 없었다.

일본 남자는 모두 비겁자, 겁쟁이인 것을, 일본 남자만 사랑하고서
알았네.

막상 결혼하려고 하면 사귀던 일본 남자들은 꽁무니를 빼며 도망
갔다. 이 씨가 재일 조선인이라는 것 외에 다른 이유는 없었다. "아버지
가 금하는 사랑을 한 것은 갓 스무 살이 되던 해 가을. 그 사람에게는
처음부터 한국인이라고 밝혔다. 밝혔으니 됐다. 이해해줄지도 모른다.
그래도 2년 뒤 그는 다른 사람과 약혼했다. 그로부터 몇 번의 사랑을
보냈다."
일본 남자는 안 된다고 했던 아버지는 일찍부터 그것을 예감하고
있었던 모양이다. 나중에 아버지가 하루 만에 정한 사람과 맞선 본 날
결혼하기로 작정해버렸다.

자식을 낳았네. 조국을 알지 못하는 자식을 낳았네. 어미는 맘속
으로 하늘에 죄를 묻노라.

그 아들이 열여섯 살이 되어 외국인 등록을 위해 지문을 채취당
할 때 관공서에 따라갔다. 그때는 지문 날인 거부 운동으로 일본 전국
이 떠들썩했다. 이 씨도 거부했다. 고교생이던 아들도 거부하겠다고 했
으나 위험한 일이었다. 미래를 생각해 날인하라고 설득했다. "고개를
떨구고 잠자코 왼손 검지를 내밀던 옆모습을 잊을 수 없다."

열여섯짜리 아들, 아직 세상을 모르는 아들, 무슨 의미가 있는가
지문 날인.

내부 식민지의 난민, 자이니치

1950년대에 초등학교를 다닌 재일 조선인 세대는 그런 세월을 보냈다. 그들은 사실상 내부 식민지의 난민이었다. 그 뒤엔 달라졌을까?

재일 조선인은 누구인가? 그에 답을 압축적으로 보여주는 또 하나의 열쇳말은 바로 '재일 조선인'이라는 용어 그 자체다. 서 교수는 한국 독자들을 상대로 글을 쓰거나 자신의 글을 한글로 번역할 때도 일본에 살고 있는 한반도 출신자들을 '재일 동포' '자이니치在日' '재일 교포' 등이 아니라 '재일 조선인' '조선 사람' 또는 '조선'으로 표기해야 한다는 원칙을 고수한다. 그럴 만한 이유가 있다. 요즘 일본에선 재일 조선인들을 흔히 재일 또는 그 일본식 발음인 '자이니치'로 호칭한다. 얼핏 가치중립적인 말로 들리지만 그게 아니란다. 그 말들은 '일본인이 아닌데 어쨌든 일본에 사는 사람' 정도의 의미뿐, 조선 사람들인 그들이 왜 일본에 살게 됐는지 그 역사가 빠져 있다. 말하자면 '자이니치'라는 호칭은 불편한 과거사를 정면으로 바라보지 않고 묻어버리려는 심리가 내재해 있고, 그런 심리를 건드리지 않으려는 또 다른 쪽의 심리가 복합적으로 얽혀 있다.

일본 패전 2년 뒤인 1947년에 일본 정부는 '외국인 등록령'이라는 걸 발표하면서 조선 사람들은 '당분간 외국인으로 간주한다'고 밝혔다.

그러니까 당시까지 일본에 사는 조선 사람들은 일본 국적자, 즉 일본 국민이었다. 1910년 조선 강제 합병을 통해 조선 사람들을 몽땅 그들 '천황'의 신민이라 선포했으니 당연했다. 패전 당시 230만에 달했다는 일본 내 조선 사람들은 모두 원해서든(이것조차 식민지적 차별과 빈곤으로 인한 포괄적 강제에 속하겠지만) 강제로든, 일본 국민 자격으로 일본 국내를 이동한 셈이었다. 그들은 대부분 전쟁 수행으로 인력과 노동력 부족에 시달린 탄광이나 공장, 공사장, 시골 등 일본 사회의 말단 조직에 동원돼 노예적 노동 수탈에 시달렸다. 통상 일본인들의 절반에도 못 미친 임금조차 대부분 저축이니 예치니 하는 명목으로 사실상 빼앗겼고, 무수히 많은 사람들이 사고로 또는 굶거나 맞아 죽었다.

그래놓고 일본은 패전 직후 어느 날부터 느닷없이 자신들의 '신민'을 일본 국적자와 비일본 국적자로 나눈 뒤 비일본 국적자들을 내팽개쳤다. 그냥 방치한 게 아니라 사실상 타도하고 소멸해야 할 적으로 간주했다. 비국적자로 분리된 재일 조선인들은 일본 국적자들이 누린 보상과 연금, 치료 등의 혜택에서도 완전히 제외당했다. 아직도 사할린에서 돌아오지 못한 수만 명의 조선인들과 그 자손들도 그런 식으로 내버려졌다. 일본 정부는 그때까지 일본 국민이었던 그들 역시 일본 국적자와 비국적자로 분단한 뒤 자국의 속인주의, 즉 혈통주의 기준에 따라 일본인 피가 섞인 사람들만 본국으로 데려가고, 자신들 필요에 따라 반강제적으로 끌고 갔던 조선 사람들은 그 험한 오지에 내팽개치고 돌아보지도 않았다.

내지와 외지 구분에 따라 조선 사람 등 외지인들이 내지 일본 본토에 갈 때는 또 다른 제한이 있었지만, 당시 그들은 모두 일본 국민이었다. 패전 2년 뒤 '당분간 외국인으로 간주한다'라고 한 것도 전쟁 마무리와 전후 처리 방책을 정할 강화조약 때까지 그들을 외국인으로 간주한다는 잠정적 방침을 밝힌 것일 뿐 공식적으로 그들은 여전히 일본 국민이었다.

그때 일본 정부가 만든 외국인 등록 용지에 '국적란'이 있었고, 광복 뒤에도 고향에 돌아갈 수 없었거나 돌아가지 않은 60만의 조선 사람들은 거기에 '조선'이라고 써넣었다. 그럴 수밖에 없었다. 1948년 8월에야 등장하는 대한민국도 조선민주주의인민공화국도 아직 존재하지 않았으니까. 일본 국적은 안 되고 있지도 않은 나라의 알 수 없는 이름을 적어 넣을 수도 없으니 조선 땅 출신, 조선 민족의 일원이라는 걸 그렇게 표기할 수밖에 없었다. 당시 일본 법무성도 아직 조선 반도엔 나라가 없기 때문에 '조선'은 '외국인 등록상의 기호'라고 설명했다. 그렇게 해서 당시 조선 사람들은 기존의 생존 근거를 박탈당하고 새 근거는 마련되지 않은 무국적 상태, 붕 떠버린 상태 속에 내버려졌다.

일본처럼 제2차 세계대전에서 패한 독일에서는 나치 독일에 병합당했던 오스트리아가 분리될 때 나치 독일 국적을 갖고 있던 오스트리아인들은 그대로 독일 국적을 유지하든지 오스트리아 국적을 회복하든지 각 개인이 선택할 수 있었다. 프랑스도 식민지 알제리가 독립할 때 프랑스 내의 알제리인들은 프랑스나 알제리 국적 중에서 선택할 수 있었다. 재일 조선인에겐 선택권이 없었다. 일방적이고 야만적인 그런 조처를 미국이 거들었다.

트루먼독트린이 발표된 1947년은 바야흐로 미국과 소련, 동양과 서양 간의 냉전이 시작되고 있었고, 미국과 일본은 한반도에 사회주의 통일국가가 등장하는 것을 극도로 경계했다. 일본 천황 히로히토가 전후 일본의 좌파 혁명과 천황제 폐지 가능성을 두려워해 점령군 사령관 맥아더에게 바짝 기댔을 정도로 일본에도 그런 분위기가 있었다. 일본 전후 좌파 세력의 선두에 일본제국 최하층민, 누구보다 더 강력하게 해방을 갈구했던 조선 사람들이 포진해 있었던 건 당연한 귀결이다. 패전 뒤에도 살아남은 일본 보수 우익과 그들을 일본 사회의 리더로 복귀시킨 미국 위정자들은 재일 조선인들을 제압하기 위해 그들을 '조선'으로 등록시키고, 응하지 않으면 일본 입국, 재입국 자체를 막아버렸다. 오늘날의 재일 조선인의 '조선'은 바로 그 기호로서의 조선을 가리킨다. 그 출발은 조선민주주의인민공화국의 '조선'과는 아무 상관이 없다. 한때 60만이라던 재일 조선인의 95퍼센트는 조선 남부 출신이고, 그중에서도 경상도 사람들이 절대다수를 점했다. 나중에 결성되는 조선총련 가입자도 마찬가지다.

일본이 재일 조선인들의 일본 국적을 공식적으로 폐기한 것은 한국전쟁이 한창이던 1951년에 체결되고 그다음 해 4월 발효된 샌프란시스코강화조약 이후다. 그러나 그 뒤에도 그들은 기댈 데가 없었다. 한국과 수교한 것은 1965년이고, 북한과는 아직도 미수교 상태다.

샌프란시스코강화조약에 한국은 초청받지도 못했다. 중국 대륙을 장악한 마오쩌둥의 중화인민공화국도 초청 대상이 아니었다. 소련도 불참했다. 일본의 최대 피해국들과 전쟁 당사자들을 빼버린 샌프란시스코강화조약은 실은 미국 위주의 전후 질서(일본을 동아시아 반공 전선의 중심에 앉혔다) 재편를 위해 미국이 주도하고 일본이 야합한 사실상의 밀실 담합에 가까운 것이었다. 미국은 샌프란시스코강화조약 논의 초반, 초안에 한국을 대일 교전 당사자로 전승국(연합국) 명단에 명기했다가 일본 우파들이 반발하자 빼버렸다. 오늘날의 독도 문제도 그렇게 해서 생겼다. 미국은 처음엔 일본이 돌려줘야 할 영토 항목에 독도를 넣었다가 일본의 요구로 나중에 그걸 빼버렸다. 일본이 나중에 1965년 한일협정을 체결하고 국교를 정상화할 때 식민 지배가 한국에겐 근대화를 가져다준 선물이었다며 사실을 왜곡하고, 배상금이 아니라 경제협력 자금 및 독립 축하금 명목으로 유무상 5억 달러를 건네면서 식민지 시절 착취한 한국 내 일본 자산 환수 포기를 마치 시혜나 베풀듯 거들먹거릴 수 있었던 것도 그와 무관하지 않다. 미국은 일본의 조선 합병은 국제법상 합법이었다는 일본의 억지 해석을 사실상 지지했다. 한일협정 제2조는 이렇게 돼 있다.

1910년 8월 22일합병 조약일 및 그 이전에 대한제국과 대일본제국

간에 체결된 모든 조약 및 협정은 이미 무효임을 확인한다.

이 조항 속의 "이미 무효"라는 구절이 일본의 전후 처리, 한일 관계가 안고 있는 문제를 상징한다. 한국 정부는 이를 합방 자체가 강제에 의한 것이므로 합방 조약 체결 당시부터 이미 무효라고 해석한다. 하지만 일본은 합방 조약이 당시엔 국제적 승인을 받았으므로 그땐 합법이었고, 한일협정 체결 이후 비로소 무효가 됐다는 식으로 해석한다. 실은 애초에 양쪽이 그렇게 자기들 편리한 대로 해석해서 자국 국민들을 설득해 문제가 되지 않도록 얼버무림으로써 정치적 부담을 덜 수 있도록 서로 양해한 가운데 체결한 것이었다. 베트남전쟁 수행과 동아시아 냉전 강화에 바빴던 미국은 그렇게 땜질해서라도 한일 두 나라를 서둘러 봉합해놓을 필요가 있었다. 중요한 것은 결국 일본이 합병과 식민 지배를 잘못이라 인정하지 않았다는 것이고, 독도 문제나 일본군 성 노예 문제와 관련해 '위안부(성 노예)를 동원했다는 증거가 있으면 어디 내놔봐!' 따위나 읊조리는 우익 하시모토 도루 오사카 시장과 하등 다를 바 없는 아베 신조 전 총리나 노다 요시히코 현 총리, 겐바 고이치로 외상 등의 최근 발언을 보건대 지금도 전혀 달라진 게 없다는 것이다. 그들이 재일 조선인을 어떻게 대했을지는 불문가지다.

1970년에 박종석 씨가 일본식 통명으로 히타치 제작소의 입사 시험에 합격해 취직이 내정됐다. 그러나 그 뒤 호적등본 제출을 요구받은 박 씨가 외국인 등록 증명서로 대신하면 안 되겠느냐고 문의하자 회사는 "외국인은 고용할 수 없다"라며 채용을 취소했다. 박 씨는 제소했고 4년 만에 승소 확정판결이 나와 뒤늦게나마 그 회사에 들어갈 수 있었다. 들어간 뒤의 회사 생활은 순조로웠을까?

1976년 오사카의 재일 조선인 고교생이 전전공사電電公社지금의 일본전신전화공사에 지원했으나 거부당했다. 이유는 '공사 직원은 공무원에 준한다'는 것. 공무원이 되려면 일본 국적이 있어야 된다고 했다.

1977년에는 니시노미야의 재일 조선인 고교생이 전전공사에 취직을 희망했다. 그는 외국인은 일본 공무원이 될 수 없다는 국적 조항 철폐를 요구했으나 역시 거부당했다. 공사 쪽이 들이댄 이유는 구차하고 터무니없었다. 통신사업은 비밀 엄수를 요한다, 통신 비밀이 새어나가면 어떻게 할 것인가, 외국인이 일반 가정에 전화기를 설치하러 가는 것은 괜찮은가, 경쟁률이 높은데 일본인을 놔두고 외국인을 채용해도 되나 등등. 비판 여론이 높아지자 공사는 다음 해인 1978년에 국적 조항을 없앴다. 그리고 1979년에 일본 정부는 국제인권규약을 비준한다. 인권규약은 내외국인 평등을 원칙으로 노동의 권리, 노동의 자유로운 선택권, 내국인과 외국인 모두에게 평등하고 공정한 노동조건 보장 등의 내용을 담았다. 하지만 일본 정부는 그 규약에 가입했다고 해서 외국인의 지방공무원 임용 의무가 발생하는 것은 아니라는 입장을 계속 고집했다.

같은 해인 1979년 미에 현에 사는 이경순 씨가 교원 임용 시험에 합격해 1980년부터 소학교 교사가 됐다. 본명으로 시험을 본 이경순 씨에게 현 교육위원회는 일본식 통명으로 채용 통지서를 보냈다. 이 씨는 이를 거부하며 본명을 고수했다. 그러자 문부성이 외국 국적인 사람을 교원으로 채용하는 것은 바람직하지 않다며 문제 삼기 시작했다.

그해에 신슈대학을 졸업한 양홍자 씨는 나가노 현 교원 임용 시험에 합격했다. 그러나 한국 국적이라는 이유로 채용 불가. 양 씨는 임시 교사로 근무할 수밖에 없었다.

1988년엔 오사카에 사는 문공휘 씨가 대학 졸업 뒤 오사카 시 일반 사무직 채용 시험을 보려했으나 국적 조항 때문에 접수조차 할 수 없었다. 문 씨는 시 청사 앞에서 전단지를 돌리는 등 항의 활동을 벌이며 그다음 해 다시 응시하려 했으나 또 거부당했다. 비판 여론이 일면서 문 씨는 1990년에야 시험을 칠 수 있었다. 오사카 시는 그렇다고 국적 조항을 없애진 않았고, 다만 국적 조항을 적용하지 않아도 되는 '국제'라는 전문직을 만들어 문제를 피해 가는 편법을 썼다.

1991년에 일본 정부는 공무원 임용 때의 차별 개선을 요구한 한국 정부 의견을 받아들여 재일 조선인의 일본 공립학교 임용을 허락했으나 '교사'가 아닌 '상근 강사'로 그 자격을 제한했다. 한국 정부는 결과적으로 일본 정부의 재일 조선인 차별을 인정한 셈이 됐고, 한국 국적이 아니면 그나마 그런 혜택도 받기 어려웠다.

도쿄 도 보건사인 정향균 씨는 관리직 승진 시험을 보려고 했으나 일본 국적자가 아니라는 이유로 거부당했다. 도쿄 도를 상대로 승진시험 수험 자격 확인 소송을 제기했으나 1심에서 패소했다. 그러나 도쿄 고법은 2심에서 정 씨 승소 판결을 내렸다. 그래도 도쿄 도는 거기에 불복해 대법원에 상고했다. 그리고 대법원은 2005년 2심 판결을 파기하고 정 씨 패소 판결을 내렸다. 그는 일본인 후배들이 관리직으로 승진하는 걸 지켜보며 정년을 맞을 수밖에 없었다.

재일 조선인 3세 배귀미 씨. 취직 차별이 있는 건 당연하다고 배워 내면화한 그녀 주변의 조선인 중에는 일본 회사에 취직한 사람은 한 명도 없고 모두 자영업을 했다. 수많은 회사들에 취업 신청서를 낼 때 언제나 국적을 명기하고 조선인 채용에 대해 물었다. 하지만 거기에 대해 언급한 회사는 하나도 없었고 결과는 모두 불합격이었다.

재일 조선인으로 첫 일본 변호사가 된 사람은 김경득 씨다. 김 씨는 1976년에 사법시험 2차 시험에 합격했다. 하지만 사법연수생이 되려면 일본 국적자가 돼야 했다. 변호사라도 하려면 귀화하는 수밖에 없었다. 재일 조선인은 지금도 검사나 재판관이 될 순 없으며, 행정관이나 경찰관, 국회 입법 관련 자리에도 들어갈 수 없다. 김 씨는 불복해 이의신청을 했고, 대법원 결정으로 1977년에야 사법연수생이 될 수 있었다.

16세가 되면 외국인 등록을 해야 하고, 항의 운동 끝에 1993년에 폐지될 때까지는 양손 지문 날인도 해야 했다. 외국인 등록증은 항상 지니고 다녀야 한다. 외출 때 경찰관 등이 보자고 하면 제시해야 하고 갖고 있지 않으면 연행된다. 등록증을 놔두고 바로 집 앞 편의점에 잠시 갔다가 등록증을 제시해달라는 경찰관의 요구에 응하지 못해 경찰서에서 몇 시간이나 조사를 받은 사람도 있다. 2012년 7월부터 관련법이 바뀌어 등록증 상시 휴대 의무는 없어졌지만, 경찰관의 제시 요구를 받으면 등록증을 둔 장소까지 동행한 뒤 제시해야 한다.

재일 조선인 학교들은 일본 정부의 정식 인가 학교가 아니다. 그 때문에 조선 고급학교(고교)를 졸업해도 일본 국립대학에 바로 지원할 자격이 주어지지 않는다. 지원금도 일반 사립학교의 10분의 1밖에 안 돼 수업료가 오히려 비싸다. 중학교까지 의무교육제인 일본에서 일본 국적 소학교 학령아동들에겐 지자체들이 입학 준비 통지를 해주지만 재일 조선인들에겐 그렇게 통지해주는 지자체는 몇 곳밖에 안 된다. 민주당이 추진한 고교 학비 무상화의 경우 2011년까지 다른 모든 외국인학교들까지 무상화 혜택을 받게 됐지만 조선인학교는 거기서도 제외됐다. 후쿠시마 원전 사고 뒤 학교에 공짜로 나눠준 방사선 측정기도 조선인학교들은 그 대상에서 제외됐고, 오염 토양 제거비 지원 대상에서도 조선인학교들은 빠졌다.

서경식 교수가 바라는 세상은 이런 차별이 없는 세상이다. 제 본명을 쓰면서 한국계 일본인 또는 일본계 한국인으로 살아가도 불이익을 받지 않는 세상이다. 그가 제시하는 '차별 없는 세상'을 위한 해법은 단순 소박하다.

첫째, 사실을 제대로 알 것.(일본 정부는 사실을 제대로 알려줄 것.)

둘째, 개인과 국가를 동일시하지 말 것.

셋째, 내가 상대방이라면 어떨까, 입장 바꿔 생각해볼 것.

조선 사람

한일협정 일본 주역들의 정체

1965년에 타결된, 국교 재개를 위한 한일회담의 1958년 제4차 회담 일본 쪽 수석대표는 사와다 렌조沢田廉三였다. 그는 그때 회담에 임하는 각오를 이렇게 피력했다.

일본은 세 번째로 다시 떨쳐 일어나 38도선을 압록강 밖으로 밀어 올리지 않는다면 선조들에게 면목이 없습니다.

청일전쟁과 러일전쟁의 '위업'을 이어받아 자신들이 세 번째로 다시 조선(한반도) 전체를 차지해야 한다는 얘기다. 두 전쟁 모두 메이지 유신 이후 제국주의로 치달은 군국 일본의 정한론征韓論자들이 획책한 전쟁이었고, 그들 사와다의 '선조'들 소원은 이루어졌다. 패전 뒤에도 그들은 이웃을 무참하게 유린하고 약탈과 착취를 자행한 자신들의 야만과 과오를 인정하지 않았다. 그리하여 그 더러운 과거의 '영광'을 되살리는 것이 그들에겐 면목을 세우는 일이었다.

"38도선을 압록강 밖으로" 밀어내야 조상에게 면목이 선다는 건 38도선 이남은 이미 제 땅이나 다름없다는 뜻으로 한 얘긴가.

외무성 차관과 고문, 유엔 주재 대사까지 지낸 사와다는 프랑스와 영어에 능통해 '천황' 업무를 보는 궁내성 일도 겸직하면서 히로히토의 통역을 오래 했다. 그의 처는 미쓰비시 재벌 창업자 이와사키 야타로岩崎弥太郎의 손녀. 사와다는 패전 뒤 전범자로 공직에서 추방됐다가 소련과의 냉전을 주도한 미국의 '역코스' 정책으로 복귀했다. 만주국 주재 일본 대사관 참사관으로 있다가 프랑스 대사 등을 지낸 그는 전후 일본 재건의 주역들이 포진했던 이른바 '만주 인맥'의 일원이었다.

도쿄의 조선대학교 정치경제학부 학부장과 재일본조선인총연합회 중앙 부의장을 지낸 원로 재일 동포 백종원 씨가 2010년에 낸 『조선 사람』(삼천리, 2012)은 사와다 렌조 외에도 만주 인맥 몇 사람을 더 언급한다.

구보타 간이치로久保田貫一郎. 사와다에 앞서 1953년 제3차 한일회담 일본 쪽 수석대표였다. 그는 이렇게 말했다. "36년 동안의 조선 지배로 조선 인민이 노예적 상황에 놓여 있었다고 하는 표현은 타당하지 않다. 총독부 정치는 한국 경제에 기여했다고 생각한다." 멕시코와 베트남 주재 대사를 지낸 구보타 역시 1939년에 만주국 하얼빈 총영사로 있던 '만주 인맥'의 전범자였다.

이 책에서 자세히 언급하진 않지만, 전후 일본 설계자 중 한 사람인 A급 전범자 기시 노부스케, 봉천(선양) 총영사 등을 지낸 요시다 시게루도 그랬다. 친미 보수 합동의 55년 체제를 완수함으로써 전후 일본의 골격을 짠 기시 밑에서 만주국 통제과장과 상공부 광공사장을 지냈고, 한일협정 조인 때 외상이었던 기시의 평생 부하 시이나 에쓰사부로椎名悦三郎도 그랬다. 이들 만주 인맥은 1961년 5·16군사쿠데타로 집권한 뒤 4년 만에 그들과 손잡고 미국이 종용했던 한일 국교 복구를 완수한 만주군 장교 출신 박정희와 만주국 선후배 사이였다.

구보타의 처는 외상을 지낸 이시이 기쿠지로石井菊次郎의 딸. 이시 이는 '가쓰라-태프트 밀약'의 주인공 가쓰라 2차 내각 때 외무차관이 었다. 1910년의 한국 병탄에 공을 세웠던지 그다음 해 훈장을 받고 남 작이라는 귀족 작위를 받는다. A급 전범 시라토리 도시오白鳥敏夫는 그 의 조카였다.

구보타는 일본 국회(참의원 수산위원회)에서 말했다. "한국에 대한 전시 배상은 전시 중에 (한)반도에 투입한 인프라와 공업 투자와 상쇄 하면 되지 않겠는가." "나는 역시 (식민 지배가 한국에 기여했다는 위의 발언을) 취소해선 안 된다고 생각합니다. 예컨대 조선총독부 정치 문제 로, 이것을 조선 측은 일본이 폭력과 무력으로 침략해 천연자원을 고 갈시켰다고 주장하지만, 이는 사실에 반하는 것이기 때문에 도저히 인 정할 수 없습니다. 총독부 정치에 나쁜 점도 있었다는 걸 인정하더라도 좋은 점도 있었다는 얘기를 일본으로서는 절대 취소할 수 없습니다."

그리고 또 한 사람, 1965년의 제7차 한일회담 일본 수석대표 다카 스기 신이치高杉晋一. "일본은 좋은 일을 했다고 생각한다. 일본이 사과 해야 한다는 말은 타당하지 않다. 20년 더 일본이 조선을 차지했으면 좋았을 것이다. 창씨개명은 조선인을 동화하여 일본인과 똑같이 대우 하려고 한 조치로, 나쁘다고만 할 수는 없다."

다카스기는 사와다의 처가 쪽 미쓰비시 재벌에 들어갔다. 미쓰비 시전기 사장, 회장을 거친 뒤 한일회담 일본 쪽 수석대표가 돼 조약에 직접 조인했고, 그 4년 뒤 해외경제협력기금 총재가 된 인물이다. 만주 국과 만주 인맥, 전범 기업 미쓰비시와 해외경제협력기금, 1965년 한일 협정 이후 식민 지배 배상금이나 보상금이 아닌 경제협력자금과 조선 독립 축하금 명목으로 한국에 들어온 일본 돈 사이에는 밀접한 연관 이 있다.

현대 일본의 본질

이와나미 쇼텐岩波書店에서 나온 『조선 사람』의 원래 제목은 『자이니치 1세가 털어놓은 얘기―전쟁과 식민지 지배를 살다在日一世が語る戰爭と植民地の時代を生きて』이다. 아흔 살의 재일 조선인이, 아마도 자신의 삶을 총정리하는 심정으로 쓴 책에서 털어놓고 싶었던 얘기는 어떤 것일까? 짧지 않은 삶이었으니 당연히 많은 얘기를 담고 있지만, 그가 이 책에서 가장 힘주어 하고 싶었던 얘기를 몇 가지로 압축하면 이런 게 될 것 같다. 하나는 자신이 살아온 세월의 시대적 진실은 이렇다는 것, 그리고 그 시절은 물론 지금도 군림하고 있는 일본 지배 세력의 본질은 전전이나 전후나 달라진 게 없다는 것. 또 하나는 남북통일만이 지금까지 이어지고 있는 근대 일본의 만행이 야기한 우리 민족의 불행을 마감할 수 있다는 것.

백종원 씨는 이 책이 "재일 동포 3세, 4세와 일본 청년들을 대상으로" 쓴 "사소한 역사 증언"이라고 했다. 이 '대상'들의 공통점은 지은이가 겪은 세월의 역사적 진실을 그들이 제대로 모른다는 점이다. 그들이 정말 모르거나 지은이에게 그렇게 보이는 것이다. 지난 역사를 모르면 현재가 바른지 그른지 알 도리가 없다. 지은이가 사와다와 구보타와 다카스기 얘기를 하는 이유도 거기에 있다. 그는 이 책에서 "스스로 겪은 체험이나 보고 들은 일뿐 아니라 될 수 있으면 시대적 배경에 관해서도 이야기할 생각"이라고 했으나 책 전반부는 오히려 시대적 배경에 치우친 감이 있을 정도로 배경 설명에 공을 들인다. 교토대와 서울대를 거쳐 북으로 간 합성섬유 비날론의 발명자 리승기 박사와 그의 제자들, 교토 만수사 주지였고 도쿄에 국평사를 개창한 민족주의자 류종묵 스님, 일제 때 '이향란'이라는 이름의 중국 배우로 일세를 풍미했으나 일제 패전 뒤 일본 자민당 참의원 의원으로 북·일 관계 개선에 앞장섰던 야마구치 요시코山口淑子 등 그가 겪었던 사람들 이야기도 흥미롭지만, 일제의 침략과 식민화 과정, 식민 지배하의 조선과 만주 일본에서 겪고 들은 참상들, 항일 무장투쟁, 해방 전후 등의 역사적 사실 기술에 무게를 실었다.

그만큼 '그대들이 알고 있는 역사적 사실은 잘못돼 있거나 불충분한 것이다, 진실은 이렇다'라는 걸 얘기하고 싶은 욕구가 강했기 때문일 것이다. 그들은 그 시절을 직접 체험하지 않았고 지금의 일본 당국은 사실들을 알려주지도, 학교에서 제대로 가르치지도 않는다. 청소년 대상인 만큼 쉽고 담백하게 썼지만 직접 체험과 전문 지식을 깔고 있어 신실성과 무게가 있다.

그리고 그가 거듭 강조하는 것은 일본, 그중에서도 지배 세력은 변한 게 없다는 것이다. "가혹한 식민 통치에 대한 사죄의 뜻이나 반성을 찾아볼 수 없고" "우리 민족에 대한 침략 본성과 멸시는 조금도 변한 것이 없다", 특히 재일 동포들은 "지금도 심한 민족적 멸시와 차별, 박해 속에서 생활"하고 있으며, "오늘날까지 해방된 민족, 독립국가 공민으로서가 아니라 치안과 감시의 대상으로 취급"당하고 있다고 그는 얘기한다. 패전 뒤의 일본 땅, 그 현장에서 70년을 산 사람이 2010년에 출간한 책에 쓴 이야기다. 사와다 등의 얘기가 그걸 여실히 보여준다. 중요한 것은 사와다의 뒷세대, 지금의 현역들도 달라진 게 없다는 점이다. 일본군위안부 관련 망언과 독도 문제 관련 억지 주장의 뿌리도 거기에 있다.

사와다 등의 얘기는 30년 뒤 국토청 장관을 지낸 일제 특별고등경찰(특고, 비밀정치경찰) 출신의 자민당 중의원 간부 오쿠노 세이스케奧野誠亮의 다음과 같은 얘기로 변주된다. "일본은 창씨개명으로 조선 사람을 잘 대우하려고 노력했을 따름이지, 식민지 지배를 할 생각은 조금도 없었다."(1995년 4월 1일) 그리고 21세기 들어서도 마찬가지다. 2008년부터 2009년까지 약 1년간 일본 총리를 지낸 아소 다로는 "조선 사람은 스스로 창씨개명을 요구했다"라고 했다. 아소는 요시다의 외손자고, 아소의 전임자로 "일본군위안부 강제 동원은 사실이 아니다"라는 주장까지 내뱉은 아베 신조 전 총리는 기시의 외손자다.

『조선 사람』은 마지막 제10장에서 이들의 '망언'을 떠올린 뒤 일본 지폐 얘기를 끄집어낸다.

조선 병탄의 설계자이자 최종 지휘자 이토 히로부미伊藤博文, 정한론자 이타가키 다이스케板垣退助, 조선과 중국을 멸시하며 탈아입구를 주장한 후쿠자와 유키치福澤諭吉, 『망국亡國』『고사국 조선枯死國 朝鮮』 같은 책을 써서 조선을 모욕하고 침략을 정당화한, 『무사도武士道』의 저자 니토베 이나조新渡戶稻造, 이들은 모두 일본 지폐를 장식했거나 지금도 장식하고 있다.

백 씨는 차라리 노벨 물리학상을 받은 유카와 히데키나 저명한 식물학자 마키노 도미타로 같은 뛰어난 과학자나 반전 평화를 주장한 우치무라 간조 같은 인물을 쓰지 하필 이웃 국가들을 침략해 재앙을 안긴 자들을 영웅으로 등장시켜 칭송하느냐고 비판한다. 후쿠자와 유키치 얼굴이 일본 최고액권 1만 엔짜리 지폐에 등장했을 때 남북한과 중국, 대만은 격렬하게 반발했지만 후쿠자와는 지금도 1만 엔권 지폐 위에 건재하다. 이토와 후쿠자와, 니토베 등은 지금도 일본 근현대사의 존경하는 인물 순위 조사에서 수위를 다투는 영웅들로 남아 있다. 어쩌면 이것이 지금의 일본이라는 나라의 본질을 가장 압축적으로 드러내는 단면일지 모른다.

평화헌법을 자랑하고 평화 민주국가를 구가해온 일본에서 어째서 이런 일이 가능한가? 여러 이유들이 있지만 그중 한 가지는, 미국의 보호 아래 전후 일본을 다시 장악하고 지배해온 전전의 옛 우익 지배 세력들이 후손들에게 자신들의 죄업과 얽혀 있는 과거사의 진실을 제대로 가르쳐주지도, 알려주지도 않는다는 것이다.

『조선 사람』에는 이런 얘기도 있다. "『민비 암살』이라는 책을 쓴 쓰노다 후사코角田房子는 일본 공사 미우라 고로三浦梧楼가 직접 지휘하여 이웃 나라의 황후를 참살한 사건에 관해 일본 대학생들이 전혀 몰랐을뿐더러 일본이 조선을 식민지로 삼은 사실조차 모른다는 것에 대해 깜짝 놀랐다고 했다."

오늘의 많은 일본 대학생들은 남북한이 본래 하나의 나라였다는 사실도 모른다고 일본 대학들에 강연을 다니는 한 일본 저널리스트가 얘기한 적이 있다. 그러니 이 나라가 어떤 연유로 분단당했고 전쟁을 했으며, 그것을 야기한 미국과 소련의 한반도 점령이 어디서 비롯했는지 알 리가 없다. 그 뿌리가 바로 일제 침략과 식민 지배에 닿아 있는데도 일본 젊은이들 다수가 모르고, 그들이 모른다는 사실을 어른들이 모른다. 황당한 얘기로 들리겠지만 사실이다. 오늘날 독도 문제, 센카쿠 문제를 만들어낸 일본의 근대 침략주의와 위정자들에 대한 일본 내의 비판과 질책은커녕 애국주의가 물결치는 이유의 한 갈래를 거기서 찾을 수 있다.

물론 그런 역사를 아는 일본인들도 적지 않겠지만, 다수는 아예 모르거나 알고도 그런 분위기에 짓눌려 침묵한다. 다수의 그들은 20만의 일본군위안부들이 성 노예로 강제 동원당했으며, 그들 중 70퍼센트 이상이 조선 여성들이었고, 또 그들 대다수가 강제로 끌려가거나 돈 벌게 해준다는 속임에 넘어간 스무 살 안팎의 순진한 처녀들이었다는 사실을 모른다.

일본군 군의관이었던 아소 데쓰오는 1939년에 상하이 파견군 병참 병원에 근무하던 당시 위안부로 연행된 많은 조선 여성의 건강을 검진했는데, "대개 젊고 스무 살이 될까 말까 한 사람이 많았다. 진찰할 때도 머뭇거렸는데, 말하자면 처녀, 신체적으로 때 묻지 않은 사람뿐이었다"라고 나중에 증언했다. 1965년 11월 10일 사이타마 현의 지치부 후생회관에서 연설하면서 "종군 위안부로 사망한 여성은 14만 2000명이다"라고 얘기한 사람은 자민당 유력 정치가로 방위청 장관 등을 지낸 아라후네 세이주로였다. 영문도 모른 채 끌려간 숱한 조선의 어린 여자들이 먼 태평양 섬과 중국, 동남아의 이름도 모르는 곳에서 혹사당하다 일제 패전 뒤 고향에 돌아오지 못하고 내버려졌고 죽었다. 그런데 이 땅에 사는 우리는 그걸 제대로 알고 있나? 실은 우리조차 잘 모르거나 아예 관심이 없는 것은 아닌가?

남북통일만이 해법

사악하게도 일본 위정자들은 그런 사실은 숨긴 채 자신들이 당한 사실만 부각시킨다. 마치 자신들의 과거 죄악을 정당한 일로 뒤집어놓기 위한 증거 날조라도 하듯. 얼마 전 다시 제1야당 자민당 총재가 됐고, 다시 차기 총리로 유력시되는 아베 신조가 그리는 '아름다운 나라 일본'(그가 총리가 될 무렵 일종의 공약처럼 출간한 책 제목이다)이 그런 나라인가. 그는 1993년 일본군위안부들이 일본 군부 지도부의 공식 지령에 따라 강제 동원된 사실임을 입증하는 문서가 발견됨에 따라 1993년 고노 요헤이 당시 관방장관이 위안부 강제 동원 사실을 인정하고 사죄한 역사적 사실 자체를 여전히 인정하지 않고 있다. 그 관방장관 담화 자체를 폐기해야 한다고 주장한다.

미국 원자탄 투하의 잘잘못을 따지기 이전에 그들은 일본 침략자들이 그 원인 제공자라는 사실을 얼버무린 채 히로시마와 나가사키의 비극만 강조한다. 일본군의 난징 대학살 규모를 축소하면서 그것도 전투 중의 정당행위라는 이유로 학살은 아니었다고 2011년 나고야 현직 시장이라는 자가 중국 내방객들 앞에서 버젓이 얘기할 수 있는 정신구조도 그와 같은 맥락 위에서 가능하다. 북의 일본인 납치 사실도 물론 용납될 수 없는 범죄행위지만, 그 사실만 강조하면서 그런 비극을 잉태케 한, 그런 납치와 다름없는 인신 강제 동원이 수십 년 동안 다반사로, 수십, 수백만 규모로 자행된 일제 침략기의 참상은 감추고 숨기는 정신 구조가 가능한 것도 마찬가지다. 저들은 일본인 납치 사건을 북을 악마화해서 남북 대결을 부추기고 동아시아 냉전을 연장하는 무기로 활용한다. 그러면서 비극적이고 복합적인 그 사건의 진실에는 눈 감고 그것을 '가해자 일본'을 '피해자 일본'으로 분칠하는 선전 도구로 써먹고 있다는 의심을 사고 있다.

일본 위정자들이 과거에 그랬다는 게 아니다. 아베나 1만 명 이상의 조선 강제징용자들을 자신의 가문이 경영한 아소 탄광에서 강제노역케 하고 다수를 죽음으로 내몬 사실을 인정하지도, 떼어먹은 그들의 임금을 돌려줄 생각도 없는 아소 가문처럼 일본을 지배하고 있는 정계와 재계 유력자들이 지금 여전히 그렇다는 얘기다. 불행하게도 정권 교체 뒤의 민주당 정권에서도 달라진 게 없다.

백종원 씨는 이런 일본을 바꾸지 않고는 희망이 없다는 얘기 또한 하고 싶었던 게 아닐까. 패전 뒤 남한보다 더 넓은 땅을 러시아에, 프랑스에, 폴란드에 넘겨주고도 영토 문제에 집착하지 않고 사죄와 거액의 배상을 계속하면서 유럽 통합을 주도하여 유럽 전체를 얻은 독일과 일본은 같은 패전국이면서도 전혀 다른 길을 걷고 있다. 일본을 위해서나 동아시아 전체를 위해 일본은 바뀌어야 하고, 그러려면 일본 지배 세력이 바뀌어야 한다. 그들까지 포함한 과거사 청산은 일본만의 과제가 아니라 동아시아 공동의 과제가 돼야 한다. 그들이 건재하는 한 '동아시아 공동체'는 없다.

1923년 평안북도 압록강 하구의 의주군 위원면에서 태어난 백 씨는 어릴 때 가족을 따라 만주 봉천 쪽으로 이주했다. 나라 없는 백성으로 중국인들로부터 차별받은 기억을 안고 고등학생 나이에 그는 일본 가나자와로 갔다. 거기서 다시 교토대학에 들어가 리승기 박사 등을 만났고, 해방과 전쟁 등을 거치면서 조선대학 교수와 총련 간부로 일했다. 이민족이라는 이유로 일본에서도 평생을 차별받고 산 그는 그 모든 게 나라 없는 백성이어서, 그리고 분단당한 채 반목하는 나라의 백성이어서 그랬노라고 얘기한다. "'나라 없는 백성은 상갓집 개보다 못하다'는 말을 골수에 사무치게 느끼고 있기 때문입니다."

그는 지금의 분단 체제 역시 "나라 없는" 상태와 다름없다고 생각하는 것 같다. 화해와 평화 그리고 통일만이 해법이요, 그것이 그에겐 여생의 마지막 남은 소망이다.

조선대와 총련 간부 출신인 지은이가 북 체제를 기술한 부분은 한계가 있을 수밖에 없지만, 만주로 갔던 가족들 중 살아남은 사람들이 지금 북에 살고 있고, 1970년대에 자신의 두 아들까지 북으로 보낸 그의 처지를 생각하면 이해할 수 있을 것 같다.

불온한 일본

1980년대에 일본으로 유학을 가서 10년 넘게 그 땅에서 살았던 권혁태 성공회대 교수.

당시 일본은 다소 쇠퇴하는 기미는 있었지만, 여전히 평화·민주주의·인권이라는 '전후 민주주의'의 공기로 둘러싸여 있었다. 경제성장의 과실에 의해 지탱된 '통합'의 여유라고 말할 수밖에 없을지도 모르겠지만, 여하튼 그러한 '공기'는 높은 생활수준과 함께 나를 압도하기에 충분했다. 그것을 일본 속의 '타자'로서 바라볼 수밖에 없는 입장에서는 일본의 풍요로움이나 '평화'가 한국의 상대적인 '빈곤'이나 '불평화'와 기묘한 대칭을 이루면서 더욱 더 증폭되었다.

그런데 그는 10여 년 전부터 일본에 갈 때마다 일본 사회의 변화, 그것도 충격적으로 바뀌고 있는 일본을 체험하고 있다. 북한·중국·한국 '때리기'가 전쟁 위기의 선동과 더불어 온 나라를 뒤덮고, 예전에 다수가 사용했던 '니혼(일본)' '니혼진(일본인)'보다 더 강하고 센 어감의 '닛폰' '닛폰진'이라는 부르짖음이 나라 구석구석까지 침투해 있다.

금기시돼온 헌법 개정은 말할 것도 없고, 심지어 핵무장론조차 이제는 그다지 새삼스럽지 않다. 애국심이라는 말이 횡행하고 전후 민주주의는 부정과 냉소의 대상으로만 언급되며 골동품 취급을 받는다. 인권이나 민주주의는 의심의 대상일 뿐이다. 우익들은 '평화'를 입에 올리는 건 "정신 발달 상태가 어리다는 확연한 증거"요 "위선과 기만"이라는 얘기를 공공연히 내뱉고 있다. 한때 군국주의 유산으로 외면당했던 히노마루(일장기)와 기미가요가 국기, 국가로 법제화되고, 한반도를 비롯한 일본 인근에서 비상사태가 일어날 경우 출동할 미군을 일본 자위대와 지자체들이 전면적으로 지원하도록 한 '주변사태법'이 제정됐으며, 정치인들의 야스쿠니 신사 참배, 역사 교과서 개악, 영토 분쟁, 천황 히로히토를 기리는 '쇼와의 날' 제정 등이 1990년대 후반부터 잇따랐다. 일본 사회의 공기가 바뀐 것이다. 장기 불황과 신자유주의 개혁이 초래한 비정규직 양산, 사회 양극화(격차 사회)가 빚어내는 불협화음도 갈수록 거세지고 있다.

'일본의 불안' 증세다. 이 불안 증세의 원인인지 그 귀결인지 알 수 없지만 일본의 전후 평화와 민주주의와 인권과 번영을 이끌어온 자민당 장기 집권 체제, 즉 55년 체제가 동요 끝에 2009년 무너지고 민주당이 집권하는 전후 초유의 지각변동이 일어났다. 권 교수는 민주당 집권 이후에도 이런 추세(반동의 시대)가 멈추지 않을 것으로 본다. 그 끝은 아직 알 수 없다. 하지만 몹시 불안해 뵌다. 아니 불온 내지 불길하다고 하는 게 맞을지 모르겠다. 일본 사회의 불안 증세는 일본이 또다시 동아시아와 세계를 불안으로 몰고 가는 '불안한 일본'의 등장을 예고하고 있는지도 모른다. 센카쿠 열도(댜오위다오) 분쟁에서 보듯 거대 중국의 등장과도 맞물려 있는 일본의 불안과 불안한 일본. 거기엔 일본과 닮았으면서도 다른 한국 사회의 심각한 불안 증세도 깊이 연계

돼 있다. 향후 한반도의 진로 내지 운명과 무관하지 않을 것이다.

왜 이런 일이 벌어지는가? '일본의 불안' 증세를 야기하는 원인, 불안의 정체는 과연 무엇인가? 권 교수가 『일본의 불안을 읽는다』(교양인, 2010)에서 읽어내려는 게 바로 그것이다.

'평화'와 '헤이와'. 「자기 기만」이라는 제목이 붙은 이 책 제3장에서 다루고 있는 주제다. '헤이와'라는 말은 '평화平和'의 일본식 발음이다. 평화와 헤이와는 이렇게 발음이 다를 뿐 아니라 실제 내용도 다르다. 일본이 말하는 전후 헤이와, 주변 아시아인들이 선망했던 일본 전후의 민주주의와 경제적 번영 속에 일본인들이 누린 평화는 한국인들이 상상하는 평화도, 보편적인 평화도, 그리고 권 교수 표현에 따르면 일본인들에게 체화된 평화, 주체적으로 내면화한 평화도 아니다.

이 문제를 성찰해보려면 권 교수가 인용한 일본 연구자 테사 모리스-스즈키 호주국립대 교수 얘기를 먼저 들어보는 게 좋다. 자신을 "유럽의 쇠퇴한 제국(영국)에서 태어나 자라고, 또 식민지주의에 의해 성립된 국가(호주)에서 살며, 아시아의 구 식민지 제국을 연구하는 특정한 위치"에 있는 사람이라고 밝힌 테사는 호주가 선주민인 애버리지니Aborigine에 대한 수탈의 연장선상에 있다며 이렇게 얘기한다.

나는 직접 토지를 빼앗지 않았을지 모르지만, 그 도둑질한 토지 위에 거주하고 있다. 나는 학살을 실제 하지 않았을지 모르지만 학살의 기억을 말살하는 프로젝트에 관여하고 있다. 나는 '타자'를 구체적으로 박해하지 않았을지 모르지만, 정당한 보상 등의 대응이 이루어지지 않은 과거의 박해를 통해 수익을 올린 사회에서 살고 있다.(『일본의 아이덴티티를 묻는다』 박광현 옮김, 산처럼, 2005)

권 교수 지적대로, 테사는 자신이 연구하는 일본이 단순한 학문 차원의 연구 대상이 아니라 식민지주의의 계속이라는 세계 질서를 해체하기 위한 일종의 실천적 현장임을 분명히 드러내고 있다. 전후 일본의 헤이와는 바로 그런 자각이 결여돼 있다. 어쩌면 자각을 회피하기 위해 의도적으로 사실을 감추거나 날조, 왜곡해왔다는 편이 더 옳을지도 모른다. "일본의 헤이와는 '전쟁이 없는 상태'라는 의미에서는 실체적이지만, 그 전쟁이 없는 상태라는 실체를 지탱하는 또 하나의 실체에 대해서는 자각하지 못하는 셈이다. 아니, 더 정확하게 말하자면, 전쟁이 없는 상태로서의 실체를 실체로서 간직하기 위해 다른 실체를 실체로 인정하지 않으려 하고 있는지도 모른다. 다른 실체란 오키나와이고 한반도이고 역사이며, 그리고 계속되고 있는 식민주의다." 이것이 바로 10여 년의 일본 생활과 대학 일어일문학과 교수로서의 체험과 연찬을 거친 권 교수가 많은 구체적 사례들을 제시해가며 보여주려는 『일본의 불안을 읽는다』의 핵심 메시지 가운데 하나다.

일본의 한반도 병탄 100주년이라 해서 일본에선 총리가 여전히 모호한 사과 담화까지 발표했지만, 일본인 다수에게 일제의 한반도 식민 지배는 불법도 잘못도 아니다. 한국 내 식민지 근대화론자들이 거기에 장단을 맞춰주고 있지만, 식민지가 오늘날 한국 발전의 토대가 됐다고 믿는 일본인들은 여전히 다수를 차지한다. 일본인들이 과거사의 전쟁범죄를 얘기할 때 그들은 흔히 '15년 전쟁'을 들먹인다. 15년은 1931년 일제의 만주 침략(만주사변)부터 1937년 중국 본토 침략(중일전쟁), 그리고 1941년 하와이 진주만 기습과 1945년 패전에 이르는 기간이다. 전쟁범죄와 관련한 일본인들 다수의 기억은 대체로 이 15년 전쟁으로 한정돼 있다. 1894년의 동학 학살과 청일전쟁, 명성황후 시해와 의병 저항 압살, 그리고 러일전쟁의 만행, 가쓰라-태프트 밀약, 통감부 설치와 주권 말살, 병탄과 40여 년 식민 지배와 야만적인 수탈과 처참한 동원 등은 다수 일본인들 뇌리에서 삭제돼 있거나 국제적 관행과 국제법에 어긋남이 없는 '합법'으로 분칠돼 있다. 1931~1945년의 일제 범죄행위에 대한 인식도 주로 미국 등 유럽 식민지와 중국에서의 만행에 국한되고 한반도에 대한 기억은 망실되거나 시혜로 분칠돼 있다. 좌우를 막론하고 일급 지식인들 대다수도 다를 게 없다. 그런 풍토에서 테사의 문제의식을 일본 전후 세대한테서 발견하기란 무망한 노릇이다.

이어지는 범죄적 식민주의

이 15년 인식의 한계는 미국이 주도한 도쿄 전범 재판과 밀접한 관련이 있다. 미국은 일본의 전쟁범죄 처단 범위를 1931년 일제의 만주 침략 이후로 한정했다. 천황 히로히토에 대한 면죄부가 말해주듯 그것조차 미국의 일본 점령 계획과 냉전 기획에 따라 형해화하고 말았지만, 한국전쟁 중에 체결되고 한국과 동아시아의 운명을 바꿔버린 1951년 샌프란시스코강화조약(실은 미국 단독 강화 내지 미·일 담합과 진배없지만)에서, 오늘날의 독도 문제가 어떻게 불거졌는지를 보면 알 수 있듯 더욱 철저히 왜곡되거나 거꾸로 서게 된다. 마치 한반도가 전범국이고 일본이 거기에 맞서 싸워 이긴 연합 전승국인 것처럼. 이후의 역사는 사실상 그렇게 전개됐다. 지금에 이르기까지 우리는 미국이 주도하고 거기에 편승해서 '평화 국가'로 변신한 일본이 합작해낸, 테사 모리스-스즈키가 평생을 걸고 해체하려는 범죄적 식민주의의 틀 속에서 살아가고 있다. 한반도 분단과 남북 동족 대립은 그것이 가장 극적인 형태로 표출된 사례다.

테사의 조국 영국도 다를 게 없었지만, 일본 전후 헤이와 체제에서 테사의 문제의식은 싹수조차 보이지 않는다. 전승국 미국과 전범국 일본이 합작해낸 것은 그 정반대의 길이었다. "일본의 전후는 비동맹 평화주의가 아니라, 미군에게 기지를 제공하고 미국의 수직적 계열에 편입되는 것을 전제로 한 동맹 평화주의를 의미하는 것이었다. 독립을 앞두고 주로 혁신 진영에서 내세웠던 전면강화론(사회주의권을 포함한 국가들과의 관계 개선과 비동맹주의)이나, 1960년과 1970년의 안보 투쟁은 이와 같은 미·일 동맹 체제를 조금도 훼손하지 못했다."

그 미·일 동맹 체제는 일제 식민 지배 피해자인 한반도를 둘로 분단하고, 그 한쪽을 미국의 수직적 계열상 일본의 하위 체제, 일본을 냉전의 파도로부터 지켜내는(그것도 주적으로 규정된 북쪽 절반, 또 하나의 식민주의 희생자인 자신의 동족을 증오하며) 방파제로 편입시켰다. 19세기 후반까지 독립 왕국 류큐였다가 메이지유신 뒤인 1879년에 일본에 복속[■]당한 오키나와는 일본 내부 식민지로 다시 편입되면서 미군 기지로 전락했다. 말하자면 한국은 제2의 오키나와였다. "한국의 친미 반공 군사독재 정권은 이들_{미국과 일본 패권주의 세력}에게 매우 바람직했을 것이다. 식민 지배의 책임을 일본에 묻지 않았을 뿐만 아니라, 책임을 묻는 소리조차 힘으로 봉쇄해주었고, 더구나 일본 열도를 지켜주는 반공 기지 역할도 충실히 수행했기 때문이다."

일본 전후 평화의 실체

일본은 미국이 그들 주변에 배치한 그들 자신의 야만적 식민 지배 희생자들이 일본 패전 뒤에 더 깊숙이 말려들어간 이중의 질곡 속에

■ 아이누의 땅이였던 홋카이도는 그 10년 전인 1869년, 즉 메이지유신 1년 뒤에 복속당했다.

서 감수해야 했던 고통을 외면하거나 적극적으로 은폐하고 왜곡했다.

'전쟁이 없는' 일본 전후 헤이와의 실체가 그 실체를 지탱하는 또 하나의 실체에 대해서는 자각하지 못했다는 얘기, 아니 "더 정확하게 말하자면 전쟁이 없는 상태로서의 실체를 실체로서 간직하기 위해 다른 실체를 실체로 인정하지 않으려 하고 있는지도 모른다"라는 지적은 바로 그걸 두고 한 얘기다. 일본은 자신들만의 헤이와를 깨뜨리지 않기 위해 과거를 외면하거나 은폐하고 윤색했으며, 자신들의 옛 식민 희생자들을 또다시 고통 속으로 내몬 현실 또한 반공과 안보의 이름으로 합리화하고 분칠했다.(그래야 자기기만이 초래할지도 모를 정신 분열에서 해방될 수 있을 테니까.) 미국은 그런 그들을 부추기고 지원했다.

『일본의 불안을 읽는다』의 제1장 「분열」의 첫째 글은 '전후 평화주의에 대한 반란'이다. 미·일 동맹 체제를 거부한 1960년대 안보 투쟁 때 진보적이고 전투적인 일본 학생운동의 핵 전학공투회의全学共闘会議(전공투)가 전쟁에 동원당했다가 숨진 학병들의 수기 『들어라, 와다쓰미의 소리きけ, わだつみのこえ』와 와다쓰미 동상을 거부하고 1969년 파괴한 '극좌'적 돌출 행동은 일본 사회를 충격에 빠뜨렸다. 반전 평화를 고취한 것으로 받아들여진 와다쓰미 수기와 기념 동상에 대한 전공투의 행위는 우파는 말할 것도 없고 다수의 진보적 지식인들마저 등을 돌리게 만들었고, 일본공산당도 격렬하게 성토했다. 그 1년 전의 도쿄대 야스다 강당 점거 사건과 함께 일본 학생운동 및 좌파 몰락의 전조가 된 그 사건에서 전공투가 문제 삼은 것은 테사 모리스-스즈키의 문제 의식에 반하는 쪽으로 진행된 일본 전후의 헤이와 체제였다. 전공투는 미·일 동맹이 주축이 되고 한국 등 주변 친미 반공 국가들을 하위 체제로 편입시킨 식민주의 연장 구조가 확대재생산하는 비극에 눈감고 오히려 전후 고도성장에 취해 일본만의 헤이와를 즐기는 일본 사회에

반기를 들었다. 전공투 학생들은 "평화와 민주주의라는 전후 공간을 허상으로 보았으며, 와다쓰미상을 살아남은 자들이 자신들의 면죄부, 즉 전쟁 책임을 모면하기 위해 만든 것으로 보았다." 그들은 자신들을 비난하는 교수들한테서 야스당 강당 점거 때 피투성이의 학생들을 경찰에 넘기는 모습, 대동아공영권을 찬양하며 학생들을 전쟁터로 동원하는데 앞장섰던 모습, 한국전쟁과 베트남전쟁과 오키나와 군사 지배에 침묵하는 모습을 겹쳐 읽었다.

하지만 전공투는 결국 몰락했다. 그리고 일본 사회의 분열은 외견상 봉합됐다. 미국이 제공하는 안보 무임승차 속에 고도 경제성장이 뒷받침한 헤이와에 취한 일본 사회는 그 헤이와를 떠받치고 있던 주변 친미 반공 국가들의 비참, 그 비대칭성이 상징하는 식민주의를 외면하거나 헤이와 속의 전후 번영이 일본의 남다른 재능 덕이라는 '일본 특수론' 신화에 안주하면서 전공투의 문제 제기를 외면하고 왜곡했다. 일본 사회당과 공산당 등 좌파의 몰락에도 결국 그런 배경이 깔려 있다. 1980년 거품경제를 거치고 1990년대 초 베를린장벽에 뒤이은 현실 사회주의 체제 몰락 뒤 일본 재무장을 추진하던 우파의 개헌 움직임을 저지한 사회당의 '3분의 1 평화' 체제도 무너졌다. 개헌 저지선인 의회 의석 3분의 1 이상을 확보했던 일본사회당은 혁명 노선을 포기하고 유럽사민당의 자본주의 체제 내 개량주의 쪽으로 노선을 바꾸고 미·일 동맹과 자위대의 존재까지 인정했다. 그럴 수밖에 없는 현실이라 판단했고, 바로 그 현실주의로의 전환이 대안으로서의 존재 의미마저 잃어버린 좌파의 몰락을 더욱 가속화했다. 권 교수 지적대로 "1960년과 1970년의 안보 투쟁은 이와 같은 미·일 동맹 체제를 조금도 훼손하지 못했다."

일본 전후 체제의 균열

그런데 일본식 민주주의와 평화와 인권을 꽃피운 전후 헤이와 번영은 예상치 못한 곳에서부터 금이 가기 시작했다. 일본 전후 헤이와를 더욱 무궁케 해줄 것으로 믿었던 사회주의 체제 몰락, 그리고 한국의 민주화. 그것은 그것을 떠받치고 있던 냉전 체제의 붕괴와 밀접한 상관관계가 있다. 패전국 일본을 사실상의 전승국 지위에 올려놓고 미국 패권주의 세력 최강의 동아시아 파트너로 격상시켜준 것은 바로 미국의 냉전 전략이었다. 냉전을 기획한 미국은 대일 점령 정책을 기존의 징벌적 개조에서 시혜적 개조 쪽으로 방향을 틀어 일본을 냉전 교두보로 재무장시키면서 옛 일제 식민 지역을 일본을 지키는 방파제와 시장으로 재편했고 친미 반공 정권들을 그 관리자로 앉혔다.

냉전의 붕괴는 일본의 전후 헤이와 번영을 뒷받침했던 그 모든 전제 조건들의 붕괴를 의미했다. 미국이 주도한 전후 체제에 대한 한국인들의 끝없는 저항인 민주화 운동과 그 산물인 87년 체제는 일본 우파들과 한통속이 돼 저항 세력을 탄압하던 친미 반공 군사독재 정권을 무너뜨림으로써 일본 전후 헤이와의 토대를 허물어뜨리는 데 중대한 기여를 했다. 일본 자민당 55년 체제의 몰락과 한국 87년 체제의 등장이 거의 같은 시기에 진행된 것은 그 둘의 밀접한 비대칭적 상관관계에서 비롯된 것이라는 권 교수의 지적은 설득력이 있다. "동북아시아에서는 적어도 100년 이상 비대칭적 관계가 반복되어왔다. 한일 관계로 좁혀서 말하자면, 한국이 반공 독재 체제에서 반자유·반민주주의·반인권·반평화의 길을 걷던 시기에, 일본은 자유·민주주의·인권·평화라는 가치에 뒤덮여 있었다. 그러나 거꾸로 한국이 민주화를 획득하여 겨우 인권·민주주의·평화라는 가치에 주목하려 하자, 이제 일본이 역방향으로 기울고 있는 것이다."

'일본의 불안'의 정체는 바로 이것, 즉 냉전 붕괴로 말미암은 헤이와 체제의 동요다.

냉전 붕괴와 함께 본격화한 미국 일극 체제하의 워싱턴 컨센서스 Washington Consensus, 미국 경제체제 확산 전략식 세계화, 신자유주의 만개, 그것이 초래한 양극화와 비정규직 양산, 히키코모리와 니트족, 프리터족 등 전망 없는 '잃어버린 세대'들의 등장 등은 주변 친미 반공 독재 정권들의 붕괴와 소련이라는 주적 상실과 더불어 안보와 생활의 위기의식을 부채질했다. 가해자이면서도 피해자 의식에만 매달린 히로시마·나가사키 반핵운동, 무장 대국을 향한 꿈을 전제로 한 '작은 나라' 콤플렉스와 영토 관념, 재일 조선인과 오키나와, 아이누, 북한에 대한 뒤틀린 의식 등이 이런 과정을 거치면서 그 분열증과 자기기만과 트라우마를 드러내기 시작했다. 그 반동이라 할 수 있는 터무니없는 북한 때리기와 우경화, 국가주의 강화 흐름, 이런 게 다 간단치 않은 일본 불안 증세의 실태요 메커니즘이다.

(일본) 전후 민주주의가 무엇인지 명확하게 정의가 내려진 것은 아니다. 하지만 일반적으로는 평화헌법과 보수·혁신 균형에 바탕을 둔 의회주의를 구성 요소로 본다. 그리고 전후 민주주의를 지탱했던 조건은 대외적으로는 미·일 동맹이고 대내적으로는 노사협조주의였다. 일본의 비무장 또는 경무장을 보완해준 것은 역설적으로 미·일 동맹 체제와 주변국의 반공 군사 독재 체제였다. 그리고 노사협조주의는 미국이라는 거대한 시장을 기반으로 한 수출 산업의 경제적 기반이었다. 이런 배경이 있었기에 전후 일본은 고도성장과 평화를 누릴 수 있었던 것이다. 하지만 냉전 해체 이후 이러한 전후 일본의 선순환 구조에 균열이 발생한다. 외교·안보적으로는 전후 일본의 평화를 외부

에서 '지켜주던' 한국의 반공 독재정권이 무너지자, 일본 내에서 미국
과 공조를 통해 자위대의 외연 확대를 꾀하는 '자주국방'의 필요성이
급증한다. 이런 흐름이 헌법 개정 움직임 같은 국가주의 경향의 강화
로 이어진다. 그리고 동시에 유례없는 장기 불황과 지구화에 직면한
일본 자본은 '경쟁력 강화' 차원에서 비정규직 중심으로 고용 형태를
개편한다. 그리고 기존의 거대 노조는 정규직의 고용 기득권을 유지
하기 위해 자본 쪽의 이런 움직임을 용인했다. 이런 조건에서 격차 사
회가 탄생한 것이다.

일본 번영과 평화의 비대칭성

일본의 '잃어버린 세대'에겐 '반전 평화'를 앞세운 거대 노조와 진
보 세력이 비정규직 문제 해결에 관심을 보이는 것조차 현상 고착으로
내부 모순을 은폐하고 자신들의 기득권을 지키려는 술수로 비쳤다. 그
리하여 비정규직 문제나 빈곤 문제가 우파의 신자유주의 개혁에서 비
롯된 것임에도 잃어버린 세대 다수가 그쪽을 공격하는 것이 아니라 오
히려 오른쪽으로 기울어 거기에 반대한 진보 진영을 공격하는 '오폭誤
爆'을 자행한다. 장수한 고이즈미 정권의 인기 비결을 얘기해주는 이런
측면은 젊은 층 다수가 신자유주의의 희생자들이면서도 그 신봉자인
이명박 정권에 표를 던진 한국 상황에도 적용될 수 있다.

1960년 6월 미·일 안보 조약 개정에 반대하는 10만여 시위대가
도쿄 시내 국회의사당 주변을 에워쌌다. 미국 덕에 기사회생한 A급 전
범 기시 노부스케가 총리가 돼 강행했던 안보 조약 개정(일본의 대미 종
속 강화)에 맞춰 일본 방문길에 나섰던 드와이트 아이젠하워 당시 미
국 대통령은 그 난처한 현장을 피해 오키나와로 방향을 돌렸다. 이 안

보 투쟁 시위를 주도했던 일본의 진보 좌파 세력은 아이젠하워 '방일' 저지를 일종의 승리로 받아들여 환호했다. 안보 투쟁을 위해 죽어도 좋다고 생각했던 오키나와 출신 열혈 시위 참여자 나카소네 이사무는 현장에서 그 장면을 목격했고, 다음과 같은 증언을 남겼다.

"(…) 그러나 그날 방일 저지를 외치며 국회 앞에서 농성하고 있던 국민 대중에게 집행부는 자랑스럽게, 그리고 조금은 비장하게 방일 저지 성공을 보고했다. '아이젠하워의 방일을 저지했습니다. 우리가 승리했습니다. 비겁한 아이젠하워는 오키나와로 도망쳤습니다!' 대중은 환호했다. 나는 머리가 돌 정도로 놀랐다. 이게 도대체 뭐지? 오키나와에 아이젠하워가 상륙했다는 것은 두말할 것도 없이 일본=오키나와에 발을 들이민 것이 아닌가?"

자신을 온전한 일본인이라 여기며 안보 투쟁에 투신했던 그는 배신감에 몸을 떨었다. 지식인, 학생 등 진보 좌파와 사회당이 주축이 된 반전 평화 세력에게 나카소네의 고향 오키나와는 일본이 아니었다. 오직 일본 본토를 위한 방파제였을 뿐이다. 평화와 자유와 민주주의가 만개한 듯 보였던 이른바 일본의 전후 번영은 일본 국토 전체 면적의 0.6퍼센트 정도에 지나지 않는 오키나와 섬의 20퍼센트를 뒤덮고 있는 미군 기지가 제공하는 안보 체제에 크게 의존하고 있었으나, 본토인들은 진보 좌파들조차 그들이 반대한 대미 종속 안보와 미군의 오키나와 주둔 사이의 상관관계에 대한 자각이 전혀 없었다. 아니, 어쩌면 알면서 애써 눈감았는지도 모른다. 일본의 평화와 자유와 번영, 그리고 지금까지도 일본에서 가장 가난하고 실업률도 높은 미국 군사기지 오키나와의 불평화와 (상대적) 부자유와 가난이라는 비대칭적 관계. 일본의 번영이 오키나와의 곤궁 위에 서 있는 관계, 일본이 번성하기 위해 오키나와가 곤궁해야 하고 오키나와가 곤궁하기에 비로소 일본이 번성하는 관계.

제주도 출신 김석범의 『화산도』에서 제주4·3항쟁 학살을 피해 일본으로 건너간 이 소설 등장인물은 이렇게 얘기한다. "조선과 비교하면 일본은 이 얼마나 평화로운가! 평화였다. (…) 연합국에 협력했던 조선이 자유를 상실하고 잔혹하리만큼 개인적인 제한을 받고 있는 데 반해, 바로 얼마 전까지 미국의 적이었던 일본은 전쟁을 일으킨 중대한 책임이 있음에도 불구하고 그들이 과거에는 향유할 수 없었던 자유와 민주화를 구가하고 있다는 것이었다. (…) 정말이지, 그러하다. '평화와 민주화를 구가하는 일본.'" 이 뒤집힌 관계는 1974년 광복절 기념행사장에서 박정희 대통령 저격을 기도한 문세광 사건을 다룬 양석일의 『죽음은 불꽃과도 같다死は炎のごとく』에서 문세광의 입을 통해 더욱 극적으로 묘사된다. "한국의 정치 상황에 비해 일본은 너무나 평화롭다. 평화가 평화이기 위해 다른 희생을 필요로 한다면, 그것을 평화라 할 수 있겠는가!"

양석일은 식민지 지배와 전쟁 가해자인 일본이 전후에 평화와 민주주의의 '번영'을 누리는 것과 식민지 지배와 전쟁 피해자인 한국 등 주변 지역이 반공 군사독재 정권 치하에서 고난의 길을 걷게 되는 것 사이에는 일종의 제로섬적 비대칭 관계가 존재한다는 사실을 선명하게 자각하고 있다. 일본이 평화를 누리기 위해 주변 지역이 대신 평화를 희생해야 하는 구조. 그 구조 위에 핀 평화가 진정한 평화일 수 있을까? 양석일이 던진 이 의문이 바로 『일본의 불안을 읽는다』를 관통하는 기본 화두다.

냉전 붕괴와 한국의 민주화 이후 일본의 전후 헤이와 체제가 크게 흔들리고 있다. 그러나 정작 87년 체제의 한계를 헤쳐나온 한국은 2007년 대선에서 과거로의 회귀 쪽을 선택했다. 일본 우파가 환호하고 미국 패권주의 세력은 안도했으며, 북의 동족은 멀어지고 있다. 그게 현명한 선택이었는지 『일본의 불안을 읽는다』는 묻고 있는 것 같다.

미국의 역할과 주변국과의 관계, 특히 거대 중국의 등장이 일본 사회 변동에 끼친 충격 효과 등에 대한 천착을 후속작에서 기대하고 싶다.

후쿠시마 원전 사고,
인류사의 터닝 포인트

2011년 3월 중순경, 도치기 현에 사는 사람이 전화로 "피폭당했다"라고 말했다. 반은 농담이었지만, 위험이 어느 정도인진 확인할 순 없어도 그 자신이 방사능에 노출된 것만은 분명한 듯했다. 도치기 현이면 도쿄 바로 북쪽의 사이타마 현 위쪽에 군마 현, 이바라키 현과 나란히 붙어 있는 지역인데, 원전 사고가 난 후쿠시마 현과 경계를 접하고 있다. 후쿠시마 현 바로 아래다.

그는 도치기 현 일대 농산물이 요오드, 세슘 등 원전이 방출한 방사능 물질에 오염됐다는 사실이 초래할 걷잡을 수 없는 파장을 두려워하고 있었다. 시금치 등 일상적으로 소비되는 신선 식품들이 방사능에 오염됐다는 보도가 일단 나가면, 인체에 해로운 방사능 오염 수치가 어느 정도인지와 상관없이 당장 소비자들 누구도 도치기 현 채소들을 시장에서 구입하려 하지 않을 것이라고 그는 말했다. 조그만 가내공업을 하는 그는 자기 주변 땅 대부분은 그야말로 농사만 짓고 사는 농민들이라면서 그곳 농산물들 출하가 불가능해지면 그 사람들은 장차 어떻게 살아야 하느냐고 걱정했다. 보상 같은 게 있느냐고 물었더니, 있어도 언제 나올지도 알 수 없다며 방사능에 오염된 채소라고 구체적으로 거명된 채소들 외엔 그 보상 대상에서도 제외될 것이라고 했다. 특정 채소만 빼고 다 보상 대상이라는 포지티브 방식이 아니라 특정한 몇 개만 보상 대상이고 나머지는 몽땅 제외하는 네거티브 방식인 모양이다.

그는 몇 품목만 위험하다, 먹지 말라고 당국이 고시하거나 해당 품목의 출하를 금지할 경우 그 품목과 그 품목을 키운 농민만 피해를 입겠느냐고 항의하듯 말했다. 소비자들은 무슨 품목인지를 불문하고 그 지역 일대에서 출하된 모든 농산물을 불신하며 사지 않을 것이라고 했다. 당연한 얘기다. 당국이나 언론이 아무리 피폭 축적량, 방사능 오염 정도가 당장 인체에 해로울 정도는 아니라고 얘기해봤자 사람들은 믿지 않을 것이다. 그것은 이미 대지진과 원전 사고 이후 일본 당국이 보여온 믿음이 가지 않는 일련의 행태 때문이기도 하고, 원자력이나 방사능에 대한 인간의 지식이나 조종 능력 자체가 전적으로 신뢰할 수 없는 수준이라는 원천적인 한계 때문이기도 하다.

이번 사건으로 더욱 확연해졌지만, 인간은 원자력과 관련해 매뉴얼로 지정해놓은 경우 외의 사고가 났을 때 아직 어떻게 대처해야 할지 제대로 알고 있지 못하다. 히로시마, 나가사키 사건이 있었고 스리마일과 체르노빌 사고가 있었지만 그때나 지금이나 쩔쩔매기는 마찬가지다. 수천수만 명의 희생자들이 다치거나 죽어가고 있는 걸 뻔히 보면서도 어찌해야 할지 당혹 속에 우왕좌왕하다가 결국 가능한 한 사고 지점에서 비교적 안전하다고 여겨지는 범위 바깥으로 사람들을 철수시키고 문제의 원전을 폐쇄하거나 해체하는 수준이다. 그것도 시간과 돈이 엄청 들고 위험성을 완전히 차단하지도 못한다.

지금 일본에서 벌어지고 있는 후쿠시마 원전 신드롬은 일본뿐 아니라 지구 인류 전체가 어쩌면 처음당하는 일이다. 원전 사고는 당할 때마다 항상 새로운 전인미답, 전대미문의 일이 되고 만다. 아무도 정확한 원인규명과 대처방법을 모른다. 안전과 기술 수준에서 둘째가라면 서러워할 일본이라는 나라가 전 세계가 쳐다보고 있는데도 계속 결정적인 해결 수단을 내놓지도 못한 채 그야말로 우왕좌왕하며 어찌할 바를 모르고 있다.

농산물 피폭 정도야 시간이 지나면 엷어질 수도 있고 갈아엎고 다시 심으면 될지도 모르지만 토양 오염은 또 어떻게 하나. 하세월 먼지에 묻어 대기를 떠돌 죽음의 재들은 또 어떻게 하나. 도치기의 그 일본인은 땅의 방사능 오염 때문에 도치기 일대엔 장차 오랜 세월 동안 사람이 살 수 없게 될지도 모른다고 했다. 그는 도치기뿐만 아니라 사고 원전이 있는 후쿠시마와 이바라키·군마·미야기·이와테·아키타·야마가타 현 일대, 어쩌면 아오모리까지, 도쿄 동북쪽, 일본 혼슈 동북(도호쿠) 지방 전체가 사람 살 수 없는 땅이 될지도 모른다고 걱정했다. 간 나오토 전 총리가 말하지 않았나. 잘못하면 후쿠시마 원전 사고 한 번으로 동일본(도호쿠를 비롯한 도쿄 이북 전체) 전체가 괴멸 상태에 빠질지도 모른다고. 그 일본 사람은 그래도 자신은 그 땅에 남겠다고 했다. 나라면, 여러분이라면 정체도 제대로 모르는, 눈에 보이지도 않는 위험 물질이 땅과 하늘을 배회하고 있는 곳에 들어가 살고 싶은 마음이 날까. 당장도 위험하지만 몇 년, 몇십 년 뒤에야 인체에 치명적인 결과로 나타날 수도 있는 정체불명의 위험 물질, 어쩌면 많은 세대 뒤의 후손들에게까지 암과 기형을 안겨줄지도 모르는 위험천만한 물질이 떠돌고 있는데. 그 영향이 유전체에도 영향을 주고 후세의 유전인자까지 바꿔놓을 수도 있는데.

세슘 반감기가 30년이라고 하는데 잘 씻고, 항상 마스크를 쓰고, 늘 방사능 수치를 재가며 가능한 한 조심조심 살아가면 별 문제가 없을지도 모르겠지만, 수십 년을 그렇게 살아갈 수 있을까.

끌 수 없는 불

반핵 운동가가 된 과학자 다카기 진자부로가 원자력을 '끌 수 없는 불'이라며, 인간이 붙일 순 있어도 마음대로 끌 순 없는 원전은 빵점짜리 기술이라고 했는데 그 말이 실감난다. 다카기는 원래 대학에서 그 분야를 공부하고 원전에 취직해 원전 우라늄 원료나 타고난 원료에서 추출한 플루토늄 등 방사능 물질이 원자로에서 분열하거나 보관할 때 측정치들이 어떻게 변하고 방사능이 얼마나 새어나오는지 따위를 매일 측정해서 보고하는 걸 밥벌이로 삼았던 사람이다. 한때는 그게 인류 미래를 책임질 무공해 에너지라 믿고 대단한 자부심도 지니고 있었으나 어느 때부터 그게 아니라는 사실을 그는 깨달았다. 대책 없는 위험 물질이고 이대로 계속 가면 인류 전체에 치명타를 가할 금단의 물질이라는 것, 인간은 아직도 그리고 앞으로도 영원히 그 물질을 안전하게 다룰 기술을 지닐 수 없다는 걸 그는 간파했던 것이다.

그는 핵분열이나 핵융합(핵융합은 별의 작동 원리인데, 인간은 아직 그 비밀을 모른다)은 지금 우리 인간과 지구, 세상을 구성하는 기본 물질인 원자들을 쪼개거나 합치는 일인데, 그때 방출되는 에너지를 이용하겠다는 건 우리의 삶을 오랜 세월 안정적으로 지탱해준 그 토대를 마음대로 해체, 재조립하겠다는 것으로, 그것은 인간이 손대서는 안 될 인간 영역 밖이라고 말했다. 후쿠시마 원전 사고는 그의 얘기를, 인간의 미래를 꿰뚫은 예언자의 경고처럼 들리게 만든다. 후쿠시마 원전 사고는 정확하게 그의 예언대로 진행되고 있다. 붙여놓고 이용은 했지만 그걸 필요한 때 끌 수 없는 인간. 설사 핵연료를 성공적으로 제거해서 원전 가동을 완전히 멈추고 해체 또는 격납시켜버린다 해도 안전은 보장되지 않는다. 원전 연료 등 고준위 방사성 폐기물들의 반감기는 길게는 수백만 년 이상 갈 것이고 해체한 그 많은 원전 잔해들과 방사선 오염 물질들은 어딘가 보관해야 할 텐데, 길고 긴 시간 그 폐기물들이 아무 일도 일으키지 않는다고 누가 보장할까. 수백만 년 뒤의 자손들 안전까지 위협할 꺼지지 않는 불, 끌 수 없는 불에 대한 다카기 진자부로의 20년 전 경고는 적중했다.

규슈 쪽이나 상하이 쪽 원전이 이번처럼 사고를 당하면 한국이라는 나라가 위험해질 것이란 보도들이 있었다. 거꾸로 생각해보면, 한국 동서해 연안의 원전들 중에 뜻하지 않는 사고를 당하는 경우가 생긴다면 중국이나 일본 사람들은 안전할까? 편서풍 덕에 이번 후쿠시마 원전 사고에서 한국은 비교적 안전하다고들 하지만 영광이나 고리, 월성, 울진 쪽 원전들이 사고를 당하면 한국의 사람과 자연은 말할 것도 없고 그 편서풍 때문에 일본도 치명타를 입게 될 것이다. 상하이나 산둥, 다롄 쪽 원전이 사고 나면 한반도는 그 죽음의 방사선 한복판에 놓일 것이고 일본 역시 안전하지 못할 것이다. 황사를 생각해보면 그 정황을 짐작할 수 있다. 봄철 한반도를 뒤덮는 짙은 황사. 중국 대륙에서 몰려와 안개나 구름처럼 천지를 뒤덮어버리는 황사를 치명적인 방사능을 함유한 죽음의 재라고 상정해보라. 중국 원전에서 사고가 나면 방사능 물질은 황사와 하등 다를 바 없이 한반도를 뒤덮게 될 것이다. 그럴 때 몇 장의 마스크와 손 씻기, 샤워로 안전을 보장받을 수 있을까? 그렇게 해서 방사능에 오염된 농작물과 토양, 짧게는 수십 년, 길게는 수백만 년 지속될 방사능 공포를 우리가 어떻게 견뎌낼까.

사람들 중엔 호들갑 떨지 말라거나 위험을 과장하지 말라는 대범한 이들도 있는 모양이지만, 그 대범과 호언도 인간이 쌓아올린 얄은 지식이나 기술에 토대를 두고 있을 것이다. 예컨대 같은 후쿠시마 원전 사고를 두고 일본 정부 당국과 프랑스나 미국 당국 시각이 다르고, 시민과 과학자, 여당과 야당의 반응에 온도차가 있듯이. 후쿠시마나 도치기, 이바라키 산 시금치에서 상당량의 방사능이 측정됐다는 걸 두고도 서로 다른 시각으로 그걸 바라볼 수 있다. 사람들의 공포가 더 큰 공포와 혼란을 부를지도 모른다는 걸 항상 염두에 두고 가능한 한 그것을 억제해야 하는 당국은, 방사능 피폭이 사실이긴 하지만 그것을 매일 먹는다 해도 연간 총 피폭량은 몇 밀리시버트 정도이니 엑스레이 사진을 한꺼번에 몇 번 찍는 정도와 다를 바 없다, 그러니 크게 걱정하지 않아도 된다, 라는 식으로 이야기할 것이다. 이해할 수 있는 일이다. 정부마저 공포에 떤다면 나라가 유지될 수 없겠지. 하지만 그런 메커니즘에 젖어 있는 당국과 경직된 관료 체제 쪽의 발설을 너무 믿어도 곤란하지 않을까. 그들이 근거로 들이대는 과학적 지식이라는 것도 어차피 제대로 모르고 있기는 마찬가지가 아닐까. 그리고 그런 지식을 동원하는 당국의 진정성을 100퍼센트 믿을 수 있을까? 위키리크스를 통해 폭로된 믿을 수 없는 사실들을 떠올려보라. 각국 정부와 관료들의 평소 발표나 발언들을 그대로 믿을 경우 놀아나거나 낭패를 당할 수도 있다는 사실을 우리는 움직일 수 없는 너무나 많은 증거들을 통해 확인하지 않았나. 그렇다고 호들갑과 과장 쪽 손을 들어주자는 얘기는 물론 아니다. 당연히 그쪽도 경계해야 할 것이다.

한국의 원전 산업

어쨌든 그런 위험한 불을 수십 군데 켜놓고 아무렇지도 않게 살고 있는 우리 자신을 어떻게 생각해야 할까? 후쿠시마 원전 하나의 사고로 일본이라는 나라 전체, 그리고 온 세계가 저토록 난리인데. 우리는 지금 20여 기의 원전을 가동 중이고, 20년 안에 12기의 원전을 더 지어 35~40퍼센트인 원전 비율(총전력에서 차지하는 비중이다)을 59퍼센트까지 높인다는 계획을 세워놓고 있다. 대부분이 평소엔 별 문제 없이 돌아가겠지만, 만일 그중에 단 한 기라도 이번 일본의 경우처럼 뜻밖의 사고를 당하게 되면? 그리고 만약에 남북 관계가 더욱 악화돼 서로 미사일로 상대의 치명적인 약점을 겨냥해야 할 상황에 처한다면? 국토의 넓이나 인구밀도 등으로 볼 때 한국은 일본보다 훨씬 더 취약하다. 한국의 원전 기술과 안전 대비가 과연 일본보다 월등할까? 그리고 황해, 우리가 마주 보고 있는 서해(중국으로선 동해) 연안 쪽에 줄줄이 세워놨거나 세울 계획을 짜놓고 있는 중국 원전들 중에 뜻밖의 사고를 당하는 경우가 발생한다면? 천만다행하게도 이번 일본 대지진은 일본 동해안 태평양 연안에서 일어나 일본 열도가 우리에겐 마치 방패막이처럼 작용했지만 만일 진앙이 동해, 일본 서쪽 바다였다면 우리역시 후쿠시마나 미야기에 버금가는 해를 입었을지도 모른다. 만일 동해 쪽에서 진도 8 이상의 강진이 발생하고 해일이 밀어닥쳐 울진 쪽 원전들이 뜻하지 않은 사고를 당한다면? 25만 명의 목숨을 앗아간 1970년대의 당산 대지진과 같은 규모의 지진이 쓰촨 같은 내륙이 아니라 중국 연해 지역을 덮치고 그것이 그곳 중국 원전들을 뒤흔들어놓는다면?

개번 매코맥 호주국립대 교수는 일본이 앞으로 취할 수 있는 원전 정책을 몇 가지로 예상했다. 약간 보완만 하고 지금 그대로 가는 것, 추가 건설을 포기하고 문제 있는 것을 폐기하면서 차차 줄여가는 것, 신재생에너지 등 대안 에너지 쪽으로 방향을 근본적으로 돌려버리는 것. 어느 쪽이 가장 나을까?

원전 문제는 이런 측면도 있다. 우리나라는 부지런히 원전을 지어왔는데, 원전 건설은 한 기만 해도 수천억, 수조 원까지 돈이 들어가는 대형 사업이다. 그만큼 이권 관계도 복잡하고 덩치도 크다. 계획에서 가동까지 빨라야 몇 년, 길게는 10년도 더 걸리는데, 전력 수요를 예측

하고 건설을 시작하여 몇 년 지나면 실제 수요는 예측보다 더 클 수도 작을 수도 있다. 우리나라같이 산업 발전 속도가 빠른 나라는 많은 경우 원전이 완공될 때까지 전력 수요가 급증해 전력 수급에 진땀을 빼다가 막상 원전이 완공되고 가동이 시작되면 막대한 새 전력이 쏟아져 나오면서 한동안 갑자기 전력이 남아도는 상태가 된다. 그래서 전기료를 싸게 책정해 될수록 많이 쓰게 하고 공장 같은 대형 수요처엔 산업 전기라 해서 특별히 요금을 깎아주고 심야 전기료는 따로 책정해 무척 싸게 해준다. 그것만으로도 남는 전력을 감당하지 못해 만든 게 이른바 양수 발전소다.

밤에 남는 전기로 모터를 돌려 산 중턱이나 꼭대기에 만들어놓은 대형 저수지에 물을 퍼 올린 뒤 낮에 전력 수요가 많을 때 그것으로 수력발전기를 돌려 전기를 생산하는 '꿩 먹고 알 먹기'식 전략이다. 한데 그게 속빈 강정이란다. 그 양수 발전소 가동률이 4퍼센트대에 지나지 않는다. 양수 발전소 가동률이 50퍼센트, 100퍼센트야 될 수 없고 또 그게 바람직하지도 않지만, 그래도 4퍼센트는 좀 심하지 않은가. 그 많은 건설 비용을 들여 주로 보존 가치가 큰 숲과 계곡들을 망가뜨려 가며 지어놓은 양수 발전소의 효과가 고작 그 수준이라면 문제가 심각한 것 아닌가. 어찌 보면 실제 효용보다는 잘못된 발전 관행, 즉 원전을 계속 지어 전력 수요를 부추기고, 그래서 전력이 부족해질 만하면 다시 원전을 지어 해소하고, 남는 전력 파느라 값 내리고, 양수 발전소 짓고…… 그런 악순환을 얼버무리기 위한 하나의 구실이자 변명거리로 하는 게 양수 발전 같은 별 실효성도 없는 간판만의 도깨비놀음이 아닌가 하는 생각을 하게 된다.

그런 메커니즘을 만들고 유지하고 거기서 막대한 이익을 얻는 집단들, 조직들, 세력들을 이른바 '원전 마피아'라고 한다. 거기에 한몫 끼려는 주류 이익집단들뿐만 아니라 그런 식의 비교적 싸고 편한 전력 수급에 익숙해진 일반 시민들도 이런 악순환을 선호한다. 평소엔 그 폐단을 의식하지 못하는 것이다. 그래서 궁극적으론 엄청 손해보는 일인데도 자꾸만 정부의 기존 원전 정책을 지지하는 이른바 경직성, 경로 의존성을 드러내게 된다.

인류사의 터닝 포인트

후쿠시마 원전 사고는 이런 관행을 근본적으로 재고해야 한다고 가르쳐주었다. 앙겔라 메르켈의 독일이 왜 원전을 없애는 쪽으로 방향을 틀었겠는가. 메르켈은 후쿠시마 원전 사고가 역사적 터닝 포인트가 될 것이라고 했다. 독일 원전들의 연장 가동을 중단하겠다는 걸로 봐서 세계 원전 정책의 역사적 전환점쯤으로 언급한 걸로 보이지만, 내겐 인류 역사의 전환점으로 읽힌다. 그만큼 이번 사건은 여러모로 심각하고 의미가 깊다. 원전 마피아의 전략을 버리는 일이 간단치는 않겠고 힘든 길이 될 수도 있지만, 힘든 걸 감수하지 않고는 대안을 찾을 수 없는 게 현실이기도 하다. 어렵더라도 결국엔 안전하고 더 큰 이득이 되는 쪽으로의 방향 선회. 그게 뭘까? 대안 에너지를 찾아야 한다. 소득을 다소 줄이고 생활이 다소 불편해지더라도 더 안전하고 지속 가능한 에너지를 찾아가는 쪽으로의 방향 선회. 삶이 소박해지더라도 더 편하고 더 기쁜 삶이 지속될 수 있는 길이 있다면 그쪽으로 나아가야 하지 않을까. 비록 느리게 갈지라도 매코맥이 제시한 선택지들 가운데 마지막 것, 그쪽으로 일단 대원칙을 정해놓고 가능한 한 불편을 줄이면서 서서히 나아가야 한다.

한 가지 덧붙이면, 북핵 해소를 위해서도 원전 정책은 재고해야 한다. 이제까지 북핵이 한반도 안보 최대 위험 요소인 것처럼 떠들어왔지만, 후쿠시마 원전은 일본 핵이야말로 한반도와 동북아시아에 가장 위험한 핵일 수 있다는 사실을 깨우쳐주지 않았나. 대형 지진이 잦은 일본의 원전들. 자신은 핵을 싫어해 만들지도 보유하지도 반입하지도 못하게 하겠다는 일본의 반핵 평화라는 것도 따지고 보면 미국이라는 최대 핵보유국의 핵우산 아래의 평화가 아니었나. 미국이나 중국의 핵에 비하면 북핵은 아무것도 아니다. 특정 상대를 겨냥하고 만든 무기로서의 북핵을 평면 비교할 수 있느냐고 할지 모르지만, 특정 상대를 겨냥하지 않은 핵무기가 있나? 상대를 겨냥하지 않을 바에야 만들지도 않는 게 무기요 핵무기 아닌가. 북이 설사 몇 기의 핵무기를 보유했다 한들 그걸로 예컨대 남쪽이나 일본, 미국을 공격할 가능성이 있을까? 만일 그랬다면 북은 수십 수백 발의 핵무기로 초토화되어 나라가 당장 망하는 건 물론이고 영구히 인간 거주가 불가능한 지역이 될 텐데 북의 리더들이 그걸 감수할까? 그렇게 보면 북핵이야말로 종이호랑이에 지나지 않을 수도 있다. 그에 비하면 일본 원전 사고는 훨씬 더 현실적인 핵 위협이 아닌가. 대형 지진이 일상적인 일본 땅의 원전이 주는 위협보다 북핵 위협이 더 크고 더 현실적일까? 중국의 핵도 탄도미사일에 탑재된 핵무기보다 중국 연안에 들어선 상업적 원전들의 핵 쪽이 훨씬 더 현실적인 위협이 아닐지. 만일 그런 원전들 중에 하나 또는 둘이 그곳 또는 인근 지역의 대지진이나 해일로 후쿠시마 원전 같은 사고를 당한다면? 마찬가지로 좁은 땅에 조밀하게 들어선 한국의 원전들 중 하나라도 잘못된다면? 간 나오토는 동일본 괴멸을 얘기했지만 우리는 한반도 전체의 괴멸을 걱정해야 할지도 모른다.

물론 북핵은 용납될 수 없다. 무기로서의 북핵은 당연히 당장 폐기해야 한다. 하지만 북핵을 폐기하라고 요구하기 위해서도 원전과 핵무기 정책, 핵우산에 기댄 반핵 평화 정책을 근본적으로 재고해야 한다. 남쪽이나 일본, 중국 연안에서 원전 사고가 나면 북도 결코 안전하지 못하다. 내가 하면 로망이고 네가 하면 불륜이라는 비아냥은 핵에 대해서도 똑같이 적용할 수 있다.

민족 재통합을 위한
대중국 전략

미국과 중국 사이

통일을 위해서도 미국과의 관계를 재정립해야 한다. 미국과의 적절한 거리를 확보하지 않는 한 남북 재통합은 불가능하다. 동북아시아 현재 정세, 세력 구도상 그렇게 하지 않고는 분단 해소가 불가능하다. 분단 해소, 즉 민족 재통합이 이루어지지 않는 한 남이나 북이나 온전한 생존이 불가능하며, 존속이냐 소멸이냐의 끝없는 위기의 심연을 오갈 수밖에 없다. 재통합만이 온전한 하나로, 한민족을 하나의 당당한 플레이어로 설 수 있게 해줄 것이다.

그럼에도 현실은 거꾸로 가고 있는 듯하다. 맹목적 친미·친일주의자들이 분단을 더욱 고착화하는 잘못된 방향으로 상황을 끌고 가려 한다는 의구심을 갖지 않을 수 없다. 광해군을 내몰고 들어선 골수 존명 사대주의 인조반정 세력들이 병자호란을 끌어들이고 조선을 쇠망으로 끌어간 과거를 떠올리지 않을 수 없다. 어제의 존명 사대주의가 오늘의 맹목적인 골수 친미 사대주의와 얼마나 다를까?

1894부터 1895년 일어난 청일전쟁은 서해(황해)에서 본격적으로 시작됐다. 그 전사前史로 전봉준이 이끄는 동학혁명과 무능한 조선 왕실의 청군(중국군) 파병 요청, 이를 틈탄 일본의 파병. 1894년 8월 1일

청과 일 양국 선전포고, 그리고 9월 17일 서해 교전. 1895년 2월 12일 청 북양해군 웨이하이에서 괴멸. 4월 17일 강화조약. 그 결과 청은 요동반도와 대만, 펑후제도를 일본에 떼어주고, 배상금 2억 량兩을 지불해야 했다. 그달 23일 야만적인 일본군 불법 간섭으로 '토벌'당한 동학 농민군 통수권자 전봉준이 처형당했다. 일본은 그때 중국과 만주 이권을 일본이 독차지하게 내버려둘 수 없었던 독일, 프랑스를 부추긴 패전국 러시아의 공작인 이른바 삼국간섭으로 강화조약에서 빼앗은 전리품 일부를 도로 뱉어내야 했지만, 대만을 합병하고 조선에 대한 지배권을 확립했다. 이제 조선은 민비가 살해(명성황후 시해)당하고, 단발령이 내려지고, 아관파천을 거쳐 제국주의국가들 흥정 대상으로 완전히 전락한다.

1896년 고종의 아관파천으로 조선에 대한 지배권을 확립한 러시아는 일본의 조선 반도 분할안을 거부했고, 결국 러일전쟁이 터진다. 그 전쟁도 서해에서 시작된다. 1904년 2월 8일 인천 앞바다에서 일본군이 러시아 함대를 기습 공격했다. 그러고 나서 이틀 뒤에야 일본은 러시아에 선전포고를 했고, 이후 일본제국의 전쟁 주무 기관이 되는 대본영이 설치된다. 미국 영국이 일본 지원에 나서고, 조선에선 그해 8월 친일 매판 일진회가 결성됐다. 1905년 5월 27일 희망봉을 돌아온 러시아 발틱 함대가 대한해협에서 도고 헤이하치로東鄕平八郞가 이끄는 일본 연합 함대에 궤멸당했다. 그 직전인 7월 29일 가쓰라-태프트 밀약으로 미국은 조선에 대한 일본의 지배권을 보장해주었다. 그해 11월 17일 제2차 한일협약(을사늑약)이 체결되고, 12월 21일 서울에 통감부가 설치됐다. 그로써 조선은 사실상 일제 식민지가 됐다.

■　바로 전인 5월 22일, 일본은 시마네 현 고시를 통해 독도를 자국령 다케시마로 강제 편입했다.

1950년 북이 남침했다. 미국이 유엔의 이름으로 개입해, 인천상륙작전으로 본격적인 반격을 시작한 곳도 서해였다. 중국은 남한군 단독이 아닌 미군이 함께 38선을 월북해 북진할 경우 개입하겠다고 경고했다. 미군은 압록강까지 올라갔고, 그해 10월 말 중국군이 경고대로 대거 밀고 들어왔다. 이후 한국전쟁은 미국과 중국의 전쟁이 됐다. 어느 일방의 완전한 승리가 불가능하다는 사실을 파악한 둘은 결국 애초 분단 상태로 복귀하는 데 동의했다. 중화인민공화국은 망해가던 명이 아니라 새로 일어선 청과 같다.

1592년 임진년부터 7년간 진행된 전란에 명이 개입한 것은 전통적 조공 체제라는 국제관계 작동 기제 때문이기도 했지만, 조선이 무너지면 조선을 타고 온 외세가 명도 위태롭게 만들 것이라는 중국 지배층의 현실 판단 때문이었다. 명은 왜를 명 영역 바깥에서 막고자 했다. 지금도 그렇지만 전쟁은 엄청난 인적 물적 동원 체제가 가동돼야 하고, 전장은 쑥대밭이 되며, 회복하는 데 너무 많은 세월과 비용이 든다. 명은 조선에서 왜를 막고자 했다. 명에게 왜는 중화 체제를 휩쓴 고대의 흉노, 그리고 몽골과 같은 북방 유목 민족과 유사한 존재였을 것이다. 중화를 노리는 또 하나의 외부 신흥 세력. 그에 비하면 조공 체제를 수용하고 공존 쪽을 택한 조선은 안정적이고 다루기 쉬운 존재였고, 때론 군사적 동맹국이기도 했다. 말하자면 조선은 조공 체제로 대표되는 중화 세계, 당시 알려지고 접촉 가능한 세계 내지 국제관계에서 나름의 한자리를 차지하는 그 세계 주요 플레이어였던 셈이다.

그러나 군사적으로 힘을 키우고 있던 신흥 왜는 길들여지지 않은 이질적인 외부 세력, 조공 체제에 부분적으로 포섭되긴 했으나 언제 어떤 방향으로 튈지 알 수 없는 불안정한 세력이었다. 그 왜가 조선이라는 통로를 장악한 채 그것을 타고 올라와 만주와 요동을 치면 제1의

흉노, 제3의 몽골 재난이 될 수 있었다. 약할 때의 조선은 중국에겐 치명적인 외세의 침입 통로가 될 수 있다고 보고 경계하는 게 전통 중국 지배 세력에겐 오랜 교훈이자 계명이라고 봐도 이상할 게 없지 않을까. 후금이 청을 세우고 중원을 장악할 때도 조선을 먼저 쳐서 배후의 위험을 제거했다는 분석도 있다. 어차피 청은 조선을 치게 돼 있었다는 얘기. 하지만 그런 해석을 받아들일 때조차도 인조반정 세력의 편향적이고 무모한 반청친명 외교 책략이 아니었다면 그토록 무참하고 파괴적인 결말로 가진 않았을 것이라는 얘기가 설득력이 있다. 좀 더 현명한 외교를 펼쳤더라면 후금(청)과 함께 새로운 동아시아 질서를 수립할 수 있었을지도 모르고, 그리하여 근대를 전혀 다른 환경에서 맞이하며 그 뒤 밀려들어 온 서구 제국주의 세력들과 당당하게 맞설 수 있었을지도 모르는데. 그렇게 됐다면 서구가 일본이라는 변방을 거점으로 삼아 동아시아를 유린한 19, 20세기의 동아시아 역사가 전혀 달라졌을지도 모른다.

어쨌든 임진년 전란 때 이순신의 수군이 왜의 서해 북상을 저지하지 못했다면 조선은 그때 이미 일본이 됐을지도 모른다. 명과 왜의 국경선은 요동, 요서가 됐을지도 모르고. 그때도 서해를 차지한 쪽이 조선 반도를 장악하고, 나아가 동북아시아 패권을 겨뤘을 것이다.

한국의 언론들은 북의 연평도 포격 이후 중국이 북을 싸고돌면서 북 편을 들고 있다고 연일 비난하고 또 원망하며 국민들이 거기에 동의하기를 강요하다시피 하고 있다.

역사를 돌아보면 알 수 있듯이 중국은 서해에 강력한 외세가 들어오는 걸 안보상의 치명타로 간주할 수밖에 없지 않을까. 수도 베이징, 톈진, 다롄, 칭다오, 상하이 등 중국의 동력 거점과 연해 근대화 벨트

전체가 무방비 상태가 된다고 중국은 간주할 것이다. 그럴 때 중국 지배층이 1592년 임진년과 1895년, 1905년, 1950년을 떠올리는 건 당연하지 않을까.

전 세계에 800여 곳이나 되는 군사기지를 둔 최강의 군사 제국 미국의 7함대와, 그 기지를 제공하고 있는, 해군력 세계 2위의 일본 해상자위대의 첨단 무기와 장비들, 이지스함과 항공모함까지 무더기로 뒤따라 들어오는 한미 합동 군사훈련이 지금 세계에서 안보상 가장 민감하고 위험한 해역, 중국 동력 핵심부와 그야말로 일의대수, 내해라고 볼 수 있는 서해에 밀고 들어오는데, 중국이 가만히 있을까?

'도광양회韜光養晦' '화평굴기和平崛起'에서 '유소작위有所作爲'로 나아가는 대국이기는 해도 중국은 아직 경제 발전에 우선 집중하고 있고 그 때문에 내부 진통에 쩔쩔매고 있는 이른바 '신흥 세력'이다. 이 도광양회의 화평굴기를 위한 시간 벌기가 절대적으로 필요한 중국이 북한의 모험주의 때문에 서해와 한반도 일원의 교란과 요동, 또 그로 인한 국력 분산을 결코 원하지 않을 것이다. 중국이 한반도 안정을 원한다는 얘기는 결코 빈말이 아니다. 중국은 경제발전에 전력을 기울이기 위해서도, 또 중국이 19세기 20세기와 같은 외세가 몰고 올 재앙을 피하기 위해서도 한반도와 서해의 안정이 필수 불가결하다.

중국이 북을 지원하면서도 한편으로 경계하고 때론 원망할 수밖에 없는 이유도 거기에 있다. 북의 모험주의는 거기에 대적하는 남의 연쇄반응을 이끌어내고 남의 뒤에는 동맹국 미국과 그 동맹국 일본이 뒤따라 붙기 때문이다. 북의 모험주의는 거기에 알면서도 말려들 수밖에 없는 중국에겐 치명타가 될 수 있다. 그래서 때론 다독거리고 때론 협박하면서, 반중국 통합 세력이 압록강과 두만강을 사이에 두고 중국과 대적하는 것만은 어떻게든 피하려 할 것이다.

중국이 남북한을 바라볼 때는 언제나 그 뒤의 미국, 일본을 계산에 넣고 있다. 불행하게도 한국이라는 나라는 중국이 그렇게 생각하는 게 당연할 정도로 미국, 일본에 지나치게 경사돼 있다. 식자들 중엔 사실상 거의 미국 식민지나 다름없는 상태로 인식하는 사람들도 있다. 안보상 그렇고 경제적으로 그러하며, 최근에는 문화와 영혼까지도 그러하다. 남은 지금 그 물질과 정신 모두가 실은 북의 동족보다는 이족인 일본이나 미국과 훨씬 가깝다. 미·일의 상사형, 닮은꼴 한국. 일본과는 직접적인 군사동맹을 맺고 있진 않지만 동맹국 미국을 매개로 사실상 삼각군사동맹을 맺고 있는 셈이고, 그 동맹은 최근 더욱 강화 일변도를 걷고 있다.

미국과 일본이 뒤에 도사리고 있는 한국을 중국은 전적으로 신뢰하진 않을 것이다. 미심쩍어하고 한중 관계에는 언제나 유보 조항을 달 것이다. 불과 얼마 전까지의 역사만 돌아보더라도 중국이 그럴 수밖에 없다는 건 누구에게나 명백하다. 중국이 북이라는, 어쩌면 골치 아프고 적지 않은 비용과 안보 위협까지 감수해야 하는 존재를 싸고도는 것처럼 보이는 이유도, 중국 자체의 생존과 이익을 확보하기 위해서라는 건 제3자의 눈으로 바라보면 너무나 쉽게 이해할 수 있다. 중국은 미국과 일본이라는 치명적인 외세가 뒤에 따라붙은 또 하나의 남, 아니면 통합된 반중국 코리아의 존재를 환영할 리가 없다. 그런 통일이라면 중국은 바라지 않을 것이다. 차라리 영구 분단, 현상 고착을 택할 것이다. 중국의 입장에서는 당연할 수 있다.

중국을 남쪽 편으로 확실히 끌어들이기 위해서라도 중국의 그런 취약점, 중국 지도부가 중시하고 있는 전략적 고리들을 충분히 염두에 둬야 한다. 징징댈 게 아니라, 어떻게 하면 미국뿐만 아니라 중국도 우리 쪽으로 끌어들일 수 있을 것인가를 고민해야 한다. 중국의 처지를 생각하지 않고 중국이 북의 편만 든다고 징징대면 해결책은 나오지 않는다. 중국을 점점 멀어지게 만들 뿐이다.

위험한 친미 사대주의

중국과 미국이라는 대국이 대립하게 되면 동아시아에서 가장 손해볼 나라는 한국이다. 우리에겐 식민지와 전쟁으로 얼룩진 처참했던 지난 1세기가 그랬듯이, 동아시아에서 중국이라는 대륙 세력과 미국이라는 해양 세력이 맞붙을 경우 미국은 일본을 대륙 제압을 위한 교두보나 요새로 삼을 수밖에 없다. 그것은 현실적으로 일본의 비중을 높이면서 제2차 세계대전 이후 최근까지처럼 일본의 위상을 끌어올리는 대신, 일본을 지키기 위한 최전방 진지라는 군사 거점 하위 체제로서의 역할을 부여받을 한국이라는 분단국가의 위상을 쪼그라뜨린다. 그리고 미국 개입을 위한 구실을 얻기 위해서라도 한반도 분단은 지속돼야 하고, '위험한 국가' 북한은 존속돼야 한다. 따라서 한민족의 고난은 계속될 것이고 일본은 그 한반도 고난을 거름 삼아 살찔 것이다. 미국은 그렇게 살찐 일본을 종속국가로 삼아 대중국 전략을 위한 야전 사령부로 키울 것이다. 한국의 경제적 번영이라는 것도 그것을 위한 '엔[四] 경제권 포섭', 동족과 대결하면서 엄청난 국방비를 투입하고 북의 동족 2300만을 선군 체제의 굶주림 속에 방치하는 한민족 전체의 철저한 실패를 전제로 한 대일·대미 종속 체제 위에서 가냘프게 꽃핀, 언제 시들지 알 수 없는 덧없는 한때의 호사가 아닐 것이라는 보장이 있나?

우리의 남북통일, 재통합 전략은 바로 그런 현실을 충분히 계산하고 감안한 전략을 짜야 그나마 싹수가 보이지 않을까. 통일은 남이, 한국이라는 나라가 제대로 홀로서기를 하고 북의 동족과 대등한 입장에서 협의하고 힘을 합해, 장기간에 걸쳐 시행착오를 거듭하면서 나아가는 대장정이 될 수밖에 없다.

우리가 이른바 G2의 자리까지 올라온 중국이라는 대국, 21세기 전 세계 지정학적 지형을 바꾸는 최대 요인인 중국의 대두라는 눈앞의 현실을, 청이라는 신흥 초대국의 등장을 원망하고 인정하지 않은 채 명이라는 망해가던 늙은 제국과의 이권에 연연하면서 비현실적인 존명 사대로 흐른 끝에 나라를 쇠망으로 이끈 17세기 인조반정 세력 같은 청맹과니들처럼 오판하지 않으려면 더욱 냉정하고 지혜롭게 처신해야 하지 않을까. 물론 그렇다고 '미국 반대, 중국 만세'를 부르자는 얘기가 결코 아니다. '미국 만세'도 아니다. 미국 역시 냉정하게 바라보면서 무엇이 득이 될지 손해가 될지를 잘 간파하면서 손잡을 것은 손잡고 거부할 것은 거부하자는 얘기다. 중국 또한 마찬가지다. 전적인 미국 편이 아니면 미국 반대이고, 그것은 곧 전적인 중국 편이라는 흑백 양자택일식 단순 논리를 벗어나자는 얘기다.

미국이 떠나면 모든 게 위험해진다는 공포, 아마도 이 나라가 일제 패망 뒤 친일파 극우 반공 세력(그들에겐 민족 전체의 이익보다 그들 자신의 생존과 그들 일족의 영화가 우선이었다)이 장악하면서 생겨났을 그 무지막지한 친미 사대주의의 협소한 시각에서 벗어나야 한다. 우리는 미국과도 계속 사귀면서 중국과도 사귀어야 한다. 우리가 바로 옆집인데도 이제까지 잘 몰랐던 중국이라는 대국과도 사귀면서 그들의 약점과 강점, 그들의 아픈 곳과 긍지를 잘 살펴 우리에게 득이 되도록 만들어야 한다. 중국을 이해하고 그들과 잘 사귀는 것, 그것은 이미 우리의 제1경제파트너가 돼 있는 나라와 향후 좋은 관계를 지속하기 위해, 그리하여 우리의 순조롭고 윤택한 일상 삶을 위해 필수적이고, 북의 동족과의 관계를 개선하고 주변의 큰 방해 없이 민족을 재통합하는 데도 필수적이다.

세상사 모든 게 그렇지만 너무 한쪽으로 치우치는 것은 언제나 위험하다. 미국이 있어야만 되는 세력, 어쩌면 미국이라는 외세를 끌어들이기 위해서라도 북이라는 위험 상황을 조성해야 하는 세력, 대국 중국의 등장을 공포로 여기는 세력은 한국 내에서도 어쩌면 한 줌에 지나지 않을지 모른다. 비록 그들이 윗자리를 차지하고 언론과 군사와 경제를 장악하고 있을지는 몰라도, 그들만의 이익을 우선하면 언젠가는 다수로부터 외면당하게 될 것이다. 우리가 목표로 삼는 나라는 그들 일족의 행복이 아니라 가능한 한 다수 대중이 전쟁 없이, 남북이 함께 평화롭게 어울려, 외세의 협박을 물리칠 수 있을 정도의 힘을 배양해서, 가능한 한 격차 없이 고르게 잘 사는 나라 아닌가.

하늘에서 내려온
오렌지빛 절망

2006년 초 베트남 남부 호치민(사이공)과 중부 후에Huê 일대를 돌 때까진 잘 몰랐다. 북부 하노이의 전쟁박물관에 가서야 그 사실을 깨달았다. '에이전트 오렌지Agent Orange, 고엽제의 일종'의 참화. 별로 크지 않고 화려하지도 않은 허름해 보이는 그곳에는 그 나라를 침략한 외부 세력의 만행에 대한 기록들이 진열돼 있었고, 거기에 미군이 엄청나게 뿌려댄 에이전트 오렌지가 만들어낸 비참에 대한 고발이 포함돼 있었다. 거창하기보다는 가냘프게, 높은 목청이 아니라 나지막하게. 아이들이 그린 그림과 증언과 시, 포르말린 병에 담긴 기괴한 여러 기형아들 사체.

그 죽음의 맹독성 물질을 다량 제조해낸 몬산토나 다우케미컬 등 미국 다국적 바이오·화학 업체들은 지금까지 자신들의 죄과를 분명하게 인정하지 않고 있다. 1984년에 에이전트 오렌지 때문에 고통받은 베트남 참전 미군 제대병 4만여 명이 피해 보상 집단소송을 제기하자 이들 대기업은 계속 발뺌하다 막판에 무슨 수를 썼는지 원고 쪽과 화해 합의를 이끌어내곤 1억 8000만 달러를 내주었다. 하지만 끝내 자신들의 유죄를 인정하진 않았다. 미군 당국도 마찬가지. 미국은 냉전이 끝난 뒤 베트남과 재수교했으나 여전히 이 부분에 대해서는 책임을 인정하지 않고 있다. 인정했다간 감당하기 힘들지도 모르겠다. 그만큼 피

해 규모가 어마어마하다. 이는 오랜 세월 지속됐고 또 앞으로도 지속
될 것이다.

　몇 년 전 베트남 파병 한국 군인들이 몬산토와 다우케미컬을 상
대로 제기한 소송에서 서울 고법이 원고 승소 판결을 내렸는데, 그들
회사가 한국 법원 민사재판 판결에 승복해 배상금을 지불했는지 모르
겠다. 전례로 보건대 아마 그랬을 리가 없다. 미국 업체들은 자국민들
에게야 그래도 몇 푼 주는 걸로 적당히 얼버무렸지만, 힘없는 나라의
힘없는 백성들 얘기에 꿈쩍이나 할까.

　베트남 토양과 식생에 섞여 들어간 다량의 고엽제 다이옥신은 앞
으로도 긴 세월 베트남 동식물과 사람들을 괴롭힐 것이다. 생식세포
유전체를 파괴하거나 비틀어버리는 다이옥신의 저주는 세대를 이어
계속될 것이다. 미국이 언제까지 이를 외면할 수 있을지.

　그때 베트남에 뿌린 다량의 고엽제를 한국에까지 엄청나게 들여
와 휴전선 일대에도 뿌리고, 더는 사용하기 어려워지자 한국 땅에 파
묻어 사건을 은폐하려 한 죄. 줄리아 로버츠가 주연한 〈에린 브로코비
치〉라는 영화에서도 인간이 만든 맹독성 물질의 저주에 관한 진실의
일단을 엿볼 수 있다. 대기업의 중금속 폐기물이 얼마나 끔찍한 결과
를 야기할 수 있는지. 미국은 그걸 국가적 규모로 먼 타국, 자신들에게
아무 잘못도 저지른 적 없는 나라의 백성들에게 강제했고, 그들이 일
방적으로 감행한 전쟁이 끝난 지 오랜 세월이 지난 지금까지도 그 끔

■　친미 베트남 정부는 미군이 한창 고엽제를 뿌려댈 때 그것이 기형 등 갖가지 폐악을 유발한
다는 사실을 알아챈 베트남 신문이 이를 보도하자 재빨리 중단시켰다. 한국 역시 고엽제로 고통받
은 참전 병사들의 고통을 인정하지 않았다. 그 전까지는 세상에 꺼내지도 못한 사실을 〈한겨레〉가
처음으로 세상에 알렸으나, 고엽제 피해 군인 일부가 포함된 예비역 장병들이 베트남전에 대한 진
실 규명과 화해를 호소한 〈한겨레〉로 무더기로 몰려와 '난동'을 부리며 오히려 자신들의 명예를 더
럽히면 가만두지 않겠다고 협박한 것은 가슴 아픈 일이다.

찍한 결과를 외면하고 있다.

〈인사이드 잡〉이라는 영화를 보면 2008년 금융공황을 부른 월스트리트와 워싱턴 백악관을 회전문 인사를 통해 오간 이른바 금융 전문가, 경제 전문가, 정치인들이 받은 보수는 1인당 수억 달러에 달했다. 그들 한 사람 한 사람이 7000억 달러 이상의 공적 자금(결국 일반 국민의 세금)을 투입해 살려놓은 대형 금융기관 임원으로 있으면서 받아먹은 연봉이 수백만 내지 수천만, 퇴직금까지 합하면 수억 달러에 이르렀다는 사실을 영화는 조목조목 고발한다. AIG 같은 금융회사들은 공적 자금 투입으로 목숨을 부지하는 무능과 부도덕한 짓을 자행해놓고도 바로 그해 수백만 달러씩의 보너스를 자사 간부들에게 지급했다. 래리 서머스, 로버트 루빈 등 미 재무장관까지 해먹은, 한국의 1997년 이른바 'IMF 사태'에도 직간접적인 책임이 있는 월스트리트 대형 금융회사 간부들이 한 사람당 벌어먹은 돈이 4만 명의 미 제대군인들에게 준 대형 화학업체 위로금보다도 훨씬 더 많은 세상에 우리는 살고 있다. 한국과 베트남 사람들에겐 그마저도 없다. 그들 몇몇의 초호화판 사치를 떠받치고 있는 수십억 지구인들의 가난.

경북 왜관에 엄청난 양의 고엽제를 몰래 파묻었다는 주한 미군 기지 제대군인의 30여 년 전 사실 고백. 늦었지만 이제라도 하루빨리 진실이 밝혀지기를.

2006년에 쓴 기사 둘을 찾아냈다. 참고가 됐으면 좋겠다.

:: 다이옥신 들어 있는 고엽제, 베트남 정글에 대량 살포 시작

1967년 2월 6일부터 베트남에서 미군의 고엽제(제초제) 대량 살포가 시작됐다. 베트남 파병 미군이 고엽제 살포 작전을 벌인 것은 1961

년부터 1971년까지인데, 1962~1964년 시험 기간을 거친 뒤 1965년 1월부터 살포를 시작해 1967, 1968년 절정기에 이르렀다.

왜 뿌렸나? 말라리아 퇴치를 내세웠으나 진짜 목적은 따로 있었다. '베트콩'으로 통칭된 남베트남해방민족전선 등 저항군의 동태를 숨겨준 정글을 파괴하고, 그들의 녹색 식량 자원 원천을 고갈시키는 것이었다.

얼마나 뿌렸나? 무려 1900만 갤런의 제초제를 베트남과 인근 캄보디아, 타이 등에 뿌렸다. 1갤런은 약 3.8리터이니 약 7200만 리터나 됐다. 베트남에서만 연 600만 에이커[1에이커는 약 4047제곱미터 또는 약 1224평에] 뿌려졌다. 7200만 리터의 55~60퍼센트가 '에이전트 오렌지'였는데, 고엽제에는 오렌지 외에도 화이트, 퍼플, 레드, 블루 등 열다섯 가지 화학물질이 실험되고 사용됐다. 이들 물질은 원래 색깔이 없으며, 오렌지 따위는 고엽제를 담은 55갤런짜리 통 겉면에 종류를 식별하기 위해 칠해놓은 띠 색깔명이었다. 악명 높은 오렌지는 일반 제초제 '2·4-D'와 '2·4·5-T'를 같은 비율로 섞은 것인데, 이 '2·4·5-T'에 맹독성 다이옥신류가 함유돼 있다.

다이옥신은 호흡기 암과 전립선암, 골수종 등을 일으키는 발암성 물질이며 기형유발물질이다. 다이옥신은 환경과 인체에 장기간 잔류하며 지속적으로 영향을 끼친다. 베트남에서 2대, 3대에 걸쳐 숱한 기형아가 계속 출산되는 것도 그 때문이다. 미 공군기 'C-123K'와 헬리콥터, 트럭 또는 사람 손으로 다량 살포된 오렌지 세례를 받은 사람은 베트남인들만이 아니다. 미군과 한국군 등 파월 장병들도 피해자였다.

에이전트 오렌지 제조업체는 유전자 조작 곡물 생산으로도 유명한 몬산토와 다우케미컬 등 미국 대기업들인데, 1984년에 이들 업체는 호주와 캐나다, 뉴질랜드의 베트남 파병 제대군인들에게 더 이상 문제 삼지 않는다는 조건으로 보상금을 지불했다. 2004년 1월에는 뉴욕 브루클린 연방지법에 '베트남고엽제피해자협회VAVA, Vietnam Association for Victims of Agent Orange' 명의로 배상 소송이 제기됐고, 2005년 3월 법원은 원고 쪽 주장의 법률적 근거가 없다며 소송을 기각했으나, 이에 앞서 제조업체들은 1984년에 미군 제대병들을 위한 기금에 1억 8000만 달러를 출연했다. 지난 26일 서울고법 민사 13부(재판장 최병덕)가 몬산토와 다우케미컬에게 한국 베트남 참전 용사 등 오렌지 피해자 6795명한테 모두 630억 7600만 원을 지급하라고 판결한 것은 오렌지 제조업체에 책임을 물린 세계 첫 판결이었다.

미군은 콜롬비아와 아프가니스탄 등에서도 몬산토 등이 만든 '라운드업'이라는, 식물체 내 아미노산 합성을 방해해 거의 모든 식물을 말려 죽이는 제초제를 작전용으로 뿌려대고 있다.

∷ 고엽제 피해자 첫 국제회의 ─ 몬산토, 다우케미컬 답하라

지금은 호치민이라는 이름으로 바뀐 옛 사이공 시내 전쟁유물박물관(전쟁박물관)에는 모두 여덟 개의 전시 공간이 있는데, 그 세 번째 방이 미군이 뿌려댄 다이옥신과 소이탄이 부른 참극을 증언하는 곳이다. 'B-52'였던가, 대형 폭격기 한 대가 저항군이 쏜 소총에 맞아 떨어진 모습을 찍은 사진이 전시돼 있었다. 포로가 됐다가 석방된 뒤 나중에 미 의회 청문회인가에 나간 그 비행기 조종사가, 어쩌다가 소총에 맞아 떨어졌느냐는 질문에 폭격 명령을 받은 지점에 가보니 (이미 모조리 파괴당해) 목표물이 될 만한 것이 도무지 없어 확인차 저공비행을 하다 총에 맞았노라고 대답했다는 이야기를 거기서 들었다.

소이탄에 타 살이 문드러진 사람들 사진 한쪽에 포르말린 용액을

담은 큰 유리병이 두 개 있었고, 그 속엔 각각 팔이 넷인 기형아, 머리
는 둘인데 몸이 붙어 하나로 태어난 기형아가 담겨 있었다. 건너편 벽
에는 '전쟁과 평화'라는 주제로 어린이들이 크레파스 등으로 그린 그림
들이 걸려 있었고, 미군 전폭기들이 뿌려대는 대형 폭탄들에는 '다이
옥신'이라는 글자들이 또렷이 원망하듯 적혀 있었다.

　　2006년 3월 25일 옛 베트남 대통령 경호대 건물을 개조해 만든
그 전쟁박물관에 가본 지 사흘 뒤인 28일부터 베트남 수도 하노이에
서는 사상 첫 고엽제 피해자 국제회의가 이틀간 열렸다. 베트남 병사
와 미국, 한국, 호주, 뉴질랜드, 캐나다 등의 베트남전 참전 병사 출신
들과 러시아 과학자 등 모두 150여 명이 모인 그 회의에서 참가자들은
다이옥신이 든 고엽제를 제조한 미국 대기업들에게 배상을 요구했다.
그들은 2004년 1월 뉴욕 브루클린 연방지법에 몬산토, 다우케미컬 등
37개 미국 고엽제 제조 화학업체들에 에이전트 오렌지 등 고엽제로 인
한 피해 배상 소송을 냈으나 2005년 3월 기각당했다. 법률적으로 근거
가 없다는 게 그 이유였다. 항소심이 이번 달에 열릴 예정인데, 지금까
지 이들 업체는 미국, 캐나다, 호주, 뉴질랜드인 등 백인 고엽제 피해자
들에게는 법률적 책임은 인정하지 않으면서도 기금 출연 등을 통해 사
실상 부분적인 보상을 해왔으나 정작 수백만 명에 이르는 베트남 피해
자들에게는 한 푼도 내놓은 적이 없다. 그들은 전쟁이 끝난 뒤에도 차
별적이고 비겁했다. 한국 서울고법 민사 13부가 지난2006년 1월 몬산토
와 다우케미컬에 한국 베트남 참전 병사 에이전트 오렌지 피해자 6700
여 명에게 모두 630여억 원을 지급하라고 판결한 것은 고엽제 제조업
체한테 법률적 책임을 물린 세계 첫 판결이었다.

　　미국은 1960년대에 무려 1900만 갤런(약 7200만 리터) 이상의 고
엽제를 인도차이나에 뿌렸고 기형아 출산은 몇 세대에 걸쳐 계속되고

있다. 하노이 국제회의는 국제사회 정부와 민간단체들에게 피해자들에 대한 관심과 지원을 호소했다.

우리 진화의
귀착지

ⓒ 조선일보

2001년 겨울, 송도 갯벌을 날아오르는 철새들.
원래 2000만 평에 달하던 송도 갯벌은 계속된 매립 개발로
지금은 제 모습을 찾아볼 수 없다.

우리나라는 산이 많아 국토 이용률이 낮고 그래서 가난하다, 이런 얘기를 어릴 때 학교에서 정말 많이 들으며 자랐다. 국토의 70퍼센트 이상이 산이어서 가난하다는 얘기는 마치 타고난 운명, 악운처럼 우울하게 내 정신 속에서 오래 메아리쳤다.

그런데 자라면서 그게 아니라는 생각이 점점 고개를 쳐들었다.

이런 생각을 해봤다. 가령 우리가 집을 나서자마자 눈앞에 펼쳐질 언덕이나 자그마한 산 하나를 인공적으로 만든다고 생각해보자. 거기에는 온갖 나무와 풀이 자라고, 동글동글한 또는 삐죽삐죽한 바위도 적당히 섞인 푸른 산이다. 왜 만드느냐? 집 안 정원이나 집 바깥 조경을 수만금을 들여 꾸미지 않는가. 절로 있는 언덕이나 푸른 산들, 우리 주변에 널려 있는 그런 자연물들이 없다고 하면, 유럽처럼 그냥 펼쳐진 평원 위에 나라가 섰다면, 그런 인공 산이나 언덕을 첨단 조경으로 꾸며볼 생각을 할 수도 있지 않겠는가. 사우디아라비아나 바레인, 두바이 같은 사막지대에선 실제로 인공 녹지나 섬을 만들어 관리하고 있지 않나.

어쨌든 그런 푸른 동산 하나를 만든다고 하면 돈이 얼마나 들까? 서울 남산이나 경주 남산, 부소산이나 무등산, 부산 용두산 같은, 국민들이 늘 지켜보거나 오르내리며 즐길 수 있는 자연물을 하나 꾸미려면 아마 수천억, 수조, 수백조 원을 들여도 불가능하지 않을까? 그 거대한 덩어리를 만들기 위해 우선 측량하기 어려운 흙과 돌 더미를 어디선가 옮겨와야 하고, 다음에 계곡과 봉우리를 만들고 나무와 풀을 심고, 바위를 적당히 배치하고 물도 뿌려주고……. 아무리 그래 봐야 자연물 산이나 언덕 맛이 날까. 이끼도 파랗게 끼고, 푹신한 낙엽도 쌓이고 썩으며, 졸졸 물도 흘러 산에 가면 누구에게나 풍겨오는 청정한 자연의 정취와 향기를 맡을 수 있을까. 아마 아무리 돈 들여 꾸며도 불가능하지 않을까.

무엇보다 인간의 그런 노력을 거의 무의미하게 만드는 것은 세월의 무게일 것이다. 우리가 매일 보는 자그마한 산 하나 강 하나도 짧게는 수만 년, 수백만 년, 길게는 수십억 년의 세월이 빚어낸 자연의 작품이다. 그 근간이 한번 훼손되면 인간의 어떤 노력으로도 재생이 불가능한 이유가 거기에 있다. 억만 겁 긴 세월을 거치며 이겨낸 세월의 흔적을 짧은 시간에 아무리 억만금을 투입하더라도 인공으로 재생하기란 불가능하다. 강은 그런 산들이 있기에 흘러내리는 것이다. 돈을 들이면 서울의 청계천 같은 건 인공적으로 만들 수 있다. 하지만 청계천에 가 본 사람은 알겠지만, 겉으로 그럴듯해 뵈는 그 청계천은 사람이 기계를 돌려 계속 물을 퍼 올리지 않으면 금방 하수구나 다름없는 시설로 전락한다. 진정한 재생이라고 할 수 없다.

우리 주변엔 억만금을 들여도 흉내조차 낼 수 없는 청산과 푸른 강들이 온통 널려 있다. 부러 꾸미지 않아도 인공으로는 만들어낼 수 없는 오묘한 자연 경치들이 절로 사방 천지에 존재한다. 자동차를 타거나 자전거를 타거나 아니면 걸어갈 때 양옆에 솟은 크고 작은 산들이 마치 병풍처럼, 마치 보여주기 위해 일부러 그러는 듯 온갖 화초를 잔뜩 품고 푸른 하늘에 구름이 뜬 자연을 배경으로 줄줄이 서 있는 모습을 우리는 매일처럼 보니까 당연한 듯, 별것 아닌 듯 보고 지나치지만, 그런 자연을 감상하기 위해 막상 평지에 그런 조형물을 세워야 할 처지라면 어떨까? 오늘날 잘사는 나라들이 GDP를 몽땅 투입한다 한들 그런 산 하나 제대로 만들어낼 수 있을까? 물론 만들 수 없다.

국토가 좁다고들 하지만, 지표 면적으로 따지면 땅을 뒤덮고 있는 산과 골짜기가 만들어내는 셀 수 없는 땅 주름들을 만약 다림질로 곧게 쭉 펴면 아마 공중에서 조감하는 면적보다 몇 배는 넓어질 것이다. 오르락내리락하는 조밀한 지표 주름들, 셀 수 없을 정도로 많고 다양한 골골들은 모두 풀과 나무가 자라고 사람들이 깃들고 냇물과 강이 흐르며, 초목들은 산소를 만들어내고 동식물이 사는 터전을 마련해준다. 산을 하늘 위에서 내려다보면 그냥 삼각형이나 사각형, 원형 또는 제멋대로인 부정형으로 보일지 몰라도 옆에서 그 산을 보면 위에선 좁게 보이던 산록들이 훨씬 더 넓어진다. 그리고 그 산이 곳곳에 골짜기가 파이고 계곡물이 흐른다면 그냥 위에서 내려다보던 모습보다는 훨씬 더 다양하고 또 표면적도 몇 배나 넓어질 수 있다.

그래서 비록 고산준령들은 많지 않지만 산악 국가라고 해도 좋을 한국이라는 나라는 지도상의 넓이보다 훨씬 더 지표면이 넓다고 할 수 있다. 삼각도법인지 뭔지 위에서 조감하는 형태로 측정해낸 국토 넓이는 진짜 넓이를 그대로 보여주진 않는다.

예부터 좁다는 땅에 많은 사람들이 거주해온 것은 그만한 이유가 있기 때문이다. 그만한 인구를 먹여 살릴 정도의 자연 자원이 있기 때문이고 그렇게 어울려 살아도 괜찮은 거주 공간이 있기 때문이다. 기후 조건은 나라마다 다르고 일률적으로 어느 게 더 좋은지 순위를 매길 수 없지만, 우리 국토가 나름대로 상당한 수의 인간이 살아갈 수 있는 자연조건을 갖추고 있는 건 분명하다. 그것도 꽤 괜찮은 자연조건을 갖고 있다. 높은 산에 오르거나 비행기를 타고 이륙할 때 우리 땅을 내려다본 사람들은 알 것이다. 수많은 산등성이들이 줄줄이 겹치며 마치 대양의 파도처럼 그 실루엣이 파노라마의 장관을 연출하는 모습을. 그 산등성이 아래 헤아릴 수도 없이 널려 있을 계곡, 계곡, 계곡들. 거기에 골골마다 깃든 동네들과 사람들. 예부터 우리 땅은 중국 등에 비해 좁다고들 했지만, 산과 계곡과 들과 강으로 에워싸이고 갈라지고 감춰진 골골에서 각기 다른 문화와 섭생, 천차만별의 생각을 발전시킨 사람들이 만들어내는 다양성 때문인지 기인들이 많다고 했다. 유럽이나 중국 연해 지역처럼 감출 것 없는 대평원에 자리 잡은 나라들과는 자연조건이 다른 만큼 문화도 인간도 달랐다. 남만이 아니라 북의 저 개마고원과 낭림과 묘향과 구월과 칠보와 금강 백두 아래 펼쳐진 파노라마도 함께 생각해보라.

한때 그 다른 것을 우리는 자기 못난 것의 원인으로 간주하거나 그렇게 생각하도록 교육받고 자랐다. 하지만 생각해보면 한국의 자연조건은 결코 결점이나 약점이 될 수 없다. 오히려 큰 장점이다. 우리가 한 시기에 주변 또는 먼 나라들보다 훨씬 가난하게 산 적이 있기에 우리는 그게 불변의 사실이고 그런 기막힌 사실의 원인이 자연조건이 원래 그래서 그렇다는 식으로 생각하지 않았을까? 아니, 그렇게 생각하도록 길들여지지 않았을까? 그렇게 생각해야 길들이기 쉬우니까. 자신의 못난 꼴을 운명이라 체념할 테니까. 그들이 다 그렇지는 않았지만, 이 땅을 한때 지배하고자 했던 힘센 나라들이 주로 그런 언설들을 퍼뜨리고 과학이라는 이름으로 그런 이론들을 그럴듯하게 포장했다. 그리고 그들에 빌붙어 잘 먹고 잘 살던 자들이 그런 이론을 신봉하고 강요했다.

　그들은 그래서 천혜의 자연조건을 그대로 두고 즐기고 활용한다는 생각보다는 어떻게든 자르고 파헤치고 깎아내서 당장 돈이 되는 사업을 벌이는 쪽으로 뭇사람을 몰고 가려고 한다. 극히 제한된 현실만 반영하는 경제성장이라는 관념의 노예들. 결국 그들이 재생 불가능한 자연조건을 당장의 GDP 성장을 위해 파괴하고 소모해버린다. 사람의 힘이 지금보다 훨씬 약했을 땐 그래도 그렇게 파괴된 자연이 오랜 시간 뒤 저절로 복원될 가능성이 있었지만, 막대한 에너지를 동원할 수 있게 된 오늘날의 기계문명에선 그 파괴의 범위와 깊이가 너무 커서 파괴당한 자연이 원래 모습으로 재생하리라 기대하기가 불가능하다. 결국 인간은 자신이 서 있는 토대를 스스로 무너뜨리고 있는 셈이지만, 눈앞의 이익에 미쳐 그것을 바로 보지 못한다.

　국토 이용은 정말 신중해야 한다. 인간이 생존하는 이상 개발 자체를 거부할 순 없다. 하지만 할 수만 있다면 손대지 않는 게 좋다. 풀과 나무와 물이 살아야 인간이 산다. 그들이 죽으면 인간도 죽는다. 70억을 훌쩍 넘겨버린 급속한 인구 팽창으로 지구 전체의 자연이 재생 가능한 임계치를 넘어버렸다는 경고들이 줄을 잇는데도, 그리고 오늘날 우리 일상에서 그런 변화가 초래한 위기의 징후들을 매일 체감하면서도 우리는 산과 강을 우리 뜻대로 부수고 자르고 깎아내고 길들일 수 있다고 착각하고 있다. 길게 보면 인간이라는 종이 지구에 나타난 것은 아주 짧은 순간에 지나지 않는다. 공룡은 수천만 년을 살아남았지만 인간은 제 꾀에 넘어가 불과 수십만 년, 길어야 수백만 년의 번성 끝에 자멸해버릴지 모른다. 여러 경고들을 종합하건대 그럴 가능성이 농후해 뵌다. 인간은 지금 번영의 절정이자 자멸의 초입에 서 있는지 모른다. 번영이 거셌던 만큼 몰락도 거셀 것이다. 아주 짧은 급변기를 거쳐 인간은 지구에서 자취도 없이 사라져버릴 수 있다.

아주 실리적으로 보더라도, 아주 영악하게 계산해보더라도, 천문학적인 돈을 쏟아부어도 서울 남산만 한 산 하나 제대로 만들어낼 수 없는 게 현실이라면 단지 눈앞의 편의를 위해, 좀 더 안락한 생활을 위해 그런 산과 강을 너무도 쉽게 파괴해버리는 건 결국 손해보는 장사 아닌가? 한번 상상해보자. 그렇게 이렇게 온갖 산과 강을 도로 닦고 집 짓고 음식점 올리고 골프장 짓고 연수원 세우고 과수원 만들고 요트장 만들고 댐 설치하며 다 써먹고 나서, 배는 좀 부르게 됐으나 도대체 무엇을 위해 그렇게 열심히 부수고 세우고 깎고 짓고 했는지 모를 정도로 삶이 공허해지거나 피폐해졌을 때 사람들이 잃어버린 옛 자연을 그리워하게 된다 치면, 그제야 옛것을 일부나마 복원하자는 운동이 일어난다 치면 제대로 된 자연 하나라도 재생해낼 수 있을까? 아무리 많은 돈을 쏟아부어도…….

인간의 탐욕이 자연도 살리고 개발도 하는 일석이조를 꾀할 수 있을 만큼 성숙하고 절도 있는 이성의 안내를 받고 있을까? 그 이성이란 것도 끝까지 믿을 수 있을까? 이성의 이름으로 저질러진 지난 세기 수천만, 수억의 인간과 생명에게 가해진 끔찍한 비극(제국주의 침탈, 노예무역, 제1차·제2차 세계대전, 홀로코스트, 한국전쟁, 베트남전쟁 등)을 생각해보라. 외세가 그어놓은 분단선, 무려 1000만이라는 이산가족의 비극, 눈뜬 채 평생을 만나보지도 소식을 전하지도 못한 채 눈물 속에서 삶을 마감하는 수백만 동족들. 비탄의 원인 하나 제거하지 못한 채 반세기를 넘겨버린 그 알량한 이성, 소리만 요란한 이론들을 믿을 수 있을까? 비정규직 문제 하나, 가난한 철거민의 간절한 소원 하나 제대로 고민해볼 용량의 머리도 없이 수십억을 땅 투기하고 제 자식만을 위해 고액 과외에 위장 전입이나 하는 한심한 도덕성이 호위하는 너절한 이성을 믿을 수 있을까? 자신이나 자기 주변 친인척들 부동산 자산을 지켜주고 부풀려주기 위해 종부세 등을 죽여 결국 나라 전체를 죽이고, 집 한 채 없는 가난뱅이들 전세, 월세 받아 배불리는 땅 부자, 집 부자 수전노들에게 세금 깎아주며 부동산 투기부터 부채질해 결국 나라를 양극화의 벼랑으로 몰아가면서도 부끄러워할 줄 모르는 정치인과 관료들의 더러운 이기적 계산이 판치는 사회의 뒤집힌 이성을 믿을 수 있을까? 그런 그들이 과연 강을 살릴까?

자신 없으면 손대지 말고 그냥 내버려두기라도 해야 할 것 아닌가.

잡초

한번 자리 잡은 관념은 관념을 만들어낸 사람을 잡아먹을 만큼 강하고 질기다.

잡초. 인간이 먹을 알곡을 열매로 달거나 이른바 야채 푸성귀로 역시 인간의 먹이가 되고, 또는 괜찮은 향기나 고운 색깔과 모양의 꽃과 잎으로 인간에게 호감을 주는 초본식물들을 제외한 자연 속 거의 모든 초본식물들을 일컫는 인간의 용어. 특히 오랜 농경의 역사 속에서 인간은 먹이가 되는 식물들이 아닌, 먹이 확보에 지장을 주는 논밭 속의 그런 풀들을 증오했을 것이다. 그래서 사람들은 기나긴 세월 보이는 대로 뽑고 또 뽑고, 뽑아도 뽑아도 다시 나서 금방 자라는 이른바 잡풀들을 증오하고 욕하며 그 거부감을 자신들의 유전자 속에 각인시켰을 것이다.

오늘 한국이라는 나라 전체가 그렇지만, 특히나 서울을 비롯한 대도시들이 꾸리고 있는 생활은 농경 사회와는 무관하다. 그것과는 너무 멀어져 있다. 지금 젊은 세대들은 이미 선대가 파묻혀 살면서 그들을 키워주었던 농경 사회에 대한 기억조차 없을 것이다. 개발독재 이후 농업 자체가 경제와 성장 정책의 뒷선으로 밀리면서 천대받고 영역도 급속히 졸아들었다. 불과 얼마 전까지도 인구의 절대다수를 차지하던 대한민국의 농사짓는 사람들은 거의 멸종 단계에 접어들었다. 지금 농업 인구 비율은 5퍼센트에도 미치지 못할 것이다. 서울이나 대도시는 일러 무엇하리오. 거의 박물관 진열대 유물 수준으로 전락했다. 그나마 한쪽 구석에 내팽개쳐진 그들을 찾으려면 시간깨나 걸릴 것이다.

　도회에서 사라진 건 농사꾼들만이 아니다. 그들이 증오하며 뽑아 내던지던 식량 생산 초본들만이 아니라 녹색식물 전체가 박물관이라도 더 지어 보존해야 할 희귀종으로 바뀌었다. 시멘트와 아스팔트로 뒤덮인 도시의 가로와 주택지로 눈을 한번 돌리는 것만으로도 우리는 당장 그런 현실을 확인할 수 있다. 거리 가꾸기니 환경보호니 녹색 성장이니 하며 제법 나무를 심고 화초 가꾸기를 하는 듯 법석을 떨지만, 시멘트와 아스팔트로 마구 찍어내는 복제품들이 무서운 속도로 땅을 덮어가는 도시의 확산과 무한 팽창에 비기면 새 발의 피다. 아스팔트 도로를 확장하면서 일렬로 양쪽에 가느다랗게 죽 늘어세운 은행나무 따위 가로수들은 없는 것보다야 낫지만, 한때 그 땅이 그런 나무들로 뒤덮여 있었음을 알려주는 고대 유적의 표지물들처럼 외롭다. 그나마 그들 나무가 받아먹을 빗물이 흘러내릴 땅은 모두 인간의 편의를 위해 모래와 시멘트 가루로 덮이고 그 위에 포장석을 바른, 비가 와도 흙물이 튀지 않고 옷과 가죽 신발을 적시지 않고 자동차 바퀴가 빠지지 않도록 매끈하게 가공된, 오로지 인간을 위한 길 일색이 됐다.

　저렇게 사방을 콘크리트와 시멘트와 아스팔트로 뒤덮어놓았는데도 생색내듯 내어준 눈꼽만 한 틈새에서도 잘도 버티는 걸 보면 식물이란 정말 대단한 생물이라는 생각이 든다. 왜 저러고도 저토록 살기 위해 안간힘을 쓰는 걸까? 살아서 무슨 영광을 보겠다고. 왜 식물들은 차라리 자살을 택하지 않을까? 무조건 살려고 하는 것, 그게 생명의 제1차적 특징이니까. 어쨌든 도시에선 녹색 구경하기가 쉽지도 편하지도 않다.

　　서울 마포 쪽 한강 변엔 예전 강변길을 확장한 강변북로가 있고, 그것으로도 모자라 강 안쪽에 교각을 세우고 긴 다리처럼 그와 평행하게 달리도록 만든 콘크리트 포장 대로가 있다. 그 사이, 그러니까 예전 강변 자동찻길이 달리는 강안 끝자락, 도로를 만들고 남은 자투리의 강 쪽 경계에 콘크리트 벽을 만들고 흙을 채워서 사람과 자전거가 다니는 좁다란 길을 만들어놓았다. 애초에 사람을 위한 산책로나 자전거도로를 만들고자 한 건 아니고 홍수막이 둑의 강 안쪽 부스러기 땅이었는데, 거기에 대형 도시가스관을 파묻고 또 빗물과 하수 분리처리 대형 관들이 묻히면서 나름 정비가 되더니 그 위가 자연스럽게 누구도 사유할 수 없는, 누구나 다닐 수 있는 길이 됐다. 도시가 삭막해지고 사람들이 무엇 때문에 사나, 왜 사나를 고민하고 건강이 최고라고 읊조리기 시작하면서 거의 유일한 도심 산책로 자전거길로 자리 잡았다. 지자체가 생기면서 표를 의식한 관료들이 거기에 민심이 쏠리는 걸 놓치지 않았다. 요모조모 꾸미기 시작했고, 이젠 그런 것 안하는 관리는 자리 보전도 힘들 만큼 그런 공간에 대한 사람들의 인식이 바뀌고 수요가 커졌다.

　　그래서 한강 무슨무슨 관리소라는 데가 강화되고 그 길을 전문으로 관리하는 공무원들도 생긴 모양이다. 좋은 일이긴 한데, 제발 관리 좀 적당히 해줬으면 하고 바라는 일이 있다. 그 좁다란 강변의 서로 나란히 달리는 산책로와 자전거길 사이에, 그리고 그 양편의 역시 좁다란 여백들에 풀과 나무가 자라고 있다. 나중에 이거 된다 싶었는지 일부러 나무도 심고 화초도 심고 좀 널찍한 여백에 잔디도 심고 부지런히 깎고 가꾸고 하는데, 거기까진 좋다. 그런데 그 좁다란 길에 난 풀을 모조리 잘라버리거나, 조금 널따란 여백은 길 쪽에 면한 부분 약 50

센티미터에서 1미터 폭으로 길을 죽 따라가며 풀을 밑둥치부터 다 날려버리는 일이 종종 있다. 아마 주기적으로 날짜를 정해놓고 그렇게 하도록 되어 있는 모양이다. 어느 날 나가 보면 왱왱대는 회전 쇠톱 날에 무참하게 날아간 풀들이 무더기로 쓰러져 거뭇거뭇 말라가며 풍겨대는 냄새가 진동한다. 풀냄새야 언제나 좋지만 이건 좀 무모하고 무지하지 않나. 구태여 저렇게 잘라내야 할 이유가 뭔가. 그러지 않아도 고양이 뺨만 한 여백에 자란 한 점 녹색들을 저렇게 주기적으로 제거해야 할 이유가 도대체 뭔가.

이틀 만에 나가본 강변의 풀들이 또 전멸했다. 사람 키보다 더 높이, 기세 좋게 솟던 갈대나 억새들도 말라비틀어진 시신이 되어 누웠다. 가을에 허연 꽃들을 다는 저 풀들을 왜 저렇게 쓸어버려야 할까. 얼마 전에 홍수로 뻘들에 뒤덮이면서 쓰러져 썩고 말라가던 갈대와 억새밭은 어느새 새싹들이 죽어 넘어진 어미들을 뚫고 솟아나 다시 파란 갈대밭 억새밭을 이루었다. 곧 가을이 다가오는데 또 저렇게 몽땅 잘라버렸다. 자전거길과 산책로 사이를 적당히 가려주면서 사뭇 인적 드문 호젓한 길의 정취마저 살려주던 자연의 차단막이 깎여나간 자리는 정말 삭막하다. 또 한동안 그 잘린 자리와 시신들 말라가는 풍경을 참고 인내하며 새 풀들이 자라기를 기다려야 한다. 그 길을 지나갈 때 파도치는 노래를 들려주던 풀벌레들은 도대체 어디로 가란 말인가. 해일처럼 덮친 톱날의 습격에 그들도 숱하게 당해 시신으로 나뒹굴겠지.

강원도 동해 양양 낙산사. 꼭대기 멀리 해수관음상만 덩그러니 서 있는 삭막한 그곳이, 산불이 아름드리 적송 숲을 재로 만들기 전엔 이름난 절경이었다는 걸 사람들은 기억할 것이다. 아무리 빛나는 유적과 구조물이라도 주변 자연이 죽으면 볼 데 없는 인공물에 지나지 않는다는 걸 실감나게 보여주는 곳. 가장 빛나던 절경 중의 하나가 이제는 그 인근에서 가장 볼품없는 삭막지경이 돼버렸다. 그걸 알기에 여기저기 다른 데서 파온 소나무들을 급히 옮겨 심어놓았지만, 적어도 50년이 지나기 전에는 예전의 그 절경을 다시 회복하지 못할 것이다.

한계령이나 고성 북쪽 해안 도로 주변 삼림들. 비록 끝없는 도로 건설과 확포장으로 심하게 훼손되고 있긴 하지만 여전히 보기에도 가슴부풀 만큼 울울창창했다. 거기에 인간이 계획해서 심은 나무들은 없었다.

저렇게 잘라주어야 웃자라지 않고 풀들이 자르륵 깔려 토양 보존에 유리할 수도 있겠고, 인간들이 다니기에 좋고 보기에도 좋을지 모르겠다. 산책길 곱게 유지하기가 쉬운 줄 알아? 그렇게 주장하려나.

하지만 그냥 둬도 인간들 다니기에 전혀 불편하지 않은데. 불편하기는커녕 오히려 길 쪽으로 몇 센티미터 숙이며 들어와 그 가두리 경계를 자연스럽게 장식한 모양이 훨씬 더 예쁜데. 가양대교 너머 손대지 않은 풀숲들 사이로 난 길들은 그래서 훨씬 더 아름답고 멋진데.

아니면 그게 공무원이나 그들이 고용한 사람들이 봉급을 받는 이유가 될지도 모르겠다. 나름 열심히 일하는 그분들에게 실례가 될지도 모르겠지만, 그렇게 깎고 관리하는 흔적을 남기는 것이 그들이 국민 세금을 나눠 가질 근거가 될지도. 아니면 다른 이유가 있겠지.

그래도 홍수 때 밀려온 스티로폼 플라스틱 등 방화대교 쪽 넓은 초목 지대 곳곳을 뒤덮고 있는 썩지 않는 쓰레기를 제거하는 일이 더 급한 것 같던데. 풀 베기 말고도 할 일은 태산 같을 텐데. 성산대교 옆 잔디밭 앞에 새로 심어놓은, 붓꽃인지 창포인지 강변 시멘트 직선로를 따라 길게 심은 화초들, 잔디밭 이용자 등 넘나드는 사람들이 마구 짓밟아 부분부분 신작로가 되고 만 그 꽃밭들을 아무렇지도 않게 밟고 다니는 사람들, 아무 데나 쓰레기를 뿌리고 다니는 양심 불량들을 부끄럽게 하는 팻말이라도 만들어 세울 일이다. 제발 계획하진 않았지만 어려운 틈새를 비집고 올라와 이리저리 찢기고 할퀴인 땅들을 덮고 있는 녹색 생물들을 가능한 한 그냥 뒀으면 좋겠다. 물론 잘라야 할 곳도, 잘라야만 할 때도 있겠고, 절대 무조건 잘라선 안 돼, 하는 것도 아니지만.

마포에서 가양대교로 가다 보면 대교 넘어 고양시 행주산성까지 제법 너른 강변 들판이 나온다. 언제나 그렇지만 요즘 그곳은 천국이다. 한강과 자유로 사이 폭 100~200미터, 약 2킬로미터 길이의 그 들판엔 좁다란 자전거 포장도로 하나가 구불구불 나 있을 뿐 사람 손이 거의 닿지 않은 채 방치돼 있다. 그 방치가 그곳을 살렸다. 처음 몇 해 제대로 풀도 나지 않던 폐허가 시간이 가면서 점차 풀들로 뒤덮이더니 이젠 크고 작은 초목들이 온 들판을 채우고 날로 짙어지면서 겨울을 빼고는 3계절 내내 각양각색의 꽃들이 무리 지어 차례로 피고 진다. 겨울은 또 그 풀들이 마르고 삭아 지어내는 풍경이 독특하다. 이젠 들어가 보기도 어려울 만큼 무성하게 엉킨 풀밭은 그 자체로 도회에선 보기 힘든 진풍경을 이룬다. 저녁 어스름 자전거라도 타고 스쳐 가면 면 옛날 시골 들판의 석양을 떠올릴 수 있을 정도로 아주 딴 풍경이다. 멀지 않은 곳에서 고층 아파트 불빛, 자동차들 불빛과 굉음이 웅웅거리고 있지만, 그 주변과 한강을 바라보고 있노라면 그들조차 그 고즈넉한 풍경의 자연스러운 변방으로 여겨질 만큼 정말 근사하다.

가양대교 가기 전의 마포 쪽 강변, 그러니까 월드컵 경기장과 난지도 공원 앞쪽도 가양대교 너머보다는 인간의 계획이 더 많이 스며들어 좀 그랬지만 그렇게 나쁘진 않았다. 그런데 요즘2009년 8월 그곳이 난리다. 중장비들과 트럭, 인부들이 법석대면서 전면적인 성형수술이 진행되고 있다. 돈깨나 들어가는 프로젝트인 모양이다. 계획의 전체 면모를 짐작할 수 있는 일부 사업들이 모양을 갖춰가고 있는데, 블록으로 여러 가지 구획을 짓고 무엇을 세우고 심고 깔고 파고 했다. 우선 눈에 띄는 게 시멘트로 다진 수영장과 나중에 관리소가 될지 매점이나 식당이 될지 모를 제법 큰 규모의 건물 몇 동, 여기저기 파놓고 그 옆을 창포 같은 걸로 덮은 습지 조성 같은 것, 그리고 강안을 굴삭기로 파내고 콘크리트로 벽과 계단을 바른, 긴 활처럼 휜 안벽과 직선 구조물이 모습을 드러내기 시작한 국제 규모의 요트장(한강에서 요트놀이 할 수 있는 사람들은 어떤 사람들일까? 요트 대회 출전을 위한 선수 양성 목적도 있겠지. 어쨌거나 한강시민공원 한복판에 어울리는 시설일까?) 등등. 거기에 흩어져 있던 '버드나무 자생 군락지' 팻말이 붙었던 자연 녹지들은 그런 구조물들의 배치에 맞춰 잘리거나 뽑히거나 자리를 옮겨 계획적으로 재배치됐다. 이리저리 구획 지은 땅들에는 손대지 않은 가양대교 너머의 풀밭을 가득 채운 수많은 종의 야생초들 대신 인간이 심은 단일종의 특정 식물들이 새로 뒤덮고 있다. 코스모스, 산죽과 같지만 산죽은 아닌 작고 여린 대 같은 식물들, 창포, 그리고 알 수 없는 단일종 풀 등등. 4대강 살리기가 이런 것이라면 제발…….

인간이 선택하지 않은 가양대교 너머의 그 많은 풀들이 가양대교 이쪽, 인간이 철저히 계획한 땅에서는 모조리 뽑히거나 잘려나갔다. '잡초'로 인식됐기 때문일 것이다. 회사 빈터와 옥상에 만든 녹색 공간도 다를 바 없다. 그 삭막한 콘크리트 바닥에 인공 흙들을 얄팍하게 덮어 만든 화단은 몇 년 만에 우리가 상상한 것 이상으로 정말 무성해졌다. 거기엔 원래 인간이 계획하지 않은 식물들도 대거 날아와 자리 잡았다. 계획적으로 심은 초목들과 계획하지 않은 초목들이 어울려 상상하지 못했던 풀과 나무의 일대 숲을 이뤘다. 그런데 가끔 그걸 관리하는 사람들이 나타나 계획했던 초목들을 제외하고는 철저히 골라

내 싹싹 뽑고 잘라버린다. 바닥에 돌과 플라스틱 구조물을 얕게 깔고 흙을 그 사이사이에 넣어 심은 잔디밭, 한 뼘이나 되는 그 좁은 갓길에 난 잔디밭에 난 다른 풀들도 그들이 나타나면 악착스레 뿌리를 내리고 고개를 내밀어 잔디와 경쟁한 보람도 없이 모조리 뽑혀나간다. 잔디를 살리는 게 지상명령인지. 메마른 회색 구조물에 그래도 녹색 공간을 조금이나마 창출하자는 목적은 어디로 갔는지. 인간에게 직접적인 해를 끼치는 독초가 아니라면 무슨 풀이든 녹색으로 깔리고 꽃을 피우면 그것으로 족한 것 아닌가. 애초에 계획한 초목이 아니라고 굳이 죽여 없애야 할 이유가 도대체 어디에 있는지. 그게 다 '잡초'라는 오랜 농경 생활의 경험이 만들어낸 관념이 유전자에 각인돼 조건반사처럼 반응하는 걸까. 이미 세상이 이토록 바뀌었는데도. 농경 사회가 끝장난 지 그 몇 해, 잡초가 무서운 게 아니라 오히려 반가운 녹색 멸종의 도회 생활에서조차.

좁다란 산책로와 자전거길 옆 여백의 풀들이 그토록 사정없이 주기적으로 잘려나가는 것도 그것들이 '가치 없는' 잡초로 인식되기 때문일 것이다. 때로 자기들끼리 경쟁하며 얌전하게 자란 보드라운 풀밭도 있고, 무질서한 듯 마구 엉켜 제멋대로 거세게 자란 버려진 땅의 야생초처럼 무성한 여백의 풀숲도 있다. 잘라도 잘라도 다시 자라는 그 풀들은 그저 뽑아버려야 할 잡초일까? 아니면 아무리 잘라도 다시 자라니까 마구 잘라도 된다는 것일까?

실은 인간이 계획하고 고이 기른 초목이야말로 자연의 잡초가 아닌가. 그들이야말로 인간의 도움 없이는 살아갈 수도 없는 이질의 경쟁력 없는 잡풀에 지나지 않는다. 잡초야말로 자연이 선택한 초목의 주인이 아닐까. 자연이 선택한 초목들이 더 건강할 뿐 아니라 인간이 보기에도 훨씬 더 낫지 않은가.

　한강변 관리소는 제발 강변 풀만이라도 제멋대로 어우러지도록 그냥 좀 내버려두시기 바란다. 필요 최소한의 손만 대되, 그것도 최소화하기를.

자연 보전,
야생과 야만을 생각하다

이른바 지상파 공영방송에서 설악산, 점봉산, 곰배령 있는 내린천 계곡 특집을 방영하면서 열목어·산천어잡이 하는 장면을 내보내다니 의아하다. 복잡한 도회를 버리고 그곳 산수 좋고 인적 드문 곳에 가서 친환경 자연생활을 하는 게 얼마나 좋은지 보여주기 위해 만든 프로인 것 같은데, 어째서 천연기념물 보호 어류를 그물 따위로 마구잡이 하는 모습을 내보낸단 말인가. 분명 어족 보호를 위한 조사 차원이 아니라 맛나는 별미 무공해 자연식품이 이렇게 지천으로 깔려 있다고 자랑하기 위한 프로 같았다.

국가가 지정한 보호종이 아니라 해도 그렇지, 친환경 자연생활이란 게 훼손되지 않은 자연 속에 들어가 인간 마음대로 씨가 말라가는 생물을 마구 훼손해서 끝내 씨를 다 말리는 걸 목적으로 삼나? 그리고 공영방송은 그렇게 훼손해도 될 정도로 이렇게 아직 훼손되지 않은 자연이 멀쩡하게 남아 있도다! 자, 봐라, 많지? 우리가 찾아냈도다, 이렇게 자랑하려고 그런 프로를 만들었나?(물론 거기 등장하는 그곳 사람들이 그렇다는 건 아니다.)

안도현의 시대 빗대 한마디 한다. 열목어 함부로 잡지 마라. 너는 남에게 열목어 눈만큼이라도 뜨거워본 적이 있느냐.

왜 한국 사람들은 맑은 계곡에 가면 그물이나 어항을 떠올리며 고기잡이 해야지, 하는 강한 충동에 사로잡힐까? 아예 산이나 강에 갈 때 고기잡이 도구를 차 트렁크에 싣고 가는 게 오히려 센스 있는 행동으로 치부되지 않나. 왜 많은 사람들이 아직도 기러기나 청둥오리 등 철새 떼를 보면 잡아먹을 생각을 하고, 너구리나 고라니를 보면 술 한잔 생각하며 입맛부터 다실까? 온 산에 놓인 숱한 올무, 덫 들이 모두 전문 밀렵꾼들 짓만은 아닐 것이다. 보통 사람 중에도 별 생각 없이 산짐승 잡는 걸 너무나 자연스럽게 생각하지 않나. 그러니까 공영방송 뉴스나 특집에서 무슨 명절이나 휴가철 시민들이 모처럼 자연을 찾아 이렇게 즐겼노라고 보여줄 때 거의 천편일률적으로 계곡이나 강에서 그물이나 어항으로 고기를 잡거나 소라고둥 잡는 걸 비쳐주면서 최상의 놀이, 최상의 휴가로 칭송하는 것 아닌가.

예전에 사람들이 가난해서 먹을 게 없거나 지금보다는 새와 물고기가 많았을 때야 그럴 수밖에 없었고 또 그렇게 해도 큰 문제가 없었다. 인간은 그렇게 해서 살아남았고 그 덕에 진화해왔으니까. 그건 자연스러운 일이었겠다. 야생동물들이 인간의 중요한 단백질 공급원이었으니까. 웬만큼 잡아도 자연 복원력이 작동해 파국으로 가진 않았다.

하지만 산업화 이후 인구가 폭발적으로 늘고 자연환경이 인간 거주 지구와 활동 영역 확대에 비례해 급격히 파괴당하고 축소되면서 사정은 완전히 달라졌다. 이미 수많은 동식물이 번성하는 인간의 수요 때문에 멸종당했고 또 무서운 속도로 멸종을 향하고 있다는 건 생물학자 등 전문가의 견해를 들어볼 것도 없이 우리 주변에서 쉽게 목격할 수 있는 일이다. 인간의 파괴력은 상상을 절할 정도로 막강하고 파괴 정도와 범위도 비약적으로 확장돼서 이젠 한번 훼손되기 시작한 자연을 되돌리기가 거의 불가능한 상황이 됐다. 오죽하면 천연기념물이라는 보호 장치를 만들었겠나.

고라니나 멧돼지의 민가 출현 등을 두고 야생동물이 오히려 너무 늘어나서 탈인데 무슨 뚱딴지같은 소리냐고 할 사람도 있을 것이다. 남녀 성차별 문제를 거론하면 그게 언제적 얘긴데 아직 그러고 있느냐, 지금은 오히려 남성 역차별을 걱정해야 할 시대 아니냐고 주장하는 사람들이 있는 것과 비슷하다.

멧돼지가 민가에 자주 출현하고 고라니가 밭작물을 자주 망치는 건 사실이고, 그들 개체수가 늘어난 것도 사실일 것이다. 분명히 지난 반세기를 돌아보면 산엔 나무가 엄청 늘었고 야생동물도 많이 늘었다는 걸 쉽게 알 수 있다. 그래서 그들이 인간의 영역을 침범해 인간이 가꾸는 작물들을 훼손해서 농가에 엄청난 해를 안긴다는 것도 틀린 얘기가 아니다. 그러니까 그놈들 보는 대로 잡아 죽여야 한다? 가끔 심심찮게 인가에 출몰한 멧돼지를 사냥개들까지 풀어 이리저리 몰아서 총 쏘아 죽이고서, 살려고 발버둥 치다 처참하게 피 흘리며 죽어 자빠진 시체 주위를 사냥꾼과 구경꾼들이 장한 일 했다는 듯 에워싸고 의기양양하게 포즈를 취하는 장면을 방송 뉴스에서 본다. 인간의 양식거리를 훼손하는 야생동물 죽이는 건 선이며 상찬받을 일이다, 하고 선전이나 하듯 뉴스를 전하는 기자나 앵커의 목소리에도 힘이 들어가 있다. 가련하도다, 멧돼지여! 어느 날 배가 고파 맛나는 냄새를 쫓아갔다가 무참하게 두들겨 맞고 시신으로 누워 있는 너를 찾아 온 산을 헤맬 너의 동료나 어미, 아내(남편) 또는 형제를 생각하노라니.

멧돼지나 고라니가 인간이 없는 산이나 들에 먹을거리가 널려 있는데도 인가에 출몰할까? 인간이 재배하는 식물이 더 맛이 있어서 산과 들에도 지천으로 늘려 있는 자연 먹이들을 외면하고 굳이 인간과 경쟁하며 그것을 탐하는 걸까? 멧돼지와 고라니가 인가에 출몰하고 알곡이나 채소를 훼손하는 것은 크게 보면 결국 먹을 게 없거나 부족해서다. 지금 야생동물들에게 주로 해를 입고 있는 농가들 논밭들은 대개 야생동물이 사는 야산에 가까운 곳들에 있다. 따지고 보면 그들 농가는 좀 더 옛날로 거슬러 올라가면 인간이 살지 않던 그냥 야산이었다. 인구가 늘고 인간세계가 번성하며 끝없이 팽창함에 따라 거주 공간과 양식을 생산할 공간이 부족해지고, 그 결과 인간은 끝없이 예전의 야생 지대로 확장, 개간해 들어가 산과 계곡을 인간의 양식을 생산하는 논밭으로 바꾸었다. 이는 야생동물들 처지에서 보면 그들 생존 공간의 끝없는 축소요 파괴다. 자동차가 보편화하면서 예전엔 사람이 들어가 살기 어려웠던 오지들에도 아스팔트 길이 닦이고 집이 들어서고 당연히 논밭이나 과수원도 줄줄이 들어섰다. 야생동물 서식지에 자라던 나무와 풀들은 인간의 적이 돼 모조리 잘려나가거나 불태워져 그들의 먹이가 급속히 사라졌고 그들 자신의 거주 공간도 급속히 쪼그라들었다.

고라니나 멧돼지가 민가에 출몰하는 것은 인간이 좋아서가 아니라 먹이를 구하기 위해서다. 예전 그들의 먹이가 깔려 있던 산과 들은 모조리 인간들이 대신 차지하고 있으니 어쩌랴. 그들 개체수가 늘어난 것도 어디까지나 상대적인 것이고 또한 의도하지 않은 인간 행위의 결과다. 산업화 이전 한반도에는 지금보다 훨씬 더 많은 동식물이 살았을 것이다. 고니나 기러기, 청둥오리, 도요새 등 철새나 텃새들도 훨씬 더 많았을 것이다. 그들이 인간세계의 팽창과 산업화와 전쟁 등을 거치면서 급속히 줄어들었다. 20세기 이 땅에 기계 산업을 이식한 일본 제국주의 침략 시대부터 야생동물들은 멸종 위기 시대로 진입했다. 총포류 등 신식 대량살상무기들이 화살 등 전통 무기들을 대체하면서 멸종의 속도가 빨라졌고 대륙 침략을 위한 도로와 철도 건설이 야생동물 서식지를 빠른 속도로 파괴했다. 산업화와 더불어 인구 팽창과 식량 수요의 폭발적 증가도 야생동물들에겐 재앙이었다. 일제의 식민지 수탈과 전쟁, 분단 등을 거치며 세계 최빈국 수준으로 전락한 조선의 산천은 일제의 조직적인 벌채와 개간, 살아남기 위해 풀뿌리까지 캐서 연명해야 했던 기아선상의 조선인들의 산천초목 약탈의 결과 오지나 능 주변 보호림 일부를 제외하고는 거의 완전히 파괴당했다. 벌거벗은 민둥산에서 야생동물이 어떻게 살아가랴.

거의 씨가 말랐던 야생동물들은 1960년대 한국의 산업화와 1970년대 연탄 사용 일반화, 그 뒤의 석유와 천연가스 도입 등 연료 혁명을 거치면서 다시 늘어나기 시작했다. 지금도 자유로를 타고 가다 임진강 너머 북한 쪽 산야를 보면 확인할 수 있지만, 연탄이나 석유, 가스가 없으면 연료를 자연의 풀과 나무에 의존할 수밖에 없고, 그리되면 산에 나무가 남아나지 않는다. 지금 북한의 산들은 남벌로 황토까지 드러나 벌겋게 보인다. 동해에서 휴전선 넘어 금강산 갈 때 좌우에 보이는, 옛날에는 이름난 화가들의 화폭에 곧잘 올랐을 빼어난 산천들이 거의 모두 벌거숭이 황무지로 남아 있는 이유도 거기에 있다. 연료 혁명 이후 아무도 손을 대지 않게 된 남한의 산들엔 수목이 우거지기 시작했고, 오지로 오지로 숨어들었던 소수의 살아남은 야생동물들도 개체수가 늘어나기 시작했다. 여기엔 소득수준 증가에 따른 음식 혁명도 기여했을 것이다. 굳이 야생동식물에 눈을 돌리지 않아도 먹고사는 데 지장이 없게 됐고, 이젠 과영양 비만을 걱정해야 할 정도로 영양가 높은 음식들이 넘쳐나게 됐다.

야생동물 중에서도 고라니나 멧돼지 등 주로 풀 따위를 뜯어먹고 사는 동물들이 늘어난 것은, 인간의 개입으로 먹이사슬이 파괴되었기 때문이기도 하다. 조선 산하에서 호랑이가 사라진 것은 일제 때다. 조

선을 식민지화한 일본인들은 일본엔 없던 호랑이 사냥을 큰 자랑거리
로 여겼다. 총을 들고 뽐내며 죽은 호랑이를 앞에 두고 찍은 일본인들
사진이 지금도 많이 남아 있다. 온갖 민담에 등장하는, 그만큼 많이 분
포했던 조선 호랑이는 그때 멸종당했다. 먹이사슬 최정상을 지키던 호
랑이와 곰, 늑대 등 초식동물 포획자들이 인간 때문에 사라진 것도 고
라니와 멧돼지 증가에 한몫했다.

좌우간 고라니, 멧돼지가 늘어난 것은 가난했던 시절 산천초목이
철저히 파괴당했던 시절에 비해 상대적으로 그렇다는 것이지, 옛날에
비해 절대수가 더 늘어난 건 아니다. 인간의 거주 공간과 식량 생산 공
간의 확대와 포획 수단의 비약적 발달, 교통수단의 폭증 속에 야생동
물은 여전히 멸종 위기에 처해 있으며, 그 정도는 별로 개선되지 않았
다. 멧돼지, 고라니처럼 인간의 연료 혁명과 먹이사슬 교란으로 상대
적·제한적·일시적 혜택을 받아 개체수가 좀 늘어난 종도 있지만, 그보
다는 파괴당해서 줄어들고 사라지는 동식물이 훨씬 더 많다.

요즘 정말 돈이 많아졌는지 하루가 다르게 새로 들어서는 고속도
로급 국도들을 보면 겁이 날 정도다. 자르고 깎고 뚫고 쌓아대는 도로
건설로 대한민국 국토는 갈가리 촘촘히 차단당하고 분단당하고 있다.
어디를 가든 반듯반듯하게 깔린 아스팔트와 시멘트 도로 위로 자동차
행렬이 굉음을 내며 달리고 있다. 얼마 전 어느 외국인이 얘기했듯이
한국에서 다람쥐나 토끼보다 큰 야생동물이 살아남기를 기대하는 것
은 연목구어와 같다. 야생동물 통행로라고 어쩌다가 하나씩 생색내듯
만들어놓은 시설들, 그것도 인간이나 알아서 건너기에 좋은 좁다란 다
리 같은 빈약한 시설들은 종횡으로 산천을 잘라놓는 도로들의 역기능
을 보전하는 데 거의 아무 소용이 없어 보인다. 마치 바둑판처럼 차단
당한, 21세기형 인클로저 운동으로 사방이 도로로 차단당한 좁은 땅

에 고립당한 채 이동조차 불가능한 야생동물들이 제대로 살아남기를
바랄 수 있겠는가.

　늘어나는 뱃살을 걱정하는 과잉 영양 시대를 살면서도 왜 사람들
은 모처럼 자동차를 몰고 간 산천에서 고기잡이를 하고 덫을 놓고 매
운탕을 끓이고 회를 쳐 먹으며, 왜 언론은 그것을 아무렇지도 않게 선
전하듯 보도하고 있을까? 석기시대나 중세의 수렵·농경시대에 만들어
진 유전인자가 아직도 나무와 숲과 물만 보면 무의식중에 발동해서일
까? 예전엔 좀 잡아도 괜찮았지만 이젠 대부분의 야생동물이 멸종 지
경에 들어간 상황에서 왜 사람들은 산과 들판으로 나가기만 하면 여
전히 원시 수렵인과 중세 농경인으로 돌변해버리는 걸까? 그 한심한
정도가 시장에서 밀렵 야생동물들을 버젓이 내놓고 파는, 그것이라도
팔아야 양식을 구할 수 있는 베트남이나 태국, 중국, 인도의 가난한 시
골 농민들과 다를 게 있을까?

　바다라고 해서 다를 게 없다. 랜돌프 T. 헤스터 미국 버클리 캘리
포니아대 교수가 2009년 8월 27일 자 〈한겨레〉에 기고한 다음 글을 한
번 읽어보시기 바란다. 마구잡이 자동차 도로 건설이 부른 자연환경
파괴에 대한 어느 방한 외국인의 우려스러운 눈길처럼 헤스터 교수도
한국에서 진행되는 대규모 자연 파괴를 너무나 안타까워하고 있다. 때
론 외부자의 시선이 정작 우리 자신이 잘 느끼지 못하는 우리 내부 문
제의 심각성을 잘 드러내줄 때가 있다. 지율 스님이 천성산 터널 공사
나 4대강 개발에 대해 끊임없이 발해온 경고를 여러 검증되지 않은 경
제지표들을 동원해 거부하면서 스님이 제기하고자 한 문제의 본질을
흐리고, 스님의 진정성을 한낱 성장을 가로막는 훼방거리로 호도해 조
롱하면서 오히려 스님을 욕보이는 더러운 짓거리들을 보라. 만일 같은
얘기를 지율 스님이 아니라 외국인이 했더라도 그런 식으로 반응할까.

그런 사정 제쳐놓고라도 헤스터 교수의 심정에 공감하지 않을 수 없다. 자, 그럼 헤스터 교수의 글을 소개한다.

:: 송도 갯벌 지켜야 하는 이유

저는 미국 버클리 캘리포니아대 경관건축·환경계획학부의 교수로 최근 한국을 방문하여 인천의 송도 갯벌이 광범위하게 훼손된 현장을 보고 매우 놀랐습니다.

전 세계의 과학자들은 인천의 갯벌이 다양한 종種들의 생존에 매우 중요하다는 결론을 내렸습니다. 지난 10년 동안의 조사로 송도 갯벌이 세계의 습지 중에서 가장 중요한 지역이라는 것이 더 분명해졌습니다. 람사르협약의 기준을 훨씬 초과하고 있기 때문입니다. 비록 우리의 연구가 저어새에 초점이 맞춰져 있기는 합니다만, 다른 과학자들은 적호갈매기와 노랑부리백로 역시 이곳의 간척 사업으로 심각한 멸종 위기에 처해 있다는 점을 지적했습니다. 검은머리갈매기, 흑꼬리도요, 청다리도요는 송도 지역에 의존하고 있는 많은 멸종 위험 종 가운데 일부입니다.

갯벌이 매립되면 새들은 좁은 곳으로 내몰리게 될 것이고 이로 인한 과밀 현상은 보튤리즘Botulism, 조류에 치명적인 미생물이나 다른 질병의 창궐 가능성을 높일 것입니다. 선진국들은 람사르협약의 기준을 충족시키는 갯벌을 큰 축복으로 여기고 있습니다.

저는 한국 정부가 계속해서 갯벌 매립을 허가하고 있다는 사실과 심지어 이것을 친환경적 개발이라는 명목으로 지원하고 있다는 사실에 충격을 받았습니다.

우리는 인천경제자유구역IFEZ이 이미 인천 갯벌의 대부분을 파괴하였다는 사실을 알고 있습니다. 하지만 우리의 최근 조사 결과에 따르면 소래포구 근처에 약 1000헥타르의 송도 갯벌이 아직 남아 있고 저어새가 바로 그 근처에 둥지를 틀고 있다는 사실에 주목하고 있습니다. 저는 인천시와 한국 정부가 이 지역의 갯벌 매립을 중단하고 마지막 송도 갯벌의 일부가 아닌 전체를 보전할 것을 강력하게 요구합니다. 이 지역의 대부분은 개발을 위해 매립하고 일부만을 야생 서식지로 남겨두자는 제안은 받아들일 수 없습니다. 송도 갯벌 매립은 작년 람사르 총회에서 한국 정부가 밝힌 습지 보전 약속을 위반하는 것이기도 합니다.

송도 갯벌은 야생 조류 서식지로서나 인천 시민의 삶의 질 향상에 지대한 공헌을 할 것으로 판단됩니다. 하지만 만약 매립 사업이 계속된다면 저는 이 사실을 국제적으로 알릴 것입니다. 저는 이미 환경 파괴를 감추기 위해 친환경이라는 용어들을 부정직하게 사용하는 한국의 태도를 잘 알고 있습니다. '친환경' 선언은 습지 파괴를 감추기 위한 위장술에 불과합니다.

미국에서 습지 매립은 이미 30년 전에 중단되었습니다. 특히 캘리포니아에서는 하나의 습지를 매립하고자 하면 그 두 배의 대체 습지를 만들어야 합니다. 설령 그렇더라도 몇몇 연구에서는 새로 조성된 습지가 사라진 습지를 대신하기에는 수많은 세월이 걸린다는 것을 보여주고 있습니다. 인천시가 송도 갯벌 매립 계획에서 사용하는 '저감낮추어 줄임'이라는 용어는 잘못된 것이며, 더 나아가서는 국제적인 사기가 될 수 있습니다. 한국의 습지 파괴는 선진국들 중에서 최악입니다. 인천시가 이러한 사기에 기초하여 경제자유구역을 개발한다면 미국의 대학들은 인천에 캠퍼스를 짓는 일을 다시 생각할 것입니다. 하지만 앞서 말씀드린 바와 같이 인천시가 갯벌 매립을 중단하고 저어새 등 멸종 위기의 생명들을 위해 갯벌 보전을 결정한다면 언제든지 협조할 준비가 되어 있습니다.

갯벌은 발전의 장애물이 아니라 진정한 녹색 도시를 위한 공간이며 지역 주민과 방문객들에게 자연 체험의 기회를 제공합니다. 인천시의 신중한 결정을 기대하며, 마지막 갯벌에 대한 인천시의 계획을 알려 주시기 바랍니다.[■]

■ 2009년 12월, 송도 갯벌은 100만 평만이 습지보호구역으로 지정되었다. 이는 원래 면적의 5퍼센트에 불과하며, 대부분은 이미 매립되었다.

공덕 오거리에서
공권력을 발견하다

서울 중심가 차도와 보도 사이를 철망을 두른 닭장차들이 점거하고 있는 살풍경. 군사독재 시대 5공의 향수. 길 가던 사람을 무조건 불러 세워놓고 가방 열어보라던, 신분증 보여 달라던 2인 1조 게슈타포들의 모습은 사라졌지만, 철판과 철망으로 장갑한 닭장차들과 그 곁에 쪼그리고 앉거나 줄서 있는 이순신 장군들(서울 광화문이나 부산 용두산 공원 또는 초등학교 교정에 서 있는, 하나같이 닮은꼴의 투구를 쓰고 갑주를 입은 동상과 너무나 닮은 거무튀튀한 몰골들)은 점점 늘고 있다. 오랜만에 서울을 찾는 외국인들은 한국이 다시 옛 시절로 회귀하고 있음을 알리는 방증 자료로 여길 게 분명하다. 한국의 본색은 역시…….

한 가지 기술 발전을 확인할 수 있는 것은, 닭장차와 닭장차를 빈틈없이 이어붙이는 운전 실력. 수십 대의 닭장차들이 성곽처럼 이어붙은 서울 시내는 마치 팔레스타인과 이스라엘 정착촌을 가르는 인조 장벽처럼 통행을 가로막고 심지어 시야마저 차단한다. 다닥다닥 붙여놓은 닭장차들 사이를 투과하기란 무망하다. 사람 주먹 하나 빠져나갈 수 없을 정도로 밀착시켜놓은 게 마치 가스불로 용접해놓은 것 같다. 한마디로 살벌하고, 국제도시라는, 저들이 보여주고 싶어 할 수도 서울 풍모와는 너무나 어울리지 않는다.(보여주고 싶은 것만 보여주려고 저들 입맛에 맞지 않는 풍경을 차단하는 저들의 노력이야말로 가장 보여주고 싶지 않은 풍경을 연출해내고 있다는 역설을 저들은 모르는 모양이다.) 이 괴물 성곽이 거의 매일 서울 시내 어딘가를 점거하고 있다. 추위 속에 줄서서 떨고 있는, 아니면 무료하고 멍한 어린 이순신들 모습이 안쓰럽고, 오직 치안(차단) 효율만을 생각하고 명령을 내리는 관료들 발상이 한심하다. 그들의 존재는 마치 대한민국이 여전히 치안 부재의 무법천지임을, 그리고 무력 동원 없이는 체제 유지가 불가능한 무능한 정권임을 나라 안팎에 선전하기 위해 반정부 세력이 고안해낸 트로이의 목마 같다.

마포 공덕동 오거리 교차로. 거의 매일 교통지옥이 연출되고 있다. 광화문 쪽에서 아현동을 거쳐 마포대교, 여의도 또는 강변북로 쪽으로 가는 차량 행렬(A 코스라 하자)과 신촌에서 서강대 앞을 거쳐 용산 쪽으로 가는 차량 행렬(B 코스라 하자)이 부딪쳐 빚어내는 기현상이다. 물론 워낙 통행 차량이 많다 보니 어쩔 수 없는 측면도 있지만, 살펴보면 최소한의 경찰 인력 투입으로 대부분 해소할 수 있는 문제일 것 같다. 문제는 항상 느리게 교차로를 지나가는 A 코스 차량 꼬리가 신호등이 바뀌어 B 코스 차량들이 가로질러 가야 할 교차로 한중간을 가로막는 데서 유발된다. 다음 신호를 잔뜩 기다리던 B 코스 차량들은 막상 녹색 진행신호가 들어와 달리려 해도 앞을 가로막고 있는 A 코스 차량 꼬리 때문에 달릴 수가 없다. 녹색 신호등이 빨간불로 바뀔 때쯤 꼼짝 못하던 꼬리 마지막 부분이 겨우 자리를 비켜주는 순간 안달하던 B 코스 차량들이 가속페달을 밟아보지만, 간신히 몇 대가 뛰쳐나가자마자 서부역에서 만리동 고개를 거쳐 내려오는 길 쪽의 C 코스 차량들이 우르르 밀려온다. 결국 이런 식으로 B 코스 차량들은 계속 차곡차곡 쌓여가 길게 길게 줄을 서서 거북이 행진을 계속한다.

문제는 공덕동 교차로 이후 마포대교 쪽 A 코스 차량 적체. 그 앞쪽 차량들이 빠져주지 않으니 신호등이 바뀌어 밀려드는 A 코스 차량들은 교차로를 빨리 지나가지 못하고 느릿느릿 이어지다가 신호등 바뀌면 거기를 가로질러야 할 B 코스 차량들을 막는 장벽이 된다. 근본적으로 과도한 차량 통행을 모두 흡수할 수 없을 만큼 용량이 부족한 도로에 원인이 있다고 할 수 있지만, 기술적으로 상당 부분 해소할 길이 없지 않다. 교차로 A 코스 쪽에 경관 한 명만 배치해서, 다음 신호등이 켜질 때가 가까워졌는데도 A 코스 진행이 밀린다 싶으면 손신호로라도 미리 A 코스 차량 꼬리를 짧게 끊어주면 된다. A 코스 차량들도 어차피 꼬리에 붙어 줄서서 따라가봤자 교차로만 막을 뿐 더 이상 나아갈 수 없는 형편이라면 B 코스 차량들이 바뀐 신호를 타도록 경관의 손신호에 따라 미리 멈추어 양보하는 게 낫다. 어차피 금방 못 갈 양이면 다른 코스 차량이나 지나가게 길을 만들어주면 된다. 그런 사정을 차 안에 앉아 있는 운전자들이 알 도리도 없고 설사 알았다 한들 집단적으로 어떻게 할 방도도 없다. 이곳 상황은 사정을 뻔히 알면서, 자신의 행동이 어떤 결과를 낼지 뻔히 알면서 저 먼저 가려고 앞쪽 꼬리에 악착같이 따라붙어 다른 코스 차량들의 진행을 방해하는 얌체족 운전자들에게 책임을 지울 수 있는 그런 차원의 상황이 아니다. 느려빠진 차량 행진을 타고 밀려가는 차 안의 운전자가 어떻게 해볼 수 있는 상황이 아니다. 그걸 할 수 있는 건 전체 사정을 파악할 수 있는 외부의 경관이다. 한두 명 정도의 인력이면 충분할 것이다.

그리고 A 코스 교차로 바로 지난 지점에 길다란 횡단보도가 있는데, 이것도 문제를 더 어렵게 만드는 요소다. A 코스 차량 꼬리들은 신호가 바뀌어 몰려드는 B 코스 차량들에게 길을 내주려고 안달하지만 교차로 직후 바로 앞에 횡단보도 신호등이 B 코스 신호등과 동시에 녹색으로 바뀌는 통에 걸려서 나아갈 수가 없다. B 코스 차량 운전자들이 비켜달라고 A 코스 차량 꼬리를 향해 연신 경적을 울려대지만 사람들이 지나가는 횡단보도를 그냥 질러갈 수도 없다. 게다가 바로 그 위치에 중앙 차로를 달리는 시내버스 정류장을 만들어놓았으니 사정이 더 어려워질밖에.

이 불합리해 보이는 현장을 지나다니다 좀 한심하다 싶어 마포경찰서 교통과에다 전화를 걸어 항의성 하소연을 해봤으나 잘 알았다는 태평한 소리만 들었을 뿐 아무것도 바뀌지 않았다. 마포서는 바로 그 교차로에서 불과 걸어서 2, 3분 거리다. A 코스 쪽에 위치하고 있어서 그 고충을 잘 모르는 건지. A 코스 쪽이 메인 로드이고 복잡한 시내 차량들을 한시바삐 외곽으로 뽑아내야 하는 사정상 다른 코스보다 A 코스 통행에 우선권을 주기 위한 것일 수도 있겠다 싶어 무진 이해하려고 노력해봤으나(그래서 상대적으로 통행량이 적은 C 코스의 교차로 신호등 녹색 진행신호 시간을 다른 코스 녹색 신호 시간보다 짧게 끊어 불과 몇 대만 지나도 빨간 등이 켜지게 하는 신호 조작도 합리적일 수 있겠구나 싶었다. 물론 그것도 훨씬 더 융통성 있게 운용할 수 있는데도 그러지 않았지만), 그럼에도 이 한심한 현상을 방치하는 듯한 경찰 쪽 태도는 도무지 납득하기 어렵다. A 코스에 통행 우선권을 주는 것과 다른 코스 적체를 방치하는 것은 전혀 다른 문제다.

사태 파악이 어려울 만큼 사정이 복잡하지도 않을뿐더러 최소한의 인력 투입으로 큰 효과를 낼 수 있을 것 같은데 왜 그렇게 하지 않을까? 경찰차들은 수시로 그 지역을 경광등 번쩍거리며 돌아다니고 있는데도 왜 그게 안 될까? 왜 횡단보도 위치와 버스 정류장 위치를 재조정하지 않는 걸까? 서울 마포구 공덕동 로터리뿐 아니라 서울 시내 여러 곳에서, 이건 참 불합리한 신호체계다, 오히려 교통 흐름을 방

해한다 싶은 교차로나 신호등이 발견된다. 차를 타고 다니는 교통 경
관들은 금방 그 불합리를 깨달을 수 있을 텐데, 왜 오랜 시간이 흐르
도록 신호체계는 바뀔 줄 모를까?

시위 진압 때 발휘하는 그 무모할 정도의 신속무비 용맹무쌍은 어
디 간 걸까?

아둔한 보수주의,
자가당착 계산법

『케인즈는 왜 프로이트를 숭배했을까?』(베르나르 마리스 지음, 조홍식 옮김, 창비, 2009)에 이런 얘기가 인용돼 있다.

멕시코 해변의 작은 마을에서 낮잠을 자는 어부에게 미국인이 물었다.

"당신은 왜 바다에서 더 오랫동안 고기를 잡지 않는 거요?"

멕시코인은 자신이 현재 고기잡이 하는 것으로 식구들이 모두 먹고사는 데 충분하다고 대답했다.

"그럼 나머지 시간은 무엇을 하나요?"

"늦잠을 자고, 고기 좀 잡은 다음에 아이들하고 놀고, 마누라랑 낮잠 좀 자고, 저녁때는 친구들을 보러 갑니다. 우리는 포도주를 함께 마시고 기타를 치고 놉니다. 아주 바쁜 생활이랍니다."

미국인이 말을 가로막았다.

"그러지 말고 내 말 잘 들으시오. 우선 더 오랫동안 고기를 잡으란 말이오. 그리고 이윤이 남으면 커다란 배를 사는 거요. 당신은 생선 공장을 지을 수 있을 것이고, 다음에는 멕시코시티나 뉴욕으로 가서 사업을 총괄하는 겁니다."

"그다음에는요?" 멕시코인이 물었다.

"그다음에는 당신 회사를 증시에 상장하는 거요. 그러면 수백만 달러를 벌 거요." 미국인이 말했다.

"수백만 달러요? 그다음에는요?" 어부가 또 물었다.

"그다음에는 퇴직을 하고 해변의 작은 마을에 사는 겁니다. 늦잠도 자고, 아이들과 놀고, 낚시도 좀 즐기고, 부인과 낮잠도 자고, 저녁 때는 친구들과 한잔하면서 기타도 치고 말입니다."

자본주의적 삶의 우월성을 맹신하는 아둔한 현대인의 '바보짓거리'를 통렬하게 조롱하는 이 얘기를 김종철 〈녹색평론〉 발행인도 2010년 1, 2월 호에서 원용했다. 김종철 교수는 "국가와 자본이 설정한 게임의 룰을 따르는 것을 포기"하지 않는 한 행복은 없다고 했다. "우리끼리"의 협동적 삶만이 행복에 이르는 길이라 역설했다. 협동조합이 대안이라고 가라타니 고진도 말했다.

시사평론가 정관용 한림대 국제대학원 교수의 인터뷰 모음『문제는 리더다』(메디치미디어, 2010)에서 보수 정권 장관과 국회의원을 지낸 원로 언론인 남재희 씨는 이렇게 말했다.

"우리나라 보수는 보수주의가 아닙니다. 그냥 기득권의 축적이죠. 왜정 때 친일 세력, 친일 세력과 우익을 중심으로 한 한민당의 세력, 일본이 물러나고 미국과 손잡은 군정청 관리며, 적산불하 등을 받은 세력, 만주나 일본에서 군관학교 나온 세력 등 기득권층의 축적이지, 주의主義라고 할 수 없어요. 주의(ism)는 세계에 대한 일정한 철학적 관점이니까 그냥 생기는 건 아니에요. 뭘 한번 깨뜨리고 새롭게 만들었거나, 개혁을 한번 했어야 만들어지는 거죠. 우리의 보수는 수동적

축적일 뿐이잖아요. 거기에 미국과 일본의 국제적 지원과 북한과의 극한 대치 상태에서 더 막강해지기만 했죠. 게다가 지역감정 문제까지 더해서 강력해진 거죠."

남 씨만이 아니라, 윤여준, 김종인, 이해찬 씨 등 이 인터뷰집에 등장하는, 정치적 입장이 제각각인 원로들은 한목소리로 이명박 대통령과 그 측근 및 집권 세력(야당에 대해서도 그랬지만)의 편향과 단견과 무능을 걱정하고 질타했다.

자본주의적 성장과 소비문화에 대한 맹신이 바보짓이라면, 김종철 교수 말마따나 "어디서 녹색이라는 게 좋다는 얘기를 들었는지, 녹색적 가치를 정책을 통해 실천하려는 마음은 전혀 없으면서 입만 열면 녹색 운운"하는 아둔한 보수가 지배하는 국가, 한국에서의 삶이란 도대체 어떤 것인가.

작고 여리고 검은 것도
아름답다

대장균은 환경이 좋으면 20분마다 한 번꼴로 분열한다. 대장균 한 마리의 무게는 약 1조 분의 1그램. 대장균 한 마리가 하루 일흔두 번 분열하면 그 수는 2의 72제곱, 곧 10의 21.6제곱 마리가 된다. 그 무게는 4000톤. 단 이틀 만에 5.977×10의 21제곱 톤인 지구의 질량을 능가하게 된다. 물론 그런 기하급수적 번식은 그걸 버텨줄 수 있는 환경 조건이 갖춰지지 않는 한 실현 불가다. 적당한 온도와 충분한 영양분과 지구보다 큰 거대한 공간.

어쨌든 이런 놀라운 번식력을 지닌 세균은 지구 나이와 거의 같은 세월 동안 극한의 환경에도 적응하면서 번성해왔다.

그토록 오랜 세월 번성해온 세균들은 왜 대형 생물로 진화하지 못했을까. 예컨대 쥐나 늑대나 화초나 나무나 사람처럼. 2009년 초에 출간돼 소개한 『미토콘드리아』는 그 이유를 '기하학의 걸림돌'이라는 개념으로 설명한다.

세균은 외막(껍질막)을 통해 끊임없이 에너지를 빨아들여야 생명을 유지할 수 있다. 그런데 세균이 만약 크기를 두 배로 늘리면 표피 면적은 네 배로 늘어나고 부피는 여덟 배로 늘어난다. 그렇게 되면 단위 부피당 표피 면적 비율은 현저히 떨어진다. 생명 유지 에너지 수입 통로인 표피 면적이 상대적으로 줄어들면 그만큼 생존이 어려워진다. 즉 내부에 자체 동력원을 확보하지 못하는 한 세균은 몸을 키울 수 없다. 그것 없이 몸을 키우는 건 자살행위다.

대형 생물이 이 한계를 돌파할 수 있었던 건 미토콘드리아 덕이었다. 원래 자체 에너지를 만들어내는 독립된 세균이었던 미토콘드리아는 오랜 옛날 바닷속에서 역시 독립적인 메탄 생성 고세포와 어울려 서로에게 이익이 되는 상보 관계를 맺었다가 아예 고세포 몸속으로 들어가 한 몸을 이루는 공생 체제로 전환한다. 핵을 지닌 세포, 즉 진핵세포의 등장이다. 20억 년 전에 일어난 지구 생명 역사상 혁명적 사건이다. 진핵세포는 표피막을 통해 에너지를 흡수할 필요가 없다. 외부 영양체를 포식해 세포 내부에서 에너지로 전환하면 된다. 그 공장 역할을 미토콘드리아가 맡는다.

그리해서 에너지 생산에서 해방된 진핵세포들의 세포막은 훨씬 더 유연해지면서 신호 전달, 운동, 식세포작용 등 다른 일을 할 수 있게 되고 유전정보의 양도 대폭 늘리면서 세균보다 평균 1만~10만 배나 몸을 불릴 수 있게 됐다. 진핵세포 생명체는 몸을 불릴수록 더 유리해진다. 예컨대 쥐는 사람보다 체적 대비 일곱 배나 많이 먹고 장기들을 가동해야 생존할 수 있다. 하지만 한없이 몸을 불려갈 순 없다. 대형화할수록 그것을 지탱해줄 단단하고 거대한 뼈대가 필요하고 에너지를 몸 구석구석까지 운반하기 위한 순환 체계와 거대한 심장, 허파(아가미)가 필요하고, 기타 거대 몸집을 유지하기 위한 비용 지출도 늘게 된다. 고래처럼 거대해지면 땅 위에서는 숨쉬기조차 어려워진다. 허파를 펴고 숨을 쉬려면 바닷물의 부력을 이용할 수밖에 없다. 코끼리처럼 몸집을 키워 유리한 면도 있지만, 기동력이 둔해지고 엄청난 양의 먹이를 계속 찾아 먹어치워야 하는 불리함도 있다.

그리고 또 한 가지 생각해야 할 게 있다. 쥐는 사람보다 체적 대비 일곱 배나 많이 먹어야 살아갈 수 있지만 한 마리의 쥐가 먹어 없애는 먹이의 절대량은 한 명의 인간이 먹어 없애는 먹이의 절대량보다 훨씬 적다. 몸집이 커질수록 체적 대비 에너지 효율은 높아질지 몰라도 먹어 없애는 먹이의 절대량은 커진다. 그만큼 지구 자원을 더 많이 소모해야 한다. 물론 몸집 큰 생물체의 출현이 지구 생태계 전체에 반드시 불리한 것만은 아니다. 쥐의 왕성한 번식력을 방치할 경우 쥐들은 기하급수적으로 늘어나 지구 생태계를 망가뜨릴 수 있다. 쥐의 번식은 그 쥐들을 잡아먹는 더 큰 생물의 출현을 부추긴다. 피라미드 구조의 먹이연쇄가 만들어지고 그것이 생태계의 파괴를 억제한다.

문제는 그런 진화에 너무 잘 적응한 나머지 먹이 피라미드에서 수행할 역할을 넘어선 과잉 활동성을 지닌 생명체의 출현이다. 예컨대 공룡같이 거대한 몸집의 강자들이 출현한 것은 지구 생태계 진화에 꼭 필요한 일이었을까? 축복이었을까, 재앙이었을까? 공룡의 등장은 진화의 필연이었겠지만 한편으론 어느 순간 그것은 진화 과정을 망가뜨리는 우연적 요소로 등장하지 않았을까? 물론 그것마저도 필연이겠지만. 소행성이나 거대 운석의 충돌, 기후변화에 따른 먹이 고갈 등 공룡 멸망의 원인을 둘러싼 여러 설들이 있지만, 과잉 진화에 따른 자멸일 수도 있지 않을까? 몸을 불리면 체적 대비 에너지 효율이 상대적으로 높아지는 유리함이 있지만 어느 선을 넘어서는 순간 유리함보다 불리함이 기하급수적으로 늘어나는 일종의 티핑 포인트 같은 게 존재하지 않았을까? 공룡은 그 포인트를 넘어서면서 자멸 과정에 들어간 것이고 말이다.

만일 공룡이 더 오래 생존했더라면 다른 광범위한 지구의 생물 종이 공룡의 포식성 때문에 공멸하지 않았을까 싶다.

지금 그 공룡의 자리를 먹이연쇄 피라미드 정상의, 더는 상위 포식자가 없는 최고의 포식자, 개체수를 폭발적으로 늘려가면서 전 지구 표면을 뒤덮고 거의 모든 자원을 먹어치우고 있는 인간이 차지하고 있는 게 아닐까.

키 작고 대가 가는 세죽 위에
눈을 털어주었더니, 세죽이
허리를 펴고 일어섰습니다.
조용한 노역이 거기 있었구나.

여러날 쉬고 다시 일 시작하는
날이지요? 몸은 그새 쉬는데
젖어버렸을지도 모릅니다. 깊은
숨 한 번 쉬세요. 살아야지요.

2011년 2월 6일 〈이철수의 집〉www.mokpan.com '나뭇잎 편지' 엽서에 세죽 그림과 함께 뜬 글이다.

2일의 새해 인사에는 토끼 해, 토끼 그림과 함께 이런 글이 적혔다. "작은 것들은 먹기도 적게 먹어요. 그 작은 배를 채우지 못하는 슬픈 날이 없게 되기를! 욕심은 한없이 배가 크지요. 그 배를 채우느라 허비하는 어리석은 날도 없게 되기를!"

7일, 제천 백운면에서 25년째 농사짓고 그림 그리며 살고 있는 그의 집에 갔더니 집 앞 저 멀리 천둥산이 솟아 있고 울고 넘었다던 박달재가 보였다. 그는 그 집 앞에서 "멀리 큰 길에 흘러가는 자동차 불빛을 보면서 세상을 생각"했다. "세상 아무리 더럽고 바빠도, 심을 것 심고 갈아엎을 것 갈아엎고 해야지! 하는 심사로 뼈마디가 아프도록 일하지만 세상을 다 잊고 살지 못합니다. 웬만해야지요! 거짓말! 마음에 와 있는 화두 같은 한마디가 그랬습니다. 거짓말! 거짓말로 지새는 온갖 권력들에게 나와 우리 시대를 맡겨놓고 사는 하루하루가, 온몸이 아픈 고된 삽질과 흙일보다 더 힘듭니다. 진심으로 그랬습니다.”(『오늘도 그립습니다』 이철수 지음, 삼인, 2010) 이 화백은 세상일에 그처럼 여전했지만 점점 더 촌사람이 되고 점점 더 도인이 돼가는 듯 보였다. 세죽과 토끼. 작고 약한 것들을 생각하는 그의 마음을 알 것 같다.

서울대나 특수고 합격한 것을 자랑하고픈 신통찮은 어른들이 내건 플래카드들, 필시 그 뒤에 결국은 돈을 노리는 빤한 상업주의 계산, 가진 자들의 계급 재생산과 현상 유지 본능이 도사리고 있을 그런 흉물이 말썽을 불러일으키고 있다는 보도들이 또 인터넷에 떴다. 북한산 자락에 컨벤션센터라는 걸 짓겠다고 해서 건축 허가를 받아놓고는 수백 평짜리 호화 아파트를 지어 분양하는 큰 것들의 염치없는 횡포와 그런 그들을 비호하며 특혜를 주는 관공리들의 행패에 관한 기사도 떴다.

서울대 가는 게 그렇게 대단한 일인가? 특수고 가는 게 그렇게 자랑스러운가? 타인의 출입이 엄격히 통제되는 수백 평 초호화 아파트, 굳이 국립공원 경관을 해치고 독차지하며 누리는 비뚤어진 호사가 그렇게도 행복한가?

그것을 생물 진화 코드로, 진핵세포의 몸집 불리기, 체적 대비 에너지 효율 높이기의 유리한 고지를 획득하려는 본능의 발로로 바꿔 읽을 수 있을까. 그들 중 젊은 날 이런 고민이라도 해본 사람이 얼마나 될까. 그런 그들 중엔 물론 훌륭한 사람도 많겠지만, 서울대 못 가거나 안 가고, 특수고 못 가거나 안 가고, 호화 빌라 근처에도 갈 수 없거나 그 호사를 굳이 걷어차버린 사람들 중에도 훌륭한 사람들이 적지 않을 것이다. 개중엔 그런 진지한 고민과 유리한 고지를 맞바꾼 청춘들도 적지 않을 것이다. 세상은 그런 청춘들은 기억하지 않는다. 돈에 미친 세상에서 돈이 되지 않기 때문일 게다. 큰 것들과 강자들이 마구 먹이를 독점하고 먹어치우면 지구 생태계가 얼마나 버틸까. 지금 세상은 그런 크고 강한 자들만 칭송하고 갈망한다. 왜소해서 당한 약자들의 과거의 한 때문일까? 절대 강자로 군림한 서구 백인들의 거대한 근육질 문명과 몸매에 대한 콤플렉스 때문일까? 강하고 크고 흰 것이 정말 아름다울까? 미감은 후천적으로 만들어지는 것이고, 텔레비전 등 강자들 편에 선 선정적 대중매체들이 그 조작을 주도하고 있다. 어느새 한국인 다수의 미감은 자기 고유의, 전래의 자신, 자기 것을 수치스럽게 생각하고 부정하면서 자신들을 조종해온, 몸집 큰 외부 강자의 모든 것을 멋있고 아름답다고 여기는 도착적인 것으로 바뀌었다. 이런 현실을 자괴의 시선으로 바라보며 가진 자들의 부도덕에 분노하고 고민할 줄 아는 청춘이라면 서울대, 호화 빌라 따위 걷어차버릴 수 있지 않을까?

작고 여리고 검은 것이 아름답게 느껴지는 지적·감성적 혁명, 그 인식의 역전이 오히려 지속 가능한 행성 지구를 위한 마지막 출구가 돼가고 있는 건 아닐까.

　지구에 온 외계인들이 지구 생명체들을 '채집'한다고 했던가 인간의 몸을 빌린다고 했던가 확실히 기억이 나진 않지만, 얼마 전 함께 산행에 나선 일행 몇 명이 이런저런 얘기 끝에 그런 화제를 입에 올렸다. 그런데 한 사람이 그 대상에서 한국인들은 제외될 것이라고 했다. 그 부분에 관한 기억만은 확실한데, 그는 그 이유를 한국인 골상이 너무 못생겼기 때문이라고 했다. 느닷없이 튀어나온 얘기에 모두들 실소했지만, 정말 뜻밖이었다. 반은 농담조였으나, 자연과학도로 평소 그 분야의 일로 외국 나들이가 잦은 그가 그런 얘기를 그런 맥락에서 불쑥 꺼낼 수 있었던 건 분명 한국인, 나아가 우리와 외형이 크게 다르지 않은 동아시아인들의 얼굴 생김새에 대한 열패감 같은 걸 갖고 있었기 때문이리라. 그런 느낌이 들었다.

　아니, 그건 지극히 인간적인, 인간 특유의 미적 기준에 의한 것일 뿐, 외계인들이 지구 인류의 인종적 골상 차이에서 우리와 동일하거나 유사한 차별적 미감을 느낄 것이라고 보는 건 황당한 얘기 아니냐고 한마디 응수하고 말았지만, 정말 기분이 묘했다. 명민한 자연과학도가 지극히 인간적인 미감을 우주 보편적 미감과 동일시하다니. 그 인간적 미감이란 것도 시대와 장소에 따라 크게 달라지지 않나. '에스키모 미인과 잠비아 미인, 네덜란드 미인 중 어느 쪽이 더 미인인가?'라는 물음이 성립할 수 있나? 우리가 막연하게 또는 흔히 생각하는 미인이라는 건 내가 사는 시대와 나라 등의 장소 속에서 만들어진 것이고, 오늘날 세상 풍경으로 보면, 다분히 지난 몇 세기를 지배해온 서양적 미감, 최근 반세기 정도는 미국, 그중에서도 할리우드의 영향을 크게 받아 그쪽으로 상당히 기울어진 또는 찌그러진 미적 감각으로 보거나 생각하는 미인이기 십상이다. 에스키모 미인은 에스키모 미인이고, 잠비아 미인은 잠비아 미인이며, 네덜란드 미인은 네덜란드 미인일 뿐이다. 신윤복의 그림 등에 등장하는 조선 시대 미인과 지금의 한국 미인도 분명 다르다. 더 세분해서 보면, 미의 기준은 소득수준, 계급, 신념 체계나 가치관에 따라서도 복잡하게 갈린다. 김어준식 어법으로 말해, '씨바! 그래도 예쁜 건 예쁜 거잖아! 못생긴 건 못생긴 거고!'라는 생각이 빠져 있을지 모를 사고 왜곡의 함정을 숙고해볼 필요가 있다.

텔레비전의 아프리카 오지 탐험 프로그램. 촬영팀이 이른바 미인들을 데리고 가서 오지 흑인 여성들 속에서 돋보이게 만드는 건 거의 식민주의적 횡포다. 그것도 서방 식민주의에서 배운. 돈과 최신 기기로 무장하고 먼 아프리카 시골로 점령하듯 우르르 몰려가 그렇게 법석을 떨면서 종족적 우월감으로 아프리카인들을 바라보는 건 무지이거나 무신경한 횡포이며, 아프리카인들이 설사 같이 간 한국 또는 백인 여성들을 자신들보다 더 나은 그 무엇으로, 더 잘생긴 무엇으로 보거나 생각한다 해도 그건 말하자면 위압에 의한 세뇌 효과나 일시적 착란일 가능성이 농후하다. 20세기 초에 조선에 온 일본인들과 서양 백인들이 조선 사람들을 그렇게 취급했다. 심지어 조선 사람들 일가가 산 채로 동물원에 전시된 적 있다는 얘기도 있었다. 지금 남아 있는 그림엽서나 사진첩들 중엔 조선 아낙네들이 항아리 따위를 머리에 이고 가거나 어린아이를 등에 업거나 옆구리에 끈으로 매어 가는 장면들, 정면으로 포즈를 잡은 장면들이 있는데, 상당수가 짧은 저고리 아래로 유방을 드러내놓고 있다. 이건 당시 조선 여성들이 나들이 할 때 모두 젖가슴을 드러내놓고 다녔다는 역사적 사실의 기록이 아니라 야만적이고 이국적인 풍정을 만들어내기 위해 연출한 관광용 상품이었다. 신분 질서가 남아 있던 당시 하부 빈곤층 여성들 중에 일부 그런 습속이 남아 있었겠지만, 조선에선 일반 서민 기혼 여성들이 그렇게 젖가슴을 드러내놓고 다녔다고 선전하는 건 제국주의자들의 인종주의적 편견의 산물이며 식민주의의 사악한 기획에 가깝다. 야만과 선진, 미와 추, 미녀와 추녀는 객관적으로 존재하는 것이 아니라 그렇게 만들어지는 것이다.

우주 또는 지구 보편적 미의 객관적 기준이란 없다.

고릴라도 인간 미인을 보면 예쁘다고 느낄까? 그래서 성적 감흥이 일고 특히 인간의 눈에 섹스어필하는 미녀들일수록 성적으로 더 크게 이끌릴 것이라고 생각할 수 있을까? 그리고 개나 소도 그럴까? 아니, 풀벌레도 미녀와 추녀를 구분하고 그 기준이 인간의 그것과 동일할 것으로 본단 말인가? 우리가 어떻게 생겼을지 상상하기도 힘든 외계인이 지구인 골상을 보고 지극히 인간적 기준으로 저건 예뻐, 저건 미워, 그런 식으로 구분해서 어느 쪽을 더 선호하고 다른 쪽을 배척하리라고 생각하는 게 도대체 말이 되나?

하기야 〈킹콩〉 같은 영화를 보면 그 영화를 만든 사람들은 분명 고릴라도 인간과 같은 미감, 나아가 인간과 유사한 도덕의식까지 갖고 있는 것으로 상정한 것 같다. 아니면 일반인들, 잠재 고객들의 그런 관념을 상업적으로 이용했거나. 따지고 보면 그것도 황당하지 않은가. 공상과학영화에 등장하는 외계인들도 제아무리 기괴한 모습을 한다고 해도 대체로 인간 또는 기껏해야 벌레 등 지구 생물체의 형상 범주 내에서 약간의 변형을 가하는 한계를 벗어나지 못한다. 요컨대 인간의 상상력 범위 내다. 그 인간의 상상력이란 협소하기 짝이 없으며, 우리의 이성적 사고라는 것도 체험을 통해서든 세뇌를 통해서든 한번 주입된 관념이나 개념의 포로가 돼 그 자장을 벗어나기 어려운 것 같다.

앞의 그 자연과학도가 느낀 열패감은 어쩌면 건장한 아프리카 마사이족 같은 타 인종들의 그것까지 포함한 것일지 모르겠으나, 아마도 주로 서구 백인들 골상과의 비교에서 비롯된 것이리라. 왜 식물이나 벌레에까지 '열린 마음'을 지닌 그가 한국인이나 동양인 골상을 유럽인이나 서양인 골상보다 못생겼다고 느끼는 걸까? 골상의 미추를 구분하는 보편적·우주적 기준이라는 게 존재할까? 존재할 리 없다. 나치가 아리안족의 우수성을 골상학적 특징으로 구분하려 했을 때도 골상 자체에 객관적 미추가 있었을 리 없다. 있었던 건 그런 미추를 만들어 강제한 권력이 있었을 뿐이다. 말하자면 미추 개념도 현실의 힘의 관계, 권력관계를 반영한다.

인생 전반기 한동안 내 머리를 지배한 미남미녀 판단 기준도 실은 그 자연과학도와 별로 다르지 않았다. 어쩐지 한국인과 동양인은 못나 보였고 서양인은 너무 멋졌다. 서양인들에 대한 끓어오르는 선망은 자기 종족에 대한 경멸과 동전의 양면이었다. 나이 스무 살이 한참 넘어서야 인간 외모에 관한 내 관념에 할리우드 영화나 텔레비전 프로그램들이 절대적인 영향을 끼쳤다는 명확한 깨달음에 도달했다. 그렇게 형성된 가치관은 단지 외모뿐만 아니라 삼라만상 우수마발에 대한 선악, 미추의 관념까지 지배했다. 그 관념의 수용소에서 탈출하기 위한 나의 노력은 지금까지 계속되고 있지만, 나는 아직도 거기서 완전히 빠져나오진 못한 것 같다. 여전히 한 발을 그 마의 수용소 담장 안에 걸쳐놓은 채, 근치될 수 없는 결핵 환자처럼 겉은 멀쩡해 보이지만 속은 그때 곪은 무수한 생채기들로 후유증을 앓고 있다.

출판인 몇 분과 점심을 먹다가 이런 얘기를 한 적이 있다. 텔레비전 상품광고에 등장하는 모델들 중 서양 백인들이 등장하는 비율이 부쩍 높아졌고, 점점 더 높아지고 있는 것 같다. 순전히 주관적 '인상비평'에 가까운 것이지만, 좌우간 값비싸고 좋은 것, 아름다운 것, 예쁜 것, 멋진 것, 귀한 것을 사라고 선전하는 광고에 등장해서 이건 탁월한 거야! 차원이 다른 거야! 우리라면 믿겠지? 라고 감미롭게 속삭이거나 온몸으로 자극해 오는 서양 백인 남녀 모델들을 훨씬 더 자주 보게 된 것 같다. 모델 출연료가 내국인보다 더 싸기 때문인가? 스타급 유명인이 아니라면, 내국인 모델이 쌌으면 쌌지 더 비쌀 리는 없을 텐데. 아무래도 외국인 모델의 광고효과가 더 좋기 때문이겠지? 아니면 광고주들이 그럴 것이라고 믿고 있거나.

예전에 일본 텔레비전 광고들이 그랬는데, 요즘은 한국 쪽이 한술 더 뜨는 것 같다. 그때 일본 방송 광고를 보면서 일본인들의 뿌리 깊은 서양 콤플렉스를 떠올렸다. 10여 년 전에 일본 텔레비전에 등장하던 젊은 음악 그룹들이 부르는 노래들에 으레 섞여 들어가던 정체 모를 영어 가사들도 몹시 낯설었다. 지금 생각하면 그게 이른바 제이팝^{J-POP}의 해외 수출을 겨냥한 일종의 산업 전략적 측면도 지니고 있었던 것 같지만, 역시 서양 콤플렉스를 빼놓곤 얘기하기 어렵다. 요즘은 케이팝 K-POP 쪽이 역시 한술 더 뜨고 있지 않나?

일본이 지금은 어떤 형국인지 자세히 살펴보진 못했지만, 케이팝 쪽에 섞여 들어가는 정체 모를 영어 후렴구들의 빈도와 밀도는 그때의 제이팝을 훨씬 더 능가하는 것 같다. 우린 일본 콤플렉스까지 겹쳐 있어서 그럴까? 아니면 더 진척된 세계화 때문에? 프랑스에 장기 유학

중인 어느 학생은 그런 서방 모방, 흉내만으론 결코 그들과 같아지거나 그들을 능가할 수 없다고 했다. 어디까지나 아류일 수밖에 없다는 것이다. 그러고 보면 앞서 간 제이팝의 운명도 그랬다. 〈나는 가수다〉 등 유행하는 노래 경연 프로그램이나 힙합 등 주로 미국에서 유행한 프로그램이나 음악, 그리고 미국의 발성법, 노래 기법을 도입한 형식과 내용의 프로그램이나 노래들을 보고 들을 때도 얼핏 그런 생각이 들 때가 있는데, 이건 문외한의 무지몽매 또는 지나친 상상인가.

뉴스나 일기예보 방송을 볼 때 눈을 어디에 둬야 할지 모르겠다는 얘기들을 한다. 특히 여성 아나운서나 일기예보 방송 담당자(기상 캐스터)들을 주요 화면에 배치하는 우리 방송사들의 선별 기준은 좀 유별난 것 같다. 예전엔 못지않았을지 몰라도 지금의 일본 방송 출연자들은 확실히 달라 보인다. 예전의 모델 타입 일본 방송 진행자들은 이젠 일상인에 가까운 실무 중시 스타일로 확실히 바뀌었거나 바뀌어가고 있다는 느낌을 준다. 중국중앙텔레비전CCTV에 등장하는 뉴스 진행자들이나 아나운서들은 아예 그쪽 방면으론 관심이 없는 듯하다. 소박하다고 해야 할지 수수하다고 해야 할지. 뉴스 자체의 신뢰도 또는 그것을 받아들이는 시청자 쪽 신뢰도와 뉴스 전달자의 외모 간에 어떤 상관관계가 있는지는 잘 모르겠다. 아마 별 상관이 없거나, 있다면 수수한 쪽이 화려한 쪽보다 오히려 더 신뢰감을 주지 않을까. CNN이나 블룸버그 진행자들도 차라리 중국형에 가깝다.

요즘 우리 방송들이 전면에 내세우는 진행자들은 너무나 예쁘고, 미끈하고(입고 나온 옷, 화장을 비롯한 차림새 전체가 그렇게 보이도록 신체 특징을 돋보이게 만든다), 멋지고, 세련돼 보인다.(그렇게 보이는 것 자체가 내가 여전히 서방 미학의 포로수용소에서 완전히 빠져 나오지 못했다는 걸 말해주는 명백한 증거일 수 있다.) 인구수로 보나 외모의 유사성으로 보나, 일본이나 중국이 그런 섹스어필 미녀들을 자국 내에서 찾아낼 수 없어서 수수와 소박의 실무형 진행자들을 화면에 내세우는 건 아닐 터이다. 만일 그런 데서 근거도 없는 한국인의 골상적 우월감을 혹시 느끼는 사람이 있다면 병이 깊다고 할 수밖에 없다. 그것도 일종의 서양 콤플렉스의 변형이 아닐지.

방송 진행자들이나 연예인들은 대체로 키도 훤칠하거나 더 훤칠한 쪽으로 가고 있다. 언제부터인진 모르지만, 이 키에 대한 관심은 한국인들이 좀 유별난 듯하다. 아이들 성장판 얘기가 유행하고 약을 먹여서까지 아이들 키를 키우려는 열망이 광기처럼 번지고 있다.

이런 현상이나 열풍의 공통점은 서구 지향이라는 것이다. 거기엔 분명 서구 강자들의 기준, 가치관이 작동하고 있다. 그 적나라한 행태는 아무리 생각해도 '정상적'이라고 하기 어려운 요즘의 우리 언어생활, 언어 습관을 통해 가장 극적으로 표출되고 있지 않을까. 모조리 영어다. 그럴듯한 상품명, 회사명 중엔 영어가 붙지 않은 게 거의 없다. 배운 사람일수록 더 심한 것 같다. 이론을 수입하자면 그 수단인 말도 수입할 수밖에 없겠지만, 특히 지식인들이 너무 생각 없이 외국 말을 과시하듯 남용하고 있지 않나 하는 느낌이 들 때가 많다. 대중은 그들을 흉내 내고 따라한다. 이대로 가다가는 10년 안에 한국어가 소멸할 것이라는 얘기가 기우로 끝날 것 같지 않다.

또 있다.

우리는 이원수나 권정생이나 방정환, 권정생의 동화보다는 백설공주와 라푼젤과 신데렐라와 인어공주와 피노키오를 훨씬 더 친숙하게 생각하고, 동화 하면 으레 안데르센과 그림 형제를 떠올린다. 어른들의 유년 시절 정체성을 구성하는 주요 주인공들은 우리 주변이 아니라 다수는 어쩌면 우리 일상과는 무관했던 서양에서 건너온 존재들이

다. 신화나 전설조차 우리는 여전히 하백이나 주몽과 비류와 온조, 혁
거세, 수로, 전설 따라 삼천리, 심청이나 흥부 놀부, 임꺽정보다는 그리
스·로마 신화와 『일리아스』『오디세이』를 훨씬 더 가깝게 여기고 있지
않은가. 우리 머리는 어릴 적부터 이미 저들에게 점령당했다. 많이 바
뀌었다고는 하나, 지금 대한민국 유아, 청소년들의 일상과 함께하는 옛
이야기나 모험담, 동화의 주인공들, 그림으로 그리고 영상 매체로 듣고
보고 이야기하고 상상하는 주인공들은 아직도 거개가 그들 서양 출신
들 아닌가. 그들이 어릴 적부터 우리의 일상을 구성하고 있다.

　이 지독한 서양 숭배와 자기모멸, 자기부정은 왜 우리가 성장·발
전하면 할수록 점점 더 심화되는가? 왜 우리는 우리 토종이나 전통, 고
유한 것들을 후지고 뒤처지고 못나고 꾀죄죄하고 창피한 것으로 여기
며 바깥, 그것도 주로 우리보다 강한 자들의 가치나 미감을 숭상하고
사모하며 열패감에 떠는 것일까?

　SF물 중에 인간이 이주해 식민화한 먼 은하의 어느 행성 생명체가
절대 강자로 등장한 인간 모습을 마치 보호색처럼 그대로 모방·변신
해서 대적해 온다는 얘기가 있었다. 오래전에 헤어져 먼저 그 행성으
로 떠난 옛 애인을 찾아간 남자는 천신만고 끝에 꿈에도 그리던 여인
을 만났으나, 그 행성의 공포의 생명체가 그 여인으로 변신했다고 오인
해 사살해버리고 만다. 슬픈 얘기다.

　적과 정면으로 대적할 힘이 없는 약자는 적이 구분할 수 없을 정
도의 보호색을 개발하고, 그 진화의 끝은 적과 닮은꼴이 되는 것이다.
그 외계 행성 생명체는 그래도 그렇게 변신해서 인간을 포획해 먹이로
삼음으로써 자기 정체성은 잃지 않았다. 서구 콤플렉스에 찌들어 광적
으로 그들과 닮기에 열중하고 있는 우리는 자신의 정체성을 제대로 지
켜낼까?

마이클 샌델의 『정의란 무엇인가』는 일반인들이 읽기에 결코 쉽지 않은 책이다. 우리 생활 감각과는 동떨어진 현지 또는 서방의 수많은 사례들을 동원하면서 그쪽 특유의 고도로 복합적이고 추상적인 사고와 논리를 구사하는 그의 번역서들이 우리에겐 이해하기 어려운 게 당연하다. 그럼에도 이 지독한 독서 불황기에 그의 책들이 무더기로 팔려나간 걸 어떻게 이해해야 할까. 이유 여하를 불문하고 책을 많이 읽는 건 좋은 일이고, 좋은 내용을 담은 샌델의 책들이 많이 팔려나간 건 고무적인 일이다. 그런 일이 더 많이 일어나기를 바란다. 하지만 한편으론 찜찜하다. 혹시 그가 미국인이고 게다가 한국 선남선녀들이 선망해 마지않는 하버드대 교수라는 사실, 그것을 대대적으로 부각시킨 언론의 역할과 그 책의 선풍적인 판매 사이에 밀접한 상관관계가 있는 건 아닐까? 비본질이 본질을 압도한 본말전도가 일어난 건 아닐까? 그러고 보면 다른 일련의 베스트셀러들에서도 그와 유사한 요소들이 발견되는 것 같다. 예컨대 내국인 필자들도 충분히 할 수 있고 또 하고 있는 얘기도 미국이나 서방 일류 또는 그와 연관된 것이라는 광배를 뒤에 배경으로 얹어야 비로소 베스트셀러가 되는 풍토가 이 땅에는 엄존한다. 물론 그럼에도 나는 그런 책들이 더 많이 팔리기를 바란다. 아울러 수준 높은 필자 발굴과 지원에 인색한, 그래서 아직도 요 모양 요 꼴인 국내 출판 풍토를 옹호할 생각도 전혀 없다.

그럼에도 마음 한구석에 이런 의구심이 밀려드는 걸 어찌할 수 없다.

우리가 그토록 매달려온 성장과 발전의 최종 지향점이 결국은 우리 자신의 부정과 소멸이란 말인가.

우리의 최종 목표가 결국은 껍데기를 서양 백인의 그것으로 바꾸고 말과 정신마저 그들과 하나로 만드는 것이란 말인가.

그 눈물겨운 변태 과정에서 뒤처지는 우리 내부의 약자들 성적을

깔보고 경멸하고 심지어 지질하게 변태 속도만 떨어뜨린다며 그들의
존재 자체를 말살하고서라도 하루라도 빨리 우리를 지배해온 강자들
의 클론으로 성형해가는 피눈물 나는 자기부정과 자기모멸, 그것이 선
진화라는 것인가.

행간의
생각들

중국의 문학가이자 사상가 루쉰(1881~1936).

페어플레이는
아직 이르다

근대 중국의 문호요 혁명가 루쉰의 한국어 전집(루쉰전집번역위원회 옮김, 그린비, 2010) 간행과 관련해 2010년 12월 10일에 쓴 서평은 요즘 상황에 더 시사하는 바가 많지 않은가 하는 생각이 번쩍 든다.

반동이라는 개는 아무리 시절이 바뀌어도 본성을 버리지 못한 채 늘 웅크리고 있다가 때만 되면 고개를 쳐든다. 그들을 누르고 있던 시대의 새 바람이 흔들리고 약해지기만 하면 금세 으르렁거리며 털을 곤두세우고 주인을 문다. 주인이 반격할 힘조차 없다는 걸 깨닫는 순간 결국 잡아먹으려 덤벼든다.

페어플레이는 아직 이르다, 다시는 덤벼들 생각을 못할 때까지 두들겨 패라, 라는 루쉰의 고언은 지금 더 아프게 들린다. 개들에게 우리는 너무 유순했다. 그리하여 다시 고개를 쳐든 저 망나니들 야만에 만신창이가 되고 말았다.

하지만 세상은 또 바뀔 것이다. 반동 역시 오래 지속되진 못한다. 그들은 물어뜯기만 할 뿐 새로운 걸 만들어내진 못한다. 너무 물어뜯기만 하는 반동들에 세상은 곧 지겨워할 것이다. 구경거리가 다 떨어져간다.

다시 몽둥이를 들게 될 때 어떻게 해야 할까. 루쉰은 알고 있지 않왔을까. 그때 쓴 글을 다시 읽어보니 그런 생각이 든다.

:: 더 두들겨 패라, 페어플레이는 아직 이르다

"나의 글 쓰는 정신이랄까, 마음가짐이랄까 하는 것은 바로 루쉰의 그것이에요. 글 쓰는 기법, 문장의 아름다움, 속에서 타는 분노를 억누르면서 때로는 정공법으로, 때로는 비유, 은유, 풍자, 해학, 익살로 상대방을 공격하는 세련된 문장 작법을 그에게서 많이 배웠지요." 지난 5일 세상을 떠난 리영희 선생은 『새는 좌우의 날개로 난다』에서 그렇게 썼다. 『역설의 변증』에서도 선생은 루쉰한테 "삶의 기본자세를 배운 빚"을 졌다며, 루쉰이 당시 중국에서 수행한 일이 "전통과 지배계급의 허위를 까밝히는 일"이고 "몽매한 민중의 의식을 깨우치는 작업"이었다고 했다. 더 거슬러 올라가, 1977년에 낸 『우상과 이성』에선 당시 중국 사회를 공기구멍도 없는 철감방에서 사람들이 질식당해 죽어가면서도 고통을 느끼지 못하는 비참한 상태로 그린 루쉰의 비유를 인용한다. 루쉰이 1918~1922년에 쓴 열다섯 편의 소설을 묶은 『외침』(『납함呐喊』) 서문에 들어 있는 그 유명한 비유는 다음과 같다.

가령 말일세, 쇠로 만든 방이 하나 있다고 하세. 창문이라곤 없고 절대 부술 수도 없어. 그 안엔 수많은 사람이 깊은 잠에 빠져 있어. 머지않아 숨이 막혀 죽겠지. 허나 혼수상태에서 죽는 것이니 죽음의 비애 같은 건 느끼지 못할 거야. 그런데 지금 자네가 고래고래 소리를 질러 의식이 붙어 있는 몇몇이라도 깨운다고 하세. 그러면 이 불행한 몇몇에게 가망 없는 임종의 고통을 주는 게 되는데, 자넨 그들에게 미안하지 않겠나?

이 자서自序를 쓴 건 1922년 12월 초였으나 그의 첫 소설로 『외침』 맨 앞에 수록된 「광인일기」(1918년 4월 탈고)를 쓰게 된 동기가 거기엔 명시돼 있다. 이따금 찾아오던 그의 옛 친구 진신이는 대답한다. "그래도 기왕 몇몇이라도 깨어났다면 철방을 부술 희망이 절대 없다고 할 수야 없겠지." 루쉰은 결국 고개를 끄덕인다. "비록 내 나름의 확신은 있었지만, 희망을 말하는 데야 차마 그걸 말살할 수는 없었다. 희망은 미래 소관이고, 절대 없다는 내 증명으로 있을 수 있다는 그의 주장을 꺾을 수 없었기 때문이다." 그리하여 스스로 정신을 마취시키며 아무 응답 없는 '적막'에 절망하고 있던 루쉰은 친구가 만들고 있던 잡지 〈신청년〉에 소설을 쓰기 시작했다. '희망' 때문에.

그 전해인 1921년에 탈고한 「고향」이라는 소설 마지막에 인구에 회자되는 또 하나의 유명한 구절이 나온다. "생각해보니 희망이란 본시 있다고도 없다고도 할 수 없는 거였다. 이는 마치 땅 위의 길과 같은 것이다. 본시 땅 위엔 길이 없다. 다니는 사람이 많다 보니 길이 되어버린 것이다." 마음만 바꿔먹는다고 쉽게 이런 낙관에 도달할 수는 없다. 무지와 몽매와 가난이 사람을 잡아먹는 중국 사회를 폐병을 낫게 해준다는 미신 때문에 사형수들 피를 찐빵에 적셔서 먹는 하층민들의 끔찍한 현실에 빗댄 「광인일기」 「약」(1919) 그리고 「쿵이지」(1919)……. 루쉰은 적과 동지를 구분할 줄조차 모르는 몽매한 하층민들이 핥아먹는 피의 주인공(사형수)들이 그런 처참한 중국 사회를 바꾸려다 기득권자들의 손에 희생당한 서석린, 추근 같은 당시의 혁명가요 혁신 세력임을 곳곳에 암시해놓았다. 루쉰은 그런 현실을 철저히 부정하고 회의한다. 그의 희망과 저항의 힘은 그 끝없는 부정과 회의, 그리고 허무에서 나왔다.

그 악몽 같은 현실에서도 루쉰이 희망을 얘기하고 마침내 「고향」

의 그 낙관에 도달한 것은 1919년 근대 중국의 시작을 알린 5·4운동의 충격파가 뚫어준 공기구멍 덕이 아니었을까. 1921년 12월부터 1922년 2월까지 〈천바오晨報〉 부록판에 연재한 루쉰의 대표 소설 「아Q정전」 주인공 아큐는 5·4운동의 체험까지 녹여 넣은 비참했던 근대 전환기 중국과 중국인의 자화상이자 전형이었다. 이런 과정을 거쳐 루쉰은 1925년 12월 말에 「페어플레이는 아직 이르다」라는, 어찌 보면 자신만만하면서도 뼈아픈 성찰을 담은 유명한 글을 써낸다. '물에 빠진 개는 버릇을 고칠 때까지 건져 올리지 말고 계속 두들겨 패야 한다'는 내용이다. 1911년 신해혁명이 일어나자 "꼴사납게 뻐기던 일군의 신사들이 당장에 상갓집 개처럼 당황하면서" 새 기풍과 함께 중국 사회가 "제법 문명스러워"졌다. 그래서 "더불어 유신하게 됐으니" "우리(혁명 세력)는 물에 빠진 개를 때리지 않고 그놈들이 자유롭게 기어 올라오도록 내버려두어야 한다"라고 말했다. "그리하여 그놈들은 기어 올라왔고, 민국 2년 하반기까지 엎드려 있다가 1913년 2차 혁명이 일어났을 때 갑자기 나타나서 위안스카이를 돕고 수많은 혁명가들을 물어죽였다. 그리하여 중국은 다시 하루하루 암흑으로 빠져들어 오늘에 이르게 되었다." 루쉰은 혁명 진영의 왕진파가 서석린과 추근 등을 밀고해 죽인 세력 주모자를 붙잡아 밀고 문서까지 압수했으나, 심성이 착해 그자들을 놓아주는 바람에 추근의 동지였던 왕진파가 오히려 위안스카이 반동 세력에 빌붙은 그들 손에 도륙당한 사실을 지적하면서 "아직 페어플레이만 해선 안 된다"라고 외친다. 남의 얘기 같지 않다.

리영희가 왜 20세기 전반기에 활약한 이 루쉰에게 평생 경도됐겠는가. 루쉰의 철감방이 리영희의 『전환시대의 논리』에 나오는 '조건반사의 토끼'가 사는 한국이라는 토끼장이 아닐까.

왜 루쉰인가? 왜 아직도 루쉰인가? 루쉰전집번역위원회가 번역

작업을 시작하면서 스스로 던진 이 근본적인 질문과 관련해 공역자로 참여한 유세종 한신대 교수는 말했다. "그 방법론, 절망에 대처하는 방법, 작은 좌절에도 무너지기 쉬운 우리가 저토록 교활한 자들에게 어떻게 대처하고 저항해야 할지, 실천적·존재론적 회의와 부정으로 일관하면서 거기서 오히려 힘을 얻는 루쉰의 방법론, 그 정신사적 측면을 재평가해야 한다."

조지 부시가 재선된 2004년 대통령 선거가 미국 보수주의 운동의 마지막 축제가 될 것이라고 했던 2008년 노벨 경제학상 수상자 폴 크루그먼 프린스턴대학교 교수의 예언은 실현됐다. 공화당이 패배한 대선 한 해 전인 2007년에 출간된 『폴 크루그먼, 미래를 말하다』(박태일·유병규·예상한·한상완 옮김, 현대경제연구원BOOKS, 2008)[*]는 단순한 미국 사회 분석 및 전망이 아니라 민주당으로의 정권 교체를 열망한 미국 진보주의 운동의 철학적 지침서요 행동 강령처럼 읽힌다. 놀라울 정도의 정확성과 적중률을 보인 크루그먼의 생각은 미국 외의, 이를테면 한국과 같은 나라에도 그대로 적용해볼 수 있는 범용성을 지녔다는 점에서도 충분히 음미해볼 만하다.

크루그먼이 이 책에서 전하려는 메시지는 이런 것이다.

미국 역사를 돌이켜 볼 때, 경제적 불평등과 정치적 양극화는 동전의 양면처럼 병행한다. 반대로 모두가 그리워하는 경제적 황금시대와 정치적 황금시대도 시기적으로 거의 일치한다. 계층 간 소득 격차가 줄어들면 공화당과 민주당 양당 간 이데올로기나 노선, 정책 차이

■   이 책은 2012년 3월 『폴 크루그먼, 새로운 미래를 말하다』(엘도라도 발행)로 다시 출간됐다.

도 줄어든다. 그렇다면 미국 사회가 절대다수가 불행해지는 악순환에 빠져들 때 경제적 불평등이 정치적 불평등을 심화시키는가 아니면 그 반대인가, 또는 둘은 아무런 관계가 없는가? 크루그먼이 내린 결론은 정치적 양극화가 먼저라는 것이다. 즉 정치적 양극화 현상이 소득 격차를 확대해 경제적 불평등을 낳고, 이는 다시 정치적 양극화를 가속하는 악순환 고리를 만든다는 것이다. 정치적 양극화는 자신들만의 이익 극대화를 노린 소수 특권층의 의도적이고 계획적인 행동에 의해 촉발되고 반대 집단의 대응으로 점차 극대화한다.

따라서 이 악순환 고리를 끊으려면 정치부터 바꿔야 한다. 크루그먼의 메시지는 구체적이다. "진보주의 운동가가 된다는 것은 당파성을 띤다는 것이다. 적어도 지금은 말이다. 진보주의 운동의 안건이 입법화되는 유일한 방법은 민주당에서 대통령이 나오고 동시에 민주당이 의회에서 공화당의 반대를 극복할 수 있도록 다수당이 되는 것이다."

크루그먼은 중산층을 해체하고 소수의 부유한 엘리트층과 절대다수 빈곤층으로 양극화하면서 미국 사회를 전망 없는 분열로 치닫게 만든 집단은 바로 공화당 우파와 손잡은 보수주의 운동 세력이라 지목한다. 뉴딜 정책의 성과를 뒤엎고 승승장구해온 공화당 30여 년의 '보수 혁명'을 이끈 주역들.

거기에 대적해서 선의의 당파성으로 무장한 진보주의 운동을 벌여야 한다는 실천적 요구를 바탕에 깔고 있는 게 이 책이다. 책의 원제목이 『진보주의자의 양심The Conscience of a Liberal』이다. 흔히 '자유'로 번역되는 '리버럴liberal'을, 이 책의 핵심 분석 대상인 '컨서버티브conservative' '컨서브티즘conservatism, 보수주의'과의 대칭적 관계를 고려해 '진보' '진보주의자'로 옮긴 것은 적절했다.

크루그먼은 남북전쟁 시기로 역사를 거슬러 올라간다. 그는 남북

전쟁 뒤 재건 기간이 끝난 1870년 무렵부터 1933년 프랭클린 루스벨트 대통령 취임과 뉴딜 정책 추진 때까지를 '도금시대Gilded Age'로 잡는다. 마크 트웨인이 동명의 풍자소설로 야유한 그 시대는 약육강식의 탐욕과 부패로 얼룩진 승자 독식의 강자들 천국이었다. 1901년에 대통령이 된 시어도어 루스벨트가 거기에 제동을 걸었으나▪1929년 대공황을 거쳐 뉴딜이 본격 시행될 때까지 그런 추세는 기본적으로 지속됐다.

이런 정글 법칙에 제동을 걸고 미국의 진로를 바꾼 게 뉴딜이었다. 루스벨트의 민주당 정권은 대공황의 혼란과 제2차 세계대전이라는 전시 상황을 배경으로 우파 강자들의 방해를 뚫고 사회보장제도와 실업보험을 도입하고 노동조합운동을 장려하는 등 법과 제도를 개혁함으로써 미국을 중산층이 지배하는 국가로 바꿨다. 공화당도 도태를 면하기 위해 뉴딜을 수용할 수밖에 없었고, 따라서 공화당과 민주당 간의 노선상의 차이도 거의 없어졌다. 계층 간 소득 격차가 급속히 줄어들고 정파 간 정치적 견해차도 중간으로 수렴된 '대압축Great Compression'은 법치와 민주주의의 만개로 이어졌다. 그런 변화의 토대는 불과 몇 년 간의 정치적 결단으로 달성됐으며, 그것은 1970년대 초까지 30여 년간 지속됐다는 게 크루그먼의 생각이다. 1953년생인 그가 기억하는 1960년대 유년기의 풍요로웠던 미국은 바로 뉴딜 덕이었던 것이다.

강자들의 역공은 1951년 보수주의의 원류 윌리엄 버클리가『예일의 신과 인간God and Man at Yale』을 출간하고 4년 뒤 〈내셔널 리뷰〉를 창간함으로써 표면화했다.(실은 1949년 중국 대륙이 공산당 수중으로 넘어가면서부터 공세는 시작됐다. 1948년 대통령 선거에서 예상을 완전히 뒤집고 해리 트루먼의 민주당이 공화당 토머스 듀이를 물리침으로써 민주당 집권이

▪ 시어도어는 대외적으로는 미국을 열강의 반열에 올려놓은 제국주의자요, 지독한 백인 우월 인종주의자였으나 국내 정책에선 강자들의 독점에 제동을 걸었다.

20년 가까이 이어지게 된 데 절망한 공화당 우파들은 자신들의 속국으로 간주하고 있던 장제스의 중국이 마오쩌둥 손에 넘어가버리자 그것을 장제스와 국민당의 무능과 부패 때문이 아니라 중국 공산화를 좌시한 미국 민주당 정부 내 '좌빨' 세력 때문이라며 민주당과 뉴딜 정책에 대한 반격의 구실을 만들어냈다. 물론 억지요 완전한 착각이었지만 중국 상실을 아쉬워한 미국 대중들의 정서에 어필했다. 바로 그 무렵 이른바 미국 국무부 내에 205명의 빨갱이들이 들어앉아 있다는 새빨간 거짓말로 빨갱이 사냥에 나선 공화당 연방 상원 의원 조지프 매카시의 선동으로 매카시선풍이 불기 시작했다. 역시 같은 시기에 일어난 한국전쟁은 중국 대륙의 공산화와 더불어 냉전이 본격화했음을 알리는 나팔소리였다. 그 뒤 20여 년에 걸친 우익들의 집요한 공세 속에 뉴딜은 형해화한다.)

버클리 정신을 현실 정치에 성공적으로 접목시킨 사람이 1960년대에 정치 무대에 등장하고 1980년대에 권좌에 오른 로널드 레이건이다. 공화당 30년 보수 혁명은 '레이거노믹스Reaganomics, '레이건'과 '이코노믹스'의 복합어로 정부의 시장 개입을 줄인 경제정책'와 함께 본격화한 셈이다. 민권 운동, 베트남 패전과 반전시위, 석유 위기, 미국의 절대적 경제 우위 상실과 달러 체제 동요 등을 거치면서 좋았던 시대는 끝났다. 하지만 크루그먼은 중산층이 지배했던 행복했던 미국 시대의 붕괴는 그런 사회적·경제적 격변 때문이 아니라 권토중래를 노리던 공화당 우파와 손잡은 보수주의 운동 때문이었고, 모든 걸 강자들 천국이었던 뉴딜 이전으로 되돌리려는 그들의 반개혁적 정치 공작 때문이었다고 본다. 부유층 감세 등을 앞세운 '꼴보수' 정치가 법과 제도를 바꿨고 그 결과 소득 균형이 무너졌으며, 그에 따라 중산층이 몰락하고 사회는 양극화해 민주주의가 퇴락하고 권위주의가 기성을 부리게 됐다. 그에 따라 다시 공화와 민주 간의 정치적 견해도 양극단으로 더욱 분열되는 악순환에 빠졌다. 보수 우익은 이를 위해 인종주의와 종교, 성적 취향의 차이를 이용했고 반공주의를 활용했다. 워싱턴 컨센서스 강요와 이라크 침략도 그 연장이겠다. 이런 과정을 실증적으로 뒤쫓는 책은 관점이 분명한 솜씨 좋은 미국 현대사 입문서처럼 읽히기도 한다.

크루그먼은 그런 세월을 다시 뒤집자고 얘기한다. 뉴딜로 되돌아가자는 것이다. 특히 그가 강조하는 것은 노조 운동 활성화와 부국들 중 미국에만 없는 국민의료보험 체제 도입이다. 이 두 가지야말로 보수주의 정치 풍토를 날려버리고 평등하고 풍요로운 미국을 장기적으로 정착시킬 새로운 진보 세력을 양성할 토양이기 때문이다.

크루그먼이 말하는 미국 보수주의 운동은 그냥 정치가 아니라 "사람과 조직으로 이루어진 거대한 네트워크"다. "보수주의 운동은 공화당과 공화당 소속 정치인 말고도 언론 그룹, 싱크탱크, 출판사, 그리고 그 이상을 포함했다. 사람들은 이 네트워크 안에서 평생 동안 일하며 경력을 만들 수 있었고, 어떤 일이 생기더라도 보수주의에 대한 충성은 보상받으리라는 믿음으로 심리적 안정을 느꼈다." 쿠어스, 올린, 스케이프 등 대표적 재벌, 기업들이 자금을 쏟아부어 보수주의 토대부터 착착 확장해간 이 권·금·언·학 네트워크. 미국식 '하나회'라고나 할 이 네트워크 확장 방식을 한국의 보수 우파들이 수입해 거대한 21세기형 '하나회'를 재결집하고 있다는 지적들이 나오고 있는 건 흥미롭다. 이미 그 네트워크가 실패로 끝난 시대착오라는 게 금융공황 및 공화당 정권 붕괴와 함께 명백히 드러난 지금 뒤늦게 말이다.(2009년 황지우 한예종 총장 사퇴가 적나라하게 보여주듯 '문화'부 장관이 진두지휘하는 지식계와 예술계, 언론계 그리고 법조계 등의 노골적인 통제 강화, 매카시적 마녀사냥, 인재 교체, 정치적 비판자 솎아내기와 우파 인사 심기, 시민 단체 지원 중단, 재벌들의 보수 단체 자금 지원 등이 다 한물간 미국 보수주의 운동을 흉내 낸 나름의 장기 전략 아닌가.)

그들이 성공한다면 한국 사회는 소수 우익 특권층에게 수십 년에 걸친 독점적 이익을 보장해주는 대신 20여 년 전에 빠져나온 장기 질곡 속으로 다시 회귀하게 될 것이다.

우리가 알던
미국은 없다

제국 미국이 무너지고 있다는 소리가 나돌기 시작한 건 어제오늘의 일이 아니다. 1970년대 초에 이미 휘청했지만, 금융을 앞세워 신자유주의 세계화를 밀어붙인 영국 대처 보수당 정권과 미 공화당 레이건, 사회주의권 몰락과 냉전 붕괴, 초대국 미국 일극주의를 거치면서 그런대로 버텨냈다. 냉전 붕괴 뒤에는, 한때 후쿠야마Francis Fukuyama가 역사의 종언을 얘기했듯이, 마침내 미국의 패권은 완성되고 세계는 앞으로 상당 기간 아메리카 제국이 지배하는 미국식 자본주의 세계로 변모할 것이라고들 예측했다.

하지만 제국 미국의 패권 시대는 의외로 짧게 끝나가고 있다. 그렇게 끝나가고 있다는 걸 나름대로 보여주는 전문가들의 책은 이미 우리나라에도 여러 권 번역돼 있다. 아프간, 이라크 침공 등 군사력을 앞세운 미국 일방의 세계 재편 작업에 대한 저항은 예상 이상으로 컸다. 막강한 제국군은 세계 2위의 석유 매장량을 지닌 이라크를 단숨에 제압하고 불모의 산악 요충지 아프간을 장악해 새로운 '그레이트 게임'을 꿈꿨으나 그게 뜻대로 굴러가지 않았다. 과도한 군비로 경제에 구멍이 뚫리고, 파생금융상품 투기가 전 세계에서 끌어모은 기적 같은 거대 수익에 눈멀어 일극적 패권 환상에 젖은 보수 지배 세력의 부도덕하고 소모적인 탐욕에 휘둘리면서 미국은 흔들렸고, 점점 더 크게 흔들리고 있다. 2001년 9·11사태 이후와 월스트리트 금융 재벌들의 서브프라임 모기지 투기가 부른 2008년 금융공황 이후 미국은 그야말로 예전의 미국이 더는 아니게 됐다.

사회학자 김광기 경북대 교수의 『우리가 아는 미국은 없다』(동아시아, 2011)는 그 실상의 일부를 보여준다. 김 교수가 동원하는 구체적인 수치들은 아주 새로운 것은 아니며 이미 매체들을 통해 많이 알려진 것들이지만, 이를 솜씨 있게 골라내고 정리한 덕택에 이들은 미국 사회를, 아니 미국 사회의 여러 측면들을 흥미롭게 보여주는 지표들 구실을 한다.

물론 이 지표들이 보여주는 게 미국의 전부는 아니다. 미국은 거대하고 복잡하며 여전히 부유하다. 김 교수가 부각시킨 측면들은 어쩌면 오래전부터 있어온 현상의 연장일 것이다. 하지만 많은 사람, 많은 학자, 많은 매체들이 끊임없이 지적하고 있는 것은, 미국은 냉전 붕괴 직후의 일극주의를 계속 지탱해갈 수 있을 만큼의 파워를 상실해가고 있거나 이미 상실했다는 것이다. 그리고 신자유주의가 부른 극심한 양극화와 함께 계급 분열이 심각할 지경에 이르렀다. 이건 우리나라도 예외가 아니지만. 이를 뒷받침하는 김 교수의 자료들은, 국제 문제에 관심이 있거나 신문을 읽어온 사람들에겐 전에 이미 상당수 본 것들일 것이다. 읽기 쉽게 요약 정리한 김 교수의 책은 징조나 징후로 비치던 그런 변화들이 이젠 움직일 수 없는 현실로 바뀌었거나 바뀌어가고 있다는 걸 한 번 더 짚어주는 효과가 있다. 아직 막강한 힘을 지니고 있고 나름 잘 굴러가며 또 타의 추종을 불허하는 경쟁력을 지닌 분야나 부문이 적지 않겠지만, 그럼에도 미국은 이미 기울어가고 있다는 숱한 언설과 보고들의 신빙성을 『우리가 아는 미국은 없다』는 한층 더 높여

준다.

미국이 망하면 좋으냐고? 정말 한심한 것은, 미국에 대한 이런 보고·진단서[*]를 두고, 진짜 망하는 건 북한이야, 중국은 더 문제가 많아, 더 나빠, 그런데도 미국만 욕하는 건 친북·반미주의자들이 하는 짓이야, 라거나 그러면 북한이나 중국에 가서 살아라, 따위의 반응을 읽는 일이다. 실로 유감스럽게도 달린 수많은 댓글들 절반 가까이가 그런 부류가 아닌가 생각된다. 도대체 미국이 이렇다는 얘기에 왜 북한과 중국 얘기가 끼어드는지? 편 갈라 무슨 전쟁을 하고 있는 것도 아니고.

미국을 비판하는 게 북을 찬양하거나 중국이 최고라고 얘기하는 건 아니다. 그건 아무 상관관계가 없다. 북과 중국이 물론 미국보다 더 심각한 문제를 지니고 있을 수 있겠지만, 이 책이 얘기하는 건 미국이다. 북한과 중국을 알고 싶으면, 또는 욕하고 싶으면 다른 책을 볼 일이다.

세상은 변해가는 것이고 미국은 생각보다 좀 더 빨리 흔들리고 있을 뿐이다. 그렇다고 당장 미국이 어떻게 되리라고 생각하면 오산이다. 미국은 앞으로도 상당 기간 최강의 파워를 지니고 있을 것이다. 제국적 지위가 어느 날 급작스럽게 무너진다 해도 최강의 지위는 당분간 유지할 것이다. 석유 문명 종말론자들 중에는 미국뿐만 아니라 현재 지구 문명 전체를 일구고 유지하는 데 결정적인 요소인 석유가 떨어지면, 자동차에 의존한 채 장거리를 이동한 지역에까지 삶터를 꾸려온 지금까지의 확산형 인간 문명은 무너지고, 상대적으로 좁은 영역으로

나누어져 몰려 살게 되는 다른 형태의 문명으로 불가피하게 전환되면서 미국은 결국 여러 개의 나라로 분해될 것이라는 주장을 내놓기도 한다. 그게 얼마 남지 않았다는 주장도 있다. 아주 가능성이 없는 얘긴 아니지만 아직 구체적으로 얘기할 자료가 부족하다. 두고 보면 알겠지만. 석유가 떨어지면 어디 미국만 망하겠는가.

어쨌든 책을 읽는 중요한 목적 중의 하나는 거기서 자신에게 유익한 걸 뽑아내는 것이다. 인간인 이상 누구나 선입견이나 편견에서 아주 자유로울 순 없지만, 그게 지나치면 읽고서도 오히려 손해 보는 수가 많다.

2011년 〈프레시안〉에 썼던 김광기의 『우리가 아는 미국은 없다』 리뷰를 아래에 붙인다.

:: 미국은 정말 망해가고 있나?

연간 국내총생산GDP(2010년 당시 14조 6600억 달러) 규모를 능가하는 과도한 국가부채, 연간 1조 수천억 달러에 달하는 재정 적자, 그것을 임시변통으로 메우기 위한 부채(국채 발행 등) 상한 상향 조정을 둘러싼 여야 간 물불 가리지 않는 정쟁. 그 때문에 국가 신용 평가 등급이 떨어지는 사상 초유의 사태까지 빚은 데다 앞으로도 사정이 호전될 기미가 보이지 않는다니 미국 몰락 얘기가 더는 새삼스러울 게 없을 지경이 됐다. 물론 그래도 그건 헛소리다, 미국은 여전히 타의 추종을 불허하는 최강이다, 어렵지만 패권을 유지할 것이다, 라는 얘기들도 한구석에선 무수하다. 어느 쪽 얘기가 맞을까?

사회학자 김광기의 『우리가 아는 미국은 없다』 제1장 「경제위기로 구겨진 미국인의 자존심」 중 첫 번째 얘기는 '아스팔트에서 자갈로 탈

바꿈하는 미국의 프리웨이'다. 거기에 사진 한 장이 실려 있다. 출처가 〈월스트리트 저널〉이고, "노스다코타 주의 제임스타운에서 아스팔트 도로를 파헤치고 대신 자갈을 깔고 있는 모습"이라는 설명이 붙었다. 아득하게 뻗어나간 도로 중간에 도로포장 차량들이 열심히 자갈을 깔고 있는데, 아스팔트를 입히기 위한 작업이 아니다. 있던 아스팔트를 아예 걷어내고 자갈로만 포장하는 것이다. 아스팔트는 오래되면 갈라지거나 패이기 때문에 걷어내고 다시 깔든지, 손상된 부분만 땜질하거나 윗부분만 살짝 깎아내고 덧칠하든지 해야 한다. 계속 그렇게 해야 한다. 그런데 돈이 많이 든다. 아스팔트를 자갈로 교체하는 건 그럴 돈이 없기 때문이다. 아스팔트를 그냥 내버려둬도 역청 성분이 빠져나가 결국 자갈길이 되고 말겠지만, 고르게 같은 속도로 분해되진 않는다. 그래서 완전히 자갈길로 분해되기까지 오랜 기간 여기저기 다른 모양으로 패이고 찢긴 상처들로 누더기가 되어 오히려 비포장도로보다 못한 길이 되고 말 것이다. 그러니까 그냥 내버려둘 순 없다. 아스팔트가 필요 없는 자갈길로 만드는 게 가장 손쉽다.

이런 한심한 일이 노스다코타 주 어느 한곳에서만 일어났다면 그럴 수도 있겠군, 하겠지만 그게 아니다. 사우스다코타, 앨라배마, 펜실베이니아, 오하이오에서도 일어났고, 미시간 주에서는 83개 군 가운데 무려 38개 군 아스팔트 길이 자갈길로 바뀌었다. 이런 현상을 두고 대학에서 세미나까지 열렸다는데, 세미나 이름이 '석기시대로의 귀환 Back to the Stone Age'이었다나.

지은이가 이 얘기를 제1장 처음에 실은 이유를 짐작하겠다. 지금의 미국 꼴을 집약적으로 드러내는 데 이만한 얘기가 없을 것이다. 그가 아스팔트 길을 자갈길로 바꾸는 미국의 변화를 더욱 충격적으로 받아들인 건 그렇지 않았던 미국, 이런 꼴이 되기 전의 미국을 체험했기 때문이다. 그래서 그런 변화의 깊은 내면까지 더욱 선명하게 들여다볼 수 있었던 것이다. 그는 하와이와 보스턴에서 "짧지 않은 시간 동안" 유학 생활을 했고, 이 책의 구상을 구체화한 2008년 초, 미국이 금융공황의 해일 속으로 빨려 들어가던 그 시기에 시애틀에서 연구년을 보내고 있었다. 그러니까 유학 시절과 연구년을 보내던 시절 및 그 이후의 시간적 간격을 사이에 둔 미국의 극적인 변화를 미국 현장에서 체험했다. 『우리가 아는 미국은 없다』에서 '우리가 아는 미국'이란 김광기가 유학 시절 체험했던 미국, 대한민국 대다수 사람들이 여전히 그럴 것이라고 상상하는 미국이다. 그 시절 김광기는 "이를테면 서부의 시애틀에서 동부의 끝 보스턴으로 가려면 고속도로 90번을 타면 되고, 보스턴에서 95번을 타고 남쪽 끝까지 가면 대문호 헤밍웨이가 살면서 집필하던 플로리다 주 키웨스트에 갈 수 있던" 사통팔달의 전국 고속도로망, 거의 공짜로 이용할 수 있었던 그 '자유로free way'의 위용 앞에 기가 팍 죽었다.

그랬던 미국 도로들이 지금 작살나고 있다. 돈이 없어서! 제1장 네 번째 얘기는 '닭은 한 마리만 키우도록!'이다. 로스앤젤레스 시의회가 2009년 9월에 통과시킨 조례 내용이 그렇다. 로스앤젤레스 가정집에서 닭을 키우다니? 그렇다. 로스앤젤레스뿐 아니라 뉴욕에서 시카고 교외, 그리고 광대한 서부에 이르기까지 미국 전역에서 닭 키우기 열풍이 불고 있단다. 이게 미국 중산층의 현실이다. 전례 없던 일이다. 하도 극성이라 연간 한 마리 이상 키우면 안 된다는 제한 규정까지 만든 것이다. 왜 닭인가? 육우 고기, 즉 쇠고기야말로 미국인의 주식이라 할 수 있지 않은가. 이 역시 돈 때문이다. 소득이 쪼그라든 서민들이 인플레로 더 비싸진 쇠고기를 예전처럼 마음껏 먹을 수 없는 시대가 된 것이다. 그래서 미국 육우 사육 수도 줄어들고 있다. 소비가 주니 그럴 수밖에 없다. 대신 캠핑이나 오지 탐험용 비상 식품쯤으로 외면당하던 싸구려 스팸 소비가 늘고, 스팸 제조 회사 주가가 상종가를 치고 있단다.

그런데 닭 키우는 붐이 인 건 돈 때문만은 아니란다. 실은 이게 더 문제다. 미국이 심각한 상태라는 건 단지 수치로 드러나는 경제적 퇴락, 생활수준 저하 때문에 그러는 게 아니다. 지금 미국 사람들은 닭과 총, 그리고 농작물 씨앗을 구입하려 안달이란다. 모두 유사시를 대비한 비상 방책과 연관이 있다. 그냥 생활이 예전보다 좀 쪼들려 그런다는 차원의 얘기가 아니다. 여차하면 국가의 보호에 대한 미련을 버리고 홀로 살아남아야 한다, 그런 절박한 상황에 대비해야 한다는 심리적·물질적 위기감을 거기서 느낄 수 있다. '만인의 만인에 대한 투쟁'을 상정한 이런 최후의 생존 전략까지 짜야 할 정도로 지금 미국이라는 사회는 불확실하고 불안정하며 불안하다고, 그리고 적어도 예측 가능한 미래까지 이런 상황이 개선되기보다는 더욱 악화될 가능성이 농후하다고 미국인들 자신이 생각하고 있는 것이다. 한적한 변방이 아니라 로스앤젤레스나 뉴욕, 시카고 같은 대도시 주민들이 그렇게 느끼고 있다는 얘기다.

돈이 없어서 교도소 수감 죄수들마저 형기를 마치기 전에 조기 석방을 시키고 있다. 관리비 아끼려고. 우리 정부도 얼마 전 선진화 표본으로 선전한, 교과서를 전부 디지털화해 종이 교과서 없는 학교 만들기라는 게 있는데, 영화배우 아널드 슈워제네거가 지사를 지낸 캘리포니아 주가 바로 그런 계획을 세웠다. 그런데 캘리포니아의 교과서 디지털화는 선진화 사업이 아니다. 오직 종이 교과서 찍는 데 들어가는 돈을 감당할 수 없어서 내놓은 고육책일 뿐이다. 이 정도면 자존심 구겨지는 정도의 차원을 넘어선 것 아닌가?

『우리가 아는 미국은 없다』는 이런 얘기들로 가득 차 있다. 52가지

소주제들로 나눠 정리한, 소소해 보이지만 미국의 낭패가 훨씬 더 실감나게 느껴지는 이런 현상들은 물론 지은이 자신이 모두 직접 체험한 것은 아니다. 김광기는 〈뉴욕 타임스〉 〈워싱턴 포스트〉 〈월스트리트 저널〉 〈뉴스위크〉 〈로이터〉 〈블룸버그〉부터 CNN, CBS, 폭스비즈니스 등 수많은 언론 매체와 자료들을 동원한다. 이런 방식이 새로운 건 아니다. 미국의 현실을 진단하는 많은 보고서들이 이와 비슷한 형식을 취하고 있다. 그러나 번역서가 아니라 사회학적 전문 지식으로 무장하고 장기간 미국을 현장 체험한 한국인이 쓴 미국 보고·진단서는 많지 않다.

'미국병'의 실체

『우리가 아는 미국은 없다』는 먼저 속으로 골병든 미국 사회의 적나라한 모습들을 보여주고 그런 현상을 초래한 주 정부 등 지자체들의 세수 고갈과 빚더미, 더 심각한 연방 정부 재정 상태를 살핀다. 그런 다음 지은이는 왜 사태가 이 지경에 이르도록 방치됐는지 사회학적 시선으로 병인을 진단한다. 원인은 미국을 미국이게 했던 정신과 가치관을 잃어버린 것이란다. 그 결과 실력주의를 자랑하던 미국이 간판, 학벌을 중시하는 사회로 뒷걸음치고, 제 것만 챙기는 부도덕한 지도층의 부패와 양극화 속에 나만 잘살면 된다는, 미국 사회의 '제3세계화'가 급속히 진행되고 있다. 더욱 암담하게도, 그럼에도 이런 퇴락을 저지할 내부 동력 또한 가속적으로 고갈되고 있다.

이거 남의 얘기가 아닌 것 같은데. 얄궂게도, 지금 한국 사회의 주류 세력은 바로 이런 미국을 좀 더 확실하게 본받고 닮지 못해 '한국병'이 생겼다고 주장하고 있다. 지은이가 보기엔 차라리 한국 사회가 어떤 면에선 미국 사회보다 더 낫다.

지은이가 이 책 후기를 쓰던 2011년 8월까지 챙긴 미국 사회 지표들은 정말 한심하다.

금융 위기 이후 노숙자가 30퍼센트나 늘었다. 2009년 156만으로, 미국인 200명 가운데 한 명꼴이다. 아이비리그 등 명문대를 나온 미국 젊은이들이 일자리를 구하려고 줄줄이 한국행을 택하고 있다. 월 2000달러(약 200만 원)를 받는 영어 강사가 되려고. 미국 전체 기업주식의 83퍼센트를 상위 15퍼센트가 독차지하고 있다. 2001년 통계인데, 미국이 이런 꼴로 확 바뀐 게 2001년 9·11사태 이후, 특히 2008년 금융공황 이후라고 한 김광기의 지적으로 미뤄보건대, 지금은 부익부 빈인빈의 정도가 훨씬 더 심화됐을 것이다. 2001년부터 2007년 사이 미국 소득 증가분의 66퍼센트를 상위 1퍼센트 부자들이 싹쓸이해 갔다. 미국인 하위 소득자 50퍼센트가 나눠 쓰는 건 미국 전체 부의 1퍼센트 미만이다. 2009년 미국인의 61퍼센트가 '항상' 하루 벌어 하루 살아가는 처지다. 실직하면 바로 빈곤층으로 전락한다.

책 출간 뒤에 나온 거지만, 미국통계국이 9월 13일 발표한 바에 따르면 2010년 미국 빈곤율(최저생계비에 못 미치는 소득 가구 비율)은 15.1퍼센트다. 빈곤층 분류 인구 4620만 명은 돈이 없어 의료보험에도 가입하지 못한 5000만 인구와 거의 겹친다. 한국 총인구에 해당하는 미국인들이 병원에도 갈 수 없다. 2010년 물가 상승률을 감안한 미국 남성 노동자의 중간 소득은 30여 년 전인 1978년보다 못한 수준으로 후퇴했다. 일반 가정의 실질소득도 15년 전인 1996년 수준으로 쪼그라들었다.

다시 책으로 돌아가면, 노후 대비 연금 저축을 하지 못하는 미국인이 36퍼센트나 되고, 2010년에 150만 명이 파산했다. 같은 해 무상 지원 식권(푸드 스탬프)을 받는 사람이 4000만 명이었으나 2011년은

4330만이 될 걸로 예상된다. 2009년 미국인 여덟 명 중 한 명이 정부 지원을 받았으며, 그들 중 600만 명은 푸드 스탬프 없으면 굶어야 할 사람들이었다. 그 수가 최근 2년 만에 배로 늘었는데, 2010년엔 식량 보조를 받는 사람이 네 명에 한 명꼴이었다. 서브프라임 모기지 파산 이후 열 가구당 한 가구가 대부금 납부 연체로 당장 집을 압류당할 처지에 몰려 있다.

연간 실업률 9.7퍼센트. 구직 단념자들까지 포함한 실업률은 2009년 10월에 17.5퍼센트까지로 치솟았다. 비정규직과 불완전 고용을 포함하는 실질 실업률은 다섯 명 가운데 한 명꼴인 20퍼센트에 육박한단다. 실직을 면해도 일반 회사원과 임원이 받는 봉급 차이는 어마어마하다. 1950~1960년대엔 그게 평균 1 대 5~30이었으나 2000년 이후에는 1 대 300~500이 됐다. 이는 중산층의 몰락과 연결돼 있다.

2011 회계연도(2010년 7월~2011년 6월) 미국 주 정부들의 총 재정 적자는 5000억 달러(약 600조 원). 더 급한 불은 주 정부 재정 적자에도 포착되지 않는 연체된 공공 기금 1조 달러(약 1200조 원). 지자체들이 이렇게 엄청난 빚을 지고 있으니 주 정부 재정 지원으로 운영되던 비영리 복지시설 등에 돈이 가질 않아, 예컨대 일리노이 주의 이런 복지시설 소속 어느 약사가 주 정부로부터 개인적으로 받아야 할 밀린 제약비가 20만 달러(약 2억 4000만 원)나 됐다. 이런 형편이니 약국과 병원이 받지 못한 진료비와 약값은 얼마나 되겠나. 양로원, 장애인 시설 등 일리노이 주 2000여 개 비영리 복지시설에 주기로 한 지원금만 110억 달러나 밀렸단다. 주 정부를 맡은 정치인과 관료들이 흥청망청 재정을 축내고도 표를 의식해 실상을 숨긴 데다, 경기 악화로 세수 결손이 커지고, 적자를 보전해줄 연방 정부마저 감당할 수 없는 빚더미에 앉으면서 참상은 확대일로다.

주 정부는 법적으로 파산이 금지돼 있으므로, 어떻게든 정부를 꾸려가려면 쥐어짜듯 재정 지출을 줄이면서 연방 정부로부터 재정 지원을 받는 수밖에 없다. 그러니 의욕적으로 벌였던 대형 사업들이 돈을 못 대 나자빠지고, 교도소 수형자들은 조기 석방해야 하며, 공립학교 교사들을 마구 잘라낼 수밖에 없다. 2010년 캘리포니아 교육청은 교사 2만 2000명을 해고했고, 일리노이 주는 1만 7000명, 뉴욕 주는 1만 5000명 감원을 예고했다. 전국적으로 그해 한 해에만 10만~30만 교사가 해고될 것이라 했다. 이 때문에 미국 공립학교 한 반 학생 수는 15~20명이었는데, 이젠 30명을 훌쩍 넘겼다. 비용을 줄이기 위해 주 4일제 수업을 하는 학교가 늘고 있다. 교육의 질 저하다. 이것이 미국의 퇴락을 저지할 인적 자원의 손상으로 연결돼 퇴락의 가속화에 일조하고 있다.

2011년 이미 연간 GDP 규모인 14조 달러를 넘어섰고, 10년 뒤엔 무려 21조 달러(약 3경 246조 원)로 빚이 늘어난다는 연방 정부. 순전히 빚에 대한 이자로만 2009년에 2020억 달러, 그리고 2019년까지 해마다 5000억 달러, 2019년에는 7000억 달러 이상을 지불해야 할 연방 정부 사정으로 보건대 이런 퇴락을 막을 획기적 방안이라는 게 있을 수 없다. 방법은 세금을 더 많이 걷고 감당하기 힘든 빚부터 갚아나가면서 불요불급한 지출을 줄이는 대신 긴급한 곳에 재정을 투입하는 것이다. 그러나 부채 상한 상향 조정을 둘러싼 정쟁 중에 재확인됐지만, 세금을 더 내야 할 부자들은 자신들을 대변하는 정치인들, 주로 '티 파티'가 상징하는 공화당 '꼴보수' 국회의원들을 앞세워 증세 절대 불가를 고집하고 있다. 여기에 공황적 불경기에 자살행위가 될 수 있는 정부 재정 지출 삭감(이것도 공화당이 끝까지 고집했다)까지 가세하는 최악의 조합이 지금 미국에서 진행되고 있다. 당을 앞세운 미국 사회의 계급 분열과 대립이 얼마나 심각한지 알 만하다. 증세하지 않고 재정 지출까지 삭감하면 경제가 쪼그라드는 건 필연인데, 공화당 보수 우익이 설마 미국의 과잉 소비와 경제 규모를 줄여 지구온난화를 저지하겠다는 부처님 마음이 갑자기 생겨 그랬겠나.

이런 게 다 '가불 경제' 구조 때문이란다. 예상되는 미래의 늘어날 수입을 상정해놓고 그것이 현실화하지도 않은 지금 그 예상 소득 수준에 맞춰 미리 펑펑 소비하는 경제다. 세제도 사글세로 사는 사람보다는 자기 집을 가지고 펑펑 쓰는 자에게 유리하게 돼 있다. 집을 살 땐 집값의 20퍼센트 정도만 은행 융자를 받아 먼저 지불하고, 나머지는 거의 평생에 걸쳐 조금씩 갚아나간다. 예전의 미국 사회에는 시세차익을 노린 투기용으로 집을 사고파는 경우는 거의 없었다. 이제 그런 전통이 허물어졌다. 투기는 2008년 금융공황을 초래하는 데 결정적으로 기여한 부동산 투기 붐, 월스트리트 금융자본이 온갖 파생 금융 상품을 만들어 떼돈을 벌면서 더 큰 돈을 벌기 위해 갚을 능력도 없는 사람들에게도 쉽게 집을 살 수 있도록 융자해주고, 그것으로 꼬리에 꼬리를 무는 온갖 파생 상품을 만든 약탈적 서브프라임 모기지 붐 때 그 절정에 이르렀다.

거의 무일푼으로 집을 살 수 있었고, 집값은 올라갔고 더 오를 것으로 전망했기에 사람들은 미래의 집값 상승분을 현재의 소득으로 간주하고 펑펑 썼다. 원리금을 갚지 못해 집을 압류당하게 되면 집을 버리면 그만이었다. 애초에 자신이 들인 돈이 거의 없어, 집 구입자가 날릴 돈은 그때까지 물어온 이자 정도밖에 없다. 게다가 미국에선 은행 빚으로 빌린 집값이 뚝 떨어져도 그 차액(채권자 손실분)을 갚을 의무가 없다. 예컨대 1억짜리 집을 담보로 8000만 원을 대출받았는데 집값이 5000만 원으로 떨어졌을 때 집을 포기하고 채권자에게 넘겨도 차액 3000만 원은 갚지 않아도 된다. 이 때문에 부자들조차 이런 제도를 악용한 '전략적 체납' 대열에 합류하는 도덕 불감증, 도덕적 해이가 만연했다. 오직 쓰는 놈, 더 많이 쓰는 놈이 장땡이 되는 구조.

앞에 열거한, 미국의 경제적 쇠락을 보여주는 통계 수치들 중 상당수는 사실 새로울 게 없을지도 모른다. 이미 많이 보아온 것들이다. 그럼에도 그것은 충격적이지만, 지은이는 미국을 나락으로 몰아가는 더 심각한 요인을 경제 외적인 데에서 찾는다. 그가 미국의 퇴락이 일시적인 것이 아니라 장기 추세라 보는 것도 경제 외적인 이유 때문이다. 더 결정적이고 핵심적인 요인은 "미국인만이 가진 그리고 미국인만이 소유한 소중한 무엇—이념이든 문화든 습속이든 뭐든 상관없이—이 사라져간다는 것이다."

그 첫째가 '신뢰의 증발'이다. 예컨대 한국이 혈연, 지연, 학연으로 상통하지만 그 바깥에 대해서는 철저히 배타적인 '확신confidence'의 사회라면, 예전의 미국은 그런 인연들을 초월해 믿음과 실력과 성실만으로도 온갖 차이를 넘어 다양하게 어울릴 수 있는 '신뢰trust'의 사회였다. 그래서 김광기는 유학 시절 주유소에서 돈 지갑을 갖고 나오지 않았는데도 우선 자동차에 기름을 넣을 수 있었고, 학벌이나 피부색의 차이 때문에 불이익을 받은 적이 없었다. 그랬던 미국이 양심의 가책도 느끼지 않고 빵에 썩은 땅콩버터를 넣어 떼돈을 벌려 안달하는 사회가 됐고, 기내식이 식중독을 일으킬 정도로 위생 상태가 형편없는 항공사들이 수두룩해졌으며, 심지어 유해 항생물질과 농약, 중금속이 다량 함유된 육류를 내놓고 파는 사회가 됐다. 멕시코로 수출한 미국 쇠고기가 불량 판정을 받아 반품됐는데, 그게 미국 슈퍼마켓에서 버젓이 판매될 지경이다. 살충제 등의 유해 성분들이 나온 의약품과 건강 보조 식품, 사서 입다 반품한 여성 속옷을 세탁도 하지 않고 하루 정도 걸어뒀다 냄새가 빠지면 다시 포장해서 팔다가 적발된 얌체 상혼 등등, 미국의 '제3세계화'가 눈부시다.

예전에 진학이나 취직을 할 때 일반적으로 통용됐던 학교장 추천서도 이젠 한국처럼 불신을 살 정도로 남·오용되고 있다. 객관적 수치를 들이대는 '스펙' 쌓기가 유행하고 승자만이 찬사를 받는다. 또 그 때문에 학점 인플레(거품)와 유력자 자식 봐주기, 성적 따기 부정행위, 약물복용, 학점 세탁, 입시 청탁이 연쇄반응처럼 등장한다. 결국 어느 대학 출신인지 관심도 없던 미국 사회가 실력이 아니라 간판과 학벌을 앞세우는 우승열패의 승자 독식 사회가 돼가고 있다. 공교육이 부실화하고 학원까지 번성한다. 미국의 한국화라 해야 할까.

승자 독식의 비정과 양심 불량의 부도덕이 횡행하는 미국 사회의 축도가 월스트리트다. 예컨대 금융공황 대책 최전선에 섰던 재무장관 헨리 폴슨은 골드만삭스 회장 출신이고, 백악관 비서실장 조슈아 볼턴, 클린턴 행정부 시절 재무장관을 지낸 로버트 루빈 등도 골드만삭스 최고위직에 있었다. 또 한 사람의 골드만삭스 출신으로 루빈 뒤를 이어 재무장관을 지내고 하버드대 총장까지 한 래리 서머스는 오바마 정부 국가경제위원장이 됐다. 지금 재무장관 티머시 가이트너는 서머스의 제자다. 폴슨은 루빈의 제자고 서머스 또한 루빈의 후배다. 루빈은 골드만삭스를 거쳐 재무장관이 됐고, 그 뒤엔 씨티그룹 선임 고문이 됐다. 그리고 1년 만에 다시 월가의 소형 투자은행인 센터뷰파트너스로 갔다. 그는 씨티그룹을 위기로 몬 장본인으로 지목됐으나 연봉을 1500만 달러나 받았다. 재벌 금융사 고위직에 있다가 정부 고관이 되고 퇴직 뒤 다시 재벌사 고연봉자로, 그러곤 때가 되면 다시 정부 요직으로 돌고 도는 회전문 인사로 단물만 빨아온 부도덕한 졸부들이 미국을 망치고 있다. 이들이 망해가던 골드만삭스, AIG, GM, 씨티그룹

등에 천문학적인 국민 세금(공적 구제 자금)을 쏟아붓는 데 앞장섰다. 씨티그룹의 경우 두 차례에 걸쳐 모두 450억 달러나 되는 구제금융을 근거도 없이 받은 데다, 역시 근거 없이 380억 달러에 이르는 세금 감면까지 받았다. 그런 특혜를 받은 씨티그룹이 2009년 CEO에게 준 연봉은 무려 3000만 달러였다. AIG도 받은 구제금융으로 거액의 보너스 잔치를 벌였다가 집중 성토를 당했다. 하지만 그뿐이었다. 엄청난 손실과 그에 따른 다량 해고와 수많은 가정 파탄을 초래한 죄로 형사처분을 받은 금융업자는 한 명도 없다. 금융 재벌들은 공황을 일으켜 서민들을 벼랑으로 몰았고, 공황 발생 뒤에는 어마어마한 구제금융으로 또다시 서민들의 주머니를 털었다. 그리고 지금도 떵떵거리며 산다.

글로벌 스탠더드, 인권 종주국, 노블레스 오블리주, 실력주의 등 한때 미국을 장식했던, 한국 언론들이 바보처럼 지금도 그렇다고 상찬해 마지않는 미국적 가치들은 이미 옛말이 돼가고 있다. 『우리가 아는 미국은 없다』에서 사회학자 김광기가 미국 몰락의 핵심 요인으로 꼽은 게 바로 이것이다. 그가 미국이 조만간 예전 모습으로 재생할 가능성에 대해 지극히 회의적인 이유도 경제 외적 요소, 정신과 가치관과 도덕성의 퇴락이다.

김광기의 생각을 더욱 회의적인 쪽으로 잡아끄는 게 또 있다. 바로 이 부도덕하고 비윤리적이며 파괴적인 승자 독식 우승열패의 지옥으로 변해가는 미국 사회에 대해 누구도 나서서 이의를 제기하고 성토하며 저항하지 않는, 믿기 어려운 현실이다. 예전의 미국이라면 있을 수 없는 일이다. 김광기는 그 원인의 상당 부분을 무엇 하나 제대로 가르치지도 못한 채 순종적인 예스맨들만 양산하는 퇴락한 공교육과 권력을 향해 용비어천가만 불러대는 언론 탓으로 돌렸다. 이쯤 되면 이게 미국인지 한국인지 더욱 헷갈린다. 김광기는 그래도 불량한 강자들에 대들 줄 아는 한국이 차라리 좀 더 희망적이라고 얘기한다.

이렇게 보면 미국은 분명히 망해가고 있다.

그런데 한편으로 이런 생각도 든다. 그러면 미국이 예전의 그 가치들, 도덕성을 회복하면 재생할 수 있을까? 예전의 미국적 가치라는 게 과연 보편타당한 것이었을까? 혹시 그런 가치 때문에 미국이 흥한 게 아니라 흥했기 때문에 그런 가치가 만들어진 건 아닐까? 미국적 가치란 타의 추종을 불허하는 초대국적 경제력이 경쟁자들의 등장과 피할 수 없는 내부 동맥경화로 오래 지속될 수 없듯이 언젠가는 사그라질 운명이 아니었을까? 그것이 지구가 몇 개 있어도 모자란다는 미국적 과잉 소비와 약탈적 패권을 막기는커녕 결과적으로 그것을 방조하거나 심지어 부추겼다면, 차라리 패권과 더불어 사라지는 게 낫지 않을까?

'경쟁 숭배' 사회에
구역질을 허하라

오바마 미국 대통령이 한국도 하는데 미국이 못할 게 뭐 있겠느냐고 했다는 몇 가지 얘기들 가운데 교육 문제도 들어 있었다. 그는 한국 학생들의 긴 학과 공부 시간을 부러워했다는데, 그게 마치 한국 학교 교육의 우수성을 검증받기라도 한 양 언론들은 이를 대대적으로 유포했다. 그가 유독 한국과만 그런 비교를 한 것인지는 모르겠으나, 미국 교육 체제를 거침없이 비판해온 교육심리학자 알피 콘의 『경쟁에 반대한다』(이영노 옮김, 산눈, 2009)를 보면 납득이 가는 구석이 있다. 콘은 미국 학교교육의 근본 문제는 책 제목부터 그렇듯이 바로 경쟁 제일주의라 지적하고 있다. 그가 자신의 주장을 입증하기 위해 동원한 많은 구체적 사실과 비판 논리들, 문제의식은 뜻밖에도 한국 교육에 그대로 적용해도 별문제가 없을 정도인데, 그것은 말하자면 한국 교육이 그만큼 철저히 미국화돼 있다는 또 하나의 방증이겠다.

오바마 대통령이 하필 한국 교육을 거론한 것은 아마도 그게 미국 교육의 판박이여서 단순 평면 비교가 가능했기 때문일지도 모른다. 두 나라 경쟁 위주 교육이 질적으로 큰 편차가 없다면 미국 교육이 한국 교육에 뒤지는 것은 양적 결손, 곧 연간 학업 시간이 미국 쪽이 한국보다 월등 짧다는 것이고, 그래서 한국만큼 학교 공부 시간과 과목 수만 늘리면 문제는 해결된다는 식의 결론이라도 혹시 내린 게 아닐까. 만에 하나 그랬다면 오바마는 번지수를 영 잘못 짚었다. 미국 교육이 망가진 근본 원인은 바로 경쟁 제일주의 때문이라는 게 알피 콘의 생각이다. 따라서 콘의 분석이 옳다면, 한국 교육도 조만간 미국 교육의 실패를 뒤따를 가능성이 높다.

『경쟁에 반대한다』에 따르면 경쟁 제일주의는 "너무나 잘못된 정보에 기초"한 근거 없는 "네 개의 신화"를 토대로 삼고 있다. 첫째는 경쟁이란 피할 수 없는 현실이며 인간 본성의 한 부분이라는 것, 둘째는 경쟁이야말로 우리가 최선을 다하도록 동기를 부여하며 경쟁이 없으면 생산성이 떨어진다는 것, 그리고 셋째는 경쟁하는 게 재미난 삶을 꾸리는 최선의 방법이라는 것, 마지막 신화는 경쟁이 인격을 형성하고 자신감을 갖게 한다는 것이다. 기득권 유지에 집착하는 보수 세력이 대체로 이런 신화를 열렬히 지지하는 것은 당연한 일이지만, 현상의 변화를 추구하는 이른바 진보 세력조차 과도하고 불공정한 경쟁이 문제지 '적당한 균형'만 잡을 수 있다면 경쟁은 생산적이고 즐겁고 활기찬 것이라고 여긴다면서, 그게 아니라고 콘은 말한다. "경쟁의 문제는 경쟁 그 자체에 있다는 사실"을 실증적 연구를 통해 확신하게 됐다는 것이다.

남을 거꾸러뜨려야만 내가 이기는 제로섬게임인 경쟁 제일주의 교육이 인간 본성에 따른 피할 수 없는 현실이라는 주장은 사실이 아니며, 학습 효과 또한 협력 학습보다 높지 않다.

콘에 따르면 경쟁이 필연이라는 주장은 검증된 적이 없다. 오히려 인간 사회에서 협력은 필수적이고, 경쟁은 타고난 본성이 아니라 끊임없이 주입·학습되고 사회화된 현상이며, 경쟁심의 정도를 결정하는 것은 문화적 규범이라는 것이다. 인간세계를 포함한 다양한 자연의 재생산은 투쟁보다는 대부분 평화적 과정을 통해 이루어진다고 콘은 지적한다. 아메리칸 인디언이나 동아시아 민족들과 비교하더라도 경쟁 제일주의는 서구 문명에 특이한 현상이며 특히 미국에서 과도하다.

경쟁이 생산적이라는 신화에 대해서도 협력이 오히려 더 생산적인 현실의 다양한 사례들로 반박한다. 경쟁은 왜 실패하는가? 콘은 존 놀스의 소설 『분리된 평화』에 등장하는, 볼테르의 『캉디드』를 읽고 빠져들어 볼테르의 다른 저작들을 섭렵한 체트 더글러스와, 오로지 1등을 하기 위해 성적 내기에 필요한 것들을 이것저것 닥치는 대로 읽어댄 주인공 '나'를 대비시킨다. 그는 "학생들에게 여러 과목을 학습시키는 이유는 그들의 인생을 돕고자 하는 것이 아니라 경쟁 그 자체를 가르치기 위한 것"이라며 성적 따기 경쟁은 공부의 내적 동기 및 정말 꼭 배워야 할 무엇인가를 배제해버린다고 말한다. "우리는 어렸을 때부터 배움에 대한 의지가 강했던 학생들에게 하찮고 경멸스러운 보상들— '참 잘했어요'라는 도장, 100점이라는 표시를 한 채 벽에 붙어 있는 시험지, 'A'라고 쓴 성적표, 우등생 명단, 우수한 성적으로 졸업한 학생들만 가입할 수 있는 클럽의 열쇠, 곧 간단히 말하면 다른 학생들보다 내가 좀 낫다는 저열한 만족감—을 장려하고 강요하는 것으로 아이들의 그 의지를 꺾어버린다."(『아이들은 왜 실패하는가』 존 홀트 지음, 공양희 옮김, 아침이슬, 2007) 나의 승리와 기쁨은 남의 실패와 비참이 있어야 비로소 가능하고, 오로지 상대를 꺼꾸러뜨려야만 내가 이기는 제로섬게임인 경쟁은 우주론적으로 보면 허상에 가까운 개별적 자아의 절대성에 모든 걸 기대고 있다.

또 그는 경쟁하지 않는 놀이가 더 재미있을 수 있다는 것, 경쟁에 기초한 스포츠가 현실의 지배 구조와 관료화된 사회를 받아들이게 만드는 사회화 구실을 하며, 경쟁 없는 게임이 지루하다고 생각하는 것

자체가 그런 사회화의 산물이라는 사실을 파헤친다. 그리고 경쟁은 자존심과 인격을 키우는 게 아니라 파괴하며, 경쟁에서의 패배는 실패일 순 있어도 나쁜 일은 아니라는 그럴듯한 얘기의 허구성을 지적한다.

그리고 경쟁은 결과 지향성, 양자택일의 흑백논리, 순응적 태도와 획일성을 낳는다. 그 결과 경쟁 사회의 탈락자조차 문제의 해결책을 그런 사회를 거부하고 바꾸는 데서 찾는 게 아니라, 어떻게든 타자들을 패배시키고 자신이 올라서겠다는 불가능한 환상에서 찾고 자신의 실패 원인을 자신의 무능과 불운 탓으로 돌린다. 불공정한 계급 재생산 구조는 그렇게 해서 완성된다. 이를 반기며 기뻐할 사람들은 그 구조 덕에 권력과 힘을 영속시킬 수 있는 기득권층이다.

전국 일제고사와 수능 성적으로 성적순 줄 세우기를 하고, 그 상위에 자신들의 자식들을 줄 세우기 위해 특목고를 만들고 위장 전입을 당연하게 여기는 이른바 '사회 지도층'의 비열함, 도덕적 저열성이 기득권(계급) 재생산을 겨냥한 것이고, 경쟁 제일주의가 그것을 합리화하는 수단이 되는 한국 사회의 모순 구조가 알피 콘을 읽으면 한결 명료해진다.

이젠 병원, 학교, 기업, 그리고 정부도 '경쟁력을 키워야 한다'고 말을 하는데, 이는 타인을 이기는 것과 일을 잘하는 것을 전혀 구분하지 않음으로써 경쟁에 대한 개념을 혼란스럽게 만드는 일이다. 경쟁력을 강화하면 어떤 일을 탁월하게 할 수 있느냐고 물어봐야 한다. 그리고 그 대답은 사람들이 보통 생각하는 것과 달리 '그렇지 않다'이다. 우리의 학교는 이제 너무 경쟁적이기 때문에 제대로 된 학습이 이루어지지 않는다.

알피 콘은『경쟁에 반대한다』1992년판(초판은 1986년)에 자신의 책『경쟁 대 탁월성Competition vs. Excellence』에서 따온 이 구절을 인용했다. 그러니까 우리가 한동안 그야말로 귀에 못이 박이게 들었던 '사회 모든 분야에서 경쟁력을 키워야 한다'라는 얘기도 결국 미국에서 건너온 것이었다.

결과적으로 보면 로널드 레이건 정부 이래 30년 가까이 계속된 공화당 주도 신자유주의 정책하의 미국 역대 정부[*]는 경쟁 제일주의 교육이 재앙을 부를 것이라는 콘의 경고를 무시했고, 이제 무참하게 그 대가를 치르고 있는 셈이다. 오바마 대통령이 한국 교육과 비교하며 미국 교육의 실패를 거론한 것이 관심을 끄는 것은 그런 맥락에서다. 오바마는 자신이 부러워하는 한국의 교육이 경쟁 제일주의의 미국제 교육 이념을 직수입해 약간 손질한 것이라는 것, 이대로 가면 한국 교육도 결국 미국의 실패를 뒤따를 가능성이 농후하다는 걸 모르는 모양이다.

콘이 경쟁 제일주의 교육의 대안으로 제시한 것은 '협력 학습'이다. 협력 학습이란 "학생들이 짝을 이루거나 작은 그룹을 만들고, 적극적인 상호 의존을 통해 공동의 목표를 갖고 함께 공부하는 것"이다. 잠시의 학습 분위기 전환이나 그룹 간 경쟁을 통해 경쟁력을 높이기 위한 기존 그룹별 수업 방식과는 근본적으로 다르다.

협력 학습은 그룹 내·그룹 간 경쟁 요소는 배제했으며 잘잘못에 대한 보상과 벌도 없는 완전자율학습 구조다. 단답식 정답을 요구하지도 않고 일치된 의견이나 동의를 구하지도 않는다. 한마디로 정의하기 어렵지만 함께 배우고 경쟁하지 않으면서 구성원의 자존심과 상호의존

---

[*] 1990년대 8년간 클린턴의 민주당 정권이 이어졌지만 신자유주의 정책을 적극 추진한 점에선 공화당과 다를 바 없었다.

성, 타인에 대한 공감 능력을 높이고 학업 성취도도 높이는 방법이다.

콘은 아이들이 외적 보상 등의 유인 요소가 있을 때만 협력할 것이라는 추정은 인간 본성에 대한 매우 냉소적인 견해라며 배격한다.

제대로 된 환경에서는 남을 돌보는 것이 자신을 돌보는 것만큼이나 자연스러운 일이라는 걸 경험적으로 확인했다는 것이다. 그렇다면 경쟁 제일주의는 미국식 자본주의라는 구조가 낳은 것이자 그 구조를 확대재생산하는 장치인 셈이다.

콘은 여러 연구 결과들을 분석해 협력 학습이 경쟁에 의존하는 기존 표준 학습 방식보다 더 나은 성과를 낳은 케이스가 수백 건의 검토 사례의 87퍼센트에 이른다는 실증 자료들도 제시했다.

그는 협력 학습을 경쟁 문화와 개인주의에 대한 도전으로, 교사의 교실 통제권에 대한 도전으로 받아들이는 교사들, 그리고 훌륭한 인격체보다는 표준 시험지 답안지를 잘 작성하는 학생을 만드는 데만 관심이 있는 그들의 불안감이 협력 학습 도입을 막는 견고한 장애물이라고 말한다.

케넌 설계도와
'워커힐'

40년 망명객 정경모의 자서전 『시대의 불침번』(한겨레출판, 2010)에 이런 얘기가 나온다.

내가 다니던 에모리대학은 조지아 주 애틀랜타에 있었는데, 거기서 날마다 들여다보던 신문인 〈애틀랜타 컨스티투션〉에 퍽 자주 나오는 W. H. 워커라는 군인의 글을 읽으면서 분노를 억누를 수가 없었소이다. 그때가 아마 띄엄띄엄 한일회담이 열리던 때였지 싶은데, 워커는 완전히 일본을 치켜세우면서 한국을 무자비하게 깎아내렸어요. 일본은 억울하게도 한국 땅에 막대한 재산을 남겨두고 왔는데 한국이 일본에 무슨 청구권 같은 것을 요구한다는 건 뻔뻔하고 파렴치한 행위라는 식으로 말이외다.

일제 말기 경기중학을 나와 1942년 도쿄로 유학을 떠나 게이오대 의대에 들어간 정경모. 일본 패전과 함께 귀국해 서울대 의대로 간 그는 1947년 8월 다시 미국 유학길에 올라 에모리대학에 들어갔다. 그가 〈애틀랜타 컨스티투션〉을 열심히 읽고 있었던 건 에모리대학 화학과를 졸업하고 대학원에 다닐 때였다. 1950년 어느 날 당시 주미 대사였던 장면(4·19혁명 뒤 제2공화국 총리가 된다)이 긴급 전화로 "이것은 프란체스카 부인(오스트리아 출신으로 1934년 이승만과 결혼)의 특명이니만치 가타부타 잔소리 말고 곧 도쿄로 떠나 맥아더 사령부GHQ로 들어가라!"라고 명했다. 그해 10월 하순 도쿄 맥아더 사령부에 간 그는 깜짝 놀랐다. 〈애틀랜타 컨스티투션〉을 통해 일본을 두둔하며 한국 때리기에 열심이던 그 군인이 한국에서 미군을 이끌고 있던 '제너럴 워커', 바로 그 사람이었던 것이다.

호텔 '워커힐'의 유래

월턴 해리스 워커. 텍사스 주 벨턴 출신으로 미 육군사관학교를 나와 제1, 2차 세계대전에 참전. 특히 제2차 세계대전 때, 조지 스콧이 열연한 영화 〈패튼 대전차 군단〉으로도 널리 알려진 패튼 장군 휘하 제20군단장으로 벌지 전투 등에서 용맹을 떨쳐 3성 장군으로 출세한 인물. 전후 제5군 사령관이 됐다가 1948년 일본 점령군인 미 제8군의 사령관이 됐다. 워커가 애틀랜타에서 공부하던 정경모의 피를 끓게 만든 글을 썼던 게 바로 그때부터 한국전쟁 발발 전후 시기일 것이다. 워커가 제8군 사령관으로 도쿄에 부임했을 무렵 미국은 그 전해 3월 트루먼독트린으로 유럽에서 냉전 채비를 시작한 뒤를 이어 동아시아에서도 이른바 '역코스'를 통해 징벌적 개조에서 시혜적 개조 쪽으로 대일 정책을 전환하고, 일본을 미국의 동아시아 냉전 교두보로 육성하기 시작했다. 그때 이미 일본과의 사실상 단독 강화(1951년 체결된 샌프란시스코강화조약)를 추진하고 있던 미국은 요시다 시게루 등 일본 우파 민족주의자들을 대거 공직에 재기용해 일본 재건과 재무장을 적극 밀어주고 있었고, 그것을 위해 애초 샌프란시스코강화조약 초안에 연합 전승국 일원으로 포함시켰던 한국을 일본 쪽 요구대로 빼버렸다. 미국의 냉전 기지로 재무장하는 일본을 지키는 또 다른 전초 기지(방파제)로서의 역할만 주어진 한국의 요구를 미국은 깔아뭉갰다. 대신 자신들의 죄업이 만들어낸 재일 동포라는 희생자들을 모조리 '빨갱이' 테러리스트로 몰아붙이면서 한반도 사람들을 열등한 민족으로 능멸했고, 한국전쟁이 터지자 '하늘이 일본을 도왔다(천우신조)'고 환호한 요시다 등 군국 일본의 후예들을 전폭적으로 밀었다. 일본과 한국을 바라보는 워커의 시선 왜곡은, 조지 케넌이 설계하고 맥아더 사령부가 앞장선 그 냉전 초기 미국의 친일·반한 캠페인(오늘의 독도 문제도 거기서 비롯했다)의 선봉에 서야 했던, '머리보다는 주먹'이 장기였던 그로서는 피할 수 없는 일이었을 것이다. 워커뿐만 아니라 당시 미국 동아시아 정책 실세들에게 그들 마음대로 반 토막 낸 한반도는 냉전 교두보 일본을 지키기 위한 기지였을 뿐, 그 안에서 수천 년간 나름의 고유한 문화적·정치적 정체성을 형성해온 수천만 한반도 사람들의 삶과 운명은 관심 밖이었다는 것은 점령군 사령관 하지 중장을 비롯한 미 점령군의 이후 행태를 통해서도 분명히 확인할 수 있다.

야심만만한 전략가 맥아더와의 불편한 관계 속에서도 한국전쟁 뒤 낙동강 방어선을 가까스로 지켜내고 승승장구 38선을 넘어 북진하던 워커 군단은 그해 10월 중국군이 전쟁에 개입하면서 비극적 운명을 맞게 된다. 터키군의 분전 속에 평양에 쌓아두었던 방대한 전쟁 물자들을 내버린 채 만신창이로 남쪽으로 탈출한 워커 군단이 어디에 방어선을 설정할지 몰라 우왕좌왕하던 1950년 12월 23일, 패튼 휘하에 있을 때처럼 지프차를 고속으로 과감하게 몰며 미군 24사단과 영국군 29사단을 시찰하던 워커는 의정부 인근에서 한국군 제6사단 제2연대 소속 트럭(민간 트럭이라는 설도 있다)과 접촉 사고를 일으켜 전복

된 지프차에 깔려 숨졌다.

1963년, 쿠데타로 집권한 지 2년쯤 지난 당시 대통령 박정희는 극적으로 삶을 마감한 이 제8군 초대 사령관을 기려온 미군 전통에 따라 서울 아차산 일원에 '워커힐Walker Hill'이라는 이름을 붙여 기념키로 했다. 워커힐이란 그러니까, 워커를 기념하는 동산이라는 뜻이겠다. 지금 그곳에 들어서 있는 쉐라톤 워커힐 호텔 등이 다 거기서 비롯했다.

일그러진 역사 설계도

『한국전쟁의 기원』을 쓴 브루스 커밍스가 미 국무부 정책기획실 제13호 파일 상자에서 찾아낸, 정경모가 "제2의 가쓰라-태프트 밀약의 재판"이라고 한 문서에 이런 내용이 들어 있다.

"현실주의에 입각하여 생각한다면 일본의 영향력과 제반 활동이 조선에서 만주에 이르는 지역으로 진출하는 것에 대해 미국이 반대할 이유가 없게 될 날이 반드시 올 것이다. 그날은 우리 예상보다 더 빨리 올 수도 있다. 지 지역에 대한 소련의 압력을 완화하고 저지하기 위해서는 이것만이 현실적인 유일한 방도인 까닭이다. (…) 현재의 국제 정세에 비추어 이와 같은 정책의 정당성을 인정하고 다시 한 번 이러한 정책을 채용하는 것이 빠르면 빠를수록 바람직하다는 것이 우리의 일치된 견해다."

일제 식민지였던 한반도, 나아가 가능하다면 만주까지 다시 일본이 지배하는 땅으로 만들고 그런 일본을 자기들 마음대로 조종하겠다는 미국의 이 구상은 냉전의 설계자 조지 케넌 국무부 정책기획실장의 작품, 이른바 '케넌 설계도'다. 1947년부터 시작된 미국의 대일 단독 강화 방침과 1948년의 '역코스', 그리고 1949년 중국 공산화와 1950년 한국전쟁, 1951년 샌프란시스코강화조약에 이르는 기간에 미국이 한국 정부에 종용한 일본과의 국교 정상화가 케넌의 설계도에 따른 것이었고, 그것을 관철해낸 세력이 결국 미국이 지원한 5·16쿠데타 세력이었다. 한국민들의 격렬한 저항을 힘으로 제압하며 제대로 된 과거사 청산을 포기한 채 몇 푼의 돈에 일본에 면죄부를 쥐어주고 일본의 '엔경제권'에 포섭돼 '식민지 근대화(예찬)론'까지 읊조리게 된 치욕이 미국의 냉전 구상에 맞춰 작성한 동아시아 설계도의 소산이었다고 정경모는 얘기한다. 『무사도』의 니토베 이나조나 『일본의 각성日本の覺醒』 따위를 쓴 오카쿠라 덴신岡倉天心, 제4차 한일회담 일본 대표 사와다 렌조, 요시다 쇼인吉田松陰, 요시다 시게루 등 '천민'이 사는 한반도가 '천손 민족' 일본의 옛 영토이고 자신들의 사명이 고토 회복임을 공공연히 주장해온 패권주의 '망언'의 발설자들, 그들을 승계한 일본 외교의 흑막 오카자키 히사히코岡崎久彦와, 일제의 만주 괴뢰국 설계자였으며 미·일 군사동맹과 자민당 55년 체제 주모자인 A급 전범 기시 노부스케의 외손자 아베 신조, 요시다 시게루의 손자 아소 다로…… 그리고 그들에 동조한 한국 내 실세들.

『시대의 불침번』이 숱한 일인칭 체험과 취재에 바탕을 둔 생생한 일화들을 통해 드러내려는 것은 결국 이 기막힌 구조와 그 구조를 만들고 운용한 인간들, 그리고 그 희생자들 얘기다. 개인 체험을 중심으로 서술된 그 비통한 얘기가 바로 한국 근현대사다. 우리가 학교에서 배워온 주류 역사책에는 잘 드러나 있지 않은, 잊힌 우리 역사다. 『시대의 불침번』은 '역사책을 이렇게도 쓸 수 있구나', 아니 오히려 '이게 더 역사다운 역사 이야기일 수 있겠구나'를 느끼게 하는 역사 쓰기의 새로운 전형을 만들어냈는지도 모른다.

정경모가 맥아더의 도쿄 GHQ 사무실에 갔을 때 거기엔 서울대 총장이던 장리욱, 문교장관 오천석, 몽양의 측근이었던 황진남 등이 있었고, 목사 문익환과 박형규도 있었다. 그 직전 낙동강 방어선까지 무너지면 한반도 내 미군 교두보가 완전히 사라질 절체절명의 위기 상황에서 미국은 최악의 경우 한반도 재상륙을 위한 망명정부를 구상했고, 그때 정경모 자신을 포함해 GHQ 사무실에 불려와 있던 한국인들은 만일의 사태 때 그 망명정부를 짜게 할 인사들이었던 것이다. 나중에 브루스 커밍스가 정경모에게 얘기해준 사실이다. 그 망명정부 소재지가 동사모아 섬이었다는 사실까지도. 누가 먼저 한국전쟁의 방아쇠를 당겼느냐보다 누가 전쟁을 원하고 있었고 기획하고 있었던가에 더 관심을 갖고 있는 정경모는 한반도를 미국 방위선에서 제외한다고 했던 '애치슨 라인' 등으로 언표된 공식 의도와는 달리 미국은 어떤 경우에도 한반도, 그중에서도 한반도 절반 이남을 절대 포기할 생각이 없었으며(일본 우파들이 늘 공언해온 것이기도 하다), 워커 군단이 38도선을 돌파해 압록강변까지 북진한 데서도 보듯 가능하면 한반도 전체, 어쩌면 만주 일원까지(맥아더는 만주 지역에 대한 원폭 공격을 주장했다) 일본의 대미 종속 친미 우파 세력이 관리하는 지역으로 확보하려 했다고 보는 듯하다.

그때 도쿄 GHQ에 불려갔던 한국인들 중에서 두 명의 목사, 즉 문익환과 박형규, 그리고 기독교 집안 출신으로 기독교인임을 자처하는 정경모, 이 세 사람이 나중에 바로 그 미국이 주도하고 일본이 환호했던 케넌 설계도와 거기에 빌붙어 그들과 한통속이 됐던 한국 내 친일·친미 종속 세력에 격렬하게 저항한 '민주화 운동' 최일선에 서게 된 것은 뒤틀린 한국 현대사 그 자체만큼이나 기구하다. 정경모가 생각하는 한국의 민주화 운동은 "미국 사람들이 멋대로 그어놓은 38선을 걷어 치우고, 그 38선 때문에 일어난 전쟁으로 부자간·형제간에 피로 피를 씻은 비극을 극복함으로써 지금은 소멸된 민족 공동체를 되찾겠다는 운동"이다. 일반적으로 얘기하는 민주화 운동이란 결국 자주적이고 평화적인 민족 통일 운동의 하위개념이다.

서울 영등포에서 태어나 유복하게 자랐던 명민한 소년 정경모가 성장해가는 줄기를 따라 다양한 일화들이 씨줄 날줄로 엮이는『시대의 불침번』얘기는 그 운동에 생애를 걸고 싸우다 스러져간 몽양 여운형, 백범 김구, 장준하, 문익환 등에 대한 눈물 어린 헌사이고, 그들과 대척점에 서서 그들을 탄압하다 끝내 죽이고 만 사람들의 죄업에 대한 통렬한 고발이다. 그런 그들과 이리저리 얽히며 80여 년을 살아온 눈 밝은 민족주의자 정경모의 체험기요 증언집이다. 판문점 정전협상장에 미군 통역관으로 참석했던 그가 목격한, 한국말 한 마디 못해 일본어 통역관을 대동해야 했던 한국군 대표 옵서버, 일본 우파들의 야비한 언동과 그들을 두둔하는 미국 패권주의 세력, 6·15선언의 모태가 됐던 4·2선언 전말, 한민통의 실체, 민주화 운동가임을 자처했던 사람들의 이면 등 정경모가 아니면 들을 수 없는 한국 현대사가 거기엔 펄펄 살아 숨 쉰다.

세상 모든 인간 생명의 비밀, 미토콘드리아

　대장균은 환경이 좋으면 20분마다 한 번꼴로 분열한다. 대장균 한 마리의 무게는 약 1조 분의 1그램. 대장균 한 마리가 하루 72번 분열하면 그 수는 2의 72제곱, 곧 10의 21.6제곱 마리가 된다. 그 무게는 4000톤. 단 이틀 만에 5.977×10의 21제곱 톤인 지구의 질량을 능가하게 된다. 이런 놀라운 번식력을 지닌 세균은 지구 나이와 거의 같은 세월 동안 극한의 환경에도 적응하면서 번성해왔다.

　하지만 생화학적 능력에선 한계가 없을 정도로 진화한 세균들은 40억 년이 지나도록 몸집을 불리거나 복잡하게 진화하진 못했다. 약 20억 년 전 지구에서 진화의 빅뱅이 시작됐다. 그때 진핵세포, 즉 핵을 지닌 세포가 출현했고, 이후 지금까지 지구를 지배해온 건 진핵 다세포생물들이다. 사람은 물론 조류, 균류, 풀, 나무 등 우리 눈에 띄는 지구의 거의 모든 생명체의 직계 어버이는 20억 년 전 기적과 같이 등장한 진핵세포다. 영국의 과학 저술가 닉 레인은 『미토콘드리아』(김정은 옮김, 뿌리와이파리, 2009)에서 이 진핵세포의 진화를 "우연한 사건이며, 지구에서만 단 한 차례 일어났던" 아주 특별한 일이라고 했다. 따라서 설사 우주가 수많은 생명체들로 넘쳐난다 하더라도 그들은 세균과 같은 형태로 존재할 가능성이 높다는 게 그의 생각이다. 왜?『미토콘드리아』는 세포학, 진화론, 고인류학, 생화학, 생리학, 발생학, 미생물학, 의학 등의 경계를 넘나들며 추리소설을 쓰듯 그 이유와 의미를 추적해간다. 미토콘드리아를 통해서 본 지구 생물 역사의 최신판이다.

세균들은 왜 40년 동안 본래의 단순 구조를 벗어나지 못했을까? 그 엄청난 번식 속도에서 답을 찾을 수 있다. 성장을 멈추고 죽은 듯이 기다리던 세균 개체군에 영양이 공급되고 폭발적인 분열이 시작되면 유리한 쪽은 분열 속도가 빠른 세균. 가장 빨리 분열한 세균들이 개체군을 지배하고 상대적으로 느린 쪽은 설 자리를 잃는다. 세균의 분열 속도는 유전체DNA 복제 속도가 결정한다. 유전체를 경쟁자들보다 더 빨리 복제하려면 유전체를 더 작게 만들고 몸집도 줄여 에너지를 최대한 효과적으로 동원해야 한다. 복제 속도에 방해가 된다면 당장 필요 없는 유전자들까지 버린다. 극한의 다이어트다.

또 하나는 이른바 '기하학의 걸림돌'. 생명체의 동력은 1929년 카를 로만이 발견한 아데노신삼인산ATP이다. 아데노신삼인산 끝에 붙은 인산기가 떨어져나갈 때 많은 양의 에너지가 방출된다. 이 아데노신삼인산 합성 원동력이 산화환원반응 중에 일어나는 양성자와 전자 이동(양성자 기울기)인데, 내부에 다른 동력원이 없는 세균은 외막을 통해 에너지를 빨아들여야 한다. 그런데 세균이 만약 크기를 두 배로 늘리면 표피 면적은 네 배로 늘어나고 부피는 여덟 배로 늘어난다. 이렇게 되면 단위 부피당 표피 면적 비율은 현저히 떨어진다. 에너지 수입 통로인 표피 면적이 줄어들면 생존이 위태로워진다.

20억 년 전에 일어난 진핵세포 등장이라는 대이변은 이런 한계들을 돌파함으로써 가능했다. 그 핵심은 에너지를 세포 외막이 아니라 세포 안에서 조달하는 것. 세포 내 발전기만 있으면 된다. 미토콘드리아가 바로 그 구실을 했다. 본디 세균이었던 미토콘드리아가 메탄 생성 고세포와 공생하면서 그 내부로 들어가 앉는 순간 진핵세포 시대가 열렸다. 지은이는 미토콘드리아의 조상인 발효 세균 알파프로테에박테리아가 옛날 옛적 산소가 거의 없는 깊은 바닷속에서 메탄 생성 고세포를 만나 서로에게 이득이 되는 상보 관계로 어울려 살다가 결국 고세포 몸속으로 들어감으로써 대이변이 시작된 사연을 온갖 가설을 동원해 설명한다. 세포 내 에너지 생산이 가능해지면서 세균처럼 세포 바깥을 싸고 있던 딱딱한 세포벽이 필요 없게 되고 유연한 세포막은 에너지 생산에서 해방돼 신호 전달, 운동, 식세포작용 등 다른 일들을 할 수 있게 된다. 진핵세포의 출현과 미토콘드리아 등장은 선후를 가릴 수 없을 정도로 동시에 진행됐다.

이에 따라 차원이 다른 기동성을 확보한 진핵세포는 환경에 효율적으로 대처하기 위한 유전 정보량도 대폭 늘리면서 세균보다 평균 1만~10만 배나 몸을 불렸다. 에너지 문제를 해결한 세포들로 구성된 동물들의 체적은 대형화할수록 (지탱할 수 있는 골격의 한계 등으로 제약을 받지만) 대사율에서 더욱 유리해져 몸이 커질 때마다 필요 에너지의 양은 상대적으로 적어진다. 예컨대 쥐는 사람보다 체적 대비 일곱 배나 더 많이 먹고 장기들을 가동해야 생존할 수 있다. 지구의 다세포생물들이 왜 '복잡성의 비탈'을 올라갔는지, 그 의문에 대한 열쇠를 쥐고 있는 것도 결국 미토콘드리아다. "근래에 나온 그 어떤 학자의 추정보다도 광범위하고 포괄적인 내용을 담았다"라는 지은이의 철저한 환원주의적 해석에는 창조주의 설계를 들먹이는 종교적 예정설 같은 게 들어설 여지가 없어 보인다.

그에 따르면 왜 암컷과 수컷 두 성으로 성이 분화했는지, 그 비밀도 미토콘드리아에 있다. 호흡연쇄를 통한 에너지 획득 속도와 효율을 좌우하는 세포 내 핵과 미토콘드리아 유전자들의 돌연변이 속도 차이에 따른 문제를 해소하기 위해서는 미토콘드리아가 한쪽 부모에게서만 유전자를 물려받아, 유성생식으로 무작위적으로 뒤섞이는 핵 유전자와 한 벌의 짝을 이루게 하는 양성 전략이 가장 안전하단다. 그래서 미토콘드리아 DNA는 모계를 통해서만 유전되는데, 이런 특성 때문에 모든 인류의 어머니 '미토콘드리아 이브'가 약 17만 년 전 아프리카 대륙에 살았다는 것도 추정해낼 수 있었다.

늙음과 죽음 등 인간 생로병사 비밀도 미토콘드리아가 쥐고 있다. 우리가 어디서 와서 어디로 가는지에 대한 궁극의 의문까지, 미토콘드리아한테서 그 답을 들을 수 있다고 지은이는 첨단 과학을 동원해 설명한다.

지구 생명체
30억 년의 '결정적 장면들'

산소 없이는 우리가 당장 숨도 쉬지 못할 것이라는 걸 모르는 사람은 없을 것이다. 그런데 산소가 없다면 지구엔 출렁이는 바다도 없을지 모른다. 산소가 없다면 오존도 없다. 오존층이 지구로 엄청나게 쏟아져 들어오는 자외선을 차단하지 않으면 물은 산소와 수소로 분해된다. 산소는 산화물 형태로만 남아 대기 중엔 축적되지 않을 것이며 가벼운 수소는 우주로 날아가버릴 것이다. 금성의 바다는 그렇게 날아가버렸고, 화성에서도 비슷한 일이 벌어졌을 것이다.

지금 지구 대기의 21퍼센트를 채우고 있는 산소를 만들어낸 것은 엽록소를 지닌 생명체들이었다. 그들이 광합성을 통해 쏟아낸 산소가 흙과 바위 속에 들어 있던 철분과 바닷속 황, 대기 중의 메탄까지 산화시켰고, 남은 산소는 대기를 채웠다. 그리하여 분해된 수소마저 대기 속에서 산소와 결합해 비가 되어 내렸다. 맑고 푸른 행성 지구는 그렇게 만들어졌다.

광합성은 물 분자에서 수소 원자를 떼어내 얻은 전자를 이산화탄소와 결합시켜 당 등 유기물을 만들어내는 것이다. '생명 에너지의 통화'라는 아데노신삼인산도 만든다. 지구에서 물을 분리해서 광합성을 하는 방법을 알아낸 생명체는 세균, 그중에서도 남조藍藻세균이었다.

광합성은 꼭 물을 분해해야 하는 건 아니다. 황산이나 산화철을 분해해서 전자를 얻고 광합성을 하는 세균들도 있다. 광합성은 결국 전자를 활용해 이산화탄소와 결합시켜 유기물을 만들어내는 것이다. 그게 지구의 대다수 생명 활동의 토대다. 헝가리 출신 노벨상 수상자인 알베르트 센트죄르지는 그래서 "생명이란 쉴 곳을 찾는 전자일 뿐"이라는 말을 했단다.

최소량의 에너지를 투입해 물을 분해하고 산소를 내보낸 뒤 전자를 활용할 때 남조세균이 이용하는 에너지는 태양 광선이다. 남조세균의 초록색 색소인 엽록소가 떼어낸 전자와 이산화탄소를 이른바 '제트^Z 체제'를 통해 결합시킬 때 전자의 에너지 준위를 높여 결합을 성사시키는 게 태양 광선의 역할이다. 그렇게 해서 당이 만들어지는데 그 과정에서 에너지의 일부가 방출돼 세포의 동력으로 쓰이는 아데노신삼인산도 만들어진다.

인간이 이 기술을 활용할 수 있다면 거의 무진장한 무공해 에너지를 얻어낼 수 있다. 하지만 그것을 할 수 있는 것은 아직 엽록소뿐이다. 엽록소는 그렇게 해서 산소 ˙를 만들어내고 유기물을 만들어내는데, 인간을 포함한 지구의 동식물 절대다수가 바로 이 메커니즘에 삶을 의존하고 있다.

산소가 없는 환경에서도 생존할 수 있는 생명체들이 있지만 그 에너지 이용 효율은 산소호흡 생명체들에 비할 바가 못 된다. 작은 것이 큰 것을 차례대로 잡아먹는 생태계 먹이사슬에서 각 단계마다 에너지 손실이 일어나는데, 그 결과 산소호흡 생명체들은 포획된 에너지의 40퍼센트 정도를 이용할 수 있다. 하지만 산소가 아닌 철이나 황, 메탄 등

■　따라서 산소는 광합성의 노폐물이다. 지구 역사 초기에 산소는 생명체들에 치명적인 독가스이기도 했다.

을 이용한 호흡의 에너지 효율은 10퍼센트에도 미치지 못한다. 그래서 산소호흡을 하지 않을 때의 먹이사슬은 두 단계만 거쳐도 처음 투입 에너지의 1퍼센트밖에 남지 않지만 산소호흡은 여섯 단계를 거쳐야 비슷한 수준이 된다. 최종 포식자에 이르는 먹이사슬 단계가 많다는 것은 그만큼 다양한 생명체들이 풍성하게 번성한다는 얘기다.

2009년 초 『미토콘드리아』라는 책에서 20억 년 전 독립적인 발효 세균이 메탄 생성 고세포 몸속에 들어감으로써 진핵세포의 등장이라는 지구 생명 역사상의 대이변이 시작됐다고 설파했던 영국 생화학자 닉 레인이 『생명의 도약』(김정은 옮김, 글항아리, 2011)에 쓴 이야기다. 닉 레인은 이번엔 진핵세포의 출현을 포함해 생명의 기원, DNA, 광합성, 성性, 운동, 시각, 온혈성, 의식, 죽음 등 모두 열 가지 주제로 지구 생명의 진화 역사를 다룬다. 모두 "결국 우리가 어떻게 해서 여기에 있게 됐는지", 그 결정적 계기가 된 진화상의 대사건들에 관한 얘기다. 분자 차원의 생화학 지식을 동원해 자세히 설명함으로써 설득력을 높였으나, 웬만한 사람에겐 쉽지 않을 부분도 있다.

광합성과 산소의 대기 축적은 눈(시력)의 진화와도 밀접한 관련이 있다. 눈의 발달에는 큰 수정체와 넓은 망막, 그리고 그것을 통해 들어온 정보를 해석해낼 뇌가 있어야 한다. 그것이 고도로 진화하려면 몸체의 크기라는 구속에서 벗어날 수 없다. 큰 동물일수록 눈의 진화에도 유리한 것이다. 몸체의 대형화는 그것을 받쳐줄 먹이와 그 먹이를 길러내고 호흡을 통해 에너지를 얻어낼 수 있게 해주는 존재, 즉 산소가 대기 중에 일정 비율 이상 축적되지 않으면 불가능하다. 약 5억 5000만 년 전 캄브리아기 시작 무렵의 화석 기록에 갑자기 몸집 큰 동물들이 출현해 번성한 것도 대기 중의 산소량 증가와 밀접한 관계가 있다.

그것은 또 눈의 진화와도 서로 맞물려 있다. 대기 중 산소 농축으로 대형 동물들이 나타나기 시작했고, 그것은 눈의 진화를 도왔으며, 눈의 진화는 다시 캄브리아 생물 빅뱅에 불을 붙인 "지구 생명 역사 전체에서 가장 극적이고 중요한 사건"이었다.

레인은 모든 동물의 눈에 '로돕신'이라는 빛을 감지하는 단백질이 공통적으로 이용되고 있다며, 이는 조상이 같기 때문이라고 추측한다. 최초의 눈이 단 한 번의 진화를 거쳐 출현했단다. 이는 지금까지의 생물 진화가 세균과 박테리아 합체를 통한 진핵세포의 등장이라는 20억 년 전의 기적적인 한 사건에서 비롯했다는 그의 얘기를 떠올리게 한다. 단 한 번 만에 진화했다는 건 다른 진화 경로를 거치지 않았고 지금의 생명체가 모두 그 한 사건의 파생물이라는 얘기다.

레인은 어두운 바다 밑 대륙이 생성되는, 해령의 뜨거운 물이 솟아오르는 열수 분출공에서 생명이 시작됐다고 주장한다.

유황과 황화수소 기체가 쉴 새 없이 뿜어져 나오는 열수 분출공 인근에는 엄청난 수의 눈 없는 새우들과 입도 항문도 없는 거대한 관벌레 등이 무리 지어 살고 있다. 그들은 지상이나 물속의 생물들이 내려가 그 환경에 적응한 것이 아니다. 레인은 여러 논거들을 들이대며 바로 거기서 지구 생명체가 탄생했다고 얘기한다. DNA와 RNA 같은 유전체도 거기서 합성됐다고 본다. 황화수소 기체에서 뽑아낸 수소를 이산화탄소와 결합시켜 유기물질을 만들어내는 황세균. 생명은 열수 분출공의 무기물에서 나온 그런 세균 형태로 시작됐다. 녹색식물 엽록소도 거기서 출발해 다른 세균과의 결합, 먹이사슬을 통해 진화한 남조세균에서 비롯했다.

성에 집착하는 생명체의 본성도 진화의 산물이다. 암수로 나뉘어 다양한 조합을 만들어내는 유성생식이 무성생식보다 돌연변이로 인한 이익을 극대화하고 위험을 최소화하는 데 유리하며, 기생충과의 싸움에서도 절대 유리하다. 운동, 온혈성, 의식 그리고 죽음까지도 진화의 산물이자 진화를 폭발적으로 가속시켜 지금의 지구와 우리를 만든 사건들이라고 레인은 설명한다.

지어낸 얘기일 가능성이 높지만, 한 파티에서 극작가 조지 버나드 쇼를 만난 예쁜 여배우가 제안을 했다. 둘이 아이를 낳으면 자신의 미모와 쇼의 좋은 머리의 합작품이 나올 테니 얼마나 좋겠느냐고. 쇼가 뭐라 대꾸했을지는 다들 아는 얘기일 텐데, 닉 레인은 왜 대다수 생명체들이 성에 탐닉하는지에 대한 얘기를 그 일화로 시작한다.

만일 그 여배우의 미모와 쇼의 지능이 이상적으로 조합된 2세가 태어났다고 치고 사람이 유성생식과 무성생식을 마음대로 선택할 수 있다면 당연히 무성생식으로 그 우수한 유전자를 계속 그대로 복제해 가면 좋지 않을까? 유성생식을 하면 쇼의 말대로 그의 못생긴 얼굴과 그 여배우의 둔한 지능만 발현된 합작품을 얻게 될지도 모르는데. 유성생식의 단점은 수두룩하다. 매독 등 치명적인 성병이나 에이즈에도 걸릴 수 있고 데이트와 결혼 비용도 만만찮게 지불해야 하며 이혼 부담까지 안게 될지 모른다. 자신만의 욕심을 채우려는 이기적 기생 유전자들이 득실대게 만들어 전체를 망가뜨리고, 급기야 살인이나 전쟁까지 치러야 할지도 모른다. 식물도 꽃을 피우고 꿀샘으로 벌과 새들을 불러들이는 비용을 들여야 하는 등 불안정한 외부 힘에 번식을 의존해야 한다.

자가 번식, 즉 무성생식이라면 절반의 비용에다 마음에 드는 후손을 마음대로 불려갈 수 있을 텐데 왜 거의 모든 생물들이 유성생식을 택할까? 레인은 먼저 지금 지구에 현존하는 무성생식 클론(복제)들은 단세포생물인 담륜충 등 극소수를 빼고는 거의 모두 수천 년 전에 나타났다는 사실을 지적한다. 이는 무성생식이 수천 년 전에야 시작됐다는 뜻이 아니라, 살아 있는 클론의 역사가 그것밖에 안 된다는 얘기다. 무성생식은 태곳적부터 이어져 왔으나 무성생식을 택한 종의 후손들은 오래 살아남은 경우가 거의 없고 대부분 절멸해버렸기 때문이다.

그 이유는 유성생식의 장점을 보면 알 수 있다. 암수로 분화해 짝을 짓는 유성생식은 여러 다른 계통들과의 교배를 통한 '잡종 강세'의 이점을 누린다. 혈우병 등 근친교배의 덫에서 벗어날 수 있다. 감수분열을 통한 다양한 유전자 조합은 거의 일상적인 돌연변이의 위험으로부터 종을 지켜준다. 무성생식으로 번식하는 집단에선 예컨대 유익한 돌연변이 두 가지가 나타났을 때 이를 종 내에 널리 퍼뜨리기가 몹시 어렵다. 거꾸로 악성 돌연변이가 등장했을 때 '인종 청소'라도 하지 않는 한 제거하기도 어렵다. 유성생식은 그 반대다. 이럴 경우 무성생식은 멸종으로 인도하는 악마의 톱니바퀴가 되고, 유성생식은 고장 난 곳을 수리하고 좋은 점을 살리는 착한 정비사가 된다. 기생충 감염에 대해서도 마찬가지다. 결국 성만이 돌연변이 등에 따른 파멸을 막고 복잡하고 고등한 생명체가 존재할 수 있게 해준다.

그리고 암수의 유혹과 환희와 탄식이 없는 세상은 얼마나 삭막할까.

봉준호의 영화와 'ABR'

봉준호 감독의 〈마더〉. 여러 방향에서 요모조모 뜯어볼 수 있는 재미난 영화다. 줄거리 위주의 특별한 메시지를 기대하고 보면 실망할 수도 있다. 스토리 자체는 별 특별할 것도 없기 때문이다. 설마 설마 하는 관객들의 예감이나 기대를 끝내 배신하는, 어쩌면 의외랄 수도 있는 스토리 전개로 볼 수도 있겠으나, 또 의외란 없다는 식으로 의표를 찔러버리는 것으로도 볼 수 있을 것도 같고, 뭐 그런 데서 묘미를 맛볼 수도 있겠다.

하지만 봉준호 영화는 스토리보다는 배경, 즉 시대적 배경, 사건과 스토리를 발생시키는 사회적 배경 쪽에 초점을 맞춰 보는 게 더 재미날지도 모른다.

〈괴물〉에서 주한 미군이라는, 우리에겐 당연한 것 같고 일상화된 존재로 자리 잡았지만, 다수의 지구촌 사람들에겐 아주 특수한 존재로 비칠 그 외국군 부대의 비리, 주둔국을 쥐락펴락 할 수 있는 절대적 강자, 일종의 종주국 군대 상관이 자신의 명령 체계 안에 배속된 호스트 국가(일종의 피식민 국가)의 말단 병사의 이의 제기에도 불구하고 1000만 이상의 시민들이 식수로 사용하는 한강물에 폐기 처분할 독극물을 불법 방류하도록 명령한다. 사건의 발단이다. 그리고 무기력한 치안 체계, 무기력한 행정, 무능한 정부, 사태 진상 조사와 그 대응조차 스스로 책임지지 못하고 사건을 발생시킨 외국군에 맡겨야 하는 한심한 나라, 우왕좌왕하면서 폼만 잡지 실효성 있는 대책 하나 내놓지 못하는 공권력, 현장 시민들이야 죽어나든 말든 일단 하달된 지시 사항만 이행해서 자신의 밥그릇이나 지키겠다는 무능한 공권력. 결국 괴물을 누가 퇴치하나?

〈마더〉의 주인공 격인 김혜자가 분한 엄마. 아들(원빈. 극중 도진)이 다섯 살 때 함께 극약을 먹고 동반 자살을 꾀했다가 실패했고, 아마도 아들은 그 때문에 두뇌에 치명상을 입은 듯하다. 아들의 기억이 단속적으로 끊기고 현실 상황 판단이 제대로 되지 않는, 말하자면 '좀이 아니라 상당히 모자라는' 아이가 된 게 모자의 동반 자살 시도 때문인 듯한데, 속된 말로 '애비 없이' 버려진 아들과 엄마가 겪었을 죽기보다 못했을 인생. 그런 인생이 우리 주변에 의외로 많다.

영화 초반에 등장하는 뺑소니 차량. 동네 길에서 과속으로 달리다 사람과 함께 있던 개(사람인가? 어쨌거나)를 치고도 그대로 달아난 양심 불량 차량의 주인공들은 대학교수들과 일행이다. 지방 도시 근교 잘 다듬은 골프장에 고급 외제 차[■]를 몰고 가던 그들은 아마 그 지역사회에서 갖은 폼을 잡고 으스대며 행세깨나 했을, 말하자면 점잖은 신분. 그들은 경찰에 불려가서도 자신들의 체면, 위신부터 생각했지 사건 자체엔 관심이 없다. 그들의 뒤쫓아간 아들의 친구가 그 외제 차 백

[■] 지금은 '지구촌 시대'를 흥얼거리며 외제 고급 제품을 구매하는 데 돈을 펑펑 쏟아붓고도 양심이 찜찜해지지 않는 사람들은 자신들을 그렇게 돈 써대며 살 수 있도록 지탱해주고 있는 자기 주변 공동체가 어떻게 유지되고 있는지 상상이 되지 않는 모양이다. 제 돈 제멋대로 쓰는데 뭐가 문제냐는 사람들. 그렇게 해서 자기 주변 공동체가 무너지면 자신도 버틸 수 없을 텐데. 하기야 그 때는 자기 혼자 돈 싸들고 외국으로 날아버리면 그만이라 생각할지도 모르겠다만, 교수쯤 되는 자들이 그런다면 슬픈 일이다.

미러를 발로 차서 깨부수고, 경찰이 그들 사이 합의를 중재할 때 최대 현안으로 등장한 150만 원 정도 하는 그 차 백미러 부품 하나. 아마 감독은 그 비싼 외제 차를 타고 다니는 겉멋만 번드르르한 형편없는 속물 교수 나부랭이들의 존재를 관객의 뇌리에 박아넣기 위해 그렇게 하지 않았을까.

그다음, 〈살인의 추억〉에서 보던 지방 경찰의 한물간 고문 협박 장면. 이른바 미드(종주국에서 만든 드라마)의 범죄 수사물을 보고 자란 신세대 경찰들에게도 추월당한 구식 경찰관들. 쌈빡한 과학 수사와는 애초부터 인연이 없는 그들의 한심한 작태. 그래도 어정쩡하지만 인정이라는 미덕은 좀 남아 있다. 어쨌든 그들의 무능이 결국 엄마의 또 다른 살인을 부른다. 사건 진행에 중요한 매개물 역할을 하는 엄마의 불법 한방 치료 행위(무허가 침 시술)도 주목할 만하다.

그리고 파멸적인 교육 현실. 마약 먹고 반쯤 정신이 나간 고교생들, 칼 들고 여고생 협박하는 녀석들, 치매에 걸린 할머니 모시고 보호자로 생계를 꾸려가야 하는 여고생. 먹고살기 위해 몸까지 팔아야 하는 이 여고생, 그리고 놈팡이 아들 친구와 성적 방종에 빠지는 또 다른 여고생인 맥주집 안주인의 딸.

그리고 최대 백미인 변호사와 그 일당들. 아마도 성적인 무기까지 동원했을 엄마의 애소로 싸구려 값에 변호를 맡은 그는 처음부터 사건의 진상에는 관심이 없다. 결국 그 지역에서 함께 상류층을 이루며 주거니 받거니 도랑 치고 가재 잡고 식으로 유착해서 특권을 누렸을 그 변호사와 정신병원 원장, 그리고 사법 동기인 지방 판사. 그들은 대낮부터 옆 자리에 아가씨들 한 명씩 불러 앉혀놓고 살롱에서 술판을 벌이면서 엄마까지 불러 '4년 정신병원 수감'으로 낙착을 보자며 '대박'을 외친다. 그 장면이 아주 리얼하고도 그로테스크하거니와, 그들 지역

유지들끼리 짜면 안 될 일이 없겠지. 이런 걸 고상하게 '비즈니스'라고들 하나. 엄마가 그 자리에서 '오케이'를 했다면 그것으로 사건은 깨끗이 마무리되고, 변호사는 수임료 챙기고, 정신병원장도 한 건 잡고, 판사도……. 다 서로 좋은 게 좋다고 그렇게 돼야 하는 건데, 아들의 무죄를 철석같이 믿은 엄마가 막판에 '노' 하는 바람에 산통 다 깨졌다.

혹시 봉준호는 이런 게 바로 대한민국이다, 하고 얘기하고픈 게 아닐까? 얼핏 그럴듯해 뵈는 이 사회의 실상은 이런 것이고, 사건은 속물근성과 야비함, 남의 처지에 대한 무관심, 그런 아사리판, 복마전 속에서 끊임없이 발생하고 죄 없는 약자들은 속수무책으로 계속 당하고, 그런데도 공권력은 무능하고, 동창으로 묶이고 학벌로 묶이고 골프 등 사교 클럽으로 묶이고 겹사돈 혼맥으로 똘똘 뭉친 기득권 지배층은 그런 모순을 즐기고 돈 벌면서 자신들만의 특권적 행복을 쌓아가고, 사건은 어느 것 하나 깨끗하게 진상이 밝혀지거나 깨끗하게 마무리되지 못하고, 이건지 저건지 알듯 모를 듯 몽롱하게 끝난다.(〈마더〉에선 그래도 사건 전모가 드러난다.) 그래도 그뿐, 그로 인한 피해는 이른바 서민들이란 약자들이 몽땅 감수하는 것이고 그들 특권층과는 무관한 일.

첫 장면과 마지막 장면에서 엄마가 추는 춤은 진혼무 같은 게 아닐까. 누구 하나 돌봐주지 않는 약자끼리 치고받고 이리 부딪치고 저리 부딪치다가 죽어 나자빠지는 덧없는 인생들에 대한 위무 같은 것.

봉 감독이 그런 걸 의도했든 아니든 상관없이 〈마더〉를 그런 방향에서 읽어볼 수도 있지 않을까 싶다.

〈어 퓨 굿 맨〉, 날조와 진실

영화 얘기 쓴 김에 좀 덧붙인다. 톰 크루즈와 데미 무어가 나오는 〈어

퓨 굿 맨〉.'a few good men'은 '소수 정예'라는 의미로 미 해병대를 지칭. 못마땅한 부적응 말단 병사를 죽여놓고 같은 사병들끼리의 사감에 따른 계획적 살인으로 날조해 자신들은 쏙 빠져나가려던 잭 니콜슨(제섭 장군)과 키퍼 서덜랜드(기소당한 사병들의 직속 상관 켄드릭), 그들이 분한 미 해병대 고급장교들. 역시 연기는 일품이다. 특히 잭 니콜슨이 광기에 찬 얼굴로 떠벌이는 얘기들은 섬뜩하다. 그는 재판정 증인으로 불려나와 군대와 장병들, 나아가 미국 사회를 적의 도발로부터 지켜내는 게 바로 자신이며, 투철한 해병대 정신으로 미국민들의 일상적 삶의 안전을 보장해주는 희생적인 그와 그의 충직한 부하 장교들의 업무를 난처하게 만드는 존재는 제거돼야 하며, 그런 허섭스레기를 제거한 걸 갖고 인권이니 법률이니 떠드는 놈들 역시 허섭스레기라는 투의 사자후를 토하는데, 감동적이기까지 하다. 한마디로, 누구 덕에 살아가는데 뭣도 모르는 애송이가 감히 진실이니 인권이니 턱도 없는 얘길 싸지르고 있나, 나 건들지 마, 라는 건데, 하지만 바로 그 광기가 힘없는 사병을 죽음으로 몰아갔고, 죄 없는 진짜 군인들, 군인의 진짜 본분에 충실하려 했던 군인들까지 살인자로 몰았으며, 그나마 양심이 남아 있던 장교를 자살로 몰아갔다. 잭 니콜슨이 분한 관타나모 해병대 기지 최고 상급자 제섭 장군은 결국 자신의 그 확신에 가득 찬 광기 때문에 은폐됐던 사건의 핵심 고리를 스스로 폭로하고 결국 그 자신도 몰락한다.

관타나모 기지라는 게 얼마나 웃기는 곳인가? 부시 정권 때 테러리스트로 의심만 사면(그것도 미국이 일방적으로 정하지만) 아무런 가족 통지도 자기방어 장치도 없이 끌려가 개 취급당한 수용소가 있는 곳 아닌가. 게다가 지도를 펴 보면 알겠지만 그 땅은 미국 본토가 아니라 미국이 온갖 제재 수단을 동원해 왕따 놓고 있는 쿠바라는 남의 나라 한쪽 귀퉁이에 있는 일종의 점령 지역이다.

살인자로 몰린 사병들의 애송이 변호인으로 등장하는 톰 크루즈(해군 중위 군법무관)는 그런 군대의 생리를 잘 알기 때문에 한때 그들과 적당히 타협[*]하는 게 상책이라 생각했으나, 결국 천재적 재능으로 사건을 감동적으로 해결한다. 역시 할리우드 영화다. 무죄가 선고됐음에도 원대 복귀가 아니라 불명예제대 판결이 내려지자, 두 피고인 중 한 명이 항의하지만 다른 한 명이 불명예제대를 감수하는 게 옳다며 한 얘기가 인상에 남는다. "그럼에도 우리는 약자를 보호했어야 했어." 왕따당하던 동료를 지켜주지 못하고 상부의 명령대로 체벌을 가하다가 뜻하지 않게 죽음으로 몰아간 도덕적 책임을 인정하자는 것, 말하자면 군대 내 상부의 명령도 합당하지 않을 때는 거역했어야 한다는 얘긴데, 이게 현실적으로 가능한 이야기일지 몹시 회의적이지만, 할리우드 영화답게 그럴 가능성을 열어놓음으로써 두 가지 효과를 노렸다고 할 수 있다. 하나는 할리우드 영화답지 않게 어쩌면 매우 본질적인 문제 제기를 한 데에 따른 영화 품질 제고 효과, 또 하나는 그럼에도 결국 그런 문제 제기를 할 수 있는 건 '아메리카 군대이기에 가능하다. 미군 만세!' 정도로 얼버무림으로써 문제의 본질 비켜 가기.

〈마더〉에서 주류 기득권층인 변호사가 제의한 누이 좋고 매부 좋은 타협책, 그리고 〈어 퓨 굿 맨〉에서 미군 검찰 쪽이 제의한 (말단 졸병 둘은 억울하겠지만) 역시 누이 좋고 매부 좋은 타협책 모두 수용되지 않았다. 영화의 극적 효과를 위해서는 당연히 그래야 했지만, 여기서는 그 얘기보다 다른 데 더 관심이 간다. 〈마더〉의 변호사와 〈어 퓨

---

[*] 여기서 타협이란 살인 혐의로 기소된 두 사병의 살인죄를 인정하고 6개월 수감 뒤 불명예제대를 시키는 것으로, 특히 톰 크루즈는 믿었던 증언자인 양심적인 중간 장교가 증언대에 서는 불명예보다 자살을 택했을 때 현실과의 타협의 유혹에 끌린다. 그러나 애초 합의의 명수로 이름나 있던 그를 사건 담당 군법무관으로 파견한 것부터 적당히 끝내려는 고위층의 계산에 따른 것이다.

굿 맨)의 잭 니콜슨이 군인과 민간 변호사라는 신분 차이 때문에 풍기는 분위기는 사뭇 다르지만, 군림하는 주류 기득권층의 전형이라는 점에서는 동일하다는 점. 그들은 그런 점에선 사실상 꼭 같다. 그들에게 중요한 것은 결코 정의나 진실이 아니다. 그들이 사수하려는 것은 효율과 실용, 자신들이 군림하며 떵떵거리고 누리는 기성 질서 수호, 즉 현상 유지다.

'ABR'과 'ABK'

현충일 추념식에서 "친북은 진보고, 나라 수호는 보수 골통인가. 기가 차다"라고 했다는 김태호 경남도 지사.

과거 행적으로 보아 초지일관 확신과 자신의 길에 대한 신념도 없어 보이는 사람이 정권 바뀌고 갑자기 키퍼 서덜랜드나 잭 니콜슨이 연기한 꼴통 미 해병대 장교들 흉내를 내면 이상하지. 김태호 지사 머리에는 진보(한때 자신도 거기에 속한 양 연기를 잘도 하더니)는 곧 친북이고, 진보와 나라 수호는 아무 상관이 없거나 오히려 나라를 팔아먹는 집단이 곧 진보라는 식으로 입력돼 있는 모양이다. 진보야말로 나라 수호의 주역이라는 걸 그는 생각도 못하겠지. 역사적으로 보더라도 보수 골통이 나라 팔아먹은 적은 많아도 그들 홀로 목숨 걸고 나라 지킨 적은 거의 없지 않나. 나라가 위태로우면 총칼 들고 목숨 바치며 싸운 이들은 대개 힘없는 민중이었지 호의호식하고 떵떵거리던 양반 귀족이 아니다. 그렇기는커녕 그들은 세가 불리하게 돌아간다 싶으면 재빨리 어디로 도망치거나, 무력을 앞세우고 쳐들어온 힘센 놈들에게 빌붙어 자기 재산과 가문을 지키고, 도장 찍고 벼슬 받아먹으며 제 살길만 찾지 않았나. 나라 팔아먹은 이완용이와 송병준이 진보였나? 정말

기가 차다.

애초 진보다 보수다 갈라서 최소 50퍼센트는 미리 자기들 몫으로 먹고 들어가겠다는 계산부터 잘못된 것이다.

잃어버린 좌파 정권 10년의 대북 정책은 핵폭탄으로 돌아왔다고 운운했다는 얘기도 들리는데, 북한의 핵폭탄 개발 최대 공헌자는 조지 부시 정권 아닌가. 클린턴 정권 말년에 국무장관 매들린 올브라이트가 평양에 가고 조명록 북한 차수가 워싱턴 가서 핵과 미사일 문제를 다 합의하고 북·미 수교가 코앞에 다가왔는데, 만일 그때 앨 고어 민주당 후보가 대통령에 당선됐다면 북·미 관계가 그대로 정상화되고 핵이고 미사일이고 문제의 근원이 제거돼버렸을 텐데, 부시가 등장해 'ABC^{Anything But Clinton, 클린턴이 해놓은 건 뭐든 반대!}'라며, 다 된 밥에 재를 뿌려 북·미 관계를 원점으로 되돌려버리지 않았나. 그리고 9·11사태가 터지자 테러와의 전쟁을 선포하고 북한을 갑자기 악의 축으로 매도하더니 이라크와 아프가니스탄을 일방 침공했다. 그때 프랑스 독일 러시아 중국, 그리고 유엔까지 다 반대했음에도 부득부득 아프간 치고 이라크 치다가 미국을 엉망진창 만들고 경제까지 망치더니, 생각지도 못한 흑인 대통령 오바마의 민주당에 정권까지 넘겨주지 않았나. 그 때문에 북한이 그냥 있다가는 이라크나 아프간 짝 나게 생겼으니까 부랴부랴 핵개발 서두르지 않았나. 이라크는 유엔이고 국제원자력기구^{IAEA}고 모두 미국이 침공 구실로 삼은 대량살상무기를 갖고 있지 않다고 했음에도 사실을 거짓 날조해서 무조건 침공하더니, 죄 없는 수십만 이라크 민간인을 죽이고 끝내 스스로 그 수렁에 빠져들지 않았나. 그 짓을 하려고 없는 사실도 날조하고선 들통 나니까 나중에야 진상을 실토하지 않았나. 또 그렇게 실토하고는 이라크를 친 건 중동의 민주주의와 자유 확장을 위해 불가피했다고 둘러대지 않았나. 그래서 돈

없고 '빽' 없는 북한이 핵이라도 갖지 않으면 이라크나 아프간처럼 고스란히 당하게 생겼으니까 백성들 굶어 죽어가는데도 핵개발에 미친 듯이 무리하게 뛰어들게 만든 혐의가 분명 있지 않나. 도대체 누가 북한 핵개발을 도왔나?

지금 이명박 정권이 바로 그 망해버린 부시 정권의 대북 정책을 그대로 흉내 내고 있는데, 김태호란 사람, 정말 기가 찰 얘기만 하고 있군.

노무현 전 대통령 사고가 왜 일어났나? 결국 'ABR' 때문 아닌가? 'Anything But Roh Mu-Hyun(노무현이 해놓은 건 무조건 모조리 반대!).' 망해버린 미국 공화당 우파와 네오콘 정책을 흉내 내면서 전 정권이 해놓은 건 모조리 부정하고 없애버리고 깨부수고 그쪽 사람들 모조리 다 쫓아내고, 그러자니 억지로라도 먼지 털어 꼬투리 잡아야겠고…….

대북 정책이 엉망이 된 것도 따지고 보면 그 때문이 아닌가. 'ABK Anything But Kim Dae-Joong' 'ABR'. 이게 나라 망칠 망조가 아니고 뭔가. 오바마는 부시 공화당 사부이자 원조 공화당 우파 레이건 동상도 세워주고 그의 부인 낸시도 백악관에 불러 깍듯이 예우해주더구먼. 그뿐 아니라 장관도 여럿 공화당 사람 기용하지 않았나. 미국이 망해 보여도 최소한 기본기는 있다는 얘기다. 여기처럼 막가진 않는다는 얘기다.

'잃어버린 10년'이라는 게 뭔가? 실은 조선부터 대한제국, 일제 36년 거쳐 일제 패망 뒤, 그리고 그 뒤에도 수십 년 여기 붙고 저기 붙어 잘 먹고 잘 살았던 자들이 민주화 때문에 한때 권세 잃고 이를 갈며 권토중래, 다시 떵떵거리며 살던 옛 세상 되찾자고 절치부심할 때 써먹은 구호가 아닌가. 1980년대 한때 미국 다음의 패권국으로 세계의 리더가 되리라던 '거품' 시기의 일본이 1990년대 거품 붕괴와 함께 그 환상이 깨지고 장기 불황에 빠진 걸 일본 우파들이 일러 '잃어버린 10년'이라 했는데 그걸 직수입해서, 엉뚱하게 자신들이 흥청망청하다 IMF다 뭐다 다 불러들여 나라 망쳐놓은 세력이 IMF 뒷수습하며 10년을 보낸 민주화 정권들을 싸잡아 '잃어버린 10년' 운운하며 매도하는 건 적반하장 아닌가.

익명의 청와대 실세라는 자가 시국선언한 서울대 교수들이 124명밖에 안된다며 서울대 교수가 모두 1700명이나 된다고 했단다. 누구 말마따나 그러면 조선 사람이 3000만이요 3·1운동 때 독립선언서에 서명한 사람은 33인밖에 안 된다고 희희낙락한 얼간이 조선총독부 관리가 있었는지. 정말 기가 차다.

〈마더〉의 변호사와 〈어 퓨 굿 맨〉의 제셉 장군. 그리고…… 현대 한국 땅의 누구를 그들과 같은 반열에 올려놓을 수 있을까.

모두
〈아바타〉 제국을 즐기라

〈아바타〉. 보고 나서 극장 문을 나설 때 일본 미야자키 하야오 애니메이션의 종합판인가, 하는 느낌이 들었다. 서구적 감성의 아메리카 인디언 수난사, 구미 제국주의 식민 침탈사, 추악한 자본주의의 이면과 생태주의가 혼합돼 있다는 느낌도 들었고. 미국 공화당 골수 지지자들이 자신들의 네오콘적 미국 대외 정책에 대한 비판적 시선이라고 의심할 만한 정치적 메시지가 가미돼 있는 것 같기도 하다.

〈바람계곡의 나우시카〉를 축으로 〈천공의 성 라퓨타〉 〈원령공주〉 〈센과 치히로의 행방불명〉을 적절히 섞은 듯한 화면과 줄거리. 인간 공격군들이 몰고 가는 비행기들은 나우시카에 나오는 모형들과 흡사했다. 저항군의 비행 역시 그 영화에서 나우시카가 애용하는 이색적인 글라이더를 한 단계 더 밀고 나간 듯한 모양새다. 하늘에 떠 있는 산들은 분명 천공의 라퓨타에서 본 형상에 신비롭고 동양적인 산수의 이미지를 합성한 것.

개발과 자연보호의 이항 대립적 설정, 자본주의 문명의 악마적 폐해에 대한 비판적 시각은 하야오 애니메이션 전편에 흐르는 공통분모 아닌가. 치명상을 입은 자들에 대한 치유 장면이나 정신의 전도(전송? 이입?) 장면에 등장하는 가느다란 신경섬유들의 확장은 개체들의 심령 또는 염력 접합을 통해 치명상을 입은 나우시카를 집단 치유했던 쥐며느리 벌레를 닮은 거대 괴생물체들의 행태에서 따온 것이 분명하다. 화려하고 이색적인 정글 모습은 〈원령공주〉에서 아이디어를 많이 빌려 오지 않았을까. 〈원령공주〉에 등장하는 사슴 모양을 한 생명의 신은 〈아바타〉에서는 '에이와'인가 하는 빛나는 영목, 즉 신성한 나무를 통해 지상 만물의 영혼을 아우르고 모든 동식물을 침략군에 대한 저항에 나서도록 만드는 보이지 않는 거대 존재를 연상케 한다.

〈아바타〉 전체의 자연 배경들은 분명 비서구적·동양적 이미지다. 중국 화산이나 장가계, 구이린, 아니면 베트남의 하롱베이, 금강산이나 설악산 같은 기암절벽들 이미지를 차용했을 법하다. 정글과 아바타 CG 이미지 창출에 한국인 등 동양계 기술자들이 많이 참여한 것도 영향을 끼치지 않았을까.

그럼에도 결국 억압과 파괴로부터의 해방, 얽힌 갈등의 카타르시스를 침략군 내부의 예외적 이탈자, 비판자가 주도한다는 설정은 역시 정통 할리우드적 공식을 벗어나지 않는다. 왜 구세의 영웅이 변심한 침략자 무리에서 나와야 하는지. 나쁘게 말하면 병 주고 약 주는 식일 수 있다. 죄 많은 서구 문명이지만 희망은 그래도 결국 거기, 한발 앞선 지배 그룹 속에서 나올 수밖에 없다?

그래도 미국 공화당 우파들의 침략주의적 국토안전부(조지 부시 집권 때 신설한 중앙정부 부처) 탄생 논리를 적극 지지하는 듯한 단순 무식형 〈아이언맨〉이나, 자신들의 침략으로 고통당하는 약자들의 처지를 끝내 외면하고 우월한 자로서의 자신들의 내면 갈등과 고민만 털어놓는, 할리우드 반전 평화의 한계를 보여준 〈디어 헌터〉나 〈지옥의 묵시록〉보다는 지나치게 단순명쾌하긴 하지만 차라리 더 낫다는 생각도 든다. 잘은 모르겠지만 오페라 〈나비부인〉이나 뮤지컬 〈사이공〉 부류의 병적인 오리엔탈리즘보다도 훨씬 더 낫지 않을지. 개발 이익에 눈먼 추악한 자본주의의 냉혹한 기업 논리의 어리석음에 야유를 보내는 부분은 〈에일리언〉의 그것을 떠올리게도 한다.

구세의 영웅을 상정해야 하는 스토리는 할리우드식 영화가 벗어나기 어려운 원초적 한계일 터. 세계를 겨냥했겠지만 미국 내와 서구 관객들을 우선 고려해야 하는 처지에선 침략자 그룹의 내부 이탈자 내지 비판자 그룹에서 영웅이 탄생하는 쪽으로 그릴 수밖에 없을 것이다. 거대 자본을 투입했으니 파산하지 않으려면 자본을 회수할 최소한의 안전장치를 염두에 둘밖에. 아니면 오랜 세월 지배자, 우월자로 군림해온 자들의 도저히 벗어날 수 없는 상상력의 한계일 수도 있겠고. 그래서인지 일방적으로 당하는 피침자들의 피맺힌 고통과 절규조차 현실의 그것이 아닌, 마치 연극 무대에서의 퍼포먼스를 보는 듯한 느낌이다.

남자 주인공이 결국 자신이 속했던 문명을 버리고 아바타의 세계로 완전히 넘어가 신비로운 힘의 도움으로 재생하는 마지막 장면은 서구 문명에 대한 비판인가 아니면 결국 서구 기독교적 부활과 구원 신화에 빗댄 상투적 판타지인가.

어쨌든 오랜만에 온 가족이 함께 볼 만한 장쾌하고 재미난 영화. 돈을 물 쓰듯 했겠지만, 재미나고 또 이런저런 이야깃거리, 논쟁거리를 남기는 영화라면 나름 잘 만든 영화 아닌가.

감정 과잉의
신파 시대는 갔다

루이 말 감독의 〈굿바이 칠드런〉을 보고 눈물짓다.

독일군이 점령한 당시 프랑스 사회의 약자 유대인들의 애절함과 비참을 보고 어쩔 수 없이 일본군 점령하의 조선 사람들을 떠올렸다. 줄리앙과 장 보네보다는 흔한 우리 주변의 개똥이와 철수에게 감정이 입하기가 훨씬 더 쉽다. 강자의 비인간과 미치광이 짓은 나치와 일제가 별로 다르지 않았을 것이다. 점령군에 빌붙어 약자를 핍박하던 인간 이하들이 전쟁 뒤에도 고스란히 살아남아 악독했던 과거에서의 해방을 구가하며 자축하는 새 나라의 실질적 지배자로 다시 군림하는 세상은 가위눌린 악몽이다. 우리는 그 악몽에서 아직도 깨어나지 못했다. 이제 그 자식들까지 더러운 선대의 죄악을 선행으로 포장하고 거기에 이의를 제기하는 사람들을 좌파니 빨갱이니 매도하며 탄압하고 있다.

〈굿바이 칠드런〉을 만든 루이 말의 프랑스는 적어도 그렇게까지 막가지는 않았다. 점령군에 빌붙어 몸을 팔고 호사를 누린 창부들은 머리를 밀고 다중 앞에 세워 죗값을 치르게 했고, 약자를 괴롭히고 프랑스의 자존심을 구긴 악질들은 처형했다. 그럼에도 그들은 끊임없이 치욕스런 과거를 거듭 되돌아보고, 악을 되풀이하지 않으려고 과거를 모르는 아이들에게 과거를 간접 체험하게 하면서 잊지 말라고 경고한다. 그들에게 과거는 결코 잊어서는 안 될 치욕이지만, 우리의 지배 그룹에게 과거는 자신들의 현재를 정당화하기 위해 어서 잊어버리거나 영광의 세월로 분칠해서 오독하고 왜곡해야 할, 자식들에게 끊임없이 거짓말을 늘어놓아야 할 대상이다. 어느덧 그 세월이 또 다른 100년을 향해 가고 있다.

〈굿바이 칠드런〉을 만든 루이 말은 과장과 신파조의 감정 과잉을 극도로 억제하면서 가능한 한 드라이하게 끌고 간다. 어떻게 보면 무미건조할 정도로. 그게 오히려 관객의 감정선을 자극하는 데 효과가 있다. 영화 스스로 감동하고 괴로워해버리면 관객은 할 일이 없어지고 때론 민망해진다.

한국의 방송과 신문들은 감정 과잉을 주체할 수 없을 지경으로 쏟아붓고 있다. 한 예로 김길태 사건, 부산의 가엾은 어린 여자아이 살해 사건을 보도하는 한국 언론들은 잔인하고 끔찍하다. 감정을 마구 쏟아놓고 있지만 감정이라곤 없는 로봇들 같다. 통계 수치들을 보면 아마 그런 유사 사건들은 1년 내내 전국 어디서든 끊임없이 벌어지고 있을 것이다. 그게 황폐해진 우리 사회의 현실일 것이다. 물론 그 비참한 사건이 그래서 특별하지 않다는 얘기는 아니다. 모든 사건은 특별하며 특정인들이 입은 모든 상처는 영원히 아물 수 없고 비참은 어떤 것으로도 위로받을 수 없다. 단지 아무 인연도 없는 자의 순간적인 욕정의 희생물이 돼 몸부림치다 죽은 어린 아이는 말할 것도 없고, 이 세상을 떠날 때까지 그 아이에 대한 평소의 예쁜 기억과 처참했을 최후의 몸부림을 자나 깨나 끊임없이 떠올리며 가슴을 쳐야 할 아이의 어버이와 형제들과 친구들의 처지를 상상하면 숨이 막힌다. 살아남은 자의 고통이 죽은 아이와 다를 바 없을 것이다. 피의자 김길태를 응원한다는 철

없는 인터넷 난봉꾼들은 그 고통의 주인공이 바로 자신의 동생이나 누나, 어머니, 친구가 될 수 있다는 것, 그리고 바로 자신이 될 수 있다는 것을 상상하지 못하나 보다. 한번 조용히 떠올려보라. 죽은 아이의 아버지와 어머니와 형제들이 종생토록 간직해야 할 그 아이의 순진무구에 대한 기억과 최후의 몸부림, 차라리 자살해서 잊어버리고 싶을 그 치욕과 지옥을.

사이코패스 김길태에겐 불가능할지 모르겠지만, 그가 수사관에게 울음을 터뜨렸다고 하니 영 불가능해 보이진 않는다만, 사형이 아니라 살려서 타인에게 고통을 강요하고 생명까지 빼앗는 일이 얼마나 끔찍한 일이고 용서받을 수 없는 일인지 평생토록 끝없이 되새김질하는 악몽을 체험하게 해야 한다. 그 역시 가엾지만 뜬금없이 당한 피해자들의 공황과 허무 앞에서 그 불행한 영혼의 구제까지 염두에 두라는 얘기를 지금 당장 하고 싶은 마음은 없다. 사람에겐 스스로 공황과 허무를 선택할 권리는 있지만 누구도 타인에게 그것을 강요할 권리는 없다. 어떤 이유에서든. 세상이 살기 싫고 죽고 싶고 다 때려 부수고 싶으면 그렇게 하라. 그것은 자유다. 다만 다른 누구에게도 피해를 주거나 귀찮게 하진 말고.

한국 언론들 얘기로 돌아가자. 그런 만행을 시시콜콜 보도해대는 한국 언론들의 또 다른 만행은 이미 악명 높다. 보도가 철저히 통제당하는 중국은 말할 것도 없고 이웃 일본도 끔찍한 범죄 현장은 물론이거니와 그 범죄 피해자들이 공황과 고통 때문에 순간적으로 자기통제력을 잃어버려 흐트러진 모습, 울부짖는 처참한 광경, 당사자들이 결코 원하지 않을 그런 모습을 절대 화면으로 내보내지 않는다. 순간적으로 자신을 망실해버린 피해자들의 몸부림치는 모습을 그대로 화면에 노출하는 것은 심각한 인권침해가 될 수 있다. 피해자들은 결코 그런 모습을 다중에게 보여주고 싶지 않았을 것이다. 그런데도 방송 카메라는 아무 허가도 없이, 단지 시청률을 올릴 자극제로 마구 그런 비극을 노출시켜 그들을 이중의 피해자로 만든다. 그리고 왜 범죄 수법이나 범죄행위의 순간들을 그토록 시시콜콜 보고하듯 묘사해야 하나. 도대체 누구를 위해? 피해자 가족이나 친치, 친구, 이웃들의 고통과 슬픔을 끊임없이 강제할 그런 기록들을 왜 마구잡이로 다중에게 유포하나? 누구한테서 허락을 받았나?

위성방송이 밤늦게 죽 보여주는 동아시아 각국의 뉴스들을 보면, 그런 날것의 가장 험악한 범죄 현장과 몸부림치며 흐느끼는 피해자와 가족들의 풀어헤쳐진 몸짓들을 뉴스 화면에 그대로 쏟아놓는 나라 중 으뜸은 단연 한국이고, 그다음은 역시 미국 영향이 강한 필리핀 정도다. 나머지는 그런 감정 과잉의 날것들을 그대로 내보내는 나라가 없다. 태국, 말레이시아, 인도네시아, 대만, 중국, 일본, 싱가포르, 베트남, 캄보디아, 그 어느 나라도. 물론 중국 등 보도 통제가 강한 나라들의 지나치게 절제된 또는 좋지 않은 치부를 은폐해버리는 나라들의 보도 통제가 딱히 옳기만 하다는 얘기는 아니다. 언론 보도 자유라는 면에서 본다면 그런 나라야말로 정말 문제가 많을 수 있다. 하지만 미국조차도, 그리고 유럽 여러 나라들과 언론 자유가 결코 한국보다 못하지 않은 나라들도 한국처럼 범죄 현장이나 울부짖는 피해자들 모습을 날것 그대로 화면에 내보내는 나라들은 단언컨대 거의 없다. 대형 교통사고 현장이나 대형 해난 사고도 그렇게 보도하지 않으며, 몸부림치는 유족들의 모습도 절대 보도하지 않는다. 고통 때문에 일그러지고 통제의 줄을 놓아버린 그들의 모습을 생으로 방송하진 않는다. 만일 마구잡이 보도가 진실 규명과 가감 없는 사실 전달을 위해선 불가피한, 어쩔 수 없는 반대급부라고 생각한다면 오산이고 주장한다면 궤변이다.

그게 과연 국민의 알 권리를 위해, 진실 규명과 사실 전달을 위해 그런 것인지, 특종, 아니 낙종落種 공포나 시청률 지상주의라는 악습의 결과인지, 아니면 아무 생각 없는 관행의 귀결인지, 또 아니면 누군가 부추기는 각본에 놀아난 것인지 심각하게 고민해봐야 한다. 이럴 때 어울리는 단어는 아니겠지만, 우리는 깐깐하고 집요하되 '품격 있는' 보도를 원한다.

5·16쿠데타 뒤 '나는 깡패입니다'라고 쓴 띠를 두르고 거리 행진을 시키며 사회 정화 및 부조리 척결 쇼를 벌인 3공이나 삼청교육대라는 3류 극을 연출한 5공의 작태를 기억하는 사람들은 도시 게릴라와의 전쟁을 방불케 한 용산 철거민 '소탕' 작전이나 김길태 사태류를 심상하게 보지 않을 것이다.

김길태 사건이 터지자 텔레비전과 신문들은 그의 범죄 행각을 샅샅이 뒤지고, 결코 노출시켜서는 안 될 그의 양부모의 프라이버시까지 무책임하게 까발리느라 여념이 없었다. 신문과 텔레비전은 온갖 시시콜콜로 도배질했다. 범죄 통계를 보면 대한민국에서 그런 끔찍한 범죄들은 연중 때와 장소를 가리지 않고 일어나고 있다. 김길태조차 그 아이에게 못된 짓을 하기 전에 여러 차례 여자들을 욕보이지 않았나. 다행히 죽이지만 않았을 뿐 김길태 유사 사건들은 지금도 어딘가에서 일어나고 있다. 모두가 이웃의 고통에 무심하고 나아가 자신의 이익을 위해 타인을 생존경쟁 대상으로 인식하며 심지어 아무 슬픔도 없이 말살하고 간단히 죽여버리기까지 하는 원자화한, 익명화한, 도시화한, 슬럼화한 좁은 사회에 5000만이라는 인구가 몰려 산다. 나라가 그 비정과 비인간을 오히려 부채질하는 사회에. 그런데 왜 평소에는 관심조차 기울이지 않던 그런 사건들에 때만 되면 그토록 광분할까? 다른 중요한 사회적 이슈들을 잠재워버린 김길태의 만행 현장을 시시콜콜 추적

보도하는 재미에 다중이 푹 빠져들 때 미소 지을 자들은 누구인가? 범죄를 추적하고 수사하지 말라는 얘기가 아니다. 철저히 하되 보도는 합의된 룰에 따라 사회적 파장을 고려하며 절도 있게 하라는 것이다. 그래야 감동도 크다. 감정 과잉의 신파가 사람을 울리던 시대는 지나갔다.

서로를 죽이고, 부자가 천국 가는 게 낙타가 바늘구멍 들어가기보다 더 어렵다고 강론하던, 마지막에 알고 보니 레지스탕스였던 신부와, 다른 프랑스 아이들과 조금도 다를 바 없던 순수하고 고민 많던 유대인 아이 장 보네 등이 게슈타포에 말없이 끌려가는 모습을 속수무책 바라볼 수밖에 없었던 줄리앙과 그의 친구들과 선생들. 그때 잡혀간 그들은 얼마 지나지 않아 모두 아우슈비츠와 그 언저리에서 죽었다. 나치 패망을 눈앞에 두고.

어찌 보면 〈굿바이 칠드런〉 같은 상황은 반세기도 더 전의 유대인들에게만 해당되는 게 아니라 그 전부터 죽 이어지던 프랑스 식민지 알제리, 베트남, 그리고 오늘날의 굶주리는 제3세계, 프랑스도 핵심 멤버로 가담했던 제국주의 침략의 그 수많은 희생자들에게도 해당되는 게 아닌가 하는 생각이 든다. 쇼아Shoah, 홀로코스트는 과거가 아니다. 현재 진행형이다.

루이 말이나 평균적인 프랑스인들 의식과 양심이 거기까지 갈 수 있을까? 이웃 일본에도 〈굿바이 칠드런〉에 눈물 흘릴 착한 양심들이 무수히 많을 것이다. 하지만 제국주의 시대 아집에서 별로 벗어난 적 없어 보이는, 그들만의 내셔널리즘과 애국주의에 충실한 일본의 안하무인 지배 집단을 생각하면 숨이 막힌다. 그들과 호응하는 한국 내 지배 집단 일각을 생각하면 질식할 것 같다.

〈하얀 리본〉으로 떠올린
독일과 일본

미하일 하네케 감독의 〈하얀 리본〉. 2009년 칸영화제 황금종려상을 수상한 상 받을 만한 영화다. 1913년 제1차 세계대전이 터지기 직전의 독일 사회의 단면을 인상적으로 드러내는 압도적인 독일 사회사.

한 지역의 주민 절반 이상을 고용하고 있는 대지주 남작. 남작이 대표하는 후발 산업국 독일 자본주의. 거기에 고용돼 생명을 부지하는 비참한 소작인들. 중세 이래 산업혁명에도 불구하고 별로 변한 것 같지 않은 계급적 간극.(아니, 산업혁명 때문에 더 벌어졌다고 해야 할 것 같다.) 그 엄청나게 벌어진 계급적 틈새에서 벌어지는 비극들. 그럼에도 그 체제를 버텨주면서 정신적 지주 노릇을 하는 기독교와 교회와 목사라는 종교적 기둥, 그 가혹할 정도의 가부장적 결벽주의와 정치적 순응주의.

사건은 그 계급 대립 구도 속에서 비교적 자유로운 신생 계급이라 할 수 있는 지방 의사의 성적 변태와 이웃 산파와의 불륜에서 시작하고 마지막도 그들의 도주로 끝맺지만, 이 영화가 관객들의 정신을 빼앗는 것은 스토리보다는 사건들이 일어나는 배경, 즉 20세기 초 제1차 세계대전 직전 독일 사회의 첨예한 계급적 모순이 아닐지.

어른들이 모르거나 알고도 쉬쉬하며 덮어둔 의사 주변의 비리를 아이들은 눈치채고, 그 끔찍하고 숨 막히는 계급 구조 속에서 누구도 하지 못했던 진실 폭로에 아주 우회적인 방법으로 나선다. 결국 목사도 알고 내레이터로 나오는 교사도 알게 되지만 이들은 끝까지 침묵한다. 사태의 실상을 깨달은 목사가 역시 진상에 접근해가던 교사에게 침묵을 요구하고 압박한다고 해야 맞겠다. 그런 면에서 이 영화엔 결말이 없다. 아니, 결말이 필요 없다.

남작 부부의 갈등과 남작 가문의 동요는, 세르비아 사라예보에서 오스트리아 황태자 페르디난트 부부가 슬라브 러시아가 지원하는 같은 슬라브계 세르비아 민족주의자의 총에 맞아 죽음으로써 촉발된 제1차 세계대전과 함께 몰락할 제국 독일, 바이마르 공화국을 거쳐 히틀러 제3제국의 더 크고 더 끔찍한 비극으로 달려가는 제국 독일의 붕괴를 예고하는 건가. 비극적인 계급 모순은, 결국 실패로 끝나지만, 1919년 독일혁명을 암시하는가.

과거 역사를 반추하는 데는 역시 흑백 화면이 제격이다. 계급 구조의 1차적 희생자인 소작 가문의 비극, 소작인 부인(한 번도 얼굴이 등장하지 않지만 염습 장면에서 보여주는 하체와 파리들이 날아다니는 좁고 더러운 그 장소 처리가 압도적이다)과 비분강개하는 그 집안 큰아들, 가족 전체의 생존을 위해 아들의 비분강개를 공포와 분노로 억눌렀지만 결국 그가 걱정한 대로 남작 가문으로부터 생계 수단을 박탈당한 끝에 목매달고 마는 늙은 소작인.

제국 독일의 실상은 이렇다. 영국에 뒤졌지만 프랑스, 미국 등과 더불어 영국을 무섭게 뒤쫓가 가던 독일 자본주의의 실상이 실은 얼마나 비참한 하층민들의 희생 위에 구축돼 있었는지 이 영화는 사실적으로 보여준다. 몹시 충격적이다. 그들 독일 제국의 제1차 세계대전 참전을 독일 민족주의에 휘둘린 사회주의자들마저 지지했던, 당시 세계의 가장 비참했던 존재들은 독일 내의 하층 계급인 노동자나 소작인들이 아니라 독일과 영국과 프랑스와 이탈리아가 경쟁하며 경영했던 아시아·아프리카·아메리카 식민지 백성들이었다.

1913년이면 일제가 조선을 병탄한 지 3년, 3·1운동이 일어나기 6년 전, 러시아혁명이 일어나기 4년 전이다. 서방 제국주의에 재빨리 편승한 일제와 독일제국의 하층민들은 그나마 자국 부르주아지들의 식민지 수탈에 따른 떡고물이라도 얻어먹었지만, 조선과 기타 피식민지 하층민들은 남녀 구분 없이 굶어죽거나 몸 팔러 나라 안팎으로, 전장터로 내쫓겼다. 그리고 조선은 결국 제국주의 식민자들 간의 더러운 계산과 흥정의 결과 온전한 해방도 누리지 못한 채 어이없이 분단당하고 참혹한 전쟁까지 치러야 했다.

〈하얀 리본〉의 건조하고도 리얼한 장면들은 그런 역사를 떠올리게 한다. 많은 독일인들이 향수와 회한에 젖었겠다. 식민지와 해방과 한국전쟁을 그런 시선으로 그려내는 우리 영화는 나오지 않으려나.

2010년 8월 7일에 '국경 넘어서는 한일 우익들의 공명'이라는 제목으로 실은 기사를 덧붙인다.

:: 국경 넘어서는 한일 우익들의 공명

조선인은 그 풍모로 보나 생활 상태로 보나 도저히 20세기의 인종으로는 볼 수 없을 만큼 원시적이며, 민족으로서 생존의 기한은 끝나고 있는 듯하다. 지금 조선 반도에 드리우고 있는 것은 죽음의 그늘뿐이다.

초대 조선 통감 이토 히로부미의 촉탁으로 조선 전국을 답사한 일본 근대의 또 한 사람의 영웅 니토베 이나조는 그렇게 보고서를 썼다. 그에 앞서 홋카이도와 대만에 대한 식민 수탈을 선도했던 니토베는 "식민은 문명의 전파"라며 침략을 옹호했다.

유럽 백인과 서구 문명 우월론을 앞세운 철저한 인종주의, 직선적인 기독교적 단일 발전 사관으로 무장하고 세계를 무자비하게 유린한 유럽 제국주의 오리엔탈리즘의 복제품인 니토베의 뒤틀린 세계관을 일본 사람들은 오늘날까지 일본 근대 국제주의의 귀감으로 칭송한다. 서구 콤플렉스와 그 변형판인 아시아에 대한 병적인 우월 의식이 몸에 밴 국수주의자 니토베의 『무사도』를 미국 대통령 시어도어 루스벨트는 침이 마르게 찬양했고, 일본의 조선 강탈이 정당하다고 공언했다. 우리 내부의 식민지 근대화론은 서구 식민주의와 그 일본식 복사판에 이중으로 짓눌려 자기 정체성마저 잃어버린 자들의 애처롭고 초라한 자화상을 비추는 거울일지도 모른다.

국치 100년이 되는 이달 29일을 의식한 일본(그들 일부에겐 영광의 날이겠지만) 정부가 7월 말로 예정됐던 '2010 방위백서' 발표를 29일 이후로 미뤘다. '다케시마(독도)는 일본 고유 영토'라고 명기한 방위백서를 이 시기에 발표해봤자 득 될 게 없을 테니까. 기왕에 해오던 짓을 올해는 피해 가겠다는 전술 변경 배경에는 거대 중국의 부상이라는, 중국이 몰락해가던 100년 전과는 근본적으로 달라진 동아시아 정세의 지각변동이 깔려 있다. 이제 미국에만 매달릴 수 없게 된 일본은 중국도 경계해야 하지만 급속히 중국 쪽으로 기울고 있는 동남아도 살펴야 하고 그럴수록 한국도 의식해야 한다.

하지만 아침에 발표할 방위백서를 저녁에 발표한다고 해서 그 내용이 바뀌는 것은 아니다. 그런 조삼모사가 통할 것이라 여긴다면 오늘의 일본 지배 세력은 100년 전 조선인을 원숭이 수준의 원시 야만족으로 매도한 니토베 시절의 그 사이비 인종주의와 식민주의에서 한 발자국도 벗어나지 못한 셈이 된다. 그들 중 일부가 대한항공 폭파범 김현희를 무리하게 불러다 국빈 대접을 하며 요란한 반북 캠페인을 되살리려 시도한 것도 그런 차원이 아닐까. 문제는 반북·친한을 통해 남북 분단을 고착시키고 한반도 남쪽만이라도 확실한 자기 영향권 아래 둠으로써 한민족 해체와 대일본 재건이라는 일본 우익의 유구한 전략에 결과적으로 동조하는 세력이 우리 내부에도 적지 않다는 것이다. 천안함 침몰 이후 국경을 넘어선 우익들 간의 공명은 더 강해지고 있다. 김현희의 일본행을 도운 이들은 도대체 무슨 생각을 한 걸까. 그것마저 '모든 것을 주재하는 미국'이 개입한 결과인가.

북쪽의 동족을 화해 불능의 철천지원수로 여기며 자기 정체성을 바다 건너 해양 세력에서 구하는 듯한 우리 내부 '니토베의 원숭이들'을 일본 우익은 기꺼워할 것이다. 하지만 그런 과거 영광 집착형 조삼모사 수준의 세계관에서 못 벗어나는 한 일본에도 미래가 없다.